欧亚备要

主办：中国社会科学院历史研究所内陆欧亚学研究中心

主编：余太山　李锦绣

中国西北地区青铜时代考古论集
（增订本）

水涛　著

商务印书馆
The Commercial Press

2020年·北京

图书在版编目（CIP）数据

中国西北地区青铜时代考古论集／水涛著. — 增订
本. — 北京：商务印书馆，2020
（欧亚备要）
ISBN 978-7-100-17353-7

Ⅰ.①中… Ⅱ.①水… Ⅲ.①青铜时代文化－西北地
区－文集 Ⅳ.①K871.3-53

中国版本图书馆CIP数据核字（2019）第071761号

（欧亚备要）
中国西北地区青铜时代考古论集
（增订本）
水涛 著

商 务 印 书 馆 出 版
（北京王府井大街36号 邮政编码 100710）
商 务 印 书 馆 发 行
三河市尚艺印装有限公司印刷
ISBN 978 - 7 - 100 - 17353 - 7

2020年2月第1版 开本 710×1000 1/16
2020年2月第1次印刷 印张 26 1/2

定价：98.00元

编者的话

《欧亚备要》丛书所谓"欧亚"指内陆欧亚（Central Eurasia）。这是一个地理范畴，大致包括东北亚、北亚、中亚和东中欧。这一广袤地区的中央是一片大草原。在古代，由于游牧部族的活动，内陆欧亚各部（包括其周边）无论在政治、经济还是文化上都有了密切的联系。因此，内陆欧亚常常被研究者视作一个整体。

尽管司马迁的《史记》已有关于内陆欧亚的丰富记载，但我国对内陆欧亚历史文化的研究在很多方面长期落后于国际学界。我们认识到这一点并开始急起直追，严格说来是在 20 世纪 70 年代末。当时筚路蓝缕的情景，不少人记忆犹新。

由于内陆欧亚研究难度大，早期的研究者要克服的障碍往往多于其他学科。这也体现在成果的发表方面：即使付梓，印数既少，错讹又多，再版希望渺茫，不少论著终于绝版。

有鉴于此，商务印书馆发大愿心，选择若干较优秀、尤急需者，请作者修订重印。不言而喻，这些原来分属各传统领域的著作（专著、资料、译作等）在"欧亚"的名义下汇聚在一起，有利于读者和研究者视野的开拓，其意义显然超越了单纯的再版。

应该指出的是，由于出版时期、出版单位不同，尤其是研究对象的不同，导致诸书体例上的差异，这次重新出版仅就若干大的方面做了调整，其余保持原状，无意划一，借此或可略窥本学科之发展轨迹也。

愿本丛书日积月累，为推动内陆欧亚历史文化的研究起一点作用。

余太山

序

一

水涛《中国西北地区青铜时代考古论集》（以下简称《论集》）是他自1988年以来撰写的论文合集。1988年秋，我曾同他到新疆做过一次比较广泛的考古调查（复查），回京后，他便写成《新疆青铜时代诸文化的比较研究》一文，发表在北京大学《国学研究》创刊号（第一卷）上，得到学术界的好评。当时，他开始在北京大学攻读夏商周博士研究生。1993年年底，他写完学位论文《甘青地区青铜时代的文化结构和经济形态研究》，经答辩顺利通过，取得博士学位。尔后，他继续研究西北地区考古，不断取得可观的研究成果，现在合印成册，让我写篇序言，我便高兴地承应了。

水涛原籍甘肃而生在新疆，大学毕业后又长期在甘肃做考古工作，对西北地区的人地情况都很熟悉，所以我建议他专门研究西北地区的考古。10年来，他对新疆、青海、甘肃、宁夏、陕西五省区的考古材料及其有关论文做了广泛的搜集，有些重点遗址他还亲自考察过，对这五省区的考古情况已有全面了解。在此基础上，经过深入的钻研，对各种考古学文化的分布、地理环境、年代分期、文化特征、文化来源以及经济结构等问题都做过通盘考虑，写出高水平的论文多篇，提出了一系列独到的见解，不仅使西北地区的考古研究提升到一个新的水平，而且对全国考古学界的发展也将起到很好的促进作用。

《论集》的重点是研究西北地区的青铜时代考古，对青铜时代以前的新石器时代，特别是甘青地区新石器时代的各种文化也都做过一番研究，他是把西北地区从新石器时代到青铜时代作为整体来考虑的。

二

对于新疆的青铜时代文化，《论集》首先依据不同的地理环境，对各类典型区域逐一加以分析，把新疆划分为八大区域，即哈密盆地区、吐鲁番盆地区、巴里坤草原区、阿勒泰草原区、天山中部山谷区、伊犁河谷区、帕米尔高原区和焉耆盆地区。经过详细比较研究，认为新疆境内的青铜时代文化遗存，至少可以区分为八种不同的文化。这八种不同的文化主要是在新疆各地不同的地理环境影响下逐渐形成的。

这八种青铜时代的文化，各有不同的来源，总体来说，则不外东来的、北来的和西来的各种文化。

存在于甘肃西部、青海东北部地区的一些年代较早的文化，例如四坝文化，主要分布在甘肃西部，与新疆东部接邻，它的向西发展，最有可能对东疆地区的青铜时代文化如焉不拉克类遗存产生一定的影响。不过，这还不是直接的。《论集》认为，广泛存在于青海东部和西北部地区的卡约文化向西发展，才对新疆东部地区的焉不拉克类遗存产生了直接影响，卡约文化应是焉不拉克类遗存的主要来源。

新疆北部阿勒泰地区正好处在南西伯利亚地区东西两个文化区的交界地域，《论集》认为，阿勒泰地区克尔木齐墓地所代表的青铜文化遗存，主要是接收了来自米奴辛斯克盆地的卡拉苏克文化的影响，同时又吸收了来自西部的安德罗诺沃文化的固有传统因素。

新疆西部地区与中亚各国有漫长的边境接壤地带，东西走向的天山山脉横亘其间，这一地区又可分为西北部和西南部两大区域。新疆西北部，在伊犁河流域发现的几处青铜时代晚期遗存，特别是以铁木里克墓地为代表的青铜文化是中部天山及中亚七河地区约相同年代的青铜文化不断向东迁移的产物。这种青铜文化在中亚地区的产生，应与中亚地区稍早的安德罗诺沃文化有密切的渊源关系。新疆西南部在天山以南的帕米尔地区和环塔里木盆地的山前地带，则是以香宝宝墓地为代表的青铜文化。这种青铜文化，来源于中亚地区以楚斯特文化早期类型为代表的青铜文化。《论集》最后总结为：在公元前二千纪初叶到公元前一千纪下半叶，我国中原地区和中亚大部地区都已先后进入了统一城邦国家，或城市化发展阶段，或大规模的游牧中心文化区域，但新疆各地区却呈现出多种文化同时并存的局面，虽同为青铜时代，由于不同的地理环境条件，在绿洲地区发展了较进步的农业文化，在山地或高原地带，则主要发展为较原始的游牧文化。甚至到公元前 1 世纪，西汉政权经略西域以后，很长时间内仍然不能形成一统的文化发展格局。

不过，作为东西文化传播通道的所谓"丝绸之路"，现在由于新疆青铜时代诸考古学文化的发现与研究，已把这条通道的开辟，提前了至少 1000 多年。

三

关于甘青地区青铜时代的考古工作起步比新疆要早，材料也比较丰富，学术界早有各种论述，解决了不少的学术问题。《论集》在前人研究的基础上，从另一个高度，对甘青地区现已发现的青铜时代文化全面地加以总结，提出并解决了一系列前所未有的重要问题。

甘青地区的青铜时代文化，已发现的有齐家文化、辛店文化、寺洼文化、卡约文化、四坝文化、沙井文化、诺木洪文化、先周文化、西周文化和铲形袋足鬲遗存共 10 种。关于这 10 种青铜时代文化的文化分布、文化特征、年代和分期，《论集》都做过通盘整理，并提出了自己的意见，这对甘青地区青铜时代的进一步研究，自然是很有意义的。对于各种文化的渊源彻底清理，《论集》也下了很大的功夫。特别是对各种文化的构成及其关系，提出了独到的见解。《论集》认为，甘青地区的青铜时代文化是一个多元的结构系统，表现在文化多样，小而分散，不存在主流文化。文化来源也多样，或由当地早期文化演变而来，或由外来的文化发展而来。文化关系多样，有的单独存在于一定地域和时间阶段，有的共存于一定的地域或时间阶段。文化的多元分化发展，是甘青地区青铜时代出现的一种新的发展模式，既不同于甘青地区新石器时代，也不同于中原地区青铜时代。

文化的分化与融合，是发展中的两种不同形态。从黄河流域总的文化发展趋势看，龙山文化时期到夏商时代，是中原各地区文化开始进行融合发展的时期。融合发展进程，最后形成了中华远古文明的基本形态 —— 城邦国家。而在甘青地区，从距今 4000 年开始，文化发展却是以分化为主。由于中心聚落、农业和手工业经济的衰落，总的表现出一次文化的整体退化现象，没有形成城市经济和以国家形态为特点的社会组织结构。

四

在方法论方面，《论集》除了运用考古学界通常使用的地层学与类型学之外，还特别重视多学科的合作，尤其注意地理环境的研究。因为地理环境对人类活动的影响，在西北地区表现最为直接，最为显著。西北地区，由于自然条件的复杂多样，在史前时期，既产生了比较发达的锄耕农业经济文化，也出现了典型的畜牧经济文化。后来进入到青铜时代，由于气候的变化，多数地区已由锄耕农业经济向比较原始的畜牧经济转化，整个社会经济呈现明显的退化现象，而且延续的时间很长，致使西北地区长期落后于其他地区。

邹 衡

2001 年 3 月

目 录

第一部分　新疆地区

新疆地区青铜文化研究现状述评

　　新疆位于我国西部，地处亚洲腹地。在天山南北广大的区域里，曾经生活着众多的古代民族。考古发现已经表明，早在人类文明发展的较早期阶段——青铜时代，这里就存在着许多不同的青铜文化。这些青铜文化由于其自身的独具特色，更由于它们存在于中西文化交流的关键性地域，是早期中西文化交流过程中的典型代表性文化，因此在我国青铜时代研究中，占有极其重要的地位。

　　新疆地区青铜文化的发现和研究工作的发展，可以划分为几个阶段。早期的发现可以追溯到 20 世纪初一些外国探险家、考察队在新疆的考察工作，斯坦因、斯文·赫定等人都曾发现并记录过一些遗址和零星遗物。50 年代，黄文弼等人在哈密焉不拉克遗址首次进行发掘，获得了一些陶器、铜器等实物资料。[①]这些工作显然具有开创意义。

　　50 年代以来，新疆境内的考古调查工作时有进行，人们为找寻新疆地区的古代文化遗存付出了艰苦的努力，发现了一些含有彩陶和小铜器残件的文化遗存，但由于调查工作所获资料的过于贫乏以及发掘工作的不足，对于一些青铜文化的面貌无法给以清楚的界定和较深入的探讨，人们对新疆境内青铜文化的发现，没能形成一些基本一致的认识。

　　70 年代开始，在东疆的哈密盆地、吐鄯托盆地、天山阿拉沟、鱼儿沟等地，南疆的帕米尔高原和焉耆盆地等地，相继发现了一大批青铜文化遗存，在众多遗址的发掘工作中，获得了大量的实物资料。这些工作的进行，为青铜文化的研究开创了新的局面，使我们今天有可能对新疆地区青铜文化的发

---

①　黄文弼：《新疆考古发掘报告》，文物出版社，1983 年。

生、演进、发展、消亡等诸多问题，做一些研究和探索。

在新疆地区青铜文化发现的初始阶段，我国大部分地区考古学文化的发现尚属空白。一些外国学者对在我国所获资料的研究分析，多是参照西亚、地中海地区考古工作建立的标准，进行文化性质和年代的认定。这些比较研究中的错误，在其后的年代里大都得到了纠正；但是，另一方面，是在对这些错误进行批判时，未能判明这些比较研究工作中的合理成分，使得我们的研究又出现了另一种偏差倾向。

50 年代以来，在我国黄河流域及甘肃中西部地区的大量考古发现，表明我国北方地区新石器时代的考古学文化有着自己的彩陶文化传统，这些彩陶文化因素在发展到青铜时代时先后进入衰亡阶段。这一发现成果揭示了黄河流域文化发展的一般规律，但对于这一规律的盲目照搬，造成了新疆地区青铜文化研究中的某些混乱认识。由于对许多文化遗存的面貌缺乏总体上的认识，往往根据其发现中有无彩陶因素来确定年代和性质，将许多以彩陶因素为特点的文化遗存的年代都归入新石器时代阶段，一些研究文章也往往局限于定性方面的简单归类，很少涉及其他问题。

70 年代开始的大量发掘工作，使人们逐步认识到，新疆地区的青铜文化，具有许多自身的特点，这表现为：在青铜文化甚或是早期铁器时代阶段，仍然存在着大量的制作精美的彩陶制品。这些彩陶的制作风格及构图母题纹样，显然与周围地区的已知考古学文化既有联系，又有区别。这些发现表明，新疆地区的青铜文化或许经历了与黄河流域及邻近地区不尽相同的发展道路。这促使许多研究者开始对新疆地区青铜文化的发生、发展过程等问题进行重新思考。首先是一些遗存的文化性质归属问题，许多研究者根据众多遗址发掘中彩陶与铜器或铁器共出的事实，并参照一些 [14]C 年代测定数据，提出这些含彩陶因素的文化遗存应分别属于铜石并用时代、青铜时代或早期铁器时代。这种认识的形成，标志着新疆地区青铜文化的研究工作，摆脱了中原发展模式的强大影响，走上了自身发展的轨道。这种认识无疑也更接近于历史的事实。

在初步判定了诸多文化遗存的时代性质之后，我们面临着一种困惑，这就是当我们把已有的发现都重新做出界定之后，我们看到，这其中基本没有典型的新石器时代文化的遗存，从已知的 [14]C 测定年代数据看，没有相当于距今4000年以前的典型的陶器遗存。文化发展序列上的这种巨大空白，使我们在讨论文化来源问题时认识很不一致。由于搞不清各种遗存的早晚关系，每发现一处遗址，几乎都要使用一个新的文化命名，这不仅无益于已有问题的解决，而且极易造成新的混乱。在讨论文化关系问题时，由于50年代以来对"文化西来说"等观点的全面批判而形成的另一种偏差倾向，使人们在讨论边界相邻地区的古代文化发生、发展过程问题时，很少能客观地说明各种文化交流存在的可能，这使我们的讨论往往陷入一些人为的封闭圈里。

目前，对于新疆境内诸多青铜文化的研究，仍然处于材料的积累阶段，许多遗址的发掘材料还未能做细致的分类研究工作。这种现状，使得进一步的研究工作还需待以时日，但自70年代以来的连续发现和部分材料的初步报道，已使一些问题的研究趋于明朗化。从宏观上来观察，首先是对已有各类发现的横向比较问题，在这种比较的基础上，我们现在大致可以区分出几个不同的文化区，每一个文化区内的各处遗存有较多的一致特点。例如，在发掘工作做得较多的东疆地区，我们可以看出，哈密焉不拉克墓地和五堡水库墓地发现的遗存，有很多相似因素；天山以北的巴里坤南湾遗址出土的陶器，与木垒四道沟遗址、奇台半截沟遗址所出的陶器，有许多共同点；在吐鄯托盆地的鄯善洋海遗址、苏巴什遗址、吐鲁番艾丁湖遗址等地的发现，存在着一些共同的文化因素；天山阿拉沟东口的发现与阿拉沟西口附近的发现也多有相同之处；焉耆盆地的和静察吾乎沟墓地及周围的许多地点，则可以构成一个相对独立的文化小区。

如果进而把几处相似因素较多的遗存作为一个文化单元进行分析，则不难发现，几者之间的关系一般可以概括为两种基本形态，即共存关系和发展关系。据现有 ^{14}C 年代测定数据，东疆地区的哈密五堡、焉不拉克、木垒四道沟、天山阿拉沟、鱼儿沟等地点遗存的绝对年代都比较接近，约为距今3300—2200年前的这一历史阶段。应该可以肯定的是，在公元前两千纪下半叶到公元前一千纪下半叶这一时期，新疆境内发展起了若干支基本并行的青铜文化，这种格局是其后若干绿洲小国家形成的基础。如果从绿洲国家各自相对独具特点的文化传统反推其来源，也可以得到这样的启示。对于各类文化遗存间的发展演替过程的研究，必须以各单一文化遗存的年代分期研究、器物类型学研究、文化因素分析研究作为基础。这些基础的研究工作是当前新疆地区青铜文化研究中亟待加强的薄弱环节，目前尚未有较系统的文化分期研究成果发表。我们认为，从已发现的材料看，至少在东疆地区，这种文化遗存间的演替关系是有线索可寻的。

对新疆地区青铜文化源流问题的探讨，是研究工作的重点所在，因为，这些课题的研究进展是早期中西文化交流问题研究的关键，历来为学术界所瞩目。目前，这一领域的研究还没有突破性进展，我们认为，由于新疆地区地处我国中原和中亚两大文化圈的中介地带，因此对于新疆地区的文化发生问题的探讨应同时考虑到来自东西两方面的文化影响问题。新疆境内迄今为止没有发现距今 4000 年前的典型陶器遗存这一现象，一方面或许因为对这一阶段遗存的发现工作做的不够；一方面则表明，新疆境内已知的若干青铜文化的形成，有接受外来文化因素影响的可能。在东疆地区，我们发现，一些陶器涂红色陶衣、施黑彩的作风及彩陶图案的母题花纹，同甘青地区较早阶段或相同时期的含彩陶因素的遗存有许多相似因素，进一步的比较研究或许可以阐明它们之间的文化联系。在北疆阿勒泰地区的一些发现，明确显示了与南西伯利亚地区文化遗存的一致性。在伊犁河流域的一些发现，与在七河地区的发现关系密切。这些情况表明，至迟在青铜时代，新疆地区的文化遗存已同东西方的一些主要文化发生了广泛的联系。如果仅就目前发现的材料做对比分析，大体可以认为，东西方的一些主要文化，都对新疆境内的青铜文化的产生和发展，发生过重要的影响作用。进一步的研究，或许可以完整揭示中原传统文化因素的西渐和中亚文化因素东渐的历史过程。当然，在这一过程中，并不排除新疆境内一些土著文化的存在和发展。最近，在和静察吾乎沟墓地发现的以一种带流彩陶罐为主要特征的文化遗存，研究者认为是一种极具地方特点的文化遗存。这似乎可以看作是存在着土著文化因素的一个证据。即使在这样一种极具地区特点的文化遗存中，仍然可以看出存在着来自东西两个方向的文化因素。新疆境内青铜文化构成因素的多源性和复杂性，迫使我们在对每一个单一文化遗存进行系统研究的同时，必须对周围地区的发现给以足够的注意，若要较好地从宏观上把握问题，每一个研究者都需对甘青地区青铜文化研究的进展状况，对中亚、南西伯利亚地区青铜文化研究的进展状况，有一定的了解和基本的认识。

目前，对新疆境内青铜文化研究的一个热点，在于对各种文化遗存族属问题的认定。就发表的文章来看，已有对乌孙、塞克、姑师、车师、匈奴等古代民族及其代表性文化的若干讨论。由于汉文文献对于汉代以前西域各少数民族活动的记载比较贫乏，仅仅依据文献描述，很难将西域各古代民族的文化遗存做明确的区分，也难以形成一些一致的意见。我们认为，只有先将已有的各类发现在考古类型学方面做出明确的区分，在年代顺序上、空间分布上做出明确的界定，才能使对族属问题的讨论在相对一致的基点上展开。因此，首要的工作，依然是对一些基本问题的研究。

由于现在发现的多为墓葬材料，极少见到有关居住址和社会组织结构方面的材料报道，使我们对已知各种青铜文化遗存的社会性质、生产力发展水平等问题难以做全面的分析。在中亚各地的考古发现表明，这一时期的文化发展，在一些农业区已经历了城市化发展过程，发现有大面积的城镇遗址和大量的多间结构的土坯房屋，有发达的灌溉系统。在我国甘青地区，这时期的一些青铜文化，则多为小规模半游动性质的文化，少有大规模的定居营地和大量房屋遗址的发现。目前，在东疆地区的鄯善洋海遗址、哈密焉不拉克遗址等地都发现有将土坯用于墓葬结构的现象，说明这时期出现土坯结构房屋的条件已经具备。在今后的调查工作中，应着重于对含有土坯结构建筑的发现及其年代问题的断定。已知材料表明，土坯制作技术向东的传播在这一时期已达到青海湖西边的诺木洪地区[①]，因此，在东疆地区发现这一时期的土坯房屋居址应该是可能的。另外一些以游牧经济为特点的青铜文化遗存，其居址的存在方式，或可与甘青地区的情况有一致的特征。

在新疆地区各种青铜文化遗存中，已经有一批遗址中发现有铁制品的存在，鉴于目前有关的材料多未发表，这些铁器的性质和种类还不十分清楚。距今 3000 年前后在新疆地区的青铜文化中多次见到铁器这一现象是应该引起充分注意的研究课题。在甘青地区约相同阶段的诸青铜文化遗存中，仅在沙井文化遗存中发现有少量铁制品，这类遗存的绝对年代，据 ^{14}C 测定，最早的一个数据是距今 3100±180 年，一般多在距今 2900—2600 年之间。这与东疆一些遗存的年代数据相比，约为同时或偏晚。在河西地区较早阶段的四坝文化遗存中，尚未见有发现铁器的报道，因此，就目前材料看，新疆地区

---

① 青海省文管会等：《青海都兰县诺木洪搭里他里哈遗址调查与试掘》，《考古学报》1963 年 1 期。

铁器产生的东来影响因素还难以肯定。南西伯利亚地区早期铁器时代的代表性文化 —— 塔加尔文化的年代上限，可以早到公元前一千纪之初这一时期，但发现铁器的遗存属于塔加尔文化第二期阶段，其年代上限约当公元前 5 世纪，这与新疆地区一些偏晚的青铜文化遗存的年代比较接近，因此，新疆地区铁器产生的北来影响因素也难以肯定。中亚地区早期铁器时代的开端，是在约当公元前 1000 年前后的第二次都市化阶段，在中亚地区，文化的年代序列和发展关系序列已基本建立，许多研究表明，中亚地区冶铜技术的发展，有着悠久的文化传统和发达的工艺水平，铁制品的出现，是这些文化发展到这一阶段的自然结果。这种先进的工艺技术逐渐向东北方向的传播，有着极大的可能性。所以说，在考察新疆地区铁器的来源问题时，应对中亚地区的发现给以足够的重视。由于目前对一些铁制品的研究还不充分，确定新疆地区早期铁器时代的文化遗存必须十分谨慎。

新疆全境的文物普查工作正在深入进行，新的发现必将极大地丰富我们对各种青铜文化遗存的已有认识。对于新疆地区乃至中国西部青铜时代的全面考察和深入研究，是我们面临的一项重要任务。我们只有将新疆的工作摆在早期中西文化交流的广阔历史舞台上，才能展示出这些工作的深远意义。在新疆地区的这些发现，正如它们已经在历史上曾经表现出的那种巨大作用一样，对于今天的历史研究，也将产生巨大的影响。

原载《新疆文物》1989 年 4 期

新疆青铜时代诸文化的比较研究
——附论早期中西文化交流的历史进程

一、绪论

公元前 2 世纪，汉使张骞凿空西域[①]，由此开始了长达 1000 多年的中西文化交流的历史，这条由东向西或由西向东的文化传播路线，现在习惯上称之为"丝绸之路"。对于丝绸之路及中西文化交流历史进程的全面考察和研究，正在成为一门国际显学，吸引着越来越多的中外学者投身其中。然而，由于各种文献记载的贫乏，一般学者对于凿空之前的西域历史和文化，对于丝绸之路开辟之前的早期中西文化交流问题，往往难以进行比较深入的研究。这种困局的打破，只是近 10 年之事，由于在新疆各地的大量考古新发现，对于上述问题的深入研究，已有了较大的可能性。

对于新疆境内早期文化的探索，自 20 世纪初的探险活动发端，已经历了比较长的材料积累阶段。由于在这一非常广阔的空间范围内，多有高山、戈壁、大沙漠等自然因素的制约，因此在新疆考古发现的最初阶段，多数工作仅仅具有探险的性质。在这些探险考察活动中，斯文·赫定（Sven Anders Hedin, 1865—1952）、斯坦因（Stein Aurel, 1862—1943）和我国学者黄文弼等人，都曾发现过一些早期文化的遗迹和遗物。在随后的一个阶段内，考古调查工作不断进行，新的早期文化遗址时有发现，但研究工作往往局限于对各种发现年代和性质的简单归类，近 10 年来，新疆地区早期文化的发现和研究工作，才进入了一个新的阶段。[②]随着考古发掘工作的深入，一批批新材料

[①] 《汉书·张骞李广利传》，中华书局标点本。
[②] 水涛：《新疆地区青铜文化研究现状述评》，《新疆文物》1989 年 4 期。

不断出现，丰富了人们对新疆境内早期文化的认识。就目前发现的这些材料来看，其文化性质多数应属于青铜时代的范畴，因此，对新疆诸青铜文化的发生、发展、消亡以及同其他文化的关系等问题的探讨，自然提上日程。本文正是试图利用考古新发现的材料，对新疆青铜时代诸文化进行比较研究，同时对早于丝绸之路的中西文化交流问题，也做一番探讨。

二、文化分布区的划分及各区诸文化遗存的相互关系

新疆历史上一直是一个多民族聚集的地方，所谓汉初三十六国的记载[①]，说明当时这一地区民族复杂、文化多样。从近年的考古发现来看，新疆诸青铜文化的面貌呈现了各不相同的基本特征，显然，在这一广大区域内存在的青铜文化，有可能分属于不同的文化发展区系，因此在对新疆诸青铜文化的总体面貌做宏观考察时，首先应对不同的文化区做出基本的划分。

新疆境内各不相同的青铜文化遗存，其分布特点表现出了与地理环境状况的有机联系，往往是在同一种地理环境中存在的文化遗存之间有较多的一致特征，这说明青铜文化的形成和发展，对地理环境状况有极大的依赖性，也就是说，地理环境对文化的发展有一定的制约作用。对于西汉时西域各国政区特点的研究表明，形成城郭诸国小而分散、不相统属的特性，也是西域地区特殊地理景观的产物。[②]这种制约作用的长期存在，在中国西部广大的内陆地区表现得比其他地区更加明显和突出。基于这种认识，对于新疆各青铜文化区系的划分，将首先依据不同的地理环境状况做一番考察。下面我们将对各典型区域逐一加以分析。

1. 哈密盆地区

哈密盆地位于新疆东部，东与甘肃西部相接壤，北依天山余脉——巴里坤山，南临大戈壁及罗布淖尔地区，盆地内多为戈壁荒漠景观，仅盆地中央

---

① 《汉书·西域传》，中华书局标点本。
② 周振鹤：《西汉政区地理》，人民出版社，1988年，第178页。

为绿洲。已发现的青铜文化遗址多位于古今绿洲及其边缘地带，20 世纪 50 年代黄文弼等人首次在三堡焉不拉克遗址做试掘工作[①]，1986 年新疆维吾尔自治区博物馆考古队对该遗址再次进行了发掘，研究者据此提出了焉不拉克文化的概念[②]。

在哈密盆地比较重要的发现还有 1976 年[③]、1986 年[④]新疆文物考古研究所两次对五堡水库墓地的发掘；1988 年新疆文物考古研究所对哈密雅满苏矿林场办事处（以下简称雅林办）墓地的发掘[⑤]；1983 年新疆社会科学院考古研究所（后改名为新疆文物考古研究所）在四堡拉甫乔克墓地清理的 1 座残墓[⑥]。在历年的文物普查中，也发现了一些出彩陶及小件铜器的青铜文化遗址，如五堡哈拉墩遗址等。[⑦]

哈密市雅林办墓地 1988 年共发掘墓葬 35 座，材料尚未全部发表，据报道[⑧]，墓葬形制分竖穴土坑墓和竖穴土坯墓两种，葬式为侧身屈肢，多单人葬。陶器均手制，器形有杯、罐、壶形器等，彩陶为紫红彩，施红色陶衣，构图纹样多为三角纹。还见有小件铜器、骨器、石器等随葬品，少数墓随葬羊骨。

哈密市五堡水库墓地 1976 年、1986 年两次共发掘墓葬 82 座，据介绍[⑨]，墓葬形制为竖穴土坑墓，单人侧身屈肢葬。随葬品多为毛皮衣物、石器、木器和小件铜器。陶器较少，夹砂红陶，器形有罐、豆、壶几类，彩陶为红色陶衣，施黑彩，构图纹样多为各种三角纹。随葬品中还见有随殉的牛、羊、

① 黄文弼：《新疆考古发掘报告》，文物出版社，1983 年。
② 张平等：《新疆哈密焉不拉克墓地》，《考古学报》1989 年 3 期。
③ 资料尚未公布，见穆舜英、王明哲、王炳华：《建国以来新疆考古的主要收获》，《文物考古工作三十年》，文物出版社，1979 年。
④ 资料未发表，见穆舜英：《十年来（1979—1989）新疆文物考古工作取得的新成果》，《新疆文物》1989 年 4 期。
⑤ 材料未发表，见常喜恩：《哈密市雅满苏矿林场办事处古代墓葬》，《中国考古学年鉴》，文物出版社，1989 年。
⑥ 新疆考古研究所：《新疆哈密拉甫乔克发现新石器时代晚期墓葬》，《考古与文物》1984 年 4 期。
⑦ 李遇春：《新疆发现的彩陶》，《考古》1959 年 3 期。
⑧ 材料未发表，见常喜恩：《哈密市雅满苏矿林场办事处古代墓葬》，《中国考古学年鉴》，文物出版社，1989 年。
⑨ 资料未发表，见穆舜英：《十年来（1979—1989）新疆文物考古工作取得的新成果》，《新疆文物》1989 年 4 期。

马骨及食品等物。①

哈密市三堡焉不拉克墓地 1957 年发掘墓葬 14 座，1986 年又发掘墓葬 76 座，两批材料均已发表。② 墓葬形制有三种：竖穴二层台墓、竖穴土坑墓和土坯墓，多为单人侧身屈肢葬。陶器均手制，夹砂红陶，器形有单耳罐、单耳杯、钵、壶、豆、双耳罐、碗等。彩陶所占比例较高，多为红衣黑彩，纹饰有三角纹、曲线纹、S 形纹，有的施内彩。铜器等多为小件器物，木器中有一些男女木俑。

哈密市四堡拉甫乔克墓地 1983 年仅清理 1 座残墓，墓葬形制为竖穴土坑，单人葬，随葬品只有 2 件陶器和 1 枚小铜锥。陶器为夹砂红陶，手制，红色陶衣施黑彩，构图纹样为连续折线纹和竖向条带纹。

综合上述遗址的发现可以看出，哈密地区已知的各处青铜文化遗存，都是以竖穴土坑墓为其特点，其中部分墓地有使用土坯结构的现象，葬俗主要为单人侧身屈肢葬。对于随葬陶器的比较，更能看出这些遗存间的共同因素（图一）。若以发掘资料中陶器最多的焉不拉克墓地遗存为基本类型，通过归类，可以列出 8 种基本器形：双鼻耳罐、单耳桶形罐、单耳长颈罐、双耳盆、单耳罐、单提耳豆、腹耳壶和单耳钵。把五堡水库墓地的陶器与之相比，可以发现有五种器形基本一致，即双鼻耳罐、双耳盆、单耳罐、单提耳豆和腹耳壶，对铜器、骨器、石器及毛皮织物的比较也显示了较多的一致特征。可以肯定，这两处遗址应是同一类遗存。

雅林办墓地的陶器有五种可与焉不拉克墓地的陶器划归一类，即双鼻耳罐、单耳桶形罐、单耳长颈罐、双耳盆和单耳罐。由此可知，这两种遗存具有较多的共同因素，特别是两地的墓葬中均使用了土坯结构，显示出完全相同的特点。但是，雅林办墓地的陶器群中所有的带注的双耳罐（也被称作壶形器）、四耳罐等器形不见于焉不拉克墓地遗存中。在彩陶风格上，雅林办墓地所见的松针状构图纹样和弧线三角纹构图母题也不为焉不拉克墓地遗存所具有。所以说，雅林办墓地的遗存实际上有两类构成因素，除前述第一类因素等同于焉不拉克墓地遗存外，后一类因素则不同于焉不拉克墓地遗存。

① 穆舜英、王明哲、王炳华：《建国以来新疆考古的主要收获》，《新疆考古三十年》，新疆人民出版社，1983 年。

② 黄文弼：《新疆考古发掘报告》，文物出版社，1983 年。张平等：《新疆哈密焉不拉克墓地》，《考古学报》1989 年 3 期。

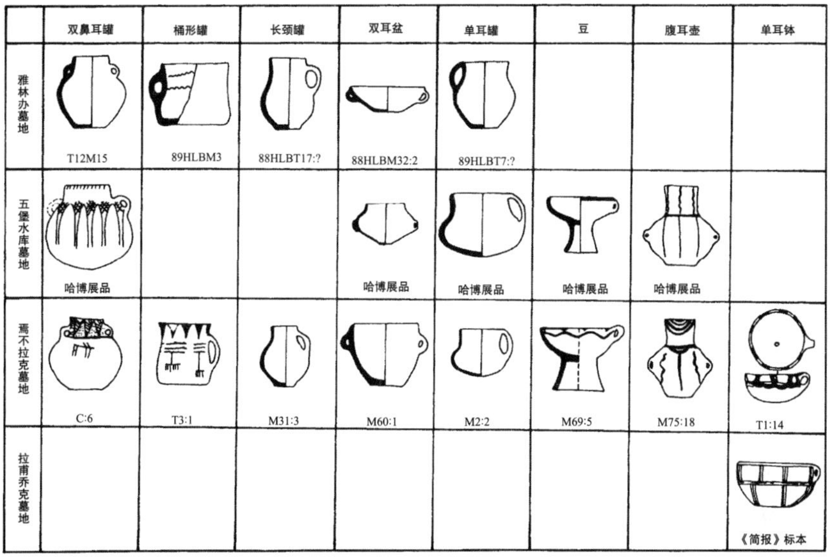

	双鼻耳罐	桶形罐	长颈罐	双耳盆	单耳罐	豆	腹耳壶	单耳钵
雅林办墓地	T12M15	89HLBM3	88HLBT17:?	88HLBM32:2	89HLBT7:?			
五堡水库墓地	哈博展品			哈博展品	哈博展品	哈博展品	哈博展品	
焉不拉克墓地	C:6	T3:1	M31:3	M60:1	M2:2	M69:5	M75:18	T1:14
拉甫乔克墓地								《简报》标本

图一　哈密盆地区各遗址陶器的比较

由此看出，哈密地区已知的青铜文化遗存，主要都是焉不拉克类遗存，雅林办墓地所具有的第二类文化因素，不是这一地区青铜文化的主流，关于这一类遗存，我们在后面的章节中还将予以讨论。

2. 吐鲁番盆地区

吐（鲁番）、鄯（善）、托（克逊）盆地习惯上也叫作吐鲁番盆地，位于新疆东部，东与哈密盆地接邻，西、北及西南面被天山山脉围绕。盆地为一处封闭的凹地，中心地区的艾丁湖海拔高度为负值。盆地内多为干旱的荒漠戈壁景观，仅在湖滨及靠近河流的山口地带形成绿洲。青铜文化的遗址多位于绿洲环境之中。

1959 年新疆维吾尔自治区博物馆对吐鲁番市阿斯塔那遗址进行了调查[①]，其后新疆文物考古研究所等单位又对吐鲁番市艾丁湖墓地[②]、鄯善县苏巴什墓

---

① 吴震：《新疆东部的几处新石器时代遗址》，《考古》1964 年 7 期。
② 新疆维吾尔自治区博物馆等：《新疆吐鲁番艾丁湖古墓葬》，《考古》1982 年 4 期。

地①、托克逊县英亚依拉克墓地②、托克逊县喀格恰克墓地③、鄯善县洋海墓地④
等地点进行了发掘。最近的文物普查工作表明，青铜时代的遗存在盆地内有
广泛的分布，重要的遗址还有吐鲁番市恰什塔格墓地、托克逊县小草湖遗址、
乔拉克坎儿井村遗址、科普加依（也叫"克尔间"）遗址、鄯善县东巴扎遗
址、苏贝希遗址及墓地、吐格曼博依墓地、奇格曼墓地等地点。⑤

　　1980 年在鄯善县苏巴什墓地清理了 8 座墓，1985 年又对遭破坏的 50 余座
墓的陶器进行了征集。⑥墓葬为竖穴土坑墓，葬俗为单人仰身直肢葬。随葬品
有陶器、小件铜器、骨角器、木器、毛皮织物、弓箭和金箔饰件等，金箔饰有
圆形虎纹金箔和长方形卧虎纹包金箔铜牌饰。陶器手制，夹砂红陶，多素面陶
器，彩陶红衣黑彩，构图纹样多是各种变形三角纹，主要器形有单耳钵、单耳
长颈罐、单耳罐、双鋬耳钵、圆底钵、单耳桶形杯和单耳圆底罐等（图二）。

　　1980 年在吐鲁番市艾丁湖墓地清理了 50 座已被扰乱的墓葬。均为长方
形竖穴土坑墓，单人仰身直肢葬。随葬品有陶器、铜器、石器和金箔饰等种
类，陶器手制，夹砂红陶为主，彩陶为红衣黑彩，纹饰主要是各种三角纹、
条带纹和网格纹，主要器形与苏巴什墓地基本一致，唯在此墓地还见有豆、
鼎、勺等器类。

　　1988 年在鄯善县洋海墓地清理发掘了 88 座墓，在此之前还曾收缴了一
批出土于此遗址的被盗文物。墓葬多为竖穴土坑墓，个别大墓在墓圹外围用
土坯砌一圆形圈子。葬俗多为单人仰身屈肢葬，也有多人二次葬及丛葬，在
此墓地发现了许多圆木棍绑扎成的葬具，也有的墓以苇席裹尸或覆盖墓口。
发现各类随葬品较多，其中陶器均手制，夹砂红陶，彩陶为红衣黑彩，构图
纹样多为三角纹、条带纹、网格纹等。与苏巴什墓地的陶器相比，主要器类
完全一致，另见有单耳豆、单耳圈足罐等器类。

①　柳洪亮：《新疆鄯善苏巴什古墓葬》，《考古》1984 年 1 期。柳洪亮：《新疆鄯善苏巴什古墓群的新发现》，《考古》1988 年 6 期。
②　吐鲁番地区文管所：《新疆托克逊英亚依拉克墓群调查》，《考古》1985 年 5 期。
③　吐鲁番地区文管所：《新疆托克逊县喀格恰克古墓群》，《考古》1987 年 7 期。
④　张铁男：《"鄯善古墓被盗案"中部分文物介绍》，《新疆文物》1989 年 4 期。邢开鼎：《鄯善县洋海古墓葬》，《中国考古学年鉴》，文物出版社，1989 年。
⑤　吐鲁番地区文物普查队：《吐鲁番地区文物普查资料汇编》，《新疆文物》1988 年 3 期。
⑥　柳洪亮：《新疆鄯善苏巴什古墓群的新发现》，《考古》1988 年 6 期。

	单耳钵	单耳长颈罐	单耳罐	双鋬耳钵	圜底钵	单耳桶形杯	单耳圜底罐	豆
苏巴什墓地	85SASM:1	M8:5	85SASM:13	M8:9	85SASM:18	M3:7	85SASM:8	
洋海墓地	87CYP:I.B	87CYP:2	87CYP:78	87普查标本:2	87CYP:67	87CYP:75	87CYP:72B	87普查标本:10
艾丁湖墓地	M48:1	M20:1	M33:2	M35:1	M19:1	M31:2	M39:1	M0:5
喀格恰克墓地	83TOHM8:1	83TOHM13:5	83TOHM3:1	83TOHM15:2		83TOHM13:1	83TOHM5:1	

图二 吐鲁番盆地区各遗址陶器的比较

1983 年在托克逊县喀格恰克墓地发掘了 15 座墓葬，均为长方形竖穴土坑墓，因人骨保存欠佳，多数墓的葬俗不明。一般墓口用木棍棚架，上用苇席封盖，其上再铺干草、堆土并放置卵石，随葬品中陶器占大宗，均手制，夹砂红陶，彩陶比例较高，红衣黑彩，构图纹样多为各种三角纹、条带纹、网格纹和涡纹，与苏巴什墓地相比，有 6 种器形即单耳钵、单耳长颈罐、单耳罐、双鋬耳钵、单耳桶形杯和单耳圜底罐的造型风格基本一致。

上述 4 个墓地表现出的一致因素是很明确的，墓葬都是长方形竖穴土坑墓，单人仰身直肢葬或屈肢葬为主，葬具多用木棍绑扎成的棺床，或用苇席包裹。在洋海墓地所见的用以棚盖墓口的苇帘，每根苇子长度可达 2 米以上，这种高大的苇子只在盆地中心的湖滨地区可以生长，因此是吐鲁番盆地独有的葬具用材。陶器多为圜底或平底作风，器类主要是单耳的罐、钵、杯等，从普查所获资料来看，在盆地内众多青铜文化遗址中的陶器，都具有这种共同的风格。我们可以认定，吐鲁番盆地内存在的青铜文化是一种以苏巴什墓地遗存为代表的青铜文化。

3. 巴里坤草原区

巴里坤草原位于新疆东部的天山以北地区。天山北坡有发育良好的山地植被，山前地带有大面积的缓坡冲积扇，这种环境是古代游牧民的理想栖息地。沿天山北坡西行，是从东疆进入天山腹地及北疆地区的自然通道。

在这一地区发现并经过试掘的青铜文化遗址有木垒县四道沟遗址[①]、奇台县半截沟遗址[②]、巴里坤县南湾墓地[③]和巴里坤县兰州湾子遗址[④]等地点。调查所见的重要遗址有巴里坤县石人子乡遗址[⑤]、伊吾县卡尔桑遗址[⑥]、伊吾县军马场遗址[⑦]和奇台县红旗厂遗址[⑧]。

1976年和1977年新疆维吾尔自治区博物馆考古队两次试掘了木垒县四道沟遗址，揭露面积200平方米，发现墓葬4座和部分灰坑、灶坑、柱洞，但没有关于房子的材料见于报道。墓葬有长方形竖穴土坑墓，葬俗为单人葬。还见有竖穴偏洞室墓，墓室中间用大块卵石堆砌一道石墙，将墓室分为南北两部分，仅北部墓室内葬有一成年女子和两个孩子。

遗址和墓葬中的出土物有陶器、石器、骨器和铜器等种类，陶器手制，有的可见泥条盘筑痕迹，夹砂红陶为主，彩陶为红衣黑彩，构图纹样有交错网格纹和条带纹等，基本器形有双耳罐、釜形罐、腹耳壶、双耳深腹罐、单耳罐、钵、球腹罐和彩陶罐等（图三）。

1974年新疆维吾尔自治区博物馆考古队在奇台县半截沟遗址试掘了一个探方，出土物主要有石器和陶器，陶器为夹砂红陶，彩陶为红色陶衣，深红或紫红色彩，构图纹样主要是连续倒三角纹和网纹。与四道沟遗址的陶器相比，有5种器形即腹耳壶、双耳深腹罐、单耳罐、球腹罐和彩陶罐，作风基

① 羊毅勇：《新疆木垒县四道沟遗址》，《考古》1982年2期。
② 陈戈：《新疆奇台县半截沟新石器时代遗址》，《考古》1981年6期。
③ 材料尚未发表，见常喜恩：《巴里坤南湾墓地66号墓清理简报》，《新疆文物》1985年1期。贺新：《新疆巴里坤县南湾M95号墓》，《考古与文物》1987年5期。
④ 资料未发表，见穆舜英：《十年来（1979—1989）新疆文物考古工作取得的新成果》，《新疆文物》1989年4期。
⑤ 吴震：《新疆东部的几处新石器时代遗址》，《考古》1964年7期。
⑥ 吴震：《新疆东部的几处新石器时代遗址》，《考古》1964年7期。
⑦ 常喜恩：《伊吾军马场新石器时代遗址调查》，《新疆文物》1986年1期。
⑧ 薛宗正：《新疆奇台发现的石器时代遗址与古墓》，《考古学集刊》第2集，文物出版社，1983年。

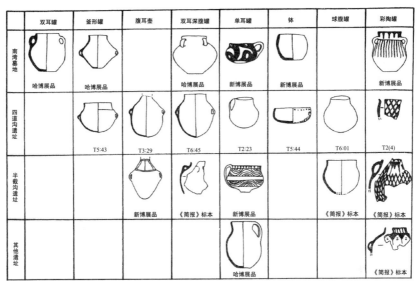

图三　巴里坤草原区各遗址陶器的比较

本一致。

新疆维吾尔自治区博物馆考古队于 1981—1982 年在巴里坤县奎苏南湾墓地清理发掘墓葬 98 座，多为竖穴土坑墓，有单人葬和合葬几种葬俗，已发表的合葬墓 M95 的葬具是由圆木做成。[①]随葬品有陶器、小件铜器和石器，陶器为夹砂红陶，彩陶为红衣黑彩，构图纹样有三角纹、连续折线纹、涡纹等，与四道沟遗址的陶器相比，有 5 种器形比较接近，即釜形罐、双耳深腹罐、单耳罐、钵和彩陶罐。

新疆社会科学院考古研究所于 1983 年在巴里坤县兰州湾子遗址发掘出一个石头建筑遗迹[②]，建筑结构平面呈圆角方形，用卵石围砌而成，在这一建筑遗址中发现了一些铜器和陶器，铜器有双耳深腹高圈足铜釜[③]、小刀和小饰件。陶器较少，仅见单耳罐一种器类，夹砂红陶，与四道沟遗址陶器的整体作风基本一致。

上述比较表明，在巴里坤地区存在着以四道沟遗址遗存为代表的一种青

① 贺新：《新疆巴里坤县南湾 M95 号墓》，《考古与文物》1987 年 5 期。
② 穆顺英、王明哲：《论新疆古代民族考古文化》，《新疆古代民族文物》，文物出版社，1985 年。
③ 资料未发表，见穆舜英：《十年来（1979—1989）新疆文物考古工作取得的新成果》，《新疆文物》1989 年 4 期。

铜文化，其陶器以各种双耳或无耳的圆腹圜底器为主要造型特点。墓葬流行长方形竖穴土坑墓，较大的墓中有框架结构的木质葬具，建筑基址是以卵石围砌的圆角方形建筑，铜器中已开始出现大型容器 —— 铜釜。

在奇台县坎儿子大队四队土丘遗址，曾发现有另一类青铜文化遗存[1]，陶器为夹砂黑褐陶，手制，器形主要为圜底罐等，器表饰菱形划纹、竖向或横向斜条划纹和篦纹。据现有发现显示，这类文化遗存主要分布于北疆的阿勒泰地区，在奇台的这一发现说明，这类遗存分布面的南界可以达到巴里坤地区西北部。

4. 阿勒泰草原区

阿勒泰地区位于新疆北部，准噶尔盆地北侧。阿尔泰山脉南坡地带分布有植被较好的高山牧场，额尔齐斯河流域的湖滨和河岸地带，是发展渔猎、采集经济的理想环境。沿额尔齐斯河顺流而下，是进入哈萨克斯坦及南西伯利亚地区的重要通道，向东行可沿阿尔泰山南坡的山前地带进入东疆。

由于气候寒冷，这一地区难以发展早期的定居农业经济，考古调查很难碰到较大的文化遗址，目前仅发现一些石棺、石人墓地，最重要的发现是在阿勒泰克尔木齐墓地[2]，其主要代表性遗存是该墓地的 M 16。另据介绍，最近在塔城地区也发现了与之相同的遗存[3]。克尔木齐墓地主要为石棺墓，即用石板围成石棺，地表有的有封土，单人葬。随葬品有陶器、铜器、石器和骨器，铜器只见有小铜条。陶器手制，夹砂黑褐陶，胎壁厚重，器形简单。器表多饰细密的划纹、篦纹、刺点纹和凹弦纹，常见器形为圜底罐、深腹钵和圈足碗，也有相同器形的石制容器。石器中还有两边打刃的三角形镞、小型石刻人像制品等。

这类遗存所反映的特征，显然有别于已知其他地区存在的几种青铜文化，而在阿勒泰地区，目前也没有发现其他青铜文化遗存的分布，因此可以

---

[1] 薛宗正：《新疆奇台发现的石器时代遗址与古墓》，《考古学集刊》第 2 集，文物出版社，1983 年。
[2] 李征：《阿勒泰地区石人墓调查简报》，《文物》1962 年 7—8 期。新疆社会科学院考古研究所：《新疆克尔木齐古墓群发掘简报》，《文物》1981 年 1 期。
[3] 李肖：《新疆塔城市考古的新发现》，《西域研究》1991 年 1 期。

确知，在阿勒泰地区存在的是以克尔木齐墓地 M 16 为代表的一种青铜文化。

5. 天山中部山谷区

横亘东西的天山山脉是分隔南疆与北疆的自然地理屏障。在天山中部存在着一些贯穿南北的山谷和走廊地带，这些山谷大多成为古往今来人们翻越天山的自然通道。

20 世纪 70 年代以来，为配合基本建设在这一地区进行了一些发掘工作，在阿拉沟—鱼儿沟墓地[①]、乌拉泊水库墓地[②]、东风机械厂墓地[③] 和阿拉沟大型木椁墓[④] 等地点的发现具有重要意义。另外，在这一地区还屡次出土一些铜器。[⑤] 调查所见的重要遗址有乌鲁木齐市温格尔霍拉墓地、鱼儿沟南岸铜矿墓地、迪根萨拉沟口墓地和一道沟口墓地等地点。[⑥]

1976—1977 年新疆社会科学院考古研究所在乌鲁木齐市南山矿区的阿拉沟—鱼儿沟墓地（以下简称鱼儿沟墓地）共发掘墓葬 76 座，均为竖穴石室墓，上部盖木，石室以卵石砌成，口小底大，平面近圆形。一般直径 2—3 米，深约 2 米。葬俗有两种，丛葬和单人葬。丛葬墓埋入人骨可达二三十具，上下叠压，大多是肢骨零乱不全；单人葬墓中发现有棚架式葬具。随葬品有陶器、小件铜器和木器等种类。陶器手制，夹砂红陶为主，彩陶为红衣黑彩，构图纹样主要是各种三角纹、涡纹和条带纹，基本器形可分为 7 种，计有单耳长颈罐、单耳罐、豆、壶、盆、钵和单耳桶形杯，其中各类单耳器的数量较多（图四）。

---

① 材料未发表，见穆顺英等：《建国以来新疆考古的主要收获》，《新疆考古三十年》，新疆人民出版社，1983 年。
② 王明哲等：《乌鲁木齐乌拉泊古墓葬发掘研究》，《新疆社会科学》1986 年 1 期。
③ 材料未发表，见张玉忠：《天山阿拉沟考古考察与研究》，《西北史地》1987 年 3 期。
④ 王炳华：《新疆阿拉沟竖穴木椁墓发掘简报》，《文物》1981 年 1 期。
⑤ 梁勇：《乌鲁木齐板房沟新发现的二批铜器》，《新疆文物》1990 年 4 期。王博：《新疆近十年发现的一些铜器》，《新疆文物》1987 年 1 期。
⑥ 乌鲁木齐市文物普查队：《乌鲁木齐市文物普查资料》，《新疆文物》1991 年 1 期。

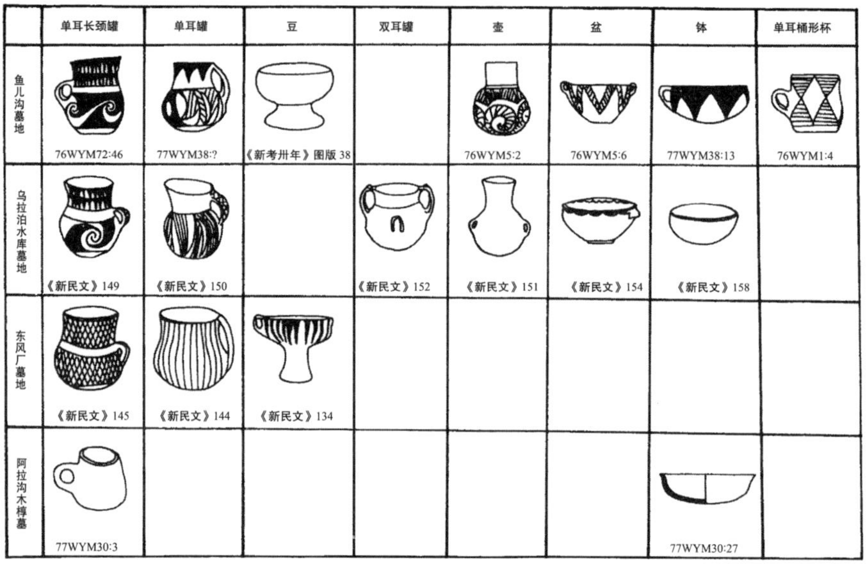

	单耳长颈罐	单耳罐	豆	双耳罐	壶	盆	钵	单耳桶形杯
鱼儿沟墓地	76WYM72:46	77WYM38:?	《新考卅年》图版38		76WYM5:2	76WYM5:6	77WYM38:13	76WYM1:4
乌拉泊水库墓地	《新民文》149	《新民文》150		《新民文》152	《新民文》151	《新民文》154	《新民文》158	
东风厂墓地	《新民文》145	《新民文》144	《新民文》134					
阿拉沟木椁墓	77WYM30:3						77WYM30:27	

图四　天山中部山谷区各遗址陶器的比较

注：《新民文》：《新疆古代民族文物》；《新考卅年》：《新疆文物考古三十年》。下同。

1983 年新疆社会科学院考古研究所在乌鲁木齐市南郊乌拉泊水库墓地发掘墓葬数十座，墓葬形制有竖穴石棺和竖穴土坑墓两种，单人葬或合葬。随葬品有陶器、小件铜器、木器等种类。陶器手制，夹砂红褐陶，多素面，彩陶红衣黑彩，构图纹样有倒三角纹、涡纹和条带纹，器类有单耳长颈罐、单耳罐、双耳罐、壶、盆和钵等，其中单耳长颈罐、单耳罐的造型及彩陶纹样与鱼儿沟墓地的同类器物完全一样，而双耳罐、壶、盆、钵等器物均为素面，表面装饰乳钉、錾耳、竖纽及附加堆纹，这种作风显然有别于鱼儿沟墓地的遗存。

1984 年新疆文物考古研究所在阿拉沟东风机械厂墓地发掘 41 座墓葬和 2 个祭祀堆遗迹，墓葬绝大多数为椭圆形竖穴石室墓，少量为矩形石室墓，还有两例为竖穴土坑墓。墓口一般盖木或积石，积石墓的墓内均为层层填石，葬俗以丛葬为主，也有单人葬。少数墓在封堆中发现人骨架，并有随葬品。墓葬随葬品的种类较多，其中陶器手制，夹砂红陶，彩陶为红衣黑彩或红彩，构图纹样有三角纹、网纹、涡纹和条带纹，基本器类有单耳罐、长颈壶、钵、釜、碗、杯、盆、豆等。据已发表的材料看[1]，单耳长颈罐、单耳罐与鱼儿沟墓地的同类器形完全一样。豆为单耳浅盘高圈足，与焉不拉克墓地遗存中豆的风格基本一致（图一）。

1976—1977 年新疆社会科学院考古研究所在阿拉沟口墓地清理了 4 座竖穴木椁墓，地表有用块石堆成的圆形封堆，封堆周围有矩形石围。墓室为长方形竖穴土坑，墓室上层为卵石和巨形块石填压，积石下为木椁，以圆松木纵横叠置而成，一般葬 1 人或 2 人。随葬品有金、银、铜、陶、木器等，还有丝织物、漆器和牛羊骨骸。金器数量较多，均为各种形状的牌饰和金箔饰物，银器为怪兽面纹银版。铜器有大型喇叭形方座承兽方盘。陶器较少，手制，泥质红陶，素面磨光，器形有带流筒形壶、平底盆（钵）、三足钵和单耳长颈罐。此外还有一些珍珠和玛瑙饰物。这 4 座竖穴木椁墓中的大量金银制品，在新疆境内属首次发现，目前尚无对比资料。方座承兽方盘在伊犁河流域曾有发现[2]，陶器中的单耳长颈罐、钵等类器物，可与鱼儿沟墓地的陶器做一些比较。

通过上述介绍我们发现，在天山中部的山谷和山间盆地中，主要分布着以鱼儿沟墓地遗存为代表的一种青铜文化，这种文化遗存的墓葬以石室墓为特点，实行丛葬或多人合葬。随葬品中陶器的器类简单，多是各种单耳器。这类遗存中发现有多种其他青铜文化的因素成分，如在东风厂墓地所见的竖穴土坑墓和单耳高柄陶豆、大型木椁墓中发现的铜方座承兽方盘、乌拉泊水库墓地所见的一些素面陶器等，这表明鱼儿沟墓地为代表的这种青铜文化构成因素相当复杂多样。阿拉沟大型木椁墓从墓葬形制及葬俗看，与鱼儿沟墓地遗存属同一个文化，两者在随葬品中的差别或许是墓葬等级方面的差别所致。

6. 伊犁河谷区

发源于天山中部的伊犁河向西流入巴尔喀什湖，流域内的上游地区有发育良好的山地植被，是著名的高山牧区。中下游地区河谷两岸地势开阔，沿

---

① 材料未发表，见穆顺英、王明哲：《论新疆古代民族考古文化》，《新疆古代民族文物》，文物出版社，1985 年。
② 张玉忠：《新疆伊犁地区发现的大型铜器》，《文博》1985 年 6 期。

伊犁河谷西行，是进入中亚七河地区的主要通道，而该河上游的东、南、北三面，均被天山环抱。

20世纪60年代开始，在昭苏县夏台（也写作"下台"）、波马等遗址①对广泛分布的大型土墩墓进行了调查和试掘，其后又对察布查尔县索敦布拉克墓地②、新源县铁木里克墓地③、尼勒克县哈拉图拜墓地④等地点进行了发掘。这一地区还多次出土铜釜等大型铜器，较重要的发现有新源县巩乃斯河南岸出土的一批铜器⑤、巩留县出土的一批铜兵器⑥和尼勒克县奴拉赛铜矿遗址⑦。

1981—1982年新疆社会科学院考古研究所在铁木里克墓地发掘墓葬15座，地表均有圆形封土堆，多呈南北向链状排列，大小不等，大封土堆中，有的在底部周围用石块嵌一圆圈。墓葬形制有四类：竖穴单室木椁墓、竖穴双室木椁墓、竖穴填石墓、竖穴土洞墓。各墓随葬品不多，有近半数墓无随葬品或仅见羊骨，随葬品的种类有陶器、石器、骨器和小件铜器。陶器手制，夹砂红陶，表面磨光，施红色陶衣，未见有彩陶，基本器形有长颈壶、圆底钵、盆、细颈瓶、桶形罐、罐和单耳罐等七种（图五）。

新疆维吾尔自治区博物馆于1961年在昭苏县夏台墓地发掘了1座墓，另在其旁边的萨勒卧堡（也叫萨尔霍布）墓地清理了1座墓。两墓形制基本相同，地表为圆丘状封土，往往呈链状分布，墓为竖穴土坑，南北壁有生土二层台，上置带皮大圆木，其上有铺盖横木的痕迹，形成类似椁的顶盖。墓室内未见用棺痕迹，双人仰身直肢葬。随葬品较少，有陶器、石器、铜器等种类。其中陶器为夹砂红褐陶，轮制，器物的颈、腰和底部经手工修整，有的表面施米黄色陶衣，器形有盆、罐、壶，作风与铁木里克墓地的同类器完全一致。另据报道⑧，在夏台墓地还曾发现有彩陶长颈壶和圆底钵等器形，彩为红色彩，壶的颈部绘棋盘格纹，腹部饰重线倒三角纹。在昭苏县波马墓地曾发现1件彩陶

① 中国科学院新疆分院民族研究所考古组：《昭苏县古代墓葬试掘简报》，《文物》1962年7—8期。
② 新疆文物考古研究所：《察布查尔县索敦布拉克古墓葬发掘简报》，《新疆文物》1988年2期。
③ 新疆文物考古研究所：《新疆新源铁木里克古墓群》，《文物》1988年8期。
④ 新疆维吾尔自治区博物馆：《尼勒克县哈拉图拜乌孙墓的发掘》，《新疆文物》1988年2期。
⑤ 巴依达吾列提、郭文清：《巩乃斯河南岸出土珍贵文物》，《新疆艺术》1984年1期。
⑥ 王博、成振国：《新疆巩留县出土一批铜器》，《文物》1989年8期。
⑦ 资料未发表，见穆舜英：《十年来（1979—1989）新疆文物考古工作取得的新成果》，《新疆文物》1989年4期。
⑧ 新疆维吾尔自治区博物馆：《新疆古代民族文物》，文物出版社，1985年，图版103、174。

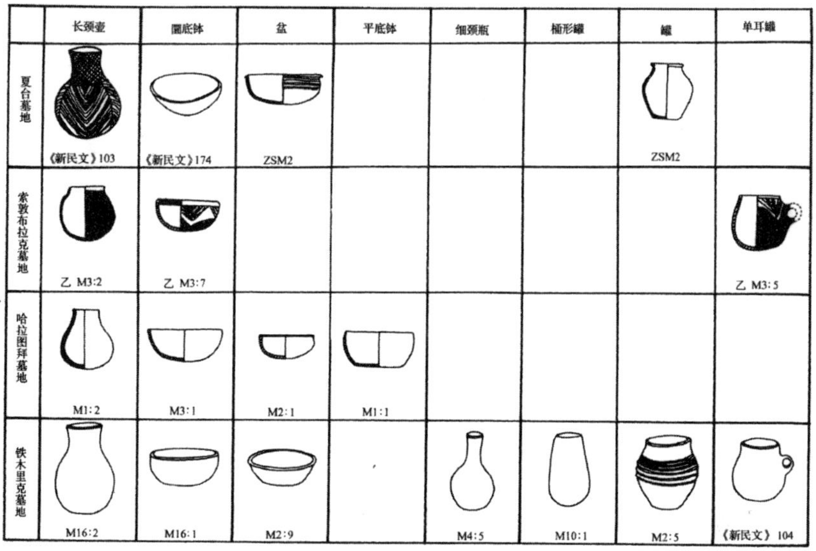

	长颈壶	圜底钵	盆	平底钵	细颈瓶	桶形罐	罐	单耳罐
夏台墓地	《新民文》103	《新民文》174	ZSM2				ZSM2	
索敦布拉克墓地	乙 M3:2	乙 M3:7						乙 M3:5
哈拉图拜墓地	M1:2	M3:1	M2:1	M1:1				
铁木里克墓地	M16:2	M16:1	M2:9		M4:5	M10:1	M2:5	《新民文》104

图五　伊犁河谷区各遗址陶器的比较

细颈瓶[①]，夹砂黄褐陶，轮制，腹部以红彩绘不规则平行带纹数道。这几件器物与铁木里克墓地所出的同类器造型风格也完全一致。

新疆文物考古研究所于 1987 年在察布查尔县索敦布拉克墓地发掘墓葬 3 座，地表见有封土堆和圆形石围，墓葬形制有两种：一是长方形竖穴土坑墓，另一种则是先挖一大圆坑，在坑内再分别挖 4 个长方形竖穴土坑。墓内无葬具，葬式为单人仰身直肢葬或乱骨葬。随葬品中陶器手制，夹砂红陶，红衣红彩，构图纹样为重线三角纹和网格纹，器形有长颈壶、圜底钵、单耳罐等，与铁木里克墓地所见的同类器基本相同。

新疆维吾尔自治区博物馆文物队于 1976 年在尼勒克县哈拉图拜墓地发掘墓葬 3 座，地表有封土，有的外有石围，有的在一个封土堆下有两个墓室。长方形或正方形竖穴土坑墓，单人葬。随葬品中铜器、金箔类均为饰件。陶器手制，夹砂红陶，施紫色陶衣，有的有彩绘，基本器形为长颈壶、圜底钵、盆和平底钵，与铁木里克墓地所出的同类器作风基本相同。

伊犁河流域的上述发现，显示了比较强烈的共同特征：墓葬的规模一般较大，地表可见链状排列的圆丘形封土，墓室为竖穴土坑，常以整根圆木做

---

① 新疆维吾尔自治区博物馆：《新疆古代民族文物》，文物出版社，1985 年，图版 101。

成木椁或其他葬具，以单人葬为主。随葬品中陶器少且种类单调，多是各种圆底器和长颈壶、瓶类器物。彩陶以施红色彩为特点。墓葬随葬品中铜器较少的现象值得注意，也许是这类遗存年代偏晚的缘故，铜器已经不如新出现的铁器那么重要。另一方面，在这一地区多次发现大型铜器和战斧类大型武器，表明这一地区的青铜制作工艺水平高度发达。根据已经发现的材料，这一地区较晚阶段的青铜文化，是以铁木里克墓地遗存为代表的一类遗存。而更早阶段的青铜文化的典型遗存，目前所知不多，但可以巩留所出的铜兵器为其部分遗存的代表。至于尼勒克县奴拉赛铜矿遗址，由于没有发现可以与上述遗址进行对比的材料，所以它与其他青铜文化遗存的关系还不明确。

7. 帕米尔高原区

帕米尔是亚洲腹地的高海拔地区，位于新疆的西南端，与其西北面的天山山脉和其东南面的昆仑山脉共同构成了环绕南疆塔里木盆地的高山屏障。在帕米尔高原的少数山口地带，有一些进入阿富汗和中亚费尔干纳地区的自然通道。这一地区气候和自然环境条件十分恶劣，极大地限制了人类经济活动的发展，但考古调查表明，早在石器时代，人类已进入了亚洲的这一高山地区。[①]1976 年中国社会科学院考古研究所新疆队在塔什库尔干县香宝宝地区发掘的一批墓葬具有重要的意义[②]，以后又有在塔里木盆地西北面的温宿县包孜东墓地[③]、盆地南面的洛浦县山普拉墓地[④] 等地点的发掘工作。调查所见的重要遗址有疏附县阿克塔拉遗址、温古洛克遗址、库鲁克塔拉遗址和德沃勒可遗址等。[⑤]

1976—1977 年在香宝宝墓地两次共发掘墓葬 40 座，墓葬地表多有石堆或石围标志，石堆以大石头堆垒而成，石围是以大石头围成一圈，中部填少量石头或没有石头。圆形或椭圆形竖穴墓，部分墓的墓口有盖木，少数墓中

---

① B. A. 拉诺夫：《帕米尔和石器时代人类入居亚洲高山地区问题》，《考古学参考资料》3—4，文物出版社，1980 年。
② 新疆社会科学院考古研究所：《帕米尔高原古墓》，《考古学报》1981 年 2 期。
③ 新疆维吾尔自治区博物馆等：《温宿县包孜东墓葬群的调查和发掘》，《新疆文物》1986 年 2 期。
④ 新疆维吾尔自治区博物馆：《洛浦山普拉古墓地》，《新疆文物》1985 年 1 期。
⑤ 新疆维吾尔自治区博物馆考古队：《新疆疏附县阿克塔拉等新石器时代遗址的调查》，《考古》1977 年 2 期。

发现有葬具，是以圆木叠置而成。葬俗有火葬和土葬两种，土葬的葬式有侧身或俯身屈肢葬、二次葬等多种。只有近半数墓内有随葬品，计有陶器、小件铜器、木器、金片饰等种类，其中陶器手制，夹砂红褐或灰褐陶，未见有彩陶，基本器形有圜底钵、平底钵、桶形罐、釜形罐、球腹罐等（图六）。

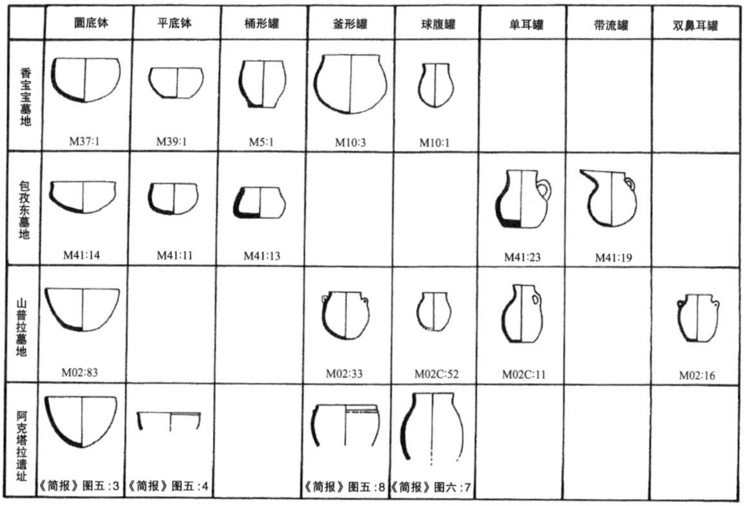

图六　帕米尔高原区各遗址陶器的比较

新疆文物考古研究所于 1985 年在包孜东墓地发掘了 2 座墓，其中 1 座时代偏晚，而另外 1 座墓（即 M41）地表有不规则形石堆，椭圆形竖穴墓，无葬具，丛葬骨架约 20 具。据调查，这个墓群的地表封堆也是各种形状的石堆和石围。已发表材料的 M41 随葬品较多，有陶器、小件铜器、石器、金片饰、料珠等种类。陶器手制，夹砂灰褐陶或黄褐陶，未见有彩陶，基本器形中的圜底钵、桶形罐、平底钵等可与香宝宝墓地的同类器进行比较，另外还有单耳罐、带流罐等。

新疆维吾尔自治区博物馆文物队于 1972 年在阿克塔拉遗址调查时采集到一批标本，计有石器、铜器、陶器等种类。石器有刀、镰、磨盘、杵、砺石、石球、镞等，尤以半月形弧刃石刀、石镰等工具最有特点，铜器仅见小刀。陶器手制，夹砂红褐或灰褐陶，素面为主，基本器形中的圜底钵、平底钵、釜形罐、球腹罐等与香宝宝墓地的同类器作风完全一致。

1984 年新疆维吾尔自治区博物馆考古队在山普拉墓地发掘墓葬 52 座，

地表一般不见封土标志，形制分为两类：一类是方形竖穴土坑，有长方形墓道，墓室顶部用木头棚架，形似窝棚，这类墓大多为丛葬，如 M2 中有 146 个个体，男女老少均有；另一类为长方形竖穴土坑墓，多人葬或单人葬，有的有木棺葬具。葬式有仰身直肢葬、屈肢葬、俯身葬等多种，这批墓葬的随葬品十分丰富，有木器、陶器、铜器、毛织物、弓箭及食品等种类，其中陶器手制，黑色或红色夹砂陶，基本器形中的圜底钵、釜形罐、球腹罐、单耳罐等可以与香宝宝墓地的同类器物进行比较，另外还见有双鼻耳罐等器类。

帕米尔高原区由于范围大，发现的点相对较分散，因此各遗址点的差异性比较明显，但也可见许多共同因素，如墓葬常见大型丛葬墓，多有石堆、石围等地面标志，陶器以素面的圜底器类为特点，双耳罐常见带鼻形耳的作风，常见羊肉、装有羊肉的木盘、羊角形铜饰物等与牧业经济相联系的随葬品。所以，就目前发现的材料看，帕米尔高原区存在的青铜文化，是以香宝宝墓地土葬墓为代表的一类遗存，山普拉墓地等地点所具有的不同特点，主要反映了这种青铜文化早晚发展阶段的差异，这一问题在后面的章节中将继续进行论述。

8. 焉耆盆地区

焉耆盆地位于新疆中部地区，其东北、西北面被天山山脉围绕，东面和南面则是地势低洼的罗布淖尔地区和塔里木河下游地区。盆地内有新疆境内最大的淡水湖 —— 博斯腾湖，湖滨地区自然条件十分优越。沿天山南坡的山前地带西行，是进入南疆腹地的重要通道。

1983 年开始发掘的和静县察吾乎沟第一①、二②、四③号墓地，是这一地区最重要的发现，在轮台县群巴克墓地④、和硕县新塔拉遗址⑤、曲惠遗址⑥等地点的调查和发掘表明，青铜时代的遗存在这一地区有广泛的分布。

---

① 孙秉根、陈戈：《新疆和静县察吾乎沟口一号墓地》，《考古学报》1988 年 1 期。
② 新疆文物考古研究所等：《新疆和静县察吾乎沟二号墓地》，《新疆文物》1989 年 4 期。
③ 新疆文物考古研究所等：《和静县察吾乎沟四号墓地 1987 年度发掘简报》，《新疆文物》1988 年 4 期。
④ 中国社会科学院考古所新疆队等：《新疆轮台群巴克古墓葬第一次发掘简报》，《考古》1987 年 11 期。
⑤ 新疆文物考古研究所：《新疆和硕新塔拉遗址发掘简报》，《考古》1988 年 5 期。
⑥ 新疆文物考古研究所等：《和硕县新塔拉、曲惠原始文化遗址调查》，《新疆文物》1986 年 1 期。

中国社会科学院考古研究所新疆队和新疆社会科学院考古研究所分别于
1983 年和 1984 年对察吾乎沟一号墓地进行了发掘。这一墓地地面所见墓葬
总数约 700 多座，两次共发掘墓葬 110 座，所有墓葬地表均有石围或石堆标
志，墓为近圆形的竖穴石室结构，石室系用较大的卵石垒砌而成，口部以大
石板棚盖。一般以细木棍或芨芨草席做成葬具，多为多人二次合葬，合葬墓
最下层者一般是一次葬，部分墓有上下两层骨架，其间以填土分隔。整个墓
地均无打破关系，说明其使用经过一定的规划。随葬品有陶器、小件铜器、
石器、木器、骨器、金饰片和毛织物等。其中陶器手制，夹砂红褐陶，彩陶
一般涂红色陶衣，施黑彩或红彩，构图纹样多为各种三角纹、网格纹、折线
纹，其中尤以各种几何形构图的棋盘格纹、菱形纹、回纹等变化多样，独具
特色，基本器形有带流罐、单耳长颈罐、长颈壶、单耳罐、釜形罐、双鼻耳
罐、单耳桶形杯和钵等（图七）。

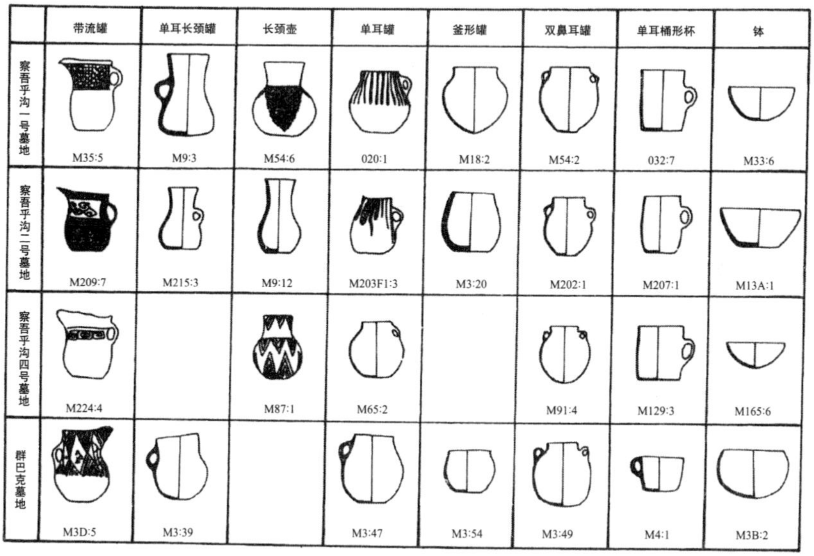

图七　焉耆盆地区各遗址陶器的比较

新疆文物考古研究所于 1986 年在察吾乎沟二号墓地发掘墓葬 18 座，
1988 年又发掘了 6 座，地表也见有石堆、石围标志，葬俗与一号墓地基本
相同，随葬品中陶的主要器形和纹饰特征，与一号墓地的同类器物作风一
致。只是这一墓地的整体规模相对较小，地面所见仅 100 余座墓葬。

新疆文物考古研究所于 1986—1987 年在察吾乎沟四号墓地共发掘墓葬
250 座，地面可见的墓共约 270 座，可以说基本揭露了这一墓地的全貌。墓
葬地表可见石围标志，平面多呈一头略尖的熨斗形（或称弹头形），在尖端
处挖椭圆形竖穴，以大块卵石围砌成墓室。葬具多为纵横两层的细木棍或芨
芨草席，多见合葬，少数单人葬。随葬品主要是陶器和小件铜器，陶器手
制，夹砂红褐陶，彩陶比例较高，施深红色陶衣，黑彩或红彩，基本器形中
有 6 种与一号墓地的同类器作风一致，特别是带流单耳彩陶罐，数量多，变
化多样，为这一墓地的典型代表性器类。

中国社会科学院考古研究所新疆队于 1985 年在群巴克墓地发掘墓葬 4
座，1987 年又发掘墓葬数 10 座。[1]墓葬地表有封土，竖穴土坑，墓室结构有
两类：较大的墓有短浅墓道，口部棚架盖木；另一类墓没有墓道和口部盖
木。葬具为木棍或芨芨草席，常见多人合葬，多数骨架位置零乱，葬式不
明。随葬品的数量差别明显，种类有陶、石、铜、木、骨器和毛织物等。其
中陶器手制，夹砂红褐陶，彩陶通体涂红色陶衣，施红彩或黑彩，构图纹样
为各种三角纹和网格纹，基本器形中有 7 种与察吾乎沟一号墓地的同类器作
风接近或一致。

焉耆盆地的各处发现其共同之处在于，分布在山口地带的墓葬以地表围
石围、堆石堆、墓室用卵石垒砌为特点；分布在戈壁滩的墓葬则以同样形状
的沙砾石封土为标志。一般盛行多人二次合葬，其中有的墓显然多次使用，
每次以填土层为间隔。葬具简单，随葬陶器中流行带单耳的各种器类，圜底
或平底，特别是普遍存在的单耳带流罐独具特色，在新疆其他地区极少发
现。上面这四个墓地遗存间的共同性表明，它们属于同一种文化，各遗存间
的差别只是不同时间阶段不同特点的反映，这种青铜文化可以察吾乎沟一、
四号墓地的遗存为典型代表。

通过对上述 8 个区域内几十处文化遗存的比较分析，我们认为，就目前
材料所见到的情况，新疆境内的青铜文化遗存，至少可以区分为 8 种不同的
文化，这 8 种不同的文化存在于新疆各地 8 种不同的环境条件之中，它们分
别代表了新疆青铜时代考古学文化的主要内涵。

---

① 中国社会科学院考古所新疆队等：《新疆轮台群巴克墓地第二、三次发掘简报》，《考古》1991 年
8 期。

在基本区分了新疆境内的各种青铜文化之后，我们试图将这些文化逐一进行分析，探讨它们各自的渊源关系和发展过程，并进而指明其主要文化因素的属性。

三、几种主要文化因素的渊源分析

1. 东来文化因素

我们首先分析一下东疆地区几种青铜文化的构成情况。在哈密盆地，焉不拉克墓地遗存最具有代表性。^{14}C 测定数据显示，该墓地遗存的绝对年代是在距今 3720±55—3065±55 年（半衰期 5730，已经树轮校正，下同），一般倾向于认为，该遗存的存在时间是在距今 3300—3000 年[1]，有的研究者已对该墓地做了分期研究，表明此类遗存存在的时间较长[2]。现在可以此为出发点，将这一墓地中较早和较晚的遗存中的一些典型单位进行比较，我们认为，尽管该墓地延续时间较长，但其主要的文化特征却相对变化较小。也就是说，焉不拉克墓地遗存表现了这一文化在相对较长时间里的稳定发展。在这里我们可以把这一墓地遗存作为一个整体来讨论它与其他几处遗存的早晚关系。

哈密五堡水库墓地遗存的 ^{14}C 测定结果表明，该墓地遗存的绝对年代约在距今 3115±85—2840±80 年。这一墓地出土的随葬品，特别是陶器所具有的与焉不拉克墓地陶器的许多共同特征，也说明了该墓地遗存与焉不拉克墓地遗存是同时代的。这种同一性也反映在拉甫乔克墓地遗存与焉不拉克墓地遗存的关系中（图一）。

通过对哈密雅林办墓地遗存的分析，我们已经知道，该墓地遗存中有两种不同的构成因素，其中第一类与焉不拉克遗存基本相同，其典型单位的存在时间应与焉不拉克墓地同时。但是，由于雅林办墓地第二类构成因素的大量存在，我们有理由认为，这一墓地遗存存在时间的上限年代，应略早于焉不拉克墓地的年代。遗憾的是，这种早于焉不拉克墓地遗存的文化因素，就

---

[1] 中国社会科学院考古研究所实验室：《放射性碳素测定年代报告（一六）》，《考古》1989 年 7 期。

[2] 张平等：《新疆哈密焉不拉克墓地》，《考古学报》1989 年 3 期。

目前所知，它在哈密盆地的分布，远不如焉不拉克墓地遗存那样广泛，而且二者在陶器的形态特征等方面找不到符合逻辑的演变轨迹。可以肯定，雅林办墓地的第二类构成因素不是焉不拉克墓地遗存的来源所在。除此之外，在哈密盆地乃至于整个东疆地区，尚未见有年代上早于焉不拉克墓地遗存的青铜文化。这样一来，我们不得不扩大观察视野，把考察范围延伸到甘青地区。

在甘肃省中部和西部地区、青海省东北和西北部地区，存在着一些年代早于新疆东部焉不拉克墓地遗存的早期文化遗存，其中主要分布于甘肃西部地区的马厂类型遗存、四坝文化和主要分布于甘肃中部、青海北部和东部的辛店文化、卡约文化十分引人注目。许多学者早就注意到了新疆东部的以红衣黑彩为基本特征的彩陶遗存，与甘青地区的早期文化有十分密切的关系。这种认识在总体上说是可以肯定的，但在阐述这种关系的具体内容时，大家的认识显然各不相同。有的学者认为，焉不拉克类遗存主要是接受了辛店文化和四坝文化的影响。[1]目前这种观点已被许多人引用。对于这一问题，我们有基本不同的认识，在此可做进一步的阐述。

甘肃西部大范围的考古调查表明，在乌鞘岭以西的河西走廊中、西部地区，至今尚未发现典型的辛店文化遗存分布[2]，被认为与焉不拉克类遗存的陶器有直接演变关系的几种器物[3]，应分别属于辛店文化的姬家川类型和张家咀类型中的唐汪式陶器。这两种类型辛店文化遗存的分布，主要是在甘肃中部的洮河流域和青海东部的河湟地区。[4]显然，由于存在着空间分布上的巨大空白地带，辛店文化无法直接与新疆东部的青铜文化发生接触，自然也就不是它们的主要渊源所在。

四坝文化主要分布在甘肃西部地区，由于它的分布地域与新疆东部接邻，年代又较早，因此它的向西发展，最有可能对东疆地区的青铜文化产生影响。可是经过比较我们发现，在焉不拉克墓地遗存中很少能看出四坝文化的直接影响，特别是二者的陶器在彩陶颜料的使用、基本器形组合、基本构图纹样等方

① 陈戈：《略论焉不拉克文化》，《西域研究》1991年1期。
② 甘肃省文物普查资料尚未正式公布，另据李水城、水涛：《甘肃西部史前考古调查》，《中国考古学年鉴》，文物出版社，1987年。
③ 陈戈：《略论焉不拉克文化》（《西域研究》1991年1期）一文所用线图。
④ 张学正、水涛、韩翀飞：《辛店文化研究》，《考古学文化论集》三，文物出版社，1993年。

面存在比较明显的差别。可以肯定，焉不拉克墓地遗存不是来源于四坝文化，但最新材料显示，四坝文化的影响范围已经达到了哈密地区，所以以四坝文化最终会对焉不拉克类遗存产生一定的影响，这也是可以理解的现象。

在对辛店文化和卡约文化的关系进行比较时我们发现[①]，辛店文化晚期阶段在向西发展的过程中，在湟水流域与卡约文化发生了广泛的接触，随后趋于消亡。卡约文化晚期阶段吸收了辛店文化固有的唐汪式陶器等文化因素，并继续沿大通河流域向西发展。在甘肃西部的玉门市清泉乡火烧沟遗址的发掘中[②]，曾发现了卡约文化的典型标型器物 —— 长颈腹耳壶等器类，这说明卡约文化的向西分布，有可能最终穿过祁连山脉进入河西走廊西部地区。另一方面，卡约文化也有可能经祁连山南坡的所谓"羌中之地"[③]进入新疆东部地区。

把卡约文化的墓葬形制和随葬品的一些主要特征与焉不拉克类遗存做一番比较（图八），不难看出二者存在许多共同特点，陶器中特别是许多素面陶器的一致作风，说明二者的关系十分密切。据 ^{14}C 测定数据，卡约文化存

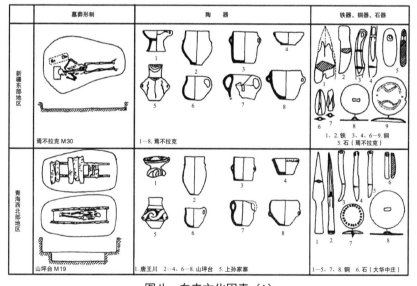

图八　东来文化因素（1）

①　张学正、水涛、韩翀飞：《辛店文化研究》，《考古学文化论集》三，文物出版社，1993 年。
②　材料未发表，见甘肃省博物馆：《甘肃文物考古三十年》，《文物考古三十年》，文物出版社，1979 年。
③　《汉书·张骞李广利传》，中华书局标点本。

在的时间约在距今 3600—3000 年，因此我们认为，广泛存在于青海东部和西北部地区的卡约文化的向西发展，对新疆东部地区的焉不拉克类遗存产生了直接影响，卡约文化应是焉不拉克类遗存的主要来源。

雅林办墓地第二类构成因素中的陶器及墓葬形制方面所表现的特征，与四坝文化和马厂类型遗存有许多共同之处（图九）。这些相同特征的确认，同样具有重要的意义。对四坝文化的研究表明[1]，四坝文化主要是从马厂类型经过所谓的"过渡类型遗存"演变发展而来，而且越来越多的材料表明，马厂类型遗存及其变体，在甘肃西部地区的存在和发展经历了相当长的时期，它的向西发展进入东疆地区是完全可能的。在雅林办墓地遗存中所见到的这种影响已是十分明显的例证，在更北面的巴里坤草原区，一些青铜文化遗存如南湾墓地遗存中，同样也能看到这种来自马厂类型遗存的影响（图三）。由于南湾墓地的主要材料尚未发表，我们对存在于巴里坤地区的以四道沟遗址和南湾墓地遗存为代表的青铜文化的总体面貌还不十分清楚，对于它的来源在此不做过多的推论。

通过上述比较，我们明确了这样一个事实：存在于甘肃西部、青海东北部地区的一些年代较早的文化遗存，在向西的发展中都曾对新疆东部地区的青铜文化产生过影响，这表明哈密盆地的焉不拉克类遗存、雅林办墓地第二类构成因素的主要来源，都可以归结为这种影响作用的结果。另据体质人类学研究成果显示，焉不拉克墓地遗存中存在有一定数量的原始欧洲人种群体。[2] 目前我们尚不能从陶器等基本文化因素中对属于原始欧洲人群体的固有文化传统加以区分，这或许可以解释为一种文化认同现象，因为已有材料表明，焉不拉克墓地中的欧洲人群体，或许不是最早进入新疆东部的欧洲人群体。在雅林办墓地，虽然我们现在还没有看到体质人类学研究的最终结果，但在这一墓地遗存中的部分彩陶是以各种松针纹为构图母题，这种纹样及其风格，无疑是属于中亚地区安德罗诺沃文化（Andronovo Culture）的固有传统。由于雅林办墓地的材料尚未全部发表，这类以饰松针纹为特点的文化因素所占的比例还难以确知。在新疆东部地区，从现知年代最早的青铜文化遗存中，就已经发现了原始欧洲人群体及其部分文化传统因素，这是确定无疑的，这种原始欧洲人群体所固有的

① 李水城：《四坝文化研究》，《考古学文化论集》三，文物出版社，1993 年。
② 韩康信：《哈密焉不拉克墓地人骨种系成分研究》，《考古学报》1990 年 3 期。

文化传统，在东疆地区的发展始终未占据主导地位。

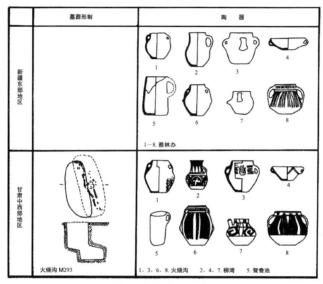

图九　东来文化因素（2）

2. 北来文化因素

在新疆北部地区，我们知道存在着以克尔木齐 M16 为代表的一种青铜文化。据介绍[1]，在清理发掘的全部 32 座墓中，相当一部分是属于早期的青铜时代遗存，可惜由于简报所发表材料过少[2]，我们无法看到这批墓葬材料的全貌。另外，在奇台县坎儿子大队四队土丘遗址[3]，也发现了这类遗存的零星陶器。

对于这类遗存的性质和年代，曾有过不同的认识。有的研究者认为，其上限年代早不过战国时期[4]；有的研究者认为，这批墓葬随葬陶器的风格与南阿尔泰地区的卡拉苏克文化（Karasuk Culture）的陶器颇为相似，据此认定其年代约在公元前 1200—前 700 年[5]；还有的学者认为，它们与邻近的南西伯利

① 王炳华：《新疆地区青铜时代考古文化试析》，《新疆社会科学》1985 年 4 期。

② 新疆社会科学院考古研究所：《新疆克尔木齐古墓群发掘简报》，《文物》1981 年 1 期。

③ 薛宗正：《新疆奇台发现的石器时代遗址与古墓》，《考古学集刊》第 2 集，文物出版社，1983 年。

④ 新疆社会科学院考古研究所：《新疆克尔木齐古墓群发掘简报》，《文物》1981 年 1 期。

⑤ 穆顺英、王明哲：《论新疆古代民族考古文化》，《新疆古代民族文物》，文物出版社，1985 年。

亚地区的阿凡纳谢沃文化（Afanasyevo Culture）中的陶器存在明显的联系[1]，据后一种观点，这类遗存的年代当更早到距今 4000 年以前。实际上在将这类遗存与南西伯利亚地区的早期文化做比较之后，可以肯定它们之间有密切的联系，在这一点上一般看法都是一致的，问题只是在于确定这类遗存的年代所依据的材料各不相同，因而结论也相去甚远。在此我们需对一些境外青铜文化的性质、年代和基本特点做进一步的分析，然后阐明这类遗存的真正归属。

据苏联学者吉谢列夫（Киселёв Сергей Влацимирович, 1905—1962）等人的研究[2]，南西伯利亚的广大区域，包括南阿尔泰地区、西萨彦岭及叶尼塞河中上游地区、鄂毕河及额尔齐斯河的中上游地区和米奴辛斯克盆地（Minusinsk Hollow）等地，从铜石并用时代到青铜时代晚期，都经历了几个时间上顺序发展的文化阶段，各阶段的典型代表性文化分别被称作阿凡纳谢沃文化、安德罗诺沃文化和卡拉苏克文化。在此之后，普遍进入早期铁器时代——塔加尔文化（Tagar Culture）时期。另据苏联学术界新近的研究成果表明，对于鄂毕河流域的青铜时代文化，还可再做进一步的区分。[3]

阿凡纳谢沃文化的分布面相当广泛，在此我们主要讨论分布于南阿尔泰地区的阿凡纳谢沃文化的一些特点。综合几处发掘材料可以看出，墓葬地表有用泥土和石块堆成的墓冢，也有在土冢上砌石围或单独使用石围的现象，墓室为圆角长方形竖穴，墓内不见葬具，多为单人仰身直肢葬，也有多人合葬。随葬品中陶器多见典型的阿凡纳谢沃文化的标型器类——蛋形罐，全部陶器壁都有用草抹平或用齿形器修平的抹痕，器表纹饰一般是压印的杉针纹。体质人类学研究表明，阿凡纳谢沃文化的人种群体属于已经具有畜牧业的古欧罗巴人种类型。其他方面的资料也表明，这一文化曾受到中亚铜石并用时代文化的广泛影响。[4]

安德罗诺沃文化在南西伯利亚地区的分布范围更大。另据介绍，中亚的西哈萨克斯坦也有这种文化广泛分布。在南阿尔泰地区的发现显示，这种

---

① 王炳华：《新疆地区青铜时代考古文化试析》，《新疆社会科学》1985 年 4 期。

② C. 吉谢列夫：《南西伯利亚古代史》，新疆社会科学院民族研究所，1981 年。

③ 有关材料及观点请参阅《苏联召开 "斯基泰时代的阿尔泰" 专题讨论会》，《新疆文物》1990 年 2 期。

④ 关于中亚地区铜石并用时代文化的一些问题，可参阅 Philip. Kohl, *Central Asia, Paleolithic Beginnings to the Iron Age*, Paris, 1984；另见 S. P. Gupta, *Archaeology of Soviet Central Asia, and the Indian Borderlands*, Volume II, B. R. Publishing Corporation, Delhi, 1979。

文化的墓葬地表往往有封土、石圈、四角形围墙等标志，有的墓室用石板砌成，墓口以石板封盖，有的土坑墓以木头封盖墓口，普遍无葬具，葬式有单人仰身、侧身屈肢葬和丛葬。随葬品中青铜器较少且形制简单。陶器手制，夹砂褐陶，器壁内侧常见擦痕，外表经磨光，多数有用齿形器及其他拍印工具压捺的纹饰，如杉针纹、之字形带纹、三角纹和折线几何纹，基本器形为斜直腹或圆鼓腹的平底缸形器。

卡拉苏克文化在叶尼塞河流域具有广泛的分布，而分布在鄂毕河上游及南阿尔泰地区的卡拉苏克文化属于一个独特的类型。在葬俗方面，这里没有石棺和围墙，而以古老的屈肢葬居多（在卡拉苏克墓地，大部分墓葬地面有四角形石板墙，葬具是石板制的梯形石棺）。在随葬的金属器中，基本不见曲柄兽头刀等卡拉苏克墓地的典型器物，而代之以一种单孔刀。陶器中圜底器几乎不见，球形器也很少。多见圆腹平底罐，造型特征与安德罗诺沃文化的陶器十分相似。这表明在南阿尔泰地区存在的这一类型的卡拉苏克文化遗存，同安德罗诺沃文化的联系比较密切，新因素的作用较少，而在叶尼塞河沿岸，大量出现的新因素导致了典型卡拉苏克文化的产生。体质人类学资料也显示了南阿尔泰地区卡拉苏克时期的人群同安德罗诺沃时期的人群之间的差别，不像在米奴辛斯克盆地所表现的那样明显。在西阿尔泰偏南地区、塞米巴拉金斯克近郊和额尔齐斯河中上游的其他地区，卡拉苏克文化的遗存仅有一些零星的发现。这些情况说明，从卡拉苏克文化时期开始，以鄂毕河上游和额尔齐斯河上游之间的分水岭为分界线，东部和西部存在着各自独立的文化发展过程[1]，形成了两个不同的文化区。其中西部的阿尔泰及以西地区，更多地保留了安德罗诺沃文化的传统因素，而东部的叶尼塞河沿岸地区，则广泛吸收了来自蒙古国和内蒙古鄂尔多斯地区的许多新的文化因素。在鄂毕河上游的南阿尔泰地区，可以看到典型卡拉苏克文化遗存因素逐渐向西渗透发展的轨迹。

综合比较南西伯利亚青铜时代各文化的主要特征，可以看出新疆阿勒泰地区以克尔木齐 M16 为代表的这种青铜文化遗存，与阿凡纳谢沃文化的基本面貌差距较远，与安德罗诺沃文化相比在陶器的造型特征及墓葬形制方面也有明显的差别。从总体上看，它最接近米奴辛斯克盆地的典型卡拉苏克文化

---

① C. 吉谢列夫：《南西伯利亚古代史》，新疆社会科学院民族研究所，1981 年。

遗存，但在青铜工具、武器的种类和数量方面则显得比较贫乏而又接近安德罗诺沃文化的特点。此外，在克尔木齐墓地发现的一件小型石刻人像制品，与在安德罗诺沃文化中发现的骨质雕刻人像制品也颇具相同之处（图一〇）。

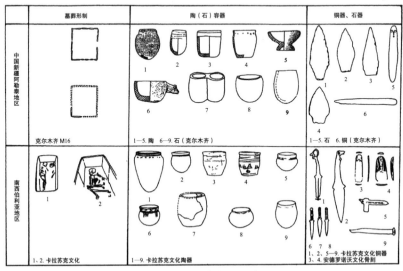

图一〇　北来文化因素

因此我们认为，克尔木齐墓地 M 16 所代表的青铜文化遗存，主要是接受了来自米奴辛斯克盆地的卡拉苏克文化的影响，同时吸收了来自西部的安德罗诺沃文化的固有传统因素。换言之，这类遗存的性质，应与南阿尔泰地区的早期卡拉苏克文化同属一种文化。考虑到新疆阿勒泰地区正好处在南西伯利亚地区东西两个文化区的分布交界地域，这种同时具有东西两种文化因素的现象也就不难解释清楚了。这种遗存进入新疆北部地区的时间大约应在安德罗诺沃文化晚期或卡拉苏克文化早期阶段，绝对年代约在公元前 15—前 12 世纪。如果进一步推论，新近在塔城地区发现的石棺墓材料，其构成因素主要应是南西伯利亚西部文化区的固有文化因素。新疆北部地区与南西伯利亚地区文化发展的一致性和密切联系，在年代稍晚的阶段里，有更多的材料可以说明。[1]

---

① C. H. 鲁金克：《论中国与阿尔泰部落的古代关系》，《考古学报》1957 年 2 期。

3. 西来文化因素

新疆西部地区与中亚各国有漫长的边境接壤地带，由于有东西走向的天山山脉横亘其间，这一地区又可以划分为西北部和西南部两大区域。

新疆西北部地区的青铜时代文化，据上述分析可知主要是分布在伊犁河流域的一种文化遗存。^{14}C 测定数据表明，昭苏县夏台墓地和波马墓地遗存的绝对年代，约在距今 2385±60—2095±80 年[①]，新源县铁木里克墓地遗存的绝对年代，约在距今 2540±60—2200±60 年[②]。据尼勒克县奴拉赛铜矿坑木的 ^{14}C 测定结果，这一矿井的开采使用年代约在距今 2410±70 年。察布查尔县索敦布拉克墓地遗存虽然没有发表 ^{14}C 测定数据，但根据其遗存特征分析，它的年代应晚于铁木里克墓地遗存。尼勒克县哈拉图拜墓地遗存也应与索敦布拉克墓地遗存基本同时。这样一来我们发现，目前在伊犁河流域发现的几处青铜时代晚期遗存，其上限年代均不早于公元前 6 世纪。由于伊犁河流域的这种青铜文化遗存自身特点比较明确，在新疆其他地区尚未发现和确认与之有渊源关系的较早阶段的文化遗存，在此我们不妨将这种遗存与在中亚七河地区的发现做一些比较。

根据苏联学者伯恩施坦（A. N. Bernshtam）等人的研究[③]，确知在中亚的楚河流域、伊塞克湖地区、中部天山和七河地区存在着大量的时代相当于公元前 7—前 4 世纪的青铜文化的墓葬遗存，这些遗存也被称作塞克人（Saka）遗存或塞克时代。[④] 虽然关于中部天山和七河地区这一时期文化的属性问题还有许多不同观点[⑤]，但是我们只需把它们作为一种特定的青铜文化遗存与在新疆伊犁河流域发现的青铜文化遗存做些比较，就可知道这两地的遗存在许多方面都有一致特点（图一一）。

① 北京大学历史系考古专业碳十四实验室：《碳十四年代测定报告（续一）》，《文物》1978 年 5 期。文物保护科学技术研究所碳十四实验室：《碳十四年代测定报告（二）》，《文物》1980 年 2 期。
② 北京大学考古系碳十四实验室：《碳十四年代测定报告（七）》，《文物》1987 年 11 期。
③ A. H. 伯恩施坦：《中部天山和帕米尔阿赖地区历史考古概述》，《苏联考古学资料与研究》，第 26 册（俄文），莫斯科，1952 年。
④ 弗鲁姆金：《苏联中亚考古》，新疆维吾尔自治区博物馆，1981 年。
⑤ 关于这些文化遗存属性问题的讨论，请参阅 A. H. 伯恩施坦：《中部天山和帕米尔阿赖地区历史考古概述》，《苏联考古学资料与研究》，第 26 册（俄文），莫斯科，1952 年；弗鲁姆金：《苏联中亚考古》，新疆维吾尔自治区博物馆，1981 年。

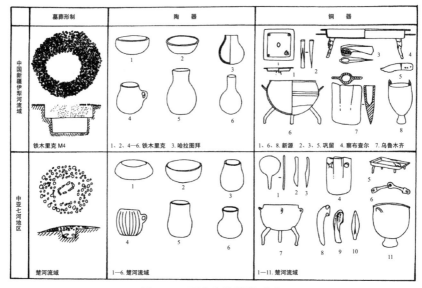

图一一　西来文化因素（1）

　　特别是墓葬随葬品中的陶器均以素面为主，多见圜底或平底的各种长颈壶、罐及碗钵类器形，都有大型铜容器如三足釜、四足承兽方案（也叫方盘）、双耳圈足铜鍑等，两地所共有的大型工具如方形带銎铜铲、大型武器如有銎铜斧等最具典型意义，生活用具中的带柄素面铜镜也是这两个地区共有的典型器物。这些一致性说明两地的遗存应是同一性质的文化。由于这种文化遗存在中亚地区分布面广且年代相对较早，我们认为，伊犁河流域以铁木里克墓地遗存为代表的这种青铜文化，是中部天山及七河地区约相同年代的青铜文化不断向东迁移分布的产物。这种青铜文化在中亚地区的产生，应与中亚地区稍早阶段广泛分布的安德罗诺沃文化有较密切的渊源关系。[①] 目前所知，这种青铜文化的向东发展，仅达到伊犁河上游的天山以北地区，而在天山以南的帕米尔地区和环塔里木盆地的山前地带，则是以香宝宝墓地土葬墓遗存为代表的一种青铜文化。

----

① 关于安德罗诺沃文化在中亚地区的分布及存在时间的下限年代等问题，目前仍有一些争论，请参阅 S. P. Gupta, *Archaeology of Soviet Central Asia, and the Indian Borderlands*, Volume Ⅱ, B. R. Publishing Corporation, Delhi, 1979。

香宝宝墓地的 ^{14}C 测定数据共有 4 个[①]，其中 M40 的一个数据为距今 4390±90 年，这个数据与其他数据相比明显偏早，其余 3 个数据显示，这个墓地遗存的绝对年代应在距今 2750±65—2465±70 年。洛浦县山普拉墓地 ^{14}C 测定数据中，有一个数据为距今 2865±90 年，明显早于其他数据，其他数据大致落在距今 2290±65—1995±75 年范围内。[②] 包孜东墓地和阿克塔拉遗址没有发表 ^{14}C 测定数据，根据它们各自的文化特征分析，包孜东墓地遗存的年代应晚于香宝宝墓地，而阿克塔拉遗址中由于存在着大量的圜底陶器、弧刃石刀、石镰等具早期文化特点的遗物，其存在时间应早于香宝宝墓地或与之同时。这样在我们划定的帕米尔高原区范围内的青铜文化，现知最早的遗存其年代上限约为公元前 9 至前 8 世纪，最晚的遗存已到了公元 1 世纪的西汉末年或东汉初年。虽然在山普拉墓地的部分遗存中发现有大量的汉代遗物[③]，但是这一遗存中所固有的文化传统如陶器的造型特点和风格以及使用大型丛葬墓的特性依然十分鲜明，所以我们仍旧需要把这一墓地中属于其自身传统的因素，作为以香宝宝墓地遗存为代表的这类青铜文化最晚阶段的遗存来加以讨论。根据现有的发掘和调查资料，我们发现，这种青铜文化在帕米尔及塔里木盆地边缘地带的分布，呈现了西边的遗存年代早，而东南和东北面的遗存年代相对较晚的时间阶段性。在更东边的且末县扎洪鲁克墓地虽然发现了距今 3000 年前后的文化遗存[④]，但该遗址的基本面貌尚不清楚。在罗布淖尔地区的古墓沟墓地发现的早期遗存[⑤]，也由于这样的原因，无法与帕米尔地区的青铜文化进行比较。在焉耆盆地虽然发现了约相同时代的青铜文化遗存，但我们已确知它属于另一种文化。所以在此我们需要进一步考察香宝宝墓地类遗存与其西边的中亚地区青铜文化的关系。

在中亚的塔吉克斯坦和费尔干纳盆地（Fergana Basin），对于青铜文化的发现和探索，已经积累了相当多的材料，其中比较重要的是在费尔干纳盆地发现的楚斯特文化（Chust Culture）。[⑥] 在这种文化遗存中，发现了一些弧刃石

① 北京大学历史系考古专业碳十四实验室：《碳十四年代测定报告（续一）》，《文物》1978 年 5 期。文物保护科学技术研究所碳十四实验室：《碳十四年代测定报告（二）》，《文物》1980 年 2 期。
② 文物保护科学技术研究所碳十四实验室：《碳十四年代测定报告（六）》，《文物》1990 年 7 期。
③ 新疆维吾尔自治区博物馆：《洛浦县山普拉古墓地》，《新疆文物》1985 年 1 期。
④ 多鲁坤·阚白尔：《塔里木南部发现三千年前古尸》，《文物天地》1987 年 2 期。
⑤ 王炳华：《孔雀河古墓沟发掘及其初步研究》，《新疆社会科学》1983 年 1 期。
⑥ Y. A. 扎德尼普罗夫斯基：《费尔干纳古代农耕文化》，《苏联考古学资料与研究》，第 118 册（俄文），莫斯科，1962 年。

刀、石镰等农业生产工具，而这类工具传统上一直是中国黄河流域早期农耕文化的代表性工具，所以很多研究者认为，楚斯特文化是中亚地区与中国境内的早期文化关系最为密切的文化，更有人推测其为西迁的月氏人的文化遗存。[1] 根据苏联学者对这种文化的研究，知道它主要分布在费尔干纳盆地和塔吉克斯坦的部分地区，是一种定居的以灌溉农业经济为主体的文化遗存，遗物中有大量的陶器、石器和小件铜器，陶器中的彩陶为红衣黑彩，构图纹样多为各种三角纹和条带纹等。对于这种文化的年代尚有很多争论，据 ^{14}C 测定数据，其早期遗存的绝对年代为公元前 1190±129 年，经 MASCA 校正为公元前 1540—前 1190 年[2]，晚期遗存的测定数据有两个，分别为公元前 760±120 年和公元前 280±75 年，显然这类文化遗存在费尔干纳盆地存在的时间比较长。我们把在费尔干纳盆地达尔维尔镇（Dalverzin）及南塔吉克斯坦其他遗址中发现的这种文化的主要因素与香宝宝墓地遗存做个比较（图一二），可以看到，二者的墓葬均为石堆封丘，竖穴土坑结构墓室，陶器都是以圆底的釜形罐和碗钵类器物为主，罐类特别流行鼻耳装饰，铜器也多为小型工具和装饰品。可以肯定二者应有相同的文化传统。由于目前在帕米尔高原区尚未确认早于公元前 1000 年的文化遗存，同时体质人类学研究结果揭示，香宝宝墓地遗存人类群体，与中亚境内南部帕米尔的古代塞克人接近（也即接近现代地中海东支类型 East mediterenean）[3]，山普拉墓地丛葬墓的人类群体同样显示了与地中海东支类型特征接近的风格[4]，而不是具有"大蒙古人种大部分特征"[5]。因而我们有理由认为，以香宝宝墓地土葬墓为代表的这种青铜文化，来源于中亚地区以楚斯特文化早期类型为代表的青铜文化。这种文化在新疆西南边缘地带的分布，是以这种文化为代表的中亚地中海东支类型的人类群体，在公元前二千纪后半叶到公元前一千纪初期不断向东迁移推进的结果。而在中亚地区，这种文化的渊源当与更早时期广泛分布的安德罗诺沃文化和纳马

---

[1] 关于楚斯特文化的性质，有许多不同的观点，请参阅 Phihp L. Kohl, *Central Asia, Paleolithic Beginnings to the Iron Age*, Paris, 1984, pp.179-191。

[2] 关于楚斯特文化的性质，有许多不同的观点，请参阅 Phihp L. Kohl, *Central Asia, Paleolithic Beginnings to the Iron Age*, Paris, 1984, pp.179-191。

[3] 韩康信：《塔什库尔干县香宝宝古墓出土人头骨》，《新疆文物》1987 年 1 期。

[4] 韩康信：《新疆洛浦山普拉古墓人头骨的种系问题》，《人类学学报》7 卷 3 期，1988 年。

[5] 邵兴周等：《洛浦县山普拉出土颅骨的初步观察》，《人类学学报》7 卷 1 期，1988 年。

兹加四期文化（Namazjia Ⅳ Culture）有较密切的联系。[1]

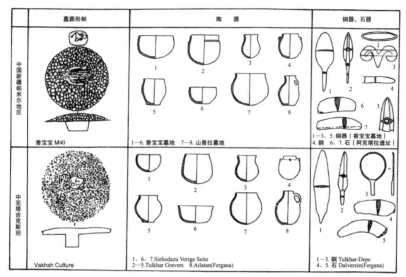

图一二　西来文化因素（2）

4. 各区诸文化的相互关系

以上我们讨论了分布于新疆东部、北部、西北部和西南部的几种青铜文化的主要文化特征及渊源方向，进而再来分析一下存在于新疆中部地区的几种青铜文化的面貌。这些文化的构成因素较多，情况也就变得相对复杂一些。

我们先来看看吐鲁番盆地的情况，总体上说，吐鲁番盆地存在的是以苏巴什墓地遗存为代表的一种青铜文化。据 ^{14}C 测定数据，这种文化遗存绝对年代在距今 3145±75—2225±70 年[2]，托克逊县喀格恰克墓地遗存的 ^{14}C 测定数据为距今 2640±65—2030±80 年[3]。这几组数据表明这类文化遗存在吐鲁番盆地延续的时间相当长，有的研究者把苏巴什墓地的遗存分作两期，并

---

[1] 关于楚斯特文化的来源，请参阅 S. P. Gupta, *Archaeology of Soviet Central Asia, and The Indian Borderlands*, Vol. Ⅱ, B. R. Publishing Corporation, Delhi, 1979。关于纳马兹加四期文化的有关特点，请参阅 V. M. Masson and V. I. Sarianidi, *Central Asia, Turkmenia before Achaemenids*, Thames and Hudson, 1972。

[2] 北京大学考古系碳十四实验室：《碳十四年代测定报告（六）》，《文物》1984 年 4 期。

[3] 文物保护科学技术研究所碳十四实验室：《碳十四年代测定报告（六）》，《文物》1990 年 7 期。

且指出了早晚两期遗存在墓葬形制方面的一些差别①，可见这种文化早晚阶段面貌是有不同，但这种变化反映在陶器等随葬品上的特征则不明确。经过对整个陶器群的分解比较，我们发现，这些陶器中具有几种不同的来源成分，其中彩陶单耳钵、单耳罐、单提耳豆等器形，应是受哈密盆地焉不拉克类文化遗存的影响，彩陶以红衣黑彩为特征，构图纹样以各种三角纹、条带纹、竖向锯齿纹为主也是东来文化因素影响的反映。大量存在的素面陶器应与巴里坤地区的南湾墓地遗存有密切的联系（南湾墓地的 ^{14}C 测定数据共有 18 个，均集中在距今 3220±65—2855±70 年的时间阶段②，这显然早于苏巴什墓地早期遗存的年代）。而在苏巴什墓地发现的虎纹圆形金箔饰、长方形兽咬动物纹铜牌饰，洋海墓地出土的管銎戈、马衔及大量角制弓弩和带铤三棱形木杆铜箭等随葬品，表明这类文化遗存中还存在来自北方草原地区的鄂尔多斯式青铜器③和塔加尔文化的某些成分④。

在天山中部山谷区，鱼儿沟墓地遗存共有 16 个 ^{14}C 测定数据，多集中在距今 2650±85—2125±80 年⑤，由此可知，鱼儿沟墓地遗存的年代比吐鲁番盆地的苏巴什类遗存早期阶段略晚一个时期。由于乌拉泊水库墓地和东风机械厂墓地随葬品的面貌与鱼儿沟墓地遗存非常接近，所以这两个墓地遗存的年代也应与鱼儿沟墓地基本同时。从这几个墓地和新近报道的阿拉沟竖穴木棺墓地⑥等地点出土的陶器来分析，可以看到这类遗存中有非常明显的东来文化因素的影响，如部分彩陶为红衣黑彩作风，构图纹样为连续涡纹、三角纹、条带纹、网格纹和垂帐纹等。其基本器形中的单耳罐、单耳长颈罐、单耳豆、双耳罐、双腹耳壶、双耳盆、单耳钵、单耳桶形杯等均可以从东面的早于这类遗存的几种青铜文化中找到它们的来源，特别是一种单耳长颈彩陶罐，颈部饰两排连续倒三角纹，腹部饰连续涡纹，这种器物造型与彩陶纹样的组合，与在甘肃中西部

① 柳洪亮：《新疆鄯善苏巴什古墓葬》，《考古》1984 年 1 期。柳洪亮：《新疆鄯善苏巴什古墓群的新发现》，《考古》1988 年 6 期。
② 文物保护科学技术研究所碳十四实验室：《碳十四年代测定报告》，《文物》1984 年 4 期、1990 年 7 期。
③ 鄂尔多斯式青铜器是一个泛称，这一类青铜文化的年代上限在商代中期前后。
④ 塔加尔文化年代上限紧接卡拉苏克文化晚期之后，约为公元前一千纪初叶，下限约到公元前 3—前 1 世纪，详见 C. 吉谢列夫：《南西伯利亚古代史》，新疆社会科学院民族研究所，1981 年。
⑤ 文物保护科学技术研究所碳十四实验室：《碳十四年代测定报告（二）》，《文物》1980 年 2 期。
⑥ 吐鲁番地区文管所：《阿拉沟竖穴木棺墓清理简报》，《新疆文物》1991 年 2 期。

和青海东部发现的马厂类型遗存中的同类器完全一样①，彩陶风格中的不同之处在于部分彩陶是以紫红色或橙红色颜料构图。而这种青铜文化与东面几种青铜文化的最大区别在墓葬形制方面，除在阿拉沟东口附近发现有竖穴土坑木棺墓之外，在乌拉泊水库墓地发现了竖穴石棺墓，在鱼儿沟墓地则多是丛葬的石室墓，地表常见石堆或石围标志。这三种不同的葬制和葬俗，据我们上面的分析，应代表了三种不同方向来源的文化传统。具体地说，竖穴土坑墓及其使用木棺的葬俗，主要来源于新疆以东地区的早期青铜文化；石棺墓葬制，主要应与新疆以北地区的青铜文化有渊源关系；而带石堆和石围标志的石室墓，则是中亚地区青铜文化的传统因素。因此，在天山中部山谷区的这种青铜文化的基本构成因素中，分别包括了来自东、北、西三个方向的几种青铜文化的传统因素，也就是说，这种文化同时受到了几方面的共同作用和影响。这种认识也得到了体质人类学研究成果的有力支持，根据韩康信对阿拉沟—鱼儿沟墓地58具头骨的研究②，约85%为西方人种，其中又可区分出地中海人种东支类型（又称印度—阿富汗类型）、帕米尔—费尔干类型（Pamir Fergan，又称中亚两河类型）和原始欧洲人类型，同时还可见到数量较少的蒙古人种支系成分。这些文化构成因素和体质人类学群体方面表现出的复杂性，正好说明天山中部地区是各种人群组织和各种文化传统互相交汇、影响、融合发展的主要区域。

在焉耆盆地发现的以察吾乎沟诸墓地为代表的一类青铜文化，因其独具特色的陶器风格而有别于东西南北的各种文化，所以一直被认为是起源于当地的一种土著文化。③据23个¹⁴C测定数据显示，察吾乎沟一、二、四号墓地遗存的时代约在距今2770±90—1900年④，轮台县群巴克墓地遗存的9个¹⁴C测定数据显示，其绝对年代约在距今2795±100—2490±80年⑤，这大约与察吾乎沟墓地早期阶段的遗存基本同时。因此可知，焉耆盆地的这种青铜文化的年代上限约当公元前一千纪初期。在这种青铜文化遗存中，墓葬形制多是以带石堆、石围标志的石室墓为特点，这显然是接受了西来文化的影响。

---

① 青海省文物管理处考古队等：《青海柳湾》，文物出版社，1984年。
② 韩康信：《新疆古代居民的种族人类学研究和维吾尔族的体质特点》，《西域研究》1991年2期。
③ 孙秉根、陈戈：《新疆和静察吾乎沟口一号墓地》，《考古学报》1988年1期。
④ 中国社会科学院考古研究所实验室：《放射性碳素测定年代报告》，《考古》1985年7期、1986年7期、1988年7期、1989年7期。
⑤ 中国社会科学院考古研究所实验室：《放射性碳素测定年代报告》，《考古》1987年7期、1988年7期、1989年7期、1990年7期。

在随葬陶器方面，出现在较早阶段的察吾乎沟四号墓地和群巴克墓地遗存中的各种素面的圜底或近圜底的钵、双鼻耳罐、釜形罐等器形，明显具有帕米尔地区香宝宝墓地类遗存早期阶段陶器的作风。而另一方面，单耳罐、单耳桶形杯、单耳长颈罐等器形和部分彩陶以红衣黑彩为特点，饰三角纹、条带纹的作风，又接近或等同于吐鲁番盆地苏巴什墓地遗存的风格。显然，焉耆盆地的这种青铜文化遗存，在其形成和发展的早期阶段，就已受到来自东西两个方向的文化因素的影响，而以单耳带流彩陶罐为特点的这一类因素，其直接的渊源关系还有待进一步探索。

四、结语

通过以上的比较研究，我们已对新疆各地区诸青铜文化进行了区系类型的划分，明确了各种文化的分布范围，确定了各种文化的主要特性并探索了各种文化的渊源关系，现在仅从以下几个方面对新疆青铜时代文化的发展规律做一些归纳和总结。

1. 多种文化同时并存的格局

在公元前二千纪初叶到公元前一千纪下半叶，我国中原地区进入夏、商、周王朝时代；中亚的大部分地区，也先后进入了城市化发展阶段；在南西伯利亚和哈萨克斯坦，这一时期形成了先后交替的几个大规模的游牧民中心文化区域和文化发展阶段。但是，新疆各地区却经历了一种非常独特的历史进程，这就是多种文化同时并存的发展格局。通过对几十处重要发掘资料的比较分析，我们已区分出至少八种青铜文化遗存，虽然这些文化形成的时间互有先后，但都有基本固定的分布区域，因而形成了八个主要的文化分布区。这些文化区在文化内涵上主要是由于来源不同而形成差异，而在一个共同的大环境背景中，则都体现了环境条件对文化发展的限制、阻隔、封闭作用和文化对环境的适应这样一种相互关系。在基本相同的生产力发展水平线上，在同为青铜时代的技术进步阶段，由于不同的环境条件，在绿洲地区发展了较进步的农业文化；在山地或高原高海拔地带，则主要发展为较原始的游牧文化。各种文化的分布区与每一典型环境区域的地理范围呈现了基本等同的关系。因此可以进一步推断，环境条件的限制，是造成多种文化同时并存格局的深层原因。这同样可以解释为什么在公元前1世纪西汉政权经略西域以后，很长时间内仍然不能形成一统的文化发展格局。

2. 文化发展关系上的多线演进模式

新疆各地区环境条件的差异，限制了不同文化的融合发展过程，因此形成了文化发展关系上的多线演化模式，这其中并没有所谓的主导性文化在起决定作用。这是不同于我国中原和中亚地区文化发展一般规律的又一特点。这些各自发展的青铜文化，一方面在一定程度上借鉴、吸收其他文化的因素；另一方面，却在相当长的时间内，保持和发展了自身固有的基本文化内涵。这种兼容并蓄、互为共存关系的发展方式，奠定了新疆地区在其后的历史发展各阶段中，多民族文化长期共存、共同发展的深层文化结构的基石。所谓绿洲文明的繁荣发展，正是这种文化多线演进模式作用的积极结果，而从消极的方面来观察，这种发展模式造成了各地区文化发展长期不平衡的状态。

3. 文化形成因素的多源性和复杂性

形成文化发展的多线演进模式，一方面是由于环境因素对各种文化发展的限制和阻隔；另一方面，更为直接的原因则是由于这些文化各自具有不同的来源或接受了不同文化因素的影响。具体地说，在东疆地区的一些文化区中，青铜文化的来源主要与甘青地区较早阶段的青铜文化有密切的关系；在北疆地区的青铜文化遗存，是中亚哈萨克斯坦和南西伯利亚地区的青铜文化的产物；在伊犁河流域发现的较晚时期的青铜文化遗存，来源于中亚七河地区和伊塞克湖地区广泛分布的青铜文化；在帕米尔及环塔里木盆地边缘广泛存在的青铜文化，是以楚斯特文化为代表的中亚费尔干纳及南塔吉克斯坦的青铜文化不断东进的结果。上述这些不同来源的文化的创造者，亦即不同的人群系统，在体质人类学研究中，也已得到了区分和认定。不同人群组织的分布地域和活动时间阶段，与不同的文化构成因素的区分和认定，取得了基本一致的结果，这种互相印证的结论，显然具有更多的科学性和历史必然性。

在各种文化因素的交流、融合过程中，形成了错综复杂的文化发展的因果关系，一方面表现为一些文化主要受一个来源的文化因素的影响，形成了单一构成因素文化形态长期稳定发展的局面；另一方面，还有一些文化则同时或先后接受了几个不同来源的文化因素的共同影响，形成了不断充实变异的复合文化形态。在各种文化交流融合的各个阶段，天山中部山谷地区始终是最为重要的中心区域。这种中心区域作用的不断强化，终于形成了以乌鲁木齐为中心的几个早期城市的雏形。

4. 早期中西文化交流开始的时间问题

丝绸之路的开辟，无疑是中西文化交流史上最重要的历史进程，对丝绸之路的作用无论怎样评价，都不算言过其实[①]，然而它毕竟不能代表最初阶段的中西文化交流历史。现在，由于新疆境内青铜时代文化遗存的大量发现，更由于对这些文化基本内涵及其渊源的基本把握，我们可以肯定，早期中西文化交流开始的时间，至迟不晚于上述青铜文化的形成时期。

目前所知最早进入新疆腹地的欧洲人群体，是以孔雀河古墓沟墓地遗存为代表的原始欧洲人类型的这个群体。由于这一墓地遗存中尚未见到东来文化因素，所以我们还不能肯定在距今 3800 年前的罗布淖尔地区是否已经开始了中西文化的首次接触。在东疆地区，东来文化因素最早进入该地区的时间是在距今 3300 年前后形成的焉不拉克类遗存时期，或是稍早一些的雅林办墓地遗存早期阶段。与此同时，北来的欧洲人群体及其文化因素也进入了这一地区。在北疆北部地区，从约距今 4000 年前后的阿凡纳谢沃文化晚期阶段到安德罗诺沃文化早期阶段，北来的欧洲人群体就已分布到这一带，由此继续东进，他们来到了东疆东部地区。在伊犁河谷地区，这种文化接触过程发生的时间相对较晚。在南疆西南部地区，从距今约 3000 年开始，以地中海东支类型为主的欧洲人群体，由西翻越帕米尔进入这一带并继续向东推进，在南疆南部边缘大约一直推进到洛浦附近，在塔里木盆地西北面的山前

---

① 陆柏－列斯尼钦科：《伟大的丝绸之路》，《西北史地》1987 年 2 期。

地带，大约到焉耆盆地周围。同样是在距今约 3000 年，继续向西发展的蒙古人种群体及其东来的文化因素，沿天山南坡地带推进到焉耆盆地，在此与东进的地中海东支类型人种群体发生接触和融合，形成了两种来源因素的混合类型文化 —— 察吾乎沟墓地遗存类文化。在稍后一段时间里，由东来的蒙古人、由北来的原始欧洲人、由西来的中亚两河类型人和地中海东支类型人的不同群体，在天山中部地区进行了广泛的交流和接触，形成了四种文化成分的混合类型文化 —— 鱼儿沟墓地遗存类文化，从而完成了中西文化最初阶段的交流融合过程。这一过程的完成比丝绸之路的开辟时间约早 300—400年，而这一文化接触、交流、融合全过程的进行，大约经历了近 1000 年时间。由于这些早期中西文化的长期交流发展，才使其后的更大范围的中西文化交流，即丝绸之路的开辟，成为历史发展的必然结果。

5. 文化交流的方式和传播路线问题

概括地说，新疆各地诸种青铜文化自身发展的进程表明，外来文化因素在新疆各地区的传播，有两种基本的方式：一是直接传播，一是间接传播。在周边地区，新疆的一些青铜文化是直接吸收了许多外来文化因素，从而形成了与外来文化非常接近或基本相同的文化面貌。而在新疆中部的许多地方，这些外来文化因素是从新疆的周边地区间接传入的，随着时间的推移，这些外来文化因素本身已发生某种程度的变异或者被再次分解。例如，天山中部地区的青铜文化，其墓葬形制方面的特点，明显是西来或北来文化因素影响所致，而随葬陶器则基本反映了东来文化因素的特点（图四）。这种非驴非马的面貌已经不能被指定为某种单一文化因素影响的直接产物。传播方式的形成，显然也受到了环境条件的制约，在相对封闭的环境如盆地和大河流域的中上游河谷地带，文化因素向外扩散的动力一般较小，文化自我发展的过程较为完整，如在哈密、吐鲁番、伊犁河谷和额尔齐斯河上游地区所见的情况。而在较为开放的环境如天山山谷走廊地带、环大沙漠的山前地带，文化因素传播速度较快，各种文化因素的互相吸收、转换现象较为普遍，表现在具体文化面貌上就是突变因素多，整体的自身发展线索不明显，因而我们对这些文化基本面貌的把握，也就相对困难得多。

　　文化传播路线的形成，同样也体现了人与环境相互作用的结果。大多数传播路线是沿着易于通过的自然地理通道向前推进，具体地讲，从东面西传的文化因素有两条主要的传播路线：一是沿河西走廊北山的山前地带西进到哈密和巴里坤地区，如马厂类型遗存和四坝文化的向西发展；另一条是沿祁连山南坡的山前地带经一些山口进入哈密盆地南部和罗布淖尔北部，这应是卡约文化向西发展的路线。这两条路线在东疆交汇后的继续西进，则是经吐鲁番盆地和阿拉沟越过天山进入南疆。北来的文化首先占据了额尔齐斯河上游地区及阿尔泰山南坡地带，然后一支沿阿尔泰山中段西侧的山前地带进入巴里坤地区，进而再到达哈密地区。另一支则沿准噶尔盆地东缘翻越博格达山进入天山中部地区，这是安德罗诺沃文化（在额尔齐斯河上游地区，或许还包括更早阶段的阿凡纳谢沃文化）和卡拉苏克文化向南发展的路线。西来文化的传播路线也有两条：一是沿河流推进，这如在伊犁河谷所见的情况。另一条是从费尔干纳经山口翻越帕米尔进入南疆，然后一支沿塔里木盆地南缘向东发展，最终到达洛浦，另一支沿塔里木盆地北缘向东发展，最终到达焉耆盆地周围，这是楚斯特文化因素向东发展的路线。各种传播路线在天山中部地带形成一系列的交叉点，从而形成了一个较大的文化交流融合中心区域。

　　综上所述，新疆青铜时代的文化发展规律完全不同于我国中原和中亚地区文化发展的一般规律，这是一个多种文化并存的、多种发展模式的、多源性的文化结构系统，它形成于公元前二千纪下半叶，终结于公元前一千纪下半叶[①]，经历了一千年的历史发展进程。

　　由于材料和研究手段的某些限制，我们目前还不能对更为详尽的方面做出全部解释，仅仅只是从宏观上对这一文化系统做一些大轮廓的勾画。我们期待着新疆境内新的发现能使我们对这一广大区域的青铜时代文化有更多的了解和认识。

原载《国学研究》第一卷，北京大学出版社，1993 年

---

① 关于新疆地区青铜时代的下限年代问题，目前有一些不同看法。有的学者提出了新疆地区早期铁器时代始于公元前一千纪初叶的观点，主要根据是在上述部分文化遗存中曾发现过零星铁器。我们认为，由于目前对一些铁器品的性质和典型地层单位的绝对年代都缺乏系统的研究，对判定早期铁器时代文化还需慎重。对于社会发展阶段等方面的考察，我们准备另文探讨，本文不多涉及这类问题。

论塔里木盆地青铜文化的来源及相关问题

塔里木盆地位于新疆西南部，历史上这里曾产生过繁荣的绿洲文明，因而，一直是历史学家和考古学家共同关注的热点地区。过去，由于有关的发现不多，人们对于这一地区内早于丝绸之路的早期文化状况所知甚少。自20世纪70年代后期以来，随着几个重要遗址发掘工作的进行，情况逐渐有所改变。几年前，我们曾用比较研究的方法对新疆境内已有的青铜时代的重要发现做了分析。[①] 最近，《中国文物报》发表了新疆文物考古研究所刘学堂同志的文章，对我们的观点提出不同看法。[②] 在此之前，笔者了解到有关塔里木盆地早期文化的发现和研究，已经成了国际学术界瞩目的热点问题。[③] 因此，我们感到有必要在此对塔里木盆地青铜文化的来源等问题再做进一步的探讨。

一、关于塔里木盆地青铜文化的来源

1976年，考古工作者首先在大盆地西南边缘的塔什库尔干县香宝宝地

---

① 水涛：《新疆青铜时代诸文化的比较研究 —— 附论早期中西文化交流的历史进程》，《国学研究》第一卷，北京大学出版社，1993年，第447—490页。
② 刘学堂：《新疆察吾乎沟文化的发现与研究》，《中国文物报》1996年4月28日3版。
③ 1996年4月19—21日，在美国费城的宾夕法尼亚大学人类学和考古学博物馆召开了题为"中亚东部青铜和早期铁器时代的居民"的国际学术会议，笔者参加了该次会议。详细情况请见该次会议论文集：*The Bronze Age and Early Iron Age Peoples of Eastern Central Asia*, Volume Ⅰ and Volume Ⅱ, The Institute for the Study of Man, Washington D. C., 1998。

区发掘了一批青铜时代的墓葬。① 随后，又有在盆地西北面的温宿县包孜东墓地②，以及盆地南面的洛浦县山普拉墓地③ 和且末县扎洪鲁克墓地的一些发现。其中，扎洪鲁克墓地的材料尚未全部报道，情况不明。其他两处墓地的发现已做了初步报道。经过对比分析，我们认为，香宝宝墓地、山普拉墓地、包孜东墓地的文化遗存虽然表现了一些年代和地域上的差异，但从文化来源上看，都可以归结为同一种文化。这种文化在大盆地周边地区的分布呈现了西边的遗存年代早、东边的遗存年代相对较晚的特点。比照在中亚各国已有的许多发现，可以肯定，它是以费尔干纳盆地的楚斯特文化早期类型遗存和塔吉克斯坦南部地区的瓦赫什文化为代表的青铜文化不断向东推进过程中的文化遗存。体质人类学研究也显示这些墓地的人骨属于地中海东支类型的西方人种。④

1983 年开始，陆续在盆地东北边缘的和静察吾乎沟、轮台群巴克墓地等地发现大批的石堆、石室墓遗存，现已发表了察吾乎沟一至五号墓地⑤ 和群巴克墓地⑥ 的发掘简报。笔者 1988 年在新疆考察时，曾到察吾乎沟的发掘工地现场和文物库房进行了参观学习。在此，我们愿意就这类文化遗存的来源因素问题与刘学堂同志进行一些商讨。

刘学堂同志的文章对察吾乎沟类型的文化遗存进行了一些分析，归纳了几条这种文化的特点：一是墓地的选择有傍水而葬的习俗，这或许仅仅反映了察吾乎沟某一个墓地的情况，实际上，在另外的一些遗址如群巴克墓地等地点，墓地的位置是选择在戈壁滩上。察吾乎沟是天山南坡靠近山脚处的一个自然泄洪沟，沟内平时无水，如遇暴雨则常有山洪暴发，现在沟口遍地可

---

① 新疆社会科学院考古研究所：《帕米尔高原古墓》，《考古学报》1981 年 2 期。

② 新疆维吾尔自治区博物馆等：《温宿县包孜东墓葬群的调查和发掘》，《新疆文物》1986 年 2 期。

③ 新疆维吾尔自治区博物馆：《洛浦县山普拉古墓地》，《新疆文物》1985 年 1 期。新疆维吾尔自治区博物馆：《洛浦县山普拉古墓发掘报告》，《新疆文物》1989 年 2 期。

④ 韩康信：《丝绸之路古代居民种族人类学研究》，新疆人民出版社，1994 年。

⑤ 中国社会科学院考古所新疆队等：《和静县察吾乎沟口一号墓地发掘简报》，《考古学报》1988 年 1 期。新疆文物考古研究所等：《和静县察吾乎沟二号墓地》，《新疆文物》1989 年 4 期。新疆文物考古研究所等：《和静县察吾乎沟三号墓地发掘简报》，《新疆文物》1990 年 1 期。新疆文物考古研究所：《新疆和静县察吾呼沟口四号墓地一九八六年度发掘简报》，《新疆文物》1987 年 1 期。新疆文物考古研究所：《和静县察吾呼沟五号墓地发掘简报》，《新疆文物》1992 年 2 期。

⑥ 中国社会科学院考古所新疆队等：《新疆轮台群巴克古墓第一次发掘简报》，《考古》1987 年 11 期。《新疆轮台县群巴克墓葬第二、三次发掘简报》，《考古》1991 年 8 期。

见由山洪冲下的巨大砾石。这样的环境在天山南坡有很多地点，所以，傍水而葬的说法是不确切的，因而也就不能称其为特色或习俗。

二是关于墓葬结构，这里发现的石室墓地表往往有石堆、石围等标志，墓室是先挖竖穴，再以卵石围砌至墓口，以大石板或原木封盖。应该说，这种石堆墓，或者带石围的石室墓分布范围非常广泛，近在天山的阿拉沟、塔什库尔干的香宝宝墓地，远到中亚的塔吉克斯坦等地，都曾经发现大量的与此相同或类似的墓葬结构，因此，非察吾乎沟一地所独有。而且，西边一些地方的石堆墓文化遗存的年代早于察吾乎沟遗存的年代。

三是关于葬俗和葬式，可以肯定一点，即不管是单人葬，还是多人多次合葬，也不论是儿童与成年人同室合葬，或是单置儿童的附葬，都不能说是察吾乎沟墓葬群的独有葬俗。至于屈肢葬，从东方到西方，都有非常古老的文化传统。

四是关于随葬品，察吾乎沟墓葬中的随葬品，是判断其文化渊源的最重要的依据。刘学堂同志文章的基本看法是："新疆地区或新疆周边其他地区与察吾乎沟文化时代相同或相近的考古学文化中，也常有形态一致或相近的带流陶器发现，应是以此为中心（即指察吾乎沟。——引者注）传播影响的结果。扩而大之，如果从整个新疆及中亚大的环境考察，目前尚未见早于察吾乎沟文化并以带流器为主体器形的考古学文化。所以可以认为，这一文化起源于当地，是在天山南麓特有的地理环境下独立发生的。"[1]

我们认为，在这些墓葬出土的各类随葬品中，铜器多是小件工具、武器和装饰品。其他如石器、木器及部分毛织物等，都具有新疆青铜时代文化的许多共性，因此，不具有典型意义。唯有陶器甚为发达，器类和纹饰变化多样，颇具地区特色。细分起来，在年代较早的察吾乎沟四号墓地和群巴克墓地中，所有的陶器可以分为两类，一类基本器类为釜形罐、圜底钵、双鼻耳鼓腹罐等，多为素面的夹砂陶。其他的东西还包括放置羊肉的木盆或陶盆、小铜刀，以及墓葬地表以石堆、石围为标志的特点。从渊源关系上看，这些都是来源于大盆地西部边缘地区，广泛分布的，以香宝宝墓地和疏附县阿克

---

[1]　刘学堂：《新疆察吾乎沟文化的发现与研究》，《中国文物报》1996年4月28日3版。

塔拉遗址①为代表的一种青铜文化的文化因素，可称为西来因素。

　　另一类陶器基本器类包括单耳长颈罐、单耳桶形杯、单耳罐等，素面或是彩陶，彩陶以红衣黑彩为主，纹饰以各种三角纹、对三角纹、竖向条带纹为主要构图母题。这些应是来源于吐鲁番盆地内以苏巴什墓地遗存②为代表的一类青铜文化的文化因素，可以称为东来因素。至于单耳彩陶带流罐这类陶器，在新疆境内还缺乏足够的发现和对比材料，因此，还不能确定其来源方向。同样，现在也还不能肯定其为本地起源，因为，这类陶器虽然造型独特，数量也较多，但在早期的墓葬中很少有单独存在的现象，总是与其他类型的陶器共出，所以，很难将其单独列为一种文化因素。考虑到察吾乎沟墓葬群及群巴克墓地的年代上限均不超过距今3000年这一基本事实，在这类青铜文化存在之初，位于其西边和东边的年代较早的青铜文化已经开始了各自的东进和西进的发展进程。这两种不同方向的文化因素在塔里木盆地东北部遭遇并开始融合，从而产生了察吾乎沟墓葬群所代表的青铜文化，这应该是比较合理的推论。

　　对于察吾乎沟文化的命名，我们基本予以认可。这是考虑到此类遗存作为存在于大盆地东北边缘地带的一种较晚阶段的青铜文化，它与西边的香宝宝类遗存，东边的苏巴什类遗存、焉不拉克类遗存等，无论在文化特性上还是年代上都有所不同。但是，过分强调这类文化遗存的特殊性，说它是"起源于当地，最终又消失于本地"的土著文化，则不利于对这种文化的深入研究。

二、关于方法论问题

　　在研究新疆地区的早期文化问题时，我们始终注意把握这些文化赖以形成和发展的大的时代背景和环境背景，尽量从一般意义上探讨这些文化所处

① 新疆维吾尔自治区博物馆考古队：《新疆疏附县阿克塔拉等新石器时代遗址的调查》，《考古》1977年2期。
② 吐鲁番地区文管所：《鄯善苏巴什古墓葬发掘简报》，《考古》1984年1期。吐鲁番地区文管所：《鄯善苏巴什古墓群的新发现》，《考古》1987年6期。

的地位及产生的影响。在讨论文化来源时，我们重点考察文化之间可能存在的相互作用和联系方式，因而，从一个大的文化系统的整体上来认识和阐述新疆青铜时代文化发展的一般规律。从近年来国际学术界的研究动向来看，在讨论新疆早期文化的一些发现时，各国学者都十分重视做大范围的横向比较，实际上，都是在讨论东西方早期文化之间的相互交流过程。例如，驯马、马车、冶铜、冶铁、土坯建筑、毛纺织技术、野兽纹造型艺术等文化和技术因素由西向东的传播途径和过程；早期印欧语民族（如吐火罗人）的东进和蒙古人种（如匈奴人）的西进等问题。还有一些学者从新疆发现的若干具早期的人类干尸上提取 DNA 材料，进而从遗传学和分子生物学的角度去探讨东西方一些早期民族之间可能存在的亲缘关系和分化过程。新疆境内已有的许多青铜文化的发现表明，它们是一个多元的文化系统，即是一个多种文化并存的、多线演进的、多源发生的文化系统。由于它的兼容并蓄、相互依存的特性，使得它们在具有一些东西方文化的若干共性的同时，又表现了一种独特的文化发展进程。也是从这个层面上来观察，新疆的早期文化才具有了地区文化的特点，或者说是土著文化的特色。并非只有"起源于当地，又消失于当地"的察吾乎沟文化，才是土著文化的代表。我们认为，在一个大的开放的文化系统之中，任何一种与外界毫无联系的，又在空间上仅仅占有方寸之地的所谓文化，都不会是具有重要价值的文化现象。显然，有时候过分强调这种"土著文化"的纯洁性，实际上，反而降低了这种文化在塔里木盆地及新疆青铜时代文化中原本具有的重要地位。

原载《中国文物报》1996 年 8 月 11 日 3 版

对新疆早期文化定性问题的基本认识

陈戈先生近年来发表了一系列文章，对新疆早期文化定性问题做了深入的讨论，读后获益匪浅，同时，有些观点我们也不能认同。虽然在最近的文章中，陈先生指明其目的是与安志敏先生商榷[①]（以下称陈文），但其文章中对笔者的观点也多有涉及，本着陈先生所倡导的学术问题是可以讨论的这一原则，在此，我们就这一论题重新阐述一下自己的认识。

一、关于青铜时代的界定

把史前文化划分为石器时代、青铜时代、铁器时代的"三期说"理论，是 19 世纪由丹麦学者首创，后经其他地区的大量发现反复证明不误，才得以在世界各国广泛传播并沿用至今。现代学者对这一理论的贡献多是体现在更加细致的划分方面，如将三期之间分出铜石并用时代、早期铁器时代等，从这一理论的发展演变来看，似乎有越分越细的趋势，这反映出研究者对史前文化的观察和研究逐步深入，需要用更多的命名去区别和界定千差万别的文化现象。另一方面，这些越来越多的时代名称总体来看，仍然没有突破三期理论的框架，也就是说，从技术进步的角度来观察，三期理论是技术发展的三个阶段，而其他划分只是这三个阶段的补充和完善，从定性的意义上说，不能与三期理论本身等同看待。在三期理论框架下讨论各期之间的转变和衔

---

① 陈戈：《关于如何认识和界定新疆青铜时代文化的讨论》，《中国文物报》1997 年 6 月 1 日学术版。陈戈：《关于如何认识和界定新疆早期铁器时代文化的讨论》，《中国文物报 》1997 年 6 月 8 日学术版。

接，应该允许使用不同的划分方案，具体谈到青铜时代的界定，其上限可以青铜冶铸技术的出现为开端，其下限则应涵盖所谓的早期铁器时代文化。一般说来，一种新技术的萌芽、形成和发展，需要一个过程，如果按辩证唯物主义关于量变引起质变的认识规律来分析，量变的前一阶段其旧有性质并未改变，因此，所谓的早期铁器时代文化，按技术发展阶段定性仍应是在青铜时代的范围之内；而铁器时代，即大规模的人工冶炼和铸造铁器的时代，与早期铁器时代文化的关系，只是表现了一种技术由产生到发展的变化轨迹，二者在性质上并不相同。陈文认为，当某个久已被人们普遍接受和公认的青铜时代文化中偶然发现少量铁器时，除了对该铁器及其相关问题进行仔细的研究外，仍将其称为青铜时代文化也是正常的；接下来却说，在新疆必须将铁器的有无当作一个严格的标准界限，否则，容易给今后的研究造成混乱。我们认为，这样以双重标准来衡量不同地区的相同文化现象，只怕是更容易产生混乱。首先，陈文对前一种情况不知是否确有所指，在这种时候需要仔细研究的是一些什么相关问题？第二，考古学研究的结论，往往需要接受新材料的不断检验，以普遍接受和公认的观点为借口，不做新的探索和追究，也不能算是一种实事求是的科学态度。第三，新疆地处中原和中亚两大文化圈之间，所以，有不同于这两种文化传统的文化现象存在，应该允许，并且也可以理解，但不能因此将其视为文化特区而另立判断标准，这样做的结果必然会对该地区的研究工作产生消极影响。

二、关于新疆青铜时代的界定

我们在讨论新疆众多的青铜时代文化时，曾经注意到了一些遗址中发现小件铁器的现象，限于当时所发表的材料和对这些铁制品的研究水平均不足以做出结论，我们得出对判定早期铁器时代文化还须慎重的认识。几年过去了，虽然又有几个新的发现被报道出来，但令人遗憾的是，对这些铁制品本身的研究却毫无进展，许多关键问题，诸如铁器所用原料的性质是陨铁、高品位的铁矿石，还是人工冶炼的块铁？使用的技术是锻打，还是铸造？矿石的产地是在本地，还是由远方贸易交换而来？对这些环节我们仍然所知甚少。虽然对技术问题的研究有一定的难度，我们认为，需要努力探索的恰恰是这些环节，而不是简单地把铁器和铜器做截然的区分便可大功告成。

新疆境内早期文化的已有发现，相对于这样一个面积广大，而且自然环境极富变化的地区来说，仍然是不充分和不完善的，纵向和横向的缺环还有许多。在这种情况下，讨论文化的区系和结构时，宜粗划而不宜细分。在涉及年代问题时，多数学者将 ^{14}C 数据作为主要依据，而由于 ^{14}C 数据允许的误差范围较大，使得一些学者试图精确界定青铜时代上下限绝对年代的努力变为徒劳。举例来说，陈文认为，新疆地区所有可靠的 ^{14}C 数据可分为两组，一组为距今 4000—3000 年，可代表青铜时代；一组为距今 3000—2000 年，代表早期铁器时代。这种一刀切的做法虽然简明，但不一定符合实际情况，许多遗址的 ^{14}C 年代范围正好跨在距今 3000 年的两边，如哈密焉不拉克、五堡水库，鄯善苏巴什等地点的情况。巴里坤南湾墓地的 18 个测定数据，均集中在距今 3220—2855 年前后的时间阶段[1]，这说明，不存在这样一种绝对界线。我们认为，新疆青铜时代形成于公元前二千纪的下半叶，终结于公元前一千纪的下半叶，经历了 1000 多年的发展历程。就其上限来看，在已发表测定数据的一些遗址中，古墓沟墓地的年代为距今 3800 年前后，但该地点没有发现青铜器和陶器，而且墓葬形制十分独特，缺乏可资比较的同类发现，是否属于青铜时代，还没有足够的证据。姑且不论，应该允许。焉不拉克墓地有一些数据在距今 3500 年以前，但已被发掘者分析后予以排除，并将这一文化的年代范围界定在距今 3300—2500 年之间，这种结论基本可以信从。除此之外，目前所见的其他地点 ^{14}C 年代都不超过距今 3500 年，陈文所列举的兰州湾子、奎苏、石人子、军马场、卡尔桑、盐池、哈拉墩、喀拉玉尔衮等地点的发现多是调查所见的地面材料，有的仅做过小规模试掘，基本都没有发表成组的 ^{14}C 测定数据，仅凭个人经验判断，说它们年代大致都在距今 4000—3000 年之间，无法使人信服，因此也就不敢盲从。

关于新疆青铜时代的下限年代，我们认为，有没有铁器并非最重要的决定因素，而是要考察这些青铜文化的发展是否已经完结，新的文化发展格局是否形成。虽然新疆各地的早期文化发展是不平衡的，但如焉不拉克、苏巴

---

[1] 《碳十四年代测定报告》，《文物》1984 年 4 期、1990 年 7 期。

什、香宝宝、察吾乎沟、鱼儿沟等地点所代表的一些典型文化类型，都发展到了公元前一千纪的下半叶，这些文化类型的长期存在和发展，各自都有一条清晰的轨迹，甚至在接近距今 2000 年前后的一些遗址如山普拉墓地、夏台墓地等地点，还能看到某些早期文化的残存因素。所以，为更完整地揭示这些文化的演变过程，对某些年代较晚的遗址中的某类文化因素进行溯源分析，进而把它们与青铜时代的其他文化一并加以讨论，这种方法并不违反什么戒律和常识。我们认为，一个时代的终结和另一个时代的开端，往往表现为一个长的变化过程，而不是一条绝对的界线。根据这种认识，新疆青铜时代的终结，虽然大体上应划在距今 2500 年前后，但在某些局部地区，也可以把这个过程一直向后延续到汉代。因为，只是到了汉朝对西域用兵，并进行大规模屯田开发时，新疆的整个文化格局才发生了根本的改变，前一个时代才算真正结束了。我们知道，汉代大规模的农业开垦活动，是以大量制造和使用新的铁制农具为其技术特色。

三、关于新疆与中亚、中原文化发展的一致性问题

陈文在强调新疆的特殊性时指明其属于中亚范畴，它的早期文化与中亚有大范围的一致性，而与中原相距遥远，二者不可等量齐观。这种认识显然是片面的，在强调新疆早期文化的国际意义，力图实现与国际研究接轨的同时，我们也应看到，新疆与中原文化区并非相距遥远，而是有着密切的联系。甘青地区与河南、陕西为代表的狭义中原地区，在新石器时代的文化发展中有广泛的联系和许多一致特性，中原文化圈的西界可以划到甘肃中西部地区，从空间上看，它已经与新疆东部靠在了一起。在讨论新疆东部几种早期文化的形成过程问题时，包括陈先生在内的许多研究者都肯定它们应受到甘青地区一些早期文化的强烈影响，这些由东来因素构成和发展起来的早期文化，在哈密、吐鲁番、巴里坤等地区始终处于主导地位，并进一步向西分布到了天山中部和塔里木盆地的东北边缘地带。所以，新疆地区的早期文化并不神秘，它既可与国际研究接轨，更应与国内同时代的文化研究接轨。

向西看，在西亚和中亚西部地区，青铜时代开始于距今 4800 年前后，

伴随着它的是一次大规模的城市化过程，铁器的出现正如陈文所介绍的，在小亚一带也可早到公元前 14 至前 13 世纪。但是应该看到，这些发现的地点与新疆西部还不能发生直接的联系。由于在围绕新疆西部的几个中亚国家中还没有发现年代特别早的含铁器的文化遗存，冶金技术由西亚向东传播的几个关键环节还不十分清楚，特别是其传播的路线是沿后来的丝绸之路向东延伸，还是在新疆北面的南西伯利亚地区进行拓展，目前都没有绝对肯定的结论。在这种情况下，西亚冶金技术出现得早，并不一定意味着新疆地区的青铜时代、铁器时代也就必然早。新疆各地普遍缺乏早于距今 4000 年的早期文化遗存，就是一个不容忽视的文化现象。

向东看，甘青地区在距今 4000 年前后的齐家文化晚期开始出现青铜制品，与河南、陕西等地同步进入青铜时代，中原地区此时跨入城邦国家阶段。铁器在各地的发现也基本同时，从西周晚期到战国初年才完成了由青铜时代向铁器时代的转变过程。总的看来，新疆地区的发现，在大的时代框架上，并没有超过中原文化发展的水平，与中亚西部和西亚文化的发展也不是处在同步状态，不能套用西亚模式。在当前，对新疆早期文化的简单归类定性，并不解决太大的问题，重要的仍然是对基本文化内涵的持续不断的发现和积累材料，对文化发展过程做认真梳理和对比分析，这些工作将是新疆早期文化研究的希望所在。

原载《中国文物报》1998 年 6 月 17 日学术版，原文限于版面有所

删节，此处为全文发表

On the Relationship between the Tarim and Fergana Basins in the Bronze Age

The Tarim Basin is noted in Chinese history because of the oasis states there during the period from the Han through Tang dynasties. But no bronze cultural remains were found there before 1976. Thus, in the past, the situation concerning the Bronze Age of the region around the Tarim Basin was not clear. Now things have changed.

In 1976, a bronze cultural cemetery was found at Shanbabay of Tashqurghan County, near the southwest edge of Xinjiang.[①] Forty tombs were discovered here, each one having a round or oval heaped mound of stones on the ground above it. Some of these mounds have a ring of stones forming a facing at their base, while some used round wood as a cover. Two kinds of burials, earthen burials of whole bodies and burials of cremated ashes, were found. The orientation of burials in earthen tombs nearly all fall within a range from west through north to east. Orientations toward the south are rare.

Grave goods are few. They consist of pottery, bronze, bone, and stone objects. Usually an individual is accompanied only by a single vessel, more rarely by two, and in exceptional cases by three or four. Funeral objects were mainly placed at the person's head.

Pottery vessels were shaped by hand and consist of pots, jugs, and bowls. The

---

① "Ancient Tombs on the Pamir Plateau"《帕米尔高原古墓葬》, *Kaogu xuebao(Acta Archaeologica Sinica)* 《考古学报》, 2（1981）, 199—216。

pots are round-bottomed and were used for cooking food. Jugs from this site are flat-bottomed, while bowls are of various types, round-bottomed or flat-bottomed. Usually there are no decorations on the surface of pottery vessels.

Most bronze artifacts from Shanbabay are ornaments. They include earrings, rings, waist band ornaments, and pendants. In addition, there are a few small weapons and tools such as arrowheads, knives, and so forth. Beads made of agate, stone, and bone we also found. Iron wares are few. They include a small knife, a ring, a small tubular ornament, and two bracelets.

Another cemetery of Late Bronze Age or perhaps Early Iron Age at Bozdöng, Aqsu-Konashähär County, near the northwest edge of Tarim Basin, was found in 1985.[1] One of these tombs, M41, is an oval shaped grave with a mound of stone on the ground above it. In the grave, about twenty skeletons consisting of 8 males, 11 females, and 1 child were placed in confused positions. Grave goods include pottery, bronze, iron, bone, stone, and golden wares. The pottery include bowls with round bottoms, cups with handles, and teapots with handles and spouts. All of the pottery is shaped by hand and has no decorations on the surface. Bronze objects are mainly ornaments, consisting of buttons, rings, beads, bracelets, hairpins, goat-shaped ornaments, bell, and pendants. Iron objects are small tools and weapons. They include knives, arrowheads, nails, and band hooks. Bone objects are pendant, as well as ornaments and the like.

The Sampul cemetery located in Lop County, near the southern edge of the Tarim Basin, was discovered in 1984.[2] Those tombs, about 52 burials in all, can be divided into two kinds: single burials and group burials. The tombs with group burials usually have a long passage and a cover made of round wood on the surface of the ground. In tomb No.2, 146 skeletons of different sexes and ages were placed. Funeral objects are varied, such as pottery, bronze, iron, and wooden implements,

---

① "The Excavation Report of the Bozdöng Cemeterg in Aqsu-Konashähär County"《温宿县包孜东墓群的调查和发掘》, *Xinjiang wenwu(Cultural Relics of Xinjiang)*《新疆文物》, 2（1986）, 1—14。

② "Ancient Cemetery at Sampul, Lop County"《洛浦县山普拉古墓地》, *Xinjiang wenwu(Cultural Relics of Xinjiang)*《新疆文物》, 1（1985）, 109—111。

as well as wool coats and foods. The pottery at Sampul was shaped by hand, and bowls from there are round bottomed. Pots were used for cooking; cups are flat-bottomed with handles. Some of the pottery ware is similar to that found in the Shanbabay cemetery.

The most important discovery was in Charwighul, Kbotunstmabul County, near the northeast edge of the Tarim Basin.[①] A total number of a thousand burials was found there. They were divided into five cemeteries. All of these tombs are marked with stone enclosures or barrows on the ground.

The tomb pits, vertical in shape, are lined with cobbles, usually with the top opening covered by large slabstones. Except for a few single burials, most burials at Charwighul are multiple. The skeletons are generally found lying sideward with limbs contracted and the head pointing to the west or northwest. Funeral objects consist of pottery, bronze, iron, stone, and wooden wares, plus wool coats, and so on. Most of the pottery consists of pots with spouts which were used for cooking milk. There are, as well, some pots with handles, bowls with round bottoms, and cups. The painted pottery has red decorations on a pale yellow background. Usually it is the upper part of a vessel that is painted with patterns characterized by a slanted hand on one side of the belly or a horizontal band around the neck. On many vessels, there are various kinds of painted broads. They usually include designs made out of the following shapes or patterns: triangle, mesh, chessboard, rhombus, or vertical lines. All of the pottery wares were shaped by hand. Bronze ware found at Charwighul includes small tools, weapons, and ornaments, such as knives, arrowheads, spear-heads, awls, rings, hair clasps, and pendants. Stone wares include grindstones, spindles, and beads. Bone items consist of spindles,

---

① "Cemetery No.1 at Charwighul, Khotunsumbul County, Xinjiang" 《新疆和静县察吾乎沟口一号墓地》, *Kaogu xuebao(Acta Archaeologica Sinica)* 《考古学报》, 1 (1988), 75—99。 "Cemetery No.2 at Charwighul, Khotunsumbul County, Xinjiang", 《新疆和静县察吾乎沟口二号墓地》, *Xinjiang wenwu(Cultural Relics of Xinjiang)* 《新疆文物》, 4 (1989), 12—33。 "A Preliminary Report on the Excavation of Cemetery No.4 at Charwighul, Khotunsumbul County, Xinjiang in 1987" 《新疆和静县察吾乎沟口四号墓地 1987 年度发掘简报》, *Xinjiang wenwu(Cultural Relics of Xinjiang)* 《新疆文物》, 4 (1988), 3—15。

arrowheads, tubular ornaments, goat-shaped ornaments, and beads. Some golden earrings and golden strip ornaments were also found. Wooden objects include dishes, spindles, ladles, arrowshafts, and arrowheads.

Remains similar to those of the Charwighul Culture are found in Chong Bagh cemetery, Bügür County[1] and other sites along the southern slopes of the Tängri Tagh.

Chinese archaeologists have paid a great deal of attention to these new finds, and many research reports and articles have been published recently[2], so we are now in a position to draw some preliminary conclusions about the Bronze Age cultures of the Tarim Basin.

Among these discoveries, we find that similar cultural elements existed in each of these cemeteries. For example, tomb structures are usually marked on the ground by stone mounds or barrows. Some of them are surrounded by rings of stones beyond the limits of their piled mounds. Burial structures tend to be oval or short rectangular shaft tombs, some with a wooden chamber and some with a chamber made of cobblestones. Most of the burials are multiple burial tombs and were used more than once. Generally, the skeletons on the lowest level are extended in a supine or contracted position, but the skeletons above are secondary burials. This custom of burials was prevalent in the Tarim Basin at the time of Bronze Age and Early Iron Age. It is different from the types of tombs found in the eastern part of Xinjiang.

Grave goods in the Shanbabay cemetery are few, while in other cemeteries described above they are relatively numerous. They consist of pottery, bronze, bone, and stone artifacts, and even small iron objects, in the western part of the

① "First Season of Excavation of Ancient Tombs at Chong Bagh, Bügür County, Xinjiang"《新疆轮台县群巴墓葬第一次发掘简报》, *Kaogu(Archaeology)*《考古》, 11（1987）, 987—996。"A Preliminary Report on the Second and Third Excavation of Tombs at Chong Bagh, Bügür County, Xinjiang"《新疆轮台县群巴墓葬第二、三次发掘简报》, *Kaogu(Archaeology)*《考古》, 8（1993）, 684—703。

② Shui Tao 水涛, "A Comparative Study of the Bronze Cultures in Xinjiang–With a Discussion of the Process of Early Cultural Exchange Between the East and the West"《新疆青铜时代诸文化的比较研究 —— 附论早期中西文化交流的历史进程》, *Guoxue yanjiu(Studies in Sinology)*《国学研究》, 1（1993）, 447—490。

Tarim Basin, such as the cemeteries of Shanbabay, Bozdöng, and others, the pottery is often undecorated, and the shapes consist of bowls, jugs, and pots. In the central part of the Tarim Basin, such as the cemeteries at Charwighul and Chong Bagh, in addition to these kinds of undecorated pottery wares, there is also some painted pottery with red background and black decorations. The shapes consist of pots with spouts, jugs, and jars with handle. So the cultural elements in the Charwighul cemetery may have been constituted from different origins.

Bronze wares both in the western and the central parts of the Tarim Basin are similar. The finds often include small knives, arrowheads, and ornaments. These tools and small weapons were used by nomadic people in common life. In fact, it is very difficult to distinguish the origins of these small bronze objects since they were found on a large scale throughout the Xinjiang region during the Bronze Age. On the other hand, large bronze vessels and large weapons such as swords and axes have not been found in the Tarim Basin, while they were often found in the eastern and northern parts of Xinjiang. This suggests that bronze wares found in the Tarim Basin are not connected with the northern and eastern parts of Xinjiang.

According to these features shown in burial structures, pottery, and bronze ware, we may say that the bronze cultural remains found in the Shanbabay, Bozdöng, and Sampul cemeteries belong to essentially the same bronze culture, while the Charwighul cemetery belongs to another culture. Nonetheless, these two types of cultures had a certain relationship during the period of the Bronze Age and Early Iron Age of the Tarim Basin.

The painted pottery of the Charwighul cemetery is a special cultural element that hardly be found in the western and southern parts of the Tarim Basin. But it is a common element that existed in the Turfan Basin.[1] Based on radiocarbon dates, bronze cultural remains in the Turfan Basin existed from about 3145 ± 75 BP to 2225 ± 70 BP.[2] Dates for the Charwighul cemeteries range from about 2770 ± 90

---

[1]   Liu Hongliang 柳洪亮 , "Ancient Tombs at Subeshi, Pichan County, Xinjiang" 《新疆鄯善苏巴什古墓葬》, *Kaogu(Archaeology)* 《考古》, 2（1984）, 41—50。

[2]   "Report of Radiocarbon 14 Dating" 《¹⁴C 年代测定报告》, *Wenwu(Cultural Relics)* 《文物》, 4（1984）, 7（1990）。

BP to 1900 BP. [1] The Chong Bagh cemetery is dated from about 2795 ± 100 BP to 2490 ± 90 BP. [2] So the time when painted pottery elements existed in the Charwighul and Chong Bagh cemeteries is later than the time when they existed in the Turfan Basin. This means that these elements appear to have originated from the eastern part of Xinjiang and spread towed the eastern edge of the Tarim Basin.

In the Tarim Basin, the Shanbabay cemetery is dated from about 2750 ± 65 BP to 2465 ± 70 BP. Dates of the Sampul cemetery are from about 2290 ± 65 BP to 1995 ± 75 BP. The Bozdöng cemetery is later than the Shanbabay cemetery and is near to the period of the Sampul cemetery, even though there are no radiocarbon dates from this cemetery. It is certain that the undecorated pottery elements appeared firstly from the western part of the Tarim Basin and then spread to the southern and eastern parts. Since there have been no Bronze Age or even Stone Age remains that are earlier than the remains of the Shanbabay cemetery found in this region up to now. The chief problems of the bronze cultures of the Tarim Basin are to determine when and where the undecorated pottery elements come from: from the east or the west?

In the eastern part of Xinjiang, there are some bronze cultures dated to more than 3000 years BP, such as the Yanbulaq Culture. But these bronze cultures are well-known for their painted pottery wares. [3] Although there is some undecorated pottery found in the eastern portion of Xinjiang, it is different from that found in the Tarim Basin. It seems that we can only see some possible influences from the east in the remains of the Charwighul cemeteries. But this influence apparently did not spread into the innermost part of the Tarim Basin.

Beyond the western part of the Tarim Basin lie the Pamirs. Beyond the Pamirs, in the Fergana Basin of Central Asia, we know that there have been some

---

[1] "Report of Radiocarbon 14 Dating"《^{14}C 年代测定报告》, *Kaogu(Archaeology)*《考古》, 7（1985）, 7（1987）, 7（1990）。

[2] Ibid..

[3] "The Yanbulaq Cemetery in Qumul, Xinjiang"《新疆哈密焉不拉克墓地》, *Kaogu xuebao(Acta Archaeologica Sinica)*《考古学报》, 3（1989）, 325—362。Chen Ge 陈戈, "On the Yanbulaq Culture"《略论焉不拉克文化》, *Xiyu yanjiu(The West Region Studies)*《西域研究》, 1（1991）, 81—96。

important discoveries of the Bronze Age or Early Iron Age (i.e. the Chust Culture).
Based on the research of Soviet scholars, the beginning date of the Chust Culture
is in the mid-to late-second millennium BCE. [①] All of the pottery of this culture
was handmade. Most of it is unpainted, there being only 1.2% painted with simple
geometric designs. Some small houses of mudbricks were found at the sites of
Chust and Dalverzin. Stone hoes, stone sickles, knives, and possibly bronze sickles
were also unearthed from Chust and other sites which are similar to those found at
the site of Aqtala in the Tarim Basin. [②] The burial structure of the Chust Culture is
not clear because there have been hardly any tombs unearthed from Fergana. But in
Southern Tajikistan, some important excavations have been reported.

Along the lower reaches of the Vakhsh and Qizilsu rivers, a considerable
number of burial grounds was discovered, five of which have been excavated in
part or totally. [③] This kind of bronze remains is classified as belonging to the Vakhsh
Culture and dates to the first quarter of the second millennium BCE. The burial
structures of the Vakhsh Culture appear as round or oval heaped mounds of loess.
A majority of these mounds have a ring of stones forming a facing at their base. All
the burial structures are graves of the lined-chamber catacomb type. The entry pit,
or dromos, is filled with loess and packed with rocks of various sizes, usually very
large. All the burials were interments. Most of them are single, and paired burials
are rare. A northern orientation is predominant. The population that created the
Vakhsh Culture burial grounds was of the Europoid Mediterranean type.

I have previously carried out a comparative study of bronze cultures found
in the Tarim Basin and Central Asia. [④] After this research, we can now say that

---

① Philip L. Konl, *Central Asia, Paleolithic Beginnings to the Iron Age*, Paris, 1984, p. 189.

② "Reconnaissance of Aqtala and Other Neolithic Sites in Qäshqär-Konashähär, Xinjiang"《新疆疏附县阿
克塔拉新石器时代遗址的调查》, *Kaogu(Archaeology)*《考古》, 2 (1977), 107—110。

③ *The Bronze Age Civilization of Central Asia–Recent Soviet Discoveries*(Armonk: M. E. Sharpe, 1981),
287-310.

④ Shui Tao 水涛, "A Comparative Study of the Bronze Cultures in Xinjiang–With a Discussion of the
Process of Early Cultural Exchange Between the East and the West"《新疆青铜时代诸文化的比较研
究 —— 附论早期中西文化交流的历史进程》, *Guoxue yanjiu(Studies in Sinology)*《国学研究》, 1
(1993), 447—490。

the bronze cultures found in the Fergana Basin and nearby regions are closely related to the bronze remains of the Tarim Basin. Concurrently, we can obtain a conclusion from the studies of physical anthropology. The famous Chinese physical anthropologist, Professor Han Kangxin, has studied cranial remains found in a pit tomb of the Shanbabay cemetery. In physical morphology, the population of the Shanbabay cemetery has a close relationship to the eastern branch of the Mediterranean subgroup of the Indo-Afghan racial type.[1]

Professor Han has also studied some skulls found in the Sampul cemetery. He has determined that the population of the Sampul cemetery is likewise closely similar to the east branch of the Mediterranean subgroup of the Indo-Afghan racial type. They do not resemble the Mongoloid racial type.[2]

The results coming from physical anthropological research strongly support the conclusion we obtain from studies of the cultural relics found in the same places; thus, generally speaking, our conclusions are credible.

The Tarim Basin is a large region about which we have come to know just a little concerning the Bronze Age and Early Iron Age cultures that existed long ago. We can say next to nothing about the details of the life of the Bronze Age people now. But according to the research described above, the outlines of the Bronze Age of the Tarim Basin are becoming increasingly clear. It was in the first half of the first millennium BCE (or perhaps even earlier in the second half of the second millennium BCE) when some Caucasian people, mainly members of the east branch of the Mediterranean subgroup of the Indo-Afghan racial type, from the Fergana Basin and the Vakhsh River valley of Southern Tajikistan, crossed the Pamirs and entered the western part of the Tarim Basin. From there they separated into two branches and continued forward toward the East. Some of them skirted

---

[1] Han Kangxin 韩康信, "The Human Skull of the Shanbabay Cemetery, Tashkurghan County, Xinjiang" 《塔什库尔干县香宝宝古墓出土人头骨》, *Xinjiang wenwu(Cultural Relics of Xinjiang)* 《新疆文物》, 1（1987）, 32—35。

[2] Han Kangxin 韩康信, "Racial Characteristics of the Human Skull form Sampul Cemetery in Lop County, Xinjiang" 《新疆洛浦山普拉古墓人头骨的种系问题》, *Renleixue xuebao(Acta Anropologica Sinica)* 《人类学学报》, 7.3（1988.8）, 239—248。

the northern edge of the Tarim Basin and drove straight through the Qarashähär Depression, meeting with Mongoloid people in the Charwighul area. Another branch moved along the southern edge of the Tarim Basin and arrived in the region of Lop (near Khotan), even going as far east as the region of Lopnor in later times.[①]

Bronze Age and Early Iron Age finds of the Tarim Basin show us how the historical process of cultural exchange between the East and the West took place in the southern part of Xinjiang already long before the period of the Silk Road. Since early cultural exchange in the Tarim Basin and surrounding area lasted for a long time, the emergence of the Silk Road, which straddled both sides of the Tarim Basin, became not only possible, but inevitable.

原载 *The Bronze Age and Early Iron Age Peoples of Eastern Central Asia,*

Volume I, 1998

---

① Han Kangxin 韩康信, "Anthropological Characteristics of the Human Crania Form Kroran Site, Xinjiang" 《新疆楼兰城郊古墓人骨人类学特征的研究》, *Renleixue xuebao(Acta Anropologica Sinica)*《人类学学报》, 5.3 (1986.8), 227—242。

从周原出土蚌雕人头像看塞人东进诸问题

陕西周原所出的两件蚌雕人头像，因其面部及帽饰特征十分独特，明显有别于蒙古人种的体质类型，引起了学术界的广泛兴趣，原报道者尹盛平先生认为其种族当是西域的塞种。[①] 近来，斯维至先生著文认为，这两件人头像即是塞种，更由此推论所谓的允姓之戎、昆夷或犬戎之类皆为塞种。[②] 我们认为，斯文的论点与已有的考古发现颇多抵触，现以此文求教于各方。

从这两件蚌雕制品的年代来看，二者的面部表情虽略有差异，但其总的艺术风格、制作方法等都很一致，且出土于同样的地层堆积之中，基本可以判定为同时代的作品。据原报道者介绍，它们出土于扶风县召陈西周宫室建筑群遗址乙区内一座西周晚期建筑废弃时形成的红烧土堆积中。也就是说，其绝对年代上限可定在西周晚期，下限或可定在此组西周晚期建筑被废弃的时期，或者说西周以后。另据有的学者介绍，此遗址内没有晚于西周时期的文化遗存[③]，所以，大体上可以将它们作为西周晚期的遗物进行讨论。

从这两件人头像的体质人类学特征来看，头像为长脸、高鼻深目、窄面薄唇，一望而知应为西方人种（参见图一：1，2）。但究竟其为何种西方人种族类型，却是一个可以讨论的问题。

尹盛平先生依据《汉书》、《后汉书》等文献对西域各民族的一些记载和描述，认为原居祁连、敦煌间的大月氏人属于欧罗巴人种的可能性极小，原居敦煌一带的乌孙人也未必属于欧罗巴种。因而，周原所出蚌雕人头像不大可能是大月氏人或乌孙人的形象，而应该属于所谓的塞人。尹文进一步指

---

① 尹盛平：《西周蚌雕人头像种族探索》，《文物》1986 年 1 期。
② 斯维至：《从周原出土蚌雕人头像谈严允文化的一些问题》，《历史研究》1996 年 1 期。
③ 据韩伟先生介绍。

明，这里所说的塞人是指居于中亚东北部，属于印欧语系的东伊朗语部落。公元前 8—前 7 世纪，塞人广泛分布于咸海以东及巴尔喀什湖到帕米尔高原一带，天山以北的各游牧部落通常也包括在塞人的总称之下，在人种和语言上他们十分相近，但塞人的主要部分多在锡尔河以东地区。尹文又引述希罗多德《历史》一书中对戴尖顶高帽的萨迦人（Sakas）的有关描述，说明戴尖帽的塞人分布于吉尔吉斯斯坦与南哈萨克斯坦的草原地带，即从帕米尔、阿赖岭以北，包括塔什干、天山以至巴尔喀什湖以南及西南的楚河、塔拉斯河流域。中国史籍称之为"塞种"的部落包括在此范围内。

中亚地区历来是各种民族文化并存的大舞台，加之对早于汉代的古代民族的活动情况，中外历史文献的记载都很贫乏且含糊不清，所以，要完全弄清这一地区的各种民族文化的时空分布状况十分困难，如现仍有对于大月氏人种属等问题的争论。解决这些问题，显然要依靠在中亚各地及我国新疆境内的各种考古发现。目前已有的发现表明，在汉代以前，新疆地区至少存在着三种不同类型的欧罗巴人种的文化遗存[1]，一支是活动于塔里木盆地南北两侧的由东进的地中海东支类型欧洲人所创造的文化遗存。这支人群是在距今约 3000 年前后（即西周早、中期），由中亚的南塔吉克斯坦和费尔干纳一带向东翻越帕米尔，进入新疆的南疆西部，最终分布到了南疆东部的焉耆盆地附近。另一支是活动于天山西北部的伊犁河谷地区，由帕米尔—费尔干类型的欧洲人所创立的文化遗存。他们的存在时间约在公元前一千纪的下半叶，主要来自于中部天山和七河地区广泛分布的同时代文化。他们向东的发展也只扩散到新疆中部的乌鲁木齐附近。这两种文化曾被一些苏联学者称为塞克时代文化。[2] 还有一支是活动于新疆的北疆、东疆地区，由所谓的原始欧洲人群体所创立的文化。他们是最早进入新疆地区的欧罗巴人族群，大约从距今 3800 年前后开始，他们从中亚的哈萨克斯坦和南西伯利亚的米努辛斯克等地，南下进入阿尔泰山脉西侧，并由此继续东进直到哈密盆地和罗布淖尔地区。

---

[1] 水涛：《新疆青铜时代诸文化的比较研究——附论早期中西文化交流的历史进程》，《国学研究》第一卷，1993 年。
[2] A. H. 伯恩施坦：《谢米列契和天山历史文化的几个主要阶段》，陈世良译，《新疆文物》1992 年译文专刊。

　　在青海西部和甘肃西部的河西走廊地区，目前尚未发现早于汉代的由欧罗巴人所创立的文化遗存，已经确知的几种青铜文化从人种类型上看都应归属于蒙古人种的不同支系。

　　一般研究者推断周原这两件人头像制品属于塞人，主要是依据其所戴的帽子很像是尖顶直筒的高帽，因而与对尖帽塞克的描述非常吻合。其实，从各种考古发现来看，中亚许多古代民族的服饰都很相近，戴有帽子的也并非仅尖帽塞克一支，如下文所列举的几件标本都有非常突出的帽饰。

　　图一：4，取自所谓的"阿姆河宝藏"。这是著名的 Alexander Cunningham 藏品之一。雕像为银质，金色高帽，裸体，双手持物已失落。据研究，人像特点类似希腊风格，但高帽则与在波斯普里斯发现的同类雕像十分相像。此件人像制品大约为公元前 500 年前后出自波斯的产品。①

　　图一：6，也取自"阿姆河宝藏"。两件金质雕像作风相似，衣着为长袍，戴尖顶高帽。帽子两侧有护翼，可包住嘴部和下颌。右手持物置于胸前，左手藏于身后。据研究，这两件雕像可能为公元前 500 年前后波斯地区的产品，人像反映的应是波斯的魔术师或占卜者形象。②

　　图一：7，为 1830 年在克里米亚附近的斯基泰王陵中出土的一件金质盘口圆腹罐。腹部一周均为人物雕像，共四组七人。此件制品据研究是公元前 400 年前后出自希腊的产品，但人物形象反映的题材却是斯基泰人日常生活的场景。这七人衣着均为束腰长袍、长裤、高筒靴，其中三人戴有式样相同的高帽。帽子的两侧护翼直达颈肩部，外边缘有一周明显的缝线，显示其质地应为皮革。③

　　图一：5，出自中国新疆伊犁的新源县。铜质人像为半蹲姿态，手中所持物件已遗失，头戴尖顶高帽，帽子有宽平的帽檐。此件铜像年代约为公元前 5—前 3 世纪。④

　　图一：3，出自新疆呼图壁县康家石门子岩画。在众多的人物群像中，

---

① O. M. Dalton, *The Treasure of the Oxus: With Other Examples of Early Oriental Metal-Work*, Published by The Treasure of The British Museum, London, 1964, 图版Ⅱ：4。

② 上引书，图版ⅩⅢ：2，2a。

③ *From the Land of the Scythians: Ancient Treasures from the Museum of the USSR. 3000B.C.-100B.C.*, The Metropolitan Museum of Art, 图版 17、18。

④ 新疆维吾尔自治区博物馆考古队：《新疆新源县七十一团一连鱼塘遗址发掘简报》，《考古与文物》1991 年 3 期。

图一　中国及中亚各地发现的戴帽子的欧罗巴人雕像

有一些是穿束腰长裙衣饰，戴尖顶高帽的人物。此组岩画据研究者分析，其年代约相当于公元前一千纪的前半叶，画面上的人物都是狭面、深目高鼻，具有明显的欧罗巴人种特征。①

更加直观的例证来自于新疆地区已发现的若干具古代干尸标本，早年的发现是由斯坦因等人在罗布泊地区发现并加以报道，后来在哈密的焉布拉克、五堡，鄯善的洋海、苏贝希等地都有一些新的发现，如五堡水库墓地所见的干尸就是身穿皮衣、皮裤，头戴尖顶毡帽，其体质特征接近欧罗巴人种。②

以上列举的若干发现，人物所戴的高帽有的略有不同，或者可以再进行细分。但由于文献史料对尖帽塞克的描述仅寥寥数语，而且，发现于周原的这两件蚌雕人像的帽顶部分以及颈以下部分均被截去，已不能知其帽顶和衣饰的原始形状特点，仅从帽饰还不能确定他们的具体族属。在此，我们只好从这几支欧罗巴人所创立的文化与关中地区的周文化在空间分布上的相互关系来探讨一下几者之间可能的联系途径。

目前所知，西周早期的文化遗存，向西最远仅分布到了甘肃省的渭河流域。到西周中晚期，周人的活动范围可远达甘肃的兰州附近，但实际上其中心区域已由原来的关中西部向东推移了许多。在周文化的西边，分布的是几支以畜牧经济为特点的青铜文化，如寺洼文化、辛店文化、卡约文化、沙井文化等。这其中，除了分布于陇东地区的寺洼文化与周文化有较多的文化交流以外，其他几支文化与周文化的联系都很有限。只是到了西周晚期和春秋时期，来自于北方草原地区的游牧文化与周人的接触才变得频繁而且富有特色。

从甘青地区再往西看，甘青西部的青铜文化与新疆东部的青铜文化有较密切的联系，而且这种接触过程开始得相当早，大约是在公元前两千纪上半叶的四坝文化时期或更早的马厂晚期。此时，在新疆东部，由北面来的原始欧洲人类型的欧罗巴人已进入了罗布泊和哈密一线，这两种不同种族的文化在哈密地区的融合发展，创造了以焉不拉克、五堡水库等遗址为代表的青铜文化。值得注意的是，新疆东部的这种青铜文化始终没有继续向东推进和扩展，也就是说，欧罗巴人向东方前进的脚步，停在了新疆东部到甘肃西部的

---

① 王炳华：《呼图壁县康家石门子生殖崇拜岩雕刻画》，《新疆文物》1988 年 2 期。
② 张玉忠：《新疆古尸发现研究综述》，《新疆文物》1992 年 4 期。

敦煌盆地之间的地域。到了公元前一千纪的上半叶，由中亚地区向东推进的两支欧罗巴人族群，分别进入了塔里木盆地、伊犁河上游及天山中部山谷地区，他们也没有跨过罗布淖尔，没有与甘青地区的文化发生直接的交流和融合，因此，他们的影响只限于新疆境内而已。

在新疆的北面，叶尼塞河流域的古代文化十分发达，并且在东西方都有广泛的影响。到了安德罗诺沃文化和卡拉苏克文化时期，已经形成了从欧亚草原地区、南西伯利亚地区、外贝加尔地区直到中国安阳一带的广大的文化联系网络，可以肯定地说，在这一地区内活动的众多的古代部族文化，把西方和东方连在了一起。

对于关中西部的周人来说，他们既然没有机会与远在伊犁河流域和塔里木盆地的塞人建立直接的联系，也就不会保留以塞克人形象为标志的艺术品。他们眼中见到过的或可能听说过的欧罗巴人，应该是来自于北方戈壁或草原地带的游牧民族，或者是活动于新疆东部的欧罗巴人族群。从更大的空间来看，约当公元前 8 世纪的西周晚期之时，塞克人是在中亚七河一带及帕米尔高原两侧活动。在他们的西边有所谓的斯基泰（Scythians），北面有萨尔马提亚人（Sarmatians）。后两者主要是些骑马或驾着马车的游牧部落，来往于广阔的欧亚草原地带，甚至到达了蒙古高原和鄂尔多斯地区。

如果我们把所有这些在体质类型上属于欧罗巴人的文化遗存理解为广泛意义上的塞种，以示其和华夏族的区别，这是可以说得通的。但是，如果按照斯文的观点，称所谓"原来居住在伊犁楚河的塞种，在殷商之际逐渐向敦煌、酒泉一带迁徙，以至甘肃、陕西，逼近河套、泾水、渭水流域"，这样一种塞人东进的过程在实际上是不存在的。斯文进一步引用文献论证道："《采薇》诗序说：'文王之时，西有昆夷之患，北有严允之难。'昆夷即犬戎，它与严允为同种同族，分作西、北两路侵入周境。严允即允姓之戎，也即塞种。"[①] 如果按时间推算，文王在位之时，保守的算法也在公元前两千纪的末期（按武王克殷之年为公元前 1018 年或前 1025 年往前推）。而这时，以塞克为代表的所谓塞种，尚远在中亚的七河一带，没有进入新疆的腹地。自然，他们不可能成为威胁周王朝的祸患。从考古发现来说，自先周时期直到

---

① 斯维至：《从周原出土蚌雕人头像谈严允文化的几个问题》，《历史研究》1996 年 1 期。

西周早、中期，周人的西边分布的是寺洼文化和辛店文化为代表的羌人系统的文化。他们没有实力与周人对抗，所以，周王朝的敌人只能是来自于北方而不是西方。西周晚期以后，北方地区游牧部落的大举南进，也波及甘肃东部和中、西部地区。局面变得复杂化了。从更大的范围来看，此时正值一次世界性的民族大迁徙的浪潮①，周人对于西方世界的认识，由此也得到了更多的直接交流的机会。

初步梳理一下这些早期的欧罗巴人的文化遗存在中国境内的发现状况，有助于我们认识周原所出这两件人像作品所包含的文化交流方面的意义。显然，这两件作品最初不会是周人创造的艺术形象，而应出自中亚的欧罗巴人部落中的某一支人群之中，他们或许就是广泛意义上的斯基泰或塞种部落。我们可以从上文所列举的许多人像艺术品中发现他们的相同之处，即是对于细部表现的绝对真实和写实风格，少有夸张或象征意义。反映的题材是现实生活中实际存在的人物，而不是神话或传说中的角色。这一点也可以帮助我们从另一方面来判断这两件作品的创作年代。因为，到了再晚一阶段时期，约公元前 3 世纪开始，草原地区的艺术风格发生了明显的变化，在南西伯利亚的巴泽雷克等地发现的大量艺术品中，多是表现各种夸张或变形的神话中的题材，很少有写实人物形象。②

如果再做进一步的推断，这两个人物或许表现的应是占卜者或魔术师形象，我们可以在波斯地区发现的早期艺术品中见到他们的形象。后来由于某种原因，这两件艺术品传到周人手中，周人对其做了改造，截去了原本具有特殊含义的帽饰和衣饰，仅保留了表现异族形象特点的头面部，变成一种插骨笄用的装饰物。为了记住这些异族人的原始身份，则在其头顶的截面上用汉字刻上一个"巫"字（有的学者或者以为此字不是巫字）。因为就巫字来讲，所代表的可能是会施巫术的人，而在古代社会中，巫术的施展在大量的形体语言之外，还需要施术者通过语言或声音来表现他的与众不同的技能和感受。显然，我们很难想象周人生活中这种身份独特而又备受人敬仰的角色会由一个异族人来充当。所以，结论只能是否定的，即这个巫师不是周人

---

① 许倬云：《西周史》，生活·读书·新知三联书店，1994 年，第 68 页。
② 参见 Tamara Talbot Rice, *Ancient Arts of Central Asia*, London, Thames and Hudson, 1965。

自己的巫师。西方早期的占卜者同时也是魔术师,表演魔术一般不存在语言交流上的障碍,所以可以在不同语言背景的人群中表演同样的魔术(或称幻术),而引起人们普遍的兴趣和注意。中亚地区在很早的史前时期就已出现了这种特殊职业者,直到汉唐时期,来自西域的魔术师仍然是西方文化最富表现力的代表,深受中土各种职业阶层人士的喜爱和欢迎。

总的来看,仅凭这两件人像作品的发现,还不能证明早在西周晚期,关中地区的周王朝就与西域的尖帽塞克发生了直接的文化接触。然而,由于自殷商以来,中亚草原地区的早期游牧部落文化就与远在安阳的商王朝发生了大量的文化交流,关中地区的周人也在与草原文化的接触中间接了解了西方人 —— 也即塞人的生活和习俗。而活动于周人西北方的犬戎、严允等部族,或许正是把周人与塞种联系在一起的中介,西周晚期以来北方游牧部落的大举南进,则是促成中西文化相互交流融合的一个历史契机。

原载《远望集》(上),陕西人民出版社,1999 年

驯马、马车与骑马民族文化

与骑马民族文化有关的考古发现，历来受到国内外学术界的广泛注意，因为，在欧亚大陆的广大草原地区曾经分布过许多古代骑马民族文化，他们对东西方的文化，以及对东西方文化之间的交流，都做出过巨大的贡献，他们的存在显然不容忽视。最近，两位动物考古学家对于中国家马起源问题的讨论[1]，可以说为早期骑马民族的起源等问题的研究带来了新的契机。

一

在人类对于家畜的驯化过程中，马的驯化是出现比较晚的事情。从世界各地的考古发现来看，人们首先驯养的动物是那些体形较小、性情较温顺的鸟类和哺乳动物，如家鸡、绵羊、山羊、家猪等。野马体格矫健，奔跑迅速，性情暴烈，难以接近。而且，野马多生活在大草原环境里，这使得习惯于定居在河谷地带的古代农耕民族难以见其踪影。中国的黄河中、下游地区，可以说不是野马生活的理想家园，因而，在这一地区，人们对马的认识形成较晚，这应该是容易理解的。

黄河上游的甘青地区地形条件复杂多变，其东部的黄土高原地区也不存在野马生存的典型环境。但在其西部的祁连山两侧，以及西藏的可可西里地区，则曾是现代野马的栖息之地。[2] 虽然这里存在着野马的种群资源，但考

---

① 袁靖、安家瑗：《中国动物考古学研究的两个问题》，《中国文物报》1997年4月27日3版。

② 王香亭主编：《甘肃脊椎动物志》，甘肃科学技术出版社，1991年，第1186—1189页。

古发现则表明，甘青地区在新石器时代的文化遗存中没有发现家马的骨骼遗存，即使到了青铜时代，在农业经济因气候变化而解体之后，这里发展起来的依然只是以养羊为特色的畜牧经济。

在黄河以北的内蒙古地区，存在着广阔的草原，这为野马的生存提供了充足的条件，理应成为我国北方家马的起源地区之一。然而，据目前的考古发现，在内蒙古中南部地区的朱开沟遗址，从龙山文化晚期到早商阶段的所有地层中均没有发现家马。[①]内蒙古东部地区广泛分布的夏家店下层文化中也不见发现家马的报道，内蒙古西部地区对于史前时期的考古工作做得相对较少，总的情况不甚清楚。

新疆是另一个有可能成为我国北方家马起源地的地区，但是，目前该地区对于新石器时代的文化遗存发现甚少。在哈密焉不拉克墓地等地点发现的青铜文化遗存中，没有发现马的骨骼遗存。[②]只是到了更晚的阶段，才在和静等地发现有墓葬殉马的情况。[③]

以上情况表明，正如袁、安二位先生文章所言，中国北方地区从龙山文化阶段一直到商代晚期以前的各种文化遗存中，均没有马骨的大量发现。如果存在一些零星的发现，也应是与当时的人类生活无必然的联系。[④]

中亚地区的情况则有所不同。据有的学者介绍[⑤]，最早对马的驯化和家养，发生在乌克兰东部到哈萨克斯坦北部之间的森林草原和草原地带，时间大约在公元前 5000—前 4500 年间，证据来自于一些考古遗址出土的马的骨骼，特别是一定数量的幼马骨骼、骨刻或石刻的马的雕像制品等。甚至在一个遗址中发现了约 10 万件以上马的骨骼，其比例占到全部兽骨遗存的 90% 左右。这些发现似乎可以证明，整个欧亚大陆上古代世界的人们对马的驯化和家养，首先是从黑海到里海之间的草原地区开始兴起，然后波及其他地区。

---

① 黄蕴平：《内蒙古朱开沟遗址兽骨的鉴定与研究》，《考古学报》1996 年 4 期。
② 新疆维吾尔自治区文化厅文物处等：《哈密焉不拉克墓地发掘报告》，《考古学报》1989 年 3 期。
③ 新疆考古研究所：《和静县察吾乎沟四号墓地 1986 年度发掘简报》，《新疆文物》1987 年 1 期。新疆考古研究所等：《和静察吾乎沟四号墓地 1987 年度发掘简报》，《新疆文物》1988 年 4 期。
④ 袁靖、安家瑗：《中国动物考古学研究的两个问题》，《中国文物报》1997 年 4 月 27 日 3 版。
⑤ Marija Gimbutas, *The Civilization of the Goddess: The World of Old Europe*, Harper San Francisco, 1991, pp. 353-354.

二

人类驯化和饲养马，最初或许是为了获得肉、皮毛和乳制品等资源，但是，很快人们就掌握了用马驮物、载人等新技术。马车的出现并用于军事目的，则是一个具有划时代意义的重大事件。

我国北方地区现已发现的两轮马拉战车遗存仍以安阳殷墟遗址的为最早，时代约在商代晚期，这和马骨的发现情况大致相同。由于殷墟马车已是一种发展比较成熟的战车，所以，必定存在过形制结构更为原始的马车。但是，这种原始马车在我国尚未见发现的报道。

在中亚、西亚地区，原始的四轮牛车（或马车）出现得比较早，在公元前3000年前后。到公元前2500年前后已出现二轮的驴车，至迟在公元前2000年前后，二轮的马拉战车从高加索地区传入近东。考古学家已经在中亚西部地区发现了相当于安德罗诺沃文化时期的二轮马拉战车的实物，其绝对年代在公元前1500年或更早。[1]有的学者分析了中亚马车与中国安阳殷墟马车的相同之处，认为马车应该是在公元前1200年前后从西北方向传入中国。[2]这种看法是值得注意的。

三

骑兵具有比战车更强的机动作战能力，所以，当大规模的车战法渐趋衰落之后，大兵团的骑兵作战开始成为战场上的主角，骑马民族国家也由此而产生。中国的北方地区在西周、春秋、战国各个时期都存在众多的游牧民族，他们中的一部分此时已掌握了马车、骑马作战等技术，他们的文化遗存则是各具特点的北方青铜器，如鄂尔多斯式青铜器及其他文化遗存等。以往曾有学者认为，中国北方游牧民族文化起源于西方，由于近年来我国考古工

---

① Stuart Piggott, *Chariots in the Caucasus and China*, Antiquity, 48(1974).
② Edward L. Shaughnessy, Historical Perspectives on the Introduction of the Chariot into China, *Harvard Journal of Asiatic Studies* 48.1 (1988).

作者在内蒙古地区的大量工作，揭示了朱开沟文化等许多地方文化类型，这些发现使人们有理由相信，所谓鄂尔多斯式青铜器是起源于当地，又逐渐传播到安阳、远东和南西伯利亚等地。[①]但是，正如上文所示，朱开沟文化时期，人们并没有掌握驯马技术，也没有出现以马为造型的艺术品。因此，可以推论，安阳殷墟所见的以马头刀、管銎斧为代表的北方游牧民族文化因素，不可能由朱开沟文化发展而来，它们或许正是同马、马车一起从更遥远的西方传入的。

马、马车和骑马民族文化是有机联系的一个整体。艺术往往源于生活，我们不能假想中国古代的青铜艺术品制造者们没有见过马，或是没有与马长期生活的经历，就可以创造出大量以马为表现对象的艺术品。而在黑海到里海之间的中亚大草原上，人们在长期的驯马、骑马生涯中，对马有了深刻的了解、热爱甚或是崇拜，才产生了表现马和马上生活的造型艺术。由于早期骑马民族的活动范围极大，这种造型艺术也得以在欧亚大陆上广为传布，向东最远达到安阳一带。我们不能否认，在这么大范围内的文化传播，经过许多不同的游牧民族的传承之后，其形式和内容会发生一些变化和创新，或是衍生出类似的造型艺术风格。这或许就是后来在东方有所谓的鄂尔多斯艺术，同时在西方有所谓的斯基泰艺术，这样一种格局出现的缘由所在。从马和马车等文化因素的传播来看，早在商末周初时期，中国中原东部地区就与北方以及更加遥远的西方的早期骑马民族建立了密切的文化联系，当然，这种大范围文化交流的发展过程，还需要有更多的考古发现给以论证和说明。

原载《中国文物报》1997 年 6 月 15 日 3 版

[①] 田广金、郭素新：《鄂尔多斯式青铜器的渊源》，《考古学报》1988 年 3 期。

中外文明比较研究中的方法论问题

　　探讨中国古代文明的形成和演变过程，是中国考古学的一个主要任务。近年来，学术界围绕着中国文明的起源问题展开了热烈的讨论，似乎使古代文明的场景离我们今天的生活越来越近，越来越清晰可辨。特别是最近成立的北京大学古代文明研究中心[①]，有可能使这种对于古代文明的热烈讨论，不至于只是一时一地的热点，而是一个长期的研究方向，这是值得称道的。通观近年来的有关争论，无论主张一元起源论者，还是主张多中心论者，对于中国古代文明的基本存在方式都进行了多方面的论证和概括，大家基本承认，中国古代文明的主要表现形式即是以夏商周三代王朝所代表的黄河流域文明。同时，不可否认，中国古代文明所代表的文化内涵是多方面的。如果从起源的角度来考察，它是一个不断充实、壮大的体系，就像海纳百川的过程，在不同的时间阶段，如新石器时代晚期或者青铜时代，在不同的地域范围，如黄河流域或者长江流域，都具有一些不同的特点。中国古代文明可以是指中原地区夏商周三代文明所代表的形式和内容，也应该包括同一时间阶段内的中国边疆地区存在的各种文化传统；它可以是指产生于中国本土的，具有中国特色的文明因素或文明形态，也应该包括来自于境外的，在不同时期融入中国文明系统的其他成分。研究中国古代文明，应该始终将其视为世界古代文明研究的一部分。也正因为如此，研究中国古代文明与外来文明的关系，就成为我们现在进行的古代文明研究中不可或缺的一个重要课题。这一研究，最终将为早期人类文明的研究做出重要的贡献。

---

① 　北京大学古代文明研究中心编：《古代文明研究通讯》第一期，1999 年 5 月。

一

中国古代文明与外来文明的关系，历来是一个学术热点问题，从早年西方学者主张"中国文化西来说"开始[①]，几十年来，中国与西方的文化联系问题，始终是一个热点。而且可以这样说，所谓的热，往往是先从外面热起来，在国际学术研究的热点中涉及中国的部分，一般很快会成为我们国内的热点，如最近十年来的"丝绸之路热"、"鄂尔多斯热"等。这种学术上的趋同现象，一方面表现了中国学术界对于国际学术活动的参与热情，另一方面，也反映出我们自己对于重大问题的研究，始终处于追随潮流的过程当中。

中国古代文明与外来文明的关系，同时也是一个学术难点问题。所谓难，是由于长时期的封闭环境造成了我们与外部世界的基本隔绝状态，一旦要进行涉及文化交流的研究，我们往往不能做到充分地占有外文资料，在大多数情况下，很难与国外学者进行深层次的、实质性的对话和交流，由于这种状况，在一些重要的国际学术领域，很难看到中国大陆学者的身影。与此相似，国外学者也普遍存在汉语语言障碍，无法直接利用大量的国内发掘资料和研究成果，因此，国外对中国考古的了解也十分困难和有限。这种状况在 20 世纪 80 年代表现得十分突出，近年来逐步得到改变，这一方面，得益于改革开放政策允许一些外国的学术机构在国内进行合作发掘和研究，如中法合作进行的新疆南疆克里雅河流域考古调查和发掘等。[②]另一方面，一些有机会出国的青年学者，在某些领域很快接近了学术前沿，拉近了我们与世界的距离，如中美哈佛燕京学术交流项目等。但是，这种双向的交流与合作还只是刚刚开始，就学术界的整体水平而言，我们与外部世界的高层对话，还需待以时日。

平心而论，对于许多中国学者来说，中外文化交流问题并不是一个非常重要的课题，由于中国大陆疆域辽阔，古代文化众多，可以研究的问题自然也有很多，许多人也许没有机会从事中外文化关系的研究。但是，就中国的

---

① 瓦西里耶夫：《中国文明的起源问题》，郝镇华等译，莫润先校，文物出版社，1989 年。
② 王炳华：《略说二十世纪九十年代新疆考古》，《新疆文物考古新收获（续）（1990—1996）》，新疆美术摄影出版社，1997 年，第 3—10 页。

学术界来说，我们不可回避地要面对"中国与世界"这样的问题。而对于那些正在从事中外关系研究的学者来说，涉足这一研究领域，不仅仅有一个机遇问题，即是否有机会出国从事有关的考察与研究活动，或者有机会与国外学者在国内合作进行研究工作；我们认为，更为重要的应该是方法论问题，也就是说，从工作方式上看，中外关系问题研究与单纯的国内问题研究应该有所不同，这表现在研究的指导思想以及具体的研究方法等各个方面。就宏观的方面来看，我国学术界曾走过不少弯路，早年对苏联模式完整照搬，后来对西方理论进行全面批判，现在对国际学术开始重新评价和参与。几十年的摸索，我们在认识上已经完成了否定之否定的轮回，目前来说，没有任何人可以在学术问题上设置任何禁区，限制学术的研究和争鸣。但在具体到如何参与国际学术交流等问题上，我们自己往往不得要领。例如，就思维的空间范围来看，我们习惯于将古代中国作为一个完整的整体，而且是以今天的版图范围做蓝本的一个基本不变的整体，实际上，今天的国界在历史上经过了多次的变化。就中国的某一地区来讲，某一时期可能属于中原文化圈的作用范围，而另外的时候，可能属于中原以外文化圈的作用范围，这种情况在中国北方地区历史上曾多次出现。应该特别强调的是，还有一些地区长期受到几种文化传统的相互作用，如今天的新疆地区等。对于这样一种环境背景下的文明进程研究，开阔视野，也许是最有效的方法之一。

就研究工作所涉及的某一个区域来讲，我们以往大都习惯于在本地找寻解决问题的所有答案，不太重视区域间可能存在的文化交流，不熟悉在大范围做横向比较研究的方法。这样一种研究的结果，虽然能够发现许许多多颇具地区特点的所谓考古学文化，但就整体来看，我们依然不能把握一个地区文化发展总的脉络。这方面可以举出许多实例加以说明，在探讨夏商周三代文明的来源问题时，我们已经可以肯定地说，它们是起源于黄河中下游地区的早期文化。但是，三代文明所包含的全部文明因素，并非都起源于当地。例如，使用玉礼器的文化传统可能来自于中国北方的辽河流域或者是南方的太湖地区[1]；马车和骑兵技术可能是来自于中亚或者更加遥远的西方[2]；商代中

---

[1] 苏秉琦：《重建中国古史的远古时代》，《史学史研究》1991 年 3 期。

[2] Edward L. Shaughnessy, Historical Perspectives on the Introduction of the Chariot into China, *Harvard Journal of Asiatic Studies* 48.1 (1988).

原的青铜矿料产地可能是在长江中游地区①。实际上，如果再扩大一下我们观察的范围，可以看出，在世界各地的许多古代文明中心，一些重要的文明因素如冶铁术等技术的出现，都不是反复产生于不同的区域之中，而是文化交流的结果。所以，通过比较研究，有时可以揭示出一些更具一般性的特征和规律，也只有经过比较和鉴别，才能够更深刻地认识那些真正属于当地的文化传统。

考古发现在大多数情况下需要依靠一个合理的解释体系，才能够使死的、物化的遗存变成可信的、活生生的历史画卷，可是，现实中的理论体系总是难以适应日渐增多的考古发现。对于考古发现的解释，我们一般习惯于采用经典作家所提供的固定模式，试图找出所谓的普遍规律。然而，世界各国的考古发现一再证明，社会和文化的发展总是以多样化的形式表现出来，规律性的东西即使存在，也总是仅仅适用于一定的范围。在探讨中国古代文明起源问题的过程中，我们曾经长时间陷于对所谓文明的概念、文明的标准、文明的发展模式等问题的讨论，时至今日，这些问题并没有取得各方认同的意见和解决方案，其他国家的类似讨论也没有形成最后结论。虽然在大范围的文明进程比较研究中很难确定相同和相似的可比性因素，如古希腊文明和古代东方文明，尼罗河文明和印度河文明，相互之间都不能建立直接的对应关系，所谓文明的优劣也不可能给予准确界定。但是，各地区文明化进程的早晚、快慢则是可以通过比较看出来的，文明作为一种人类文化发展进步的标志，总是会将这些进步的因素很快地传向那些发展相对落后的地方。也就是说，文化和文明因素的传播是一个自然的过程，有时也是一个必然的过程。至于在那些被文明辐射到的地区，受体如何做出反应，完全取决于自身的需要，可以选择自我封闭式的发展方式，也可以被文明进程所同化。因此，在大多数情况下，文明因素的传播不能被视为文化殖民或侵略，文明因素在一个区域中的出现，无论它是产生于当地，还是自远方传播而来，都不具有决定性的意义，重要的永远只是文明因素本身所体现的价值。这些价值的高低总体来说体现在当时当地的人类文化群体的认识水平上，并非体现在现代学者的价值判断上。考虑到这些因素，我们就不必强求古人，或者自作

---

① 金正耀：《晚商中原青铜的矿料来源》，《第三届国际中国科学史讨论会论文集》，科学出版社，1990年，第287—291页。

多情地替古人担忧。如果在进行中外文明比较研究的过程中，只是热衷于寻找那些产生于本土的东西，只强调本土对外界的影响，那就不仅仅是认识肤浅，逻辑可笑，而且，它还能使研究本身受到更多的局限，出现新的画地为牢的局面。

二

进行中外文化比较研究，目的在于建立中国古代文明与世界古代文明之间的联系。在这样一种面向世界的学术交流领域，如何交流，取决于是否存在易于交流进行的渠道和方式，也就是说，要建立规范的学术交流体系。在我们这里，如何确立相对一致的学术规范，目前仍然是一个十分困难的问题。大家都知道，规范的学术语言是进行有成效的双向交流的基础，可是，在这方面，我们的许多研究大都难以尽如人意。由于普遍存在翻译水平和出版经费等方面的问题，我们介绍国外研究成果的译著，经常是断章取义，不做系统介绍，任意删减必要的线图、照片、参考文献和各种索引资料，每每使读者欲进行深入研究时深感不便。有时则是任意制造新的概念，或者随意发挥译者的"智慧"，使读者往往一头雾水，无法领会原作的高明和真谛。这种做法使许多原本非常有名的学术著作在翻译成中译本出版后，黯然失色，不仅读者寥寥，知者甚少，而且有时是行文不通，漏洞百出，令人无法忍受。

译者水平不高的问题具有普遍性，特别是那些属于新方法、新理论、新思维的纯理论著作，译者本人往往也是似懂非懂，或者一知半解，没有可资参考的例证，只是在摸着石头过河。实际上，在许多考古学研究的新领域中，所运用的方法和理论体系大多借鉴于自然科学的新发现，如新近被许多中外学者重视的，运用 DNA 分析技术来考察人类种族遗传学方面可能存在的，东西方人种群体之间的联系证据这一类研究题目，无论其理论依据，还是具体的操作方法，都是纯粹的分子生物学的内容，但是，它所要解决的问题，却是中外文化比较研究中最根本的问题之一。完全理解分子生物学的概念和研究方法，对于每一个考古学家都是非常困难的任务，所以，我们不必假装自己是一个内行，而应该将这一类问题全部交给真正的分子生物学家去操作。这一方面避免了由于我们的似懂非懂，误导了我们自己和我们的读者；另一方面，也可以使这种方法在考古学上的运用和推广得到分子生物学家的支持和检验。类似的新课题还有很多，不管我们愿不愿意承认，我们都会发现自己面对着许多我们完全不懂的新领域、新思维。在这种时候，加强个人的专业学习和提高技能已经不能解决全部的问题，也就是说，今天的时代不可能造就全能型的学者，只能是通过不同学者之间的优势互补，形成群体效应，把需要解决的问题交给真正懂行的专家去完成，这才是解决问题的最佳选择。

在谈到学术规范问题时，还不能忽视另一个侧面，我们介绍自己学术成果的译著，往往也存在着类似的倾向，许多人不愿费力查找学术界通用的译名原则和基本概念，在译著中不使用人名、地名对应表，不提供关键词条索引等工具资料，而是自己想怎么译就怎么译，根本不管别人理解上的问题。这种做法的结果是造成著者和读者双方的相互了解越来越困难，差之毫厘，谬以千里。考古学研究所面对的古代遗存千差万别，考古学家在描述这些原本就有差别的文化遗存时，由于每个人的表达习惯不同，会形成对于同一问题理解上的歧义，如果再将自己理解的东西用不太规范的语言转述给外国人，就会在客观上形成更大的或更多的误解。有的学术著作需要在不同语言文本之间转译，如原作为中文，先被翻译成英文版，后又根据英文版转译成俄文版，等等，这种现象在学术界时常可见，因此，最初的译本是否可靠，将影响到其后一系列研究的可信程度。特别是在新疆和中亚这样的多种文化和语言环境背景下的比较研究，如果不建立通行的学术语言系统，根本就无法进行有意义的学术交流。例如，中亚某地历史上曾归属于各个不同民族文化共同体所拥有，因此，在诸如汉语文献、希腊文或其他印欧语系民族的古文献，维吾尔语或哈萨克语等近现代的少数民族语言文献中都留有关于此地的不同记载，不同学术背景的学者在研究这一地域时，可能会选择自己熟悉的名称，但同时，他必须知道此地名在不同文献中的不同叫法，列出相关的地名对应表，以便于其他学者能够确知你所提到的地名具体在哪里。确立一套比较适用的标准语言系统，不能简单依靠个人的努力，即是说，不能仅凭主观愿望，使别人服从于自己的选择，不应带有感情色彩地使用一些具有特定含义或者是具有歧视、侮辱含义的名称，所以，译名必须取得大多数人的共识。通常，译名标准的确立，是要在高层次的学术管理机构中通过协商加以限定，或者是使用学术界约定俗成的习惯用法，尽量避免自己杜撰或者创新。从某种意义上来说，不规范的研究成果发表得越多，所造成的负面影响也就越大。

一切研究工作的基础在于收集相关的研究资料，在考古学界，第一手资料的价值已经被越来越多的研究者所重视，大家也约定俗成地赞同第一次获得某项资料的发掘者或其群体，享有使用该资料的优先权。问题在于，在很多地方，优先权已演变成为长期封锁资料、独占资料的局面，特别是一些重大发现，由于资料长期被封锁，极大地限制了学术的发展，使大多数学者不能及时了解学术的最新进展情况。所以，要求尽快发表考古新资料已经成为学术界一种很强烈的呼声，国家有关行政主管部门为此也做了一些硬性规定。虽然对于研究资料的共享原则，各地都有各自的理解和做法，本来也就难以进行协调，但是，有一点是可以明确的，随着当今世界科技的进步，各种信息传播的速度越来越快，大家对信息共享的要求也越来越迫切。由于公众对于保护古代文化遗产的参与意识日渐高涨，要求得到更多的专业知识和相关信息，传媒为此也开始对各种考古新发现进行全方位的报道，如我国陕西省发掘周至县的仙游寺塔基地宫，埃及发掘距今三千年前后的法老墓葬，都有电视台进行全程直播，全球亿万观众争睹盛况。英国考古队近年来在发掘土耳其南部的恰塔尔遗址时，更是将所有原始资料同步公布在国际互联网上。[1] 在这种大的时代背景下，仅仅依靠独家占有资料和封锁信息来保证自己的学术地位，已经变得越来越不可能，现代化的图文报道方式已经使大家处在相同的起跑线上，与其抱残守缺，闭门造车，不如尽快发表有关的资料，争得研究的主动权。

在我国一些地方还有一个非常有趣的现象，我们的许多新发现，往往是先对国外同行开放，然后再对国内同行发表消息，准许其使用材料。例如，新疆近年来发现的许多干尸和一些珍贵的古代毛织物的详细资料和图片，是在美国的一次学术讨论会上由外国学者首次给以详细介绍，有关这些毛织物

---

[1] 杨建华、滕铭予：《恰塔尔遗址发掘 —— 国外田野与发表工作的新进展》，《中国文物报》1999 年 8 月 11 日 3 版。

的研究论著也是首先由美国学者完成的[1]；甘肃玉门火烧沟墓地出土的四坝文化的四羊首权杖头已经在日本公开展览并出版有图录[2]，美国学者在有关的论文中也多次使用该材料，但迟至今日，有关部门仍没有在国内的学术刊物上公布这一重要发现的基本材料。我们在对外宾表示友好、坦诚、大度、开放的同时，却对内宾设置了种种限制条令和障碍。这样的不平等待遇，使得一些国内学者变得越来越孤陋寡闻，许多发现只是听说过没见过，这样也就使他们难以在热点问题上及时与国际学术界进行对话。对资料所有权的垄断和地方保护主义，已经与我们这个时代的潮流背道而驰，可以说，这是限制学术发展的一个障碍。

三

学术的发展和继承，必然要依靠一批有影响的中青年学者来担此重任。如何造就中国的、具有世界水平和影响力的古代文明研究学者，关键在于给他们创造什么样的条件。我们处在思想解放、改革开放的今天，没有了许多人为设置的学术禁区和思想禁锢，这就意味着，我们比我们的前辈有更大的学术活动空间和更好的生存环境，理应在学术上有更大的贡献。就研究中外文化交流问题来说，"请进来"的办法，已经取得了初步的成果，它使青年一代很快地了解了国外同行的工作方法、基本理论体系等，在交流中也建立了相互的了解和信任。例如，中美联合进行江西仙人洞、吊桶环等遗址的发掘，演示了探索早期新石器文化和农业起源等问题时所采取的环境考古的工作方法[3]；中法联合进行的新疆塔里木盆地克里雅河流域考古调查，则是借助于全球卫星定位系统、卫星图片等现代信息技术，进行了在大沙漠中寻找古代遗址的初步尝试[4]；中美河南颍河上游考古调查[5]、中美山东日照两城镇考古

---

[1] Elizabeth Wayland Barber, *The Mummies of Ürümchi*, Macmillan, 1999.
[2] 每日新闻社：《中国·木简古物文物展》（日文版），1994 年，第 31 页。
[3] 刘诗中：《江西仙人洞和吊桶环发掘获重要进展》，《中国文物报》1996 年 1 月 28 日 1 版。
[4] 王炳华：《略说二十世纪九十年代新疆考古》，《新疆文物考古新收获（续）（1990—1996）》，新疆美术摄影出版社，1997 年，第 3—10 页。
[5] 《河南颍河上游考古调查中运用 GPS 与 GIS 的初步报告》，《华夏考古》1998 年 1 期。

调查项目[①]，都是以区域考古的理论为指导思想的。这些新技术、新理论在中国田野考古实践中的运用，使我们在很大程度上赶上了时代的潮流。但是，这些毕竟是由国外同行示范给我们的东西，我们自己是否具有独立进行这些工作的能力，还需要加以证明。所以，作为中国新一代的考古学家，我们不能满足于在自己家门口取得的这点成绩，若要进一步提高自己，应该是设法"走出去"，参与世界各地的多边研究项目，或者在有条件的时候，单独组织在某一国家的考古发掘。"走出去"是为了更好地宣传自己，证明自己，更直接地与国际学术界建立广泛的联系。最近，国家文物局委派专家参与柬埔寨吴哥古迹的保护修复工程项目，可以看作是中国新一代学者走向世界舞台的开始。[②]

中外文化比较研究的深化，往往需要国际学术界的通力合作，因为，许多问题是周边国家共同的研究课题。以草原地区的骑马民族文化为例，由于在西起东欧、东到蒙古高原的北半球高纬度地区，存在着连片分布的无森林的大草原，也即欧亚大草原，骑马民族文化在这种环境里的大范围传播和流动，没有任何实质性的障碍，因而形成了所谓的草原世界。中国北方的游牧民族文化，实际上是草原世界的一个组成部分，如果不深入了解在其他国家发现的草原民族的文化遗存，对于中国北方游牧民族文化的研究也很难得出接近实际的认识。联合国教科文组织多年来所倡导和实施的丝绸之路研究项目，实际上就是各国间协作研究的一种方式，中国学者已经在一些有关的考察活动和资助研究项目中取得了成绩。但是，就整体看，我们对于国际合作研究项目的参与还十分有限，所发挥的作用与我们应该达到的学术地位还不成比例。

为繁荣我国的中外文明比较研究，还需要借鉴国外成功经验，建立完整的学术监督和学术评论机制，学术监督强调人人平等原则，不提倡对学术问题做不必要的政治和行政处理，鼓励学术民主，开放学术空气，以民间或自由论坛的方式提出各种批评或者自我批评。学术评论则要求就国内外学术热点问题、前沿问题、学术思想、学术流派等适时进行评介，引导我们的学术

---

① 中美两城地区联合考古队：《山东日照市两城地区的考古调查》，《考古》1997年4期。
② 姜怀英：《亟待保护的吴哥古迹》，《中国文物报》1999年6月30日4版。

潮流。特别是应该对学术界的中青年学者进行大力扶持，使他们尽快名列学术队伍的前茅。

今天的学术发展已经完全纳入了全球化的信息时代，对于古代文明的研究者来说，我们如果不在方法论上有所变化，有所创新，不具有宏观上的全球意识和合作精神，也就很难在未来的学术领域中占有一席之地。那么，让世界认识中国，使中国古代文明的研究对世界古代文明的研究有所贡献的美好愿望，只能成为不切实际的空话。

原载《中原文物》2000 年 1 期

New Finds of the Bronze Cultural Remains of Xinjiang in Recent Years

Bronze cultures of Xinjiang are very important for the studies of early cultural exchanges between the East and the West, such as the Xinjiang mummies they have attracted attentions of most scholars not even Chinese but also foreigners. Here we have some new material to present which are mainly based on some field works have done in recent years. Since Xinjiang is a very large scale in the space from it's eastern part to the western, we have to divide it into several parts for that we can make our introduce clearly and easily, here is a map to show the location of some sites we will mention to.

Eastern Xinjiang

The Tianshan Beilu Cemetery was found in the Hami (Qumul), it was also called as the Yamansu Mine Cemetery some years before. In 1988, 1989, 1992, until 1997, there are more than 700 tombs have been excavated. The final excavation report has not been published now. According to some scholars' research[1], we know that all of burials in this cemetery are single burials, with grave goods

---

[1] 李文瑛：《哈密焉不拉克墓地单人葬、合葬关系及相关问题探讨》，《新疆文物》1997 年 2 期（Li Wenying, Approach the Relations Between Single Burials and Joint Burials of the Graveyard of Yanbulaq in Hami, *Cultural Relics of Xinjiang*, No. 2, 1997, pp. 23-30）。李水城：《从考古发现看公元前二千纪东西方文化的碰撞与交流》，《新疆文物》1999 年 1 期（Li Shuicheng, Seeing into Cultural Exchanges Between the East and West in 2000 BC from Archaeological Discoveries, *Cultural Relics of Xinjiang*, No. 1, 1999, pp. 53-65）。刘学堂：《中国早期铜镜起源研究》，《新疆文物》1998 年 3 期（Liu Xuetang, A Study on the Origin of Chinese Bronze Mirror, *Cultural Relics of Xinjiang*, No. 3, 1998, pp. 55-72）。

consist of bronze, pottery, bone and stone objects. After a comparative study with the Yanbulaq Culture and other bronze cultures found in western Gansu, we see that pottery in the Thanshan Beilu Cemetery are too much similar with the Siba (Huoshaogou) Culture, so it's date should be near the Siba Culture's date. It was perhaps in the period of 1800-1600BC, this date is earlier than the Yanbulaq Cemetery. It may be the earliest bronze culture found in the eastern Xinjiang in recent years.

This cemetery still has some pottery are same with the Yanbulaq Culture's, it suggests that the Tianshan Beilu Cemetery may has a cultural link with the Yanbulaq Culture. Both of them should belong to the Mongoloid people's remains though there were lesser cultural factors may come from the northwest direction. From these finds we can see the view of that some Mongoloid people had a movement from the western Gansu toward the eastern Xinjiang in the beginning of second millennium BC. And meanwhile, some Caucasoid people were moving from the South Siberia and the Kazakhstan toward the Hami and Lop Nor.

In Hami Basin, there are some new sites of Yanbulaq Culture were found. The Sayqi Ravine Cemetery is in the northern part of Hami, from there, 25 tombs were seen in 1993, but 12 burials were stolen at next year, just only 4 burials were excavated by archaeologists. [1]Two kinds of burials, earthen burial and burial with lined stone pits were found. Some bronze knives, pottery, and ornaments were reported. It may be a new regional type of the Yanbulaq Culture, its date belongs to the later period of Yanbulaq Culture.

Another site which was called as Cemetery of Hami Humic Acid Factory is in the Huayuan Township, about 10 km from the Hami City toward the south. Just some pottery wares were collected from this site in 1993. [2]These pottery show that

---

① 新疆文物考古研究所：《新疆哈密寒气沟墓地发掘简报》，《新疆文物》1996 年 2 期（Xinjiang Institute of Archaeology, A Brief Report on Excavations of the Sayqi Ravine Cemetery in Hami, Xinjiang, *Cultural Relics of Xinjiang*, No. 2, 1996, pp. 23-30）。

② 张承安、常喜恩：《哈密腐殖酸厂墓地调查》，《新疆文物》1998 年 1 期（Zhang Chengan, Chang Xien, Investigation at the Cemetery at Hami Acid Factory, *Cultural Relics of Xinjiang*, No. 1, 1998, pp. 36-40）。

there are some cultural remains similar with those pottery found in the Tianshan Beilu Cemetery. Now we know that the Yanbulaq Culture had spread widely in the Hami Basin.

Tarim Basin and the Around Area

From 1993 to 1996, The Sino-France Joint Archaeological Team, consisted of some scholars come from Xinjiang Institute of Archaeology in China and Centre National de la Recherche Scientifique in France has had a continue field work in the Keniya River Valley, a river flow from the northern slope of the Kunlun (Qurum) Mountains down to the Tarim Basin and disappeared in the Taklimakan Desert. From the lower reach of this river, they found an ancient riverbed of the Keniya, an ancient town named Yuansha was found on the eastern bank of the riverbed. This town was dated as similar or earlier with Western Han dynasty. Six cemeteries were found around the town, among them, the G and H cemeteries are different from others. According to some scholars'observation (Dr. Corinne Debaine-Francfort has joined in the archaeological team)[①], some black pottery ware found in the G Cemetery are similar with some bronze culture found in Central Asia, and they were never seen in the southern edge area of the Tarim Basin.

The H Cemetery is also earlier than the Yuansha Town, pottery found here are similar with those found in the Zaghunluq Cemetery, Qiemo (Qarqan or Charchan) or even those in the Charwighul Cemetery, Hejing (Khotunsumbul). These finds are important for the study of the cultural relations among those cultures spread along the eastern and southern edges of the Tarim Basin. The G Cemetery might be a new bronze cultural type found in Xinjiang.

The Kerzi'er (Qizil or Kizil) Cemetery is in the Kizil Township, southeast part of the Baicheng (Bay) County, near the northern edge of the Tarim Basin. From

① 中法联合克里雅河考古队：《新疆克里雅河流域考古考察概述》，《新疆文物》1997 年 4 期（The Sino-France Joint Archaeological Team, An Introduction to the Archaeological Work in the Keniya River Valley in Xinjiang, *Cultural Relics of Xinjiang*, No.4, 1997, pp. 1-12）。

1990 to 1992, 160 burials and some other objects were excavated in this cemetery and site. [①]The site is in the western part from the cemetery, some pottery, stone tools, crusible, slag, and copper ore were seen on the ground of the site. It suggests that this site was a copper smelting place. The site belongs to the same time with the cemetery.

Each tomb has a round mound of sand on the ground, tomb pits are vertical in shape. Singe burial or multiple burial were all found here.Grave goods consist of painted pottery, copper ,stone tools and so on. Based on radiocarbon dates, the Kizil Cemetery existed in the first half of the first millennium BC. Some cultural features here are similar with those found in the Charwighul Cemeteries. According to some finds of ancient copper mine around the Kucha area, we have to say that this region was important for copper and bronze smelting in the Bronze Age.

On the southeast edge of the Tarim Basin, the Zaghunluq Cemetery, a place near the Qiemo (Cherchen) County, is very famous because some mummies found from there. They were called as the Cherchan Man and Cherchen Woman now. From this site, some beautiful woolen fabrics and other remains were found. These objects have been systematic researched by Elizabeth Wayland Barber in 1999. [②] Based on archaeological investigation along the ancient riverbed of the Cherchen River in recent years. There are five cemeteries around the Zaghunluq Oasis were found. In 1985, 5 burials were excavated in the No. 1 cemetery of Zaghunluq [③], another 2 burials were reported in 1996. [④]The third excavation discovered 102 tombs

---

① 张平:《从克孜尔遗址和墓地看龟兹青铜时代的文化》,《新疆文物》1999 年 2 期 (Zhang Ping, Approaching the Bronze Cultures in Kucha from the Kizil Relics and Tombs, *Cultural Relics of Xinjiang*, No. 2, 1999, pp. 59-65)。

② Elizabeth Wayland Barber, *The Mummies of Ürümchi*, Macmillan, 1999.

③ 新疆博物馆文物队:《且末县扎滚鲁克五座墓葬发掘报告》,《新疆文物》1998 年 2 期 (Archaeological Team of Xinjiang Museum, Excavations of Tombs at Zakunluk, Qiemo County, *Cultural Relics of Xinjiang*. No. 3, 1998, pp. 2-18)。

④ He Dexiu, A Brief Report on the Mummies from the Zaghunluq Site in Charchan County, *The Bronze Age and Early Iron Age Peoples of Eastern Central Asia*, Volume I, pp. 169-174.

from the same place in 1996. According some scholars' research[1], these tombs can be divided into three periods. The phase I was dated in the period before 1000 BC, characterized by some red and black color painted pottery. The phase II was dated in the period from 800 BC until 100 BC, noticed by black color pottery wares. The phase III is later than the Han Dynasty.

The phase II was a mainly period when some people lived in this region along the bank of ancient Cherchen River. They may have some cultural relations with those lived in the Keniya River reach and further west. Also some remains here show us influences come from the nomadic tribes in the northeast and northwest regions.

Another place similar with the phase II of Zaghunluq was excavated in 1997, it was named as Jiawa Airik. [2]

The final excavation report of the Chawuhugoukou (Charwighul Pass) Cemeteries was published in last year. It is a very important for the researches since it is only the first excavation report published until now that concerned with bronze cultures of Xinjiang. According to this report, The Chawuhugoukou cemeteries, consisted of 448 tombs in all, can be divided into five single cemetery. Among these cemeteries, the cemetery No. 1, No. 2, No. 4, No. 5 belong to the similar cultural remains, they were named as the Chawuhu Culture, the cemetery No. 3 is later than others. The Chawuhu Culture appears to have lasted for 500 years, from about 1000 to 500 BC, and can be divided into four periods. This culture mainly spread alone the south slopes of the Tian Shan (Tangri Tagh), near the Yanqi Basin (Qarashahar), and the northeast edge of the Tarim Basin. Professor Han Kangxin, the physical anthropologist in Beijing, has studied some skulls found from No. 4 and No. 3 cemeteries. According to his report, skulls of No. 4 cemetery are very similar with the C group of the Yanbulaq Cemetery, these skulls are distinguished from the "Proto-

---

① 新疆博物馆等:《新疆且末扎滚鲁克一号墓地》,《新疆文物》1998 年 4 期（Xinjiang Museum and others, No. 1 Cemetery of Zaghunluk in Qiemo County, Xinjiang, *Cultural Relics of Xinjiang*, No. 4, 1998, pp. 1-53）。

② 龚国强:《新疆且末县加瓦艾日克墓地的发掘》,《考古》1997 年 9 期（Gong Guoqiang, Excavation at Jiawa Airik Cemetery, Qiemo County, Xinjiang, *Archaeology*, No. 9, 1997）。

European" type in having more "modern" morphological characteristics such as high face and orbit, straight frontal slope, and narrow nasal breadth. These are important clues for tracing the relationship between them and the "Proto-European type" that had been found at the Gumugou Cemetery in the Lop Nor. The Gumugou People may have not disappeared in Xinjiang, they may have spread to the Hami Basin in the East forward, and the Chawuhugoukou in the west toward during the 1000 BC.

本文为作者 2000 年 3 月 25—26 日在美国费城宾夕法尼亚大学艺术史系举行的 "中亚和中国西部史前和历史研究专题讨论会"（Central Asia/Western China Workshop）上的发言

The Meaning of Xinjiang Mummies for Understanding the Chinese History

Xinjiang is located in the west part of China. In Chinese history, Xinjiang was a very important region through there the central government of China have had some relations with western countries. According to Chinese historical records, Zang Qian (张骞) was the first man who took the way as a diplomatic envoy of Wu Emperor (武帝) of the Western Han dynasty from Changan (长安) , the capital of the Han dynasty, to the western region and other countries during the period of second century BC.

Before Zang Qian's story, there was another folklore in Chinese history, It was said that the King Mu (穆王 976- 923 BC) of the Western Zhou dynasty has had a travel to the western region. In his travel, King Mu had reached to the area of Altai Mountain and the upper branch of the Irtysh River. So we can see that maybe from the beginning of one millennium BC, the central government of China has had some knowledge about the West Region.

From seventies of 20th century until now, archaeologists have had some important discovers in Xinjiang. Most of these finds belong to the 2000- 1000 BC. We can get more detail information about prehistory of the West Region from these sites and cemeteries. An interesting view is that most of these finds were remains of different Caucasian people, they had spread on the Ily River valley, the mountain slopes of Altai, the area around the Tarim Basin, and even going to the Lop Nor. At the same period, some Mongolian people had lived on the eastern Xinjiang. Based on some scholars' researches, we know that some Caucasian people are come from the South Siberia and the eastern Kazakhstan, some come from the Central Asia.

The Mongolian people are mainly come from western Gansu and Qinghai. These people as we called Xinjiang Mummies now, are earlier habitants in Xinjiang before the Wu Emperor of Han dynasty conquered the West Region from the Huns.

Most people want to know that who were the earliest habitants in Xinjiang? The answer was not clear because we have no evidence to show the Neolithic Age cultures existed in Xinjiang before 2000 BC. The earliest Bronze Age culture we have found is in the Lop Nor, in the Gumugou cemetery some mummies of Caucasian and other cultural remains were discovered, these finds were dated to 1800 BC and were the earliest mummies found in Xinjiang until now. So we have known that Xinjiang were homeland of some Caucasian people during the second and the first millennium BC. According to prehistoric linguistic studies, they may belong to some tribes of Indo-European such as the Tocharian. They have existed in the Tarim Basin until the Han and Tang dynasties.

But why we say these mummies are very important for understanding the Chinese history? Firstly, Xinjiang was a frontier area of China in history, from there the central government of China make contact with western world, have cultural exchanges with western countries. The western people who want to enter China should go from Xinjiang. Xinjiang were controlled by the political power of eastern region for a long time from the Han dynasty. So the cultural tradition of Xinjiang are closely related with Chinese culture.

Secondly, Xinjiang still have different features with inner part of China since there were some cultural traditions come from the West, Xinjiang mummies are good evidences for explain it. That is also important for us to understand how the different cultural traditions can be in perfect harmony with each other. In Chinese history, we have had some threat of war from the northwest region, from steppe horsemen tribes such as the Huns, the Turkic. But we also have had some benefits from the cultural changes with western countries. We may learned some techniques from the Central Asia or even much further west, such as wheat planting, metal working, horse riding, mud brick building, woolen weaving and so on. These skills and products have been found from the remains of Xinjiang mummies. These are earlier finds than those found in other region of China. Furthermore, it was from Xinjiang, the Buddhism and the Islam spread into the east part of China in the later period.

The third we have to say, Xinjiang mummies show us that cultural exchanges between the East and West began from the second millennium BC or even more earlier. It is a new discovery for us to rethink the prehistory and history of Chinese civilization. Ancient Chinese civilization should be consisting of several cultural traditions, some from The Yellow River region, some from the Yangzi River valley, and some from the western region. It was in the early period of the Bronze Age, maybe from 2000 BC Some Caucasian people from Central Asia entered the eastern part of Xinjiang. At there they meet with some Mongolian people who come from western Gansu and Qinghai. Since the early cultural exchanges have lasted for a long time, it has prepared basic conditions for Zhangqian to open up the way once again from China to the West. So we can say Xinjiang mummy is a key for us to understand Chinese history, especially for study of cultural relationship between China and the West.

本文为参加 2000 年 3 月在美国加州圣地亚哥召开的 "美国亚洲学会第五十二届年会"（52ed Annual Meeting of the Association for Asian Studies）而作，作者在该会的 125 号分组会议 "The Significance of the Xinjiang Mummies for the Study of Chinese Prehistory and History" 上宣读该文

论新疆地区发现的早期骑马民族文化遗存

新疆地处中国西部，历史上曾经是众多游牧和骑马民族的主要活动地域，这些早期的骑马民族文化在中西文化交流的进程中扮演了非常重要的角色。了解骑马民族文化在新疆地区的兴衰、交替过程，对于认识中国北方游牧民族发展的历史具有十分重要的意义。

一、发现概况

对于骑马民族文化遗存的辨认，最直接的证据就是对马和马上用具、装饰物品的发现。其他的发现也可以作为间接的证据，如骑马者所使用的工具、武器，以及骑马者的装饰物品等。

哈密焉不拉克墓地是新疆东部地区的一处非常重要的发现，它代表了哈密盆地内青铜时代考古学文化的主要类型。1986 年由新疆维吾尔自治区文化厅文物处和新疆大学历史系文博干部专修班共同在此发掘了 76 座墓葬。根据发掘报告所提供的资料，此处发现的动物骨骼遗存主要是羊，没有发现明确的马骨，也没有发现与马有关的其他用品。但是，同样是在哈密盆地，在五堡水库墓地中，发现了马骨遗骸[1] 和一件木制马镳[2]，马镳长 16.7、宽 1.7 厘米，中间有三个钻孔。在哈密的另外一个地点，寒气沟墓地也发现了马骨和

---

[1] 穆舜英、王明哲、王炳华：《建国以来新疆考古的主要收获》，《新疆考古三十年》，新疆人民出版社，1983 年，第 1—24 页。

[2] 新疆文物考古研究所：《哈密五堡墓地 151、152 号墓葬》，《新疆文物考古新收获（续）（1990—1996）》，新疆美术摄影出版社，1997 年，第 100—119 页。

马镳[①]，马镳为骨制，长13.2、厚0.4厘米。五堡水库墓地和寒气沟墓地的文化遗存同属于焉不拉克文化，因此，有可能确认，焉不拉克文化中存在着与马有关的文化因素。

1976—1977年，新疆社会科学院考古研究所在天山阿拉沟东口附近发掘了4座竖穴木椁墓，墓葬内普遍出土马、羊等动物的骨骼。同时，在这批墓葬中发现了大量的金银饰物以及大型铜器，计有虎纹圆金牌饰、对虎纹金箔带饰、狮形金箔饰、兽面金饰片、六角形金花饰片、螺旋形金串饰、圆形及柳叶形金泡饰片、金钉、小金杯、方形和盾形银牌饰、方形承兽铜盘等。这些发现，对于判断这批墓葬的年代和族属有非常重要的意义。[②]

1986年，吐鲁番地区文管所在天山阿拉沟地区清理了3座遭破坏的墓葬，墓葬形制为带木椁的竖穴墓，墓内出土有陶器、石器、铜器、铁器、骨器等各类随葬品。在墓葬的周围，发现一些殉葬坑，出土有马骨和羊骨等。[③]

阿拉沟地区发现的这两批墓葬具有相同的文化特性，即是在墓葬形制上均为带木椁的竖穴土坑墓。从随葬品所反映的特点看，两处墓葬的年代也应比较接近，所以，可以把它们看作同一种文化遗存进行讨论。

1980年，吐鲁番地区文管所和新疆维吾尔自治区博物馆共同清理了吐鲁番艾丁湖墓地的50座被扰乱的残墓。同时，在该墓地采集了一批非常重要的青铜牌饰，其中一件为长方形透雕对马纹带扣饰牌，另外的采集品包括素面铜镜、铜带钩等。[④]这批采集品显然与墓葬随葬品有一定的关系，但也不排除两者在年代等方面存在差异的可能性。

1987年，新疆考古研究所收缴了一批在鄯善县洋海墓地被盗的文物，这批文物中除大量彩陶制品外，还有两件青铜管銎戈、一个铁马衔、两个铁马镳、一个素面铜镜、一个多角金花饰片等重要文物。[⑤]随后，吐鲁番地区文物局又在遗址当地和农民家中收集到部分文物，计有陶器、铜器、金器、铁器、木

① 新疆文物考古研究所等：《哈密寒气沟古墓地发掘简报》，《新疆文物考古新收获（续）（1990—1996）》，新疆美术摄影出版社，1997年，第120—126页。

② 新疆社会科学院考古研究所：《阿拉沟竖穴木椁墓发掘简报》，《文物》1981年1期。

③ 吐鲁番地区文管所：《阿拉沟竖穴木棺墓清理简报》，《新疆文物》1991年2期。

④ 新疆维吾尔自治区博物馆：《吐鲁番艾丁湖古墓葬》，《考古》1982年4期。

⑤ 新疆考古研究所：《鄯善县洋海、达浪坎儿古墓葬清理简报》，《新疆文物考古新收获（1979—1989）》，新疆人民出版社，1995年，第186—193页。

器、骨器等种类，铜器中有小铜铃、铜泡饰，木器有马镳、木筒、弓箭等①，由于上述两批材料均为采集品，无法确定它们的共存关系。1988 年，新疆文物考古研究所在该遗址进行了抢救发掘，可惜至今没有报道任何材料。从洋海遗址历次出土遗物中可以看出，这类遗存中包含有骑马民族文化的成分。

1983 年，新疆文物考古研究所在乌鲁木齐市南郊的乌拉泊水库南岸台地上清理了 46 座石棺墓和土坑竖穴墓。其中，近 30% 的墓中埋有殉葬的动物骨骼，多为马头、羊头、马蹄、羊蹄等，个别墓中殉葬完整的马匹，马口内含铜马衔，头部佩带铜饰，表明应是死者生前的坐骑。②

1991 年，新疆文物考古研究所和西北大学文博学院联合发掘了乌鲁木齐市东南部柴窝堡湖东岸的柴窝堡墓地，共发掘墓葬 20 座。在该墓地的第一类墓葬中，普遍见有随葬部分马骨、羊骨的现象，在墓葬随葬品中，出土有数量较多的金饰件，铜器有带柄铜镜。③1993 年，新疆文物考古研究所再次发掘了这个墓地的 3 座墓葬，此 3 座墓葬仍属第一类墓葬，其中，随葬有马骨、羊骨等，特别是发现了一件卧马形金箔饰牌。④

1993 年、1994 年，新疆文物考古研究所在乌鲁木齐市南郊乌拉泊附近的汽运公司农场发掘了 4 座墓葬，这些墓葬随葬品十分贫乏，不见陶器，只有小件铜器、金箔饰件、骨簪等，随葬的动物遗骸见有部分马骨和羊骨。⑤

1992 年，新疆文物考古研究所等单位在和静县的哈布其罕 I 号墓地发掘墓葬 42 座，墓葬均为地表带三角形石围的石室墓。墓内随葬有各类陶器、青铜工具和小型武器、骨制装饰品等，其中，部分墓中见有随葬马骨的现象，还见有骨马镳、弓箭、金耳环、银耳环等。⑥

1993 年，新疆文物考古研究所等单位对位于和静县城西南面，开都河南岸的拜勒其尔墓地进行了发掘，清理了 8 座地面带有石围或石堆标志的竖穴土坑墓和竖穴土坯墓。这批墓葬墓室中普遍见有随葬羊骨和马骨的现象，在

① 吐鲁番地区文物局：《鄯善洋海墓地出土文物》，《新疆文物》1998 年 3 期。

② 新疆文物考古研究所：《乌鲁木齐乌拉泊古墓葬发掘简报》，《新疆文物考古新收获（1979—1989）》，新疆人民出版社，1995 年，第 323—329 页。

③ 新疆文物考古研究所等：《乌鲁木齐柴窝堡古墓葬发掘简报》，《新疆文物》1998 年 1 期。

④ 新疆文物考古研究所：《1993 年乌鲁木齐柴窝堡墓葬发掘简报》，《新疆文物》1998 年 3 期。

⑤ 新疆文物考古研究所：《乌拉泊乌鲁木齐市汽运公司墓葬发掘简报》，《新疆文物》1998 年 3 期。

⑥ 新疆文物考古研究所等：《和静哈布其罕 I 号墓地发掘简报》，《新疆文物》1999 年 1 期。

墓葬随葬品中，发现了大量单耳带流彩陶杯和其他种类的陶器，也发现有骨马镳、金耳环等物品。[①]

1983—1989 年，中国社会科学院考古研究所和新疆文物考古研究所等单位在和静县察吾乎沟附近连续发掘了大量的石堆石室墓，这些墓葬分属于五个相互独立的墓群。其中的一、二、四、五号墓地被研究者确认为属于察吾乎沟文化时期的墓葬遗存，三号墓地时代偏晚。在属于察吾乎沟文化时期的墓葬中大量发现殉葬马坑、马头坑的现象，特别是在年代较早的四号墓地，发现有马骨遗存的墓葬占到已发掘墓葬总数的 24%，数量非常大，表明这是一种普遍的风俗。在这些墓葬中发现的大量单耳带流彩陶罐，成为察吾乎沟文化最典型的特征之一，其他的发现包括一些铜马衔、铜节约、铜泡饰，骨马镳等。[②]

1985—1987 年，中国社会科学院考古研究所等单位在轮台县群巴克墓地进行了三次发掘，发现了一批地面带椭圆形封土堆的竖穴土坑墓，墓葬周围一般有马头坑，或者埋葬完整的马和狗。墓葬出土物有单耳带流彩陶罐等，同时，发现有铜马衔、带柄铜镜、铜柄铁剑、銎柄铜戈、铜节约、铜双马头饰件，骨制马镳，金耳饰等。[③]

1990 年，新疆文物考古研究所等单位发掘了吉木萨尔县大龙口墓地，墓葬为地表带大型封土堆的竖穴土坑墓，有的墓中有井字形木椁。墓葬出土物有各类陶器，同时，部分墓中出有铜马衔、小型金泡饰、素面铜镜等。[④]

1985 年和 1989 年，新疆维吾尔自治区博物馆和巴音郭楞蒙古自治州文管所等单位先后发掘了且末县扎洪鲁克墓地，清理了一些埋在沙层中的墓葬，这些墓葬以柳条编制的盖笆为葬具，上覆芦苇捆做成的棚盖，墓中发现多具干尸标本，同时，也发现了马头骨、马腿骨、马鞭子和大量毛织物等随葬品。[⑤]1996 年，新疆维吾尔自治区博物馆等单位再次大规模发掘了该墓地，

① 新疆文物考古研究所等：《和静县拜勒其尔石围墓发掘简报》，《新疆文物》1999 年 3—4 期。
② 新疆文物考古研究所：《新疆察吾呼 —— 大型氏族墓地发掘报告》，东方出版社，1999 年。
③ 中国社会科学院考古研究所新疆队等：《新疆轮台群巴克墓葬第一次发掘简报》，《考古》1987 年 7 期。《新疆轮台群巴克墓葬第二、三次发掘简报》，《考古》1991 年 8 期。
④ 新疆文物考古研究所等：《吉木萨尔县大龙口古墓葬》，《新疆文物》1994 年 1 期。
⑤ 巴音郭楞蒙古族自治州文管所：《且末县扎洪鲁克古墓葬 1989 年清理简报》，《新疆文物》1992 年 2 期。

出土大量文物，包括一些绊马索、木马镳、皮马鞭等马具和一些装饰品。①

1983年，新疆维吾尔自治区博物馆发掘了洛浦县山普拉墓地，清理了一些长方形竖穴土坑墓和两座刀把形带墓道和棚顶结构的墓葬。在这些墓中出土了大量的陶器、木器、骨器和毛麻衣物，也出土了殉马坑和马鞍、鞍毯等器物。②

1990年，新疆文物考古研究所在克孜勒苏柯尔克孜自治州阿合奇县库兰萨日克墓地清理了一批地表带石堆或石围标记的竖穴土坑墓，出土了一些造型奇特的金饰件，计有金马形饰、鹰鹿饰、金耳环等。③

上述发现的基本情况可见表1。

表1　新疆发现马骨和马具的地点统计

发现地点	年代	马骨或马具	其他用品	材料出处
哈密市焉不拉克墓地	B.C.1200—800	马骨？		《考古学报》1989年3期
哈密市五堡水库墓地	B.C.1200—1000	马骨、木马镳		《新疆文物》1992年3期
哈密市寒气沟墓地	B.C.800—600	马骨、骨马镳	双羊铜牌饰	《新疆文物》1996年2期
阿拉沟竖穴木椁墓	B.C.500—300	马骨	虎纹金牌饰、金箔饰等	《文物》1981年1期
阿拉沟竖穴木棺墓	B.C.500—300	殉马坑、马骨		《新疆文物》1991年2期
吐鲁番市艾丁湖墓地	B.C.500—200	对马纹铜牌饰	双连牛头金牌饰	《考古》1982年4期
鄯善县苏贝希一号墓地	B.C.300—200	皮马络、木马镳、铁马衔、骨绞具、马鞍	弓箭、皮衣、皮毡靴	《新疆文物》1993年4期
鄯善县洋海墓地	B.C.500—300	铁马衔、木马镳	有銎铜戈、小铜铃等	《新疆文物》1989年4期
乌市乌拉泊水库墓地	B.C.700—400	马骨、铜马衔、马头饰	带柄铜镜	《新疆社会科学》1986年1期
乌市柴窝堡墓地第一类墓葬	B.C.400—200	马骨、卧马形金箔饰	带柄铜镜	《新疆文物》1998年1期
乌市汽运公司墓地	B.C.600—500	马骨	金箔饰件	《新疆文物》1998年3期

---

① 新疆博物馆等：《新疆且末扎滚鲁克一号墓地》，《新疆文物》1998年4期。
② 新疆维吾尔自治区博物馆：《洛浦山普拉古墓发掘报告》，《新疆文物》1989年2期。
③ 新疆文物考古研究所：《阿合奇县库兰萨日克墓地发掘简报》，《新疆文物》1995年2期。

续表

发现地点	年代	马骨或马具	其他用品	材料出处
和静县哈布其罕一号墓地	B.C.1000—600	马骨、骨马镳	金耳环、银耳环、弓箭	《新疆文物》1999年1期
和静县察吾乎沟一号墓地	B.C.1000—500	马头坑、马骨		《考古学报》1988年1期
和静县察吾乎沟二号墓地	B.C.700—500	殉马坑		《新疆文物》1989年4期
和静县察吾乎沟四号墓地	B.C.1000—500	马头坑、铜马衔、铜节约、骨马镳	铜泡饰等	《新疆察吾呼》，东方出版社，1999年
和静县察吾乎沟五号墓地	B.C.1000—800	铜马衔	铜扣饰等	《新疆察吾呼》，东方出版社，1999年
和静县拜勒其尔墓地	B.C.700—500	马骨、骨马镳		《新疆文物》1999年3—4期
轮台县群巴克一号墓地	B.C.950—600	铜马衔、节约、马头饰、弓形饰，骨马镳	有銎铜戈、铜柄铁剑等	《考古》1991年8期
轮台县群巴克二号墓地	B.C.950—600	马头坑		《考古》1991年8期
吉木萨尔县大龙口墓地	B.C.500—200	铜马衔	素面铜镜、金泡饰	《新疆文物》1994年4期
且末县扎洪鲁克墓地	B.C.1000—700	马骨、马鞭子	牛皮靴	《新疆文物》1992年2期
且末县扎滚鲁克一号墓地	B.C.800—300	绊马索、木马镳、木杆皮马鞭	雕刻动物纹木桶、木牌	《新疆文物》1998年4期
洛浦县山普拉墓地	B.C.300—100	殉马坑、马鞍、鞍毯		《新疆文物》1989年2期
阿合奇县库兰萨日克墓地	B.C.500—300	金马形牌饰	金质鹰鹿形饰件、鹰骨	《新疆文物》1995年2期

二、分布范围

如果我们把上述发现地点按照不同的时间阶段、不同的地域做个基本的区分，则可以看出，从时间上来说，新疆地区发现早期骑马民族文化遗存的最早时代可以上推到距今3000年以前，这就是在哈密市五堡水库墓地等地点的发现，不过，这些年代较早的地点中，多是一些零星的发现。到了距今3000年以内，则可以在更多的地点发现更多的与马有关的遗存。如在和静察吾乎沟墓群、群巴克墓群等地大量使用马头或整匹马作为殉葬的情况。到距今 2500 年以后，出现了马鞍具、马鞭子等一系列真正意义上的骑马用具。

如果按照不同的地域进行考察，可以发现，早期的与马有关的遗存，出现在新疆的东疆地区，即哈密盆地周围，这里也是目前所知新疆青铜时代文化中年代比较早的一些文化遗存分布的地方，如孔雀河的古墓沟墓地①、哈密的天山北路墓地②。到了距今 3000 年前后，骑马民族活动的范围扩大到了南疆的塔里木盆地周围，如和静、轮台、且末等地。到距今 2500 年前后，天山中部、南疆南部、伊犁河谷和北疆的大部分地区，都可以见到骑马民族的踪迹。此时，整个新疆都成为骑马民族文化的分布范围。

如果再用量化的方法去检验已有发现的材料，可以初步判定，和静察吾乎沟文化时期，对于马的驯化和利用，已经达到了普遍的程度。其他一些地点的情况，大多由于没有完整的墓葬统计资料发表，现在难以做出准确的估计。

表 2　新疆部分地点出土马骨和马具的墓葬数量统计

地点	发掘墓葬总数	出马骨马具墓数	百分比 %	材料来源
和静察吾乎沟五号墓地	24	1	5%	《新疆察吾呼》，附表一
和静察吾乎沟四号墓地	250	59	24%	《新疆察吾呼》，附表二
和静察吾乎沟一号墓地	132	16	12%	《新疆察吾呼》，附表三
和静察吾乎沟二号墓地	24	2	8%	《新疆察吾呼》，附表四
和静察吾乎沟三号墓地	20	2	10%	《新疆察吾呼》，附表五
和静县拜勒其尔墓地	8	1	13%	《新疆文物》1999 年3—4 期

表 2 统计结果表明，察吾乎沟四号墓地的马骨和马具发现最多，占到全部发掘墓葬的 24%，其次是察吾乎沟一号墓地，占 12%，这两个墓地在察吾乎沟墓葬群中属于从早到晚连续使用的墓地，可以看作是察吾乎沟文化的典型代表遗存。察吾乎沟五号墓地的发现比例偏低，可能由于已发掘墓葬的数

---

① 王炳华：《孔雀河古墓沟发掘及其初步研究》，《新疆社会科学》1983 年 1 期。
② 李文瑛：《哈密焉不拉克墓地单人葬、合葬关系及相关问题探讨》，《新疆文物》1997 年 2 期。

量过少，不足以反映真实的统计规律。如果把和静附近的群巴克墓地、拜勒其尔墓地等地点的情况一并考虑进去，则可以断定，察吾乎沟文化是以骑马民族文化为主体的文化遗存。它也是新疆境内目前所知年代较早的骑马民族文化。

阿合奇县库兰萨日克墓地是目前分布位置最偏西面的一个地点。这里的文化遗存明显不同于察吾乎沟文化的遗存，这表明，在塔里木盆地西北边缘一线，至少存在着两种以上不同的骑马民族文化遗存。

在塔里木盆地东南和西南边缘地带，分别发现了且末扎洪鲁克（或称扎滚鲁克）墓地类型和洛浦山普拉墓地类型两种不同的含骑马民族文化因素的遗存。特别是扎洪鲁克墓地发现的大量具有北方草原文化因素的遗物，在理解骑马民族文化的分化过程问题上具有非常重要的意义。

三、渊源分析

新疆发现的这些含骑马民族文化因素，或者以骑马民族文化因素为主体的文化遗存，是在中国境内发现的分布位置最靠西部的早期骑马民族文化遗存。考虑到新疆地区这种特殊的地理位置因素，在我们考察这些早期骑马民族文化遗存的来源和发展过程时，就要始终注意骑马民族文化在欧亚大陆兴起的背景。

在中国北方地区，现已发现的与马有关的文化因素最早可以追溯到商代晚期，地点是在安阳殷墟，这里发现了殉葬马、两轮马拉战车，随葬青铜马头刀等遗物的现象。到西周初期，墓葬殉马已成为普遍现象。有的研究者认为，周人打败殷纣王军队的技术优势即是大量使用了马拉战车等机动部队作战。[1] 一般认为，骑马作战是在车战法之后出现的一种新技术。中国北方骑兵的出现，大致是在西周晚期到东周时期。

虽然在黄河中下游地区早已发现与马有关的文化因素，但是，在与新疆东部相接壤的甘肃西部、青海西北部地区则始终没有见到与马有关的发现。

---

[1] 夏含夷：《中国马车的起源及其历史意义》，《汉学研究》（台北）第 7 卷第 1 期，1989 年。

只是到了春秋时期，在沙井文化遗存中出现较多的随葬马头的现象。^①与新疆东部一些青铜文化年代相当或者略早者，都是一些以养羊为特点的畜牧经济形态，而当时的牧羊人显然并不知道可以骑马来追赶羊群，大概只是依赖牧羊犬的作用。所以，在这些牧羊人所遗留的文化遗存中，找不到马的骨骸。

在新疆西面的广大中亚地区，对于马和骑马民族文化遗存有着比较广泛的发现，这些发现对于说明整个欧亚大陆上骑马民族文化的兴起和发展，都具有重要的意义。

在乌克兰的草原地带，从公元前 5000—前 4500 年前后的新石器时代晚期和铜石并用时代早期开始，畜牧经济逐渐得到发展，此时驯养的动物包括绵羊、山羊、牛和狗，同时，发现了大量马的骨骼。^②虽然这个时候的马是否家养或者仅仅是猎获的对象目前尚无定论，但是，可以肯定一点，马是人们日常生活中的重要食物来源之一，遗址中马骨所占的比例通常高于兽骨总数的 20% 以上。即便真是狩猎所获，要俘获大量的成年野马也并非易事，因为，比起牛、羊等食草动物，马的形体更加高大，奔跑的速度迅捷，人们很难接近野马群体。因此，有的研究者推测，此时对马的控制或许已经有了比较可行的办法。

从骑马民族的传统来看，控制马的最好办法是使用马衔。一般考古遗址发现的全是金属马衔，如铜马衔和铁马衔。那么，在金属器时代到来之前人们有没有办法控制马呢？有的学者推断，在金属马衔使用之前，应该有原始的以有机材料制成的马衔。实验结果表明，用麻绳、马鬃绳、皮革或者骨头制成的马衔都可以使骑手成功的控制马大约 150 小时。研究者还发现，当马在被戴上马衔之后，由于牙齿的咀嚼活动，可以在其下颌骨的第二前臼齿（P2）齿冠前面形成有规律的磨损，而且，这种齿冠磨损有别于马在食草时形成的自然磨损。也就是说，可以通过检验马的 P2 的磨损程度来判断此马是否被戴过马衔，因而确认是否属于家马，或者坐骑。运用这种方法，安东尼等学者确认，发现于哈萨克斯坦北部草原的，公元前 3500—前 3000 年前后的博泰遗址（Botai Site）中的大量马骨中，有一些明显是戴过马衔的，并

---

① 蒲朝绂、庞跃先:《永昌三角城与蛤蟆墩沙井文化遗址》,《考古学报》1990 年 2 期。
② Marija Jimbutas, *The Civilization of the Goddess: The World of Old Europe*, Harper San Francisco, 1991, pp. 353-357.

且每个个体所佩带的时间长达数百小时以上。① 这样，即使没有发现其他与骑马生活有关的证据，也可以判定，博泰遗存时期人们已经掌握了控制马的技术，他们就是早期的骑马民族。

公元前三千纪的下半叶，分布在伏尔加河中、下游和乌拉尔山一带的亚纳雅文化（Yamnaya Culture）开始向东迁移，他们代表着早期骑马民族向东方的推进。据有的学者推断，在新疆东部的古墓沟墓地发现的遗存，有可能与亚纳雅文化的东进活动有关。② 到公元前二千纪的下半叶，广泛分布的安德罗诺沃文化已经深入到新疆西北部地区。③ 到公元前一千纪初叶，斯基泰文化传播到了阿尔泰山地区，甚至更远的东方。

中亚地区的早期骑马民族文化，可以亚纳雅文化、安德罗诺沃文化、斯基泰文化为其典型代表。现在已经知道，这几种文化都曾先后影响到了新疆地区。因此，新疆地区的早期骑马民族文化遗存应该与上述文化的传播有一定的联系。古墓沟墓地虽然没有发现陶器和其他可以进行类型学比较研究的材料，但是，体制人类学研究结论显示，该地点的人群属于原始欧洲人类型的高加索人种。④ 这些早期的印欧语民族显然是从西北面来的。如果能够把他们与亚纳雅文化之间建立明确的联系，那么，他们应该就是新疆境内最早的骑马民族文化。关于这一点，仍然需要进一步的考古发现。

哈密五堡水库墓地的文化遗存主体属于焉不拉克文化，它的来源与甘青地区的青铜时代文化有关。⑤ 但是，在焉不拉克文化遗存中，仍然有部分因素来自于西面，这同样在体质人类学研究中得到反映。有意思的是，焉不拉

---

① David W. Anthony and Dorcas R. Brown, "Eneolithic Horse Exploitation in the Eurasian Steppes: Diet, Ritual, and Riding", *Late Prehistoric Exploitation of the Eurasian Steppe*, Papers Presented for the Symposium to be Held 12-16 Jan. 2000, Volume I, pp. 1-11, The McDonald Institute For Archaeological Research, Cambridge, England.

② E. E. Kuzmina, "Cultural Connections of the Tarim Basin People and Pastoralists of the Asian Steppes in the Bronze Age", *The Bronze Age and Early Iron Age Peoples of Eastern Central Asia*. Volume I, pp. 63-93, The Institute for the Study of Man, Washington D. C, 1998.

③ Ke Peng, "The Andronovo Bronze Artifacts Discovered in Toquztara County in Ili, Xinjiang", *The Bronze Age and Early Iron Age Peoples of Eastern Central Asia*, Volume I, pp. 573-581, The Institute for the Study of Man, Washington D. C., 1998. 李肖：《新疆塔城市考古的新发现》，《西域研究》1991 年 1 期。

④ 韩康信：《丝绸之路古代居民种族人类学研究》，新疆人民出版社，1994 年，第 33—70 页。

⑤ 水涛：《新疆青铜时代诸文化的比较研究 —— 附论早期中西文化交流的历史进程》，《国学研究》第一卷，北京大学出版社，1993 年，第 447—490 页。

克文化中的这些西来人群成分有可能与古墓沟墓地的人群有必然的联系。[①]
也就是说，如果在古墓沟墓地阶段由于某种原因，我们还不能肯定它为早期
的骑马民族文化，那么，到了较晚阶段的焉不拉克时期，则已经可以肯定这
一点，哈密五堡水库墓地、寒气沟墓地发现的马骨和骨马镳，都是很好的证
据。由于焉不拉克文化的主体不是西来的文化因素，早期骑马民族因素在这
种文化中所占的比例始终不大。

和静察吾乎沟文化中发现的大量骑马民族文化因素，也可以从东西两个
方向追寻其来源。从东面看，察吾乎沟文化的部分彩陶与吐鲁番盆地的一些
发现密切相关，由此可以看出一部分新疆东部的人群在公元前一千纪初期不
断向西推进的发展趋势。另一方面，察吾乎沟文化也受到来自于塔里木盆地
西南边缘的一些青铜文化的影响，这种影响反映了同一时期一些地中海东支
类型的高加索人群不断向东推进的发展趋势。就这两种不同方向的文化因素
作用的结果来看，东北方向传来因素的影响更大一些。这可以从更晚阶段在
天山中部山谷地区和北疆地区的广泛发现得到印证。在阿尔泰山地区，巴泽
雷克墓地的发现表明，斯基泰文化向东的扩展，是沿着阿尔泰山北坡一线逐
步推进的。而在新疆塔里木盆地西南方向的费尔干纳盆地和阿赖山地，楚斯
特文化（Chust Culture）和艾拉坦文化（Eilatan-Aktam Culture）都是以农业
为主要经济生活方式，同时，受到中亚牧人南下运动的影响，这一时期也兼
营部分畜牧经济。[②]

且末扎洪鲁克墓地的文化内涵虽然有其独到之处，但是，它更多地显示
了与塔里木盆地东北边缘同时代文化的相互联系。这种联系也表现在骑马民
族文化因素上，在这里发现的一些马具、骑手的装饰用具、小件铜兵器等，
反映了斯基泰文化传统的某些特征，特别是一些木制品如木桶、木梳、木盒
等器物表面的雕刻纹样是变形兽咬动物纹、大角麋鹿、羊、骆驼、对鹿、S
形双钩纹等[③]，这些装饰纹样的母题、表现手法都是典型的斯基泰风格。所
以，这里所见的骑马民族文化因素可以归结为斯基泰文化南下运动的影响。

---

① 韩康信：《哈密焉不拉克古墓人骨种系成分之研究》，《丝绸之路古代居民种族人类学研究》，新疆
　人民出版社，1994 年，第 176—260 页。
② N. G. Gorbunova, *The Culture of Ancient Ferghana: Ⅵ Century B.C.- Ⅵ Century A.D.*, BAR International
　Series 281, England, 1986.
③ 新疆博物馆等：《新疆且末扎滚鲁克一号墓地》，《新疆文物》1998 年 4 期。

就其可能的传播途径来看，斯基泰文化所代表的早期骑马民族的南下，从阿尔泰山地区逐步到达塔里木盆地东北部以后，是沿着塔里木盆地东北边缘向东南边缘运动，有可能是沿着古代的孔雀河、塔里木河下游一带，进入车尔臣河流域，再逐步深入南疆南部。

洛浦山普拉墓地的文化遗存主要是受到西来文化因素的影响，这一时期，骑马民族文化因素已经遍及塔里木盆地的各个角落。根据最新的发现，甚至在西藏阿里地区的日土、扎达等地，也找到了与早期骑马民族有关的遗存。[①] 由于洛浦山普拉墓地的年代相对较晚，在这里可以看到来自于各个方向的文化因素，其中，一些毛织物的编织图案表现了各种大角麋鹿等草原动物纹主题，真实地反映了来自于草原骑马民族文化因素的影响。这里所见的骑马民族文化因素，有可能是中亚牧人在经过中亚两河流域，向印度次大陆的大规模南下迁移运动过程中遗留的产物。

阿合奇县萨兰库日勒墓地发现的金制品代表着另一种文化传统，这里发现的所谓"鹰鹿纹"金饰，表现的是一个奔跑的麋鹿背上站立着一只鹰、竖耳钩喙，振翅欲飞。金马牌饰造型为一个飞奔的马双前腿弯曲于腹下，双后腿翻转于身体上部，与马头齐平，全身整体构成椭圆形，造型夸张而又富于想象力。这些造型是典型的波斯艺术风格，同时，也是斯基泰文化传播到波斯地区之后形成的风格。我们在著名的"阿姆河宝藏"中可以看到具有这种风格的众多金制品。[②] 在年代较晚的，位于阿富汗北部的提尔雅捷别（Tillya-tepe，即黄金之丘）发现的贵霜贵族墓地中，也可以看到这种风格的金银制品。[③] 有意思的是，从阿尔泰山地区的巴泽雷克大墓中出土的十匹金黄色和枣红色公马，都是非常名贵的中亚汗血马，而不是当地出产的蒙古马[④]，这也说明，这一时期中亚和南西伯利亚地区的确存在着非常密切的文化联系。

在公元前一千纪的下半叶，骑马民族文化已经遍及新疆各地。所以，就来源问题看，在吐鲁番盆地的苏贝希墓地、洋海墓地、艾丁湖墓地、乌鲁木

---

① 姚军、霍巍：《西藏西部发现吐蕃以前墓葬》，《中国文物报》2000 年 12 月 6 日 1 版。

② O. M. Dalton, *The Treasure of the Oxus: With Other Examples of Early Oriental Metal-Work*, Published by The Treasure of The British Museum, London, 1964.

③ Victor Sarianidi, *The Golden Hoard of Bactria: From the Tillya-tepe Excavations in Northern Afghanistan*, Aurora Art Publishers, Leningrad, Harry N. Abrams, Inc., Publishers, New York, 1985.

④ C. 吉谢列夫：《南西伯利亚古代史》下册，新疆社会科学院民族研究所，1985 年，第 11—41 页。

齐柴窝堡墓地、阿拉沟—鱼儿沟墓地、吉木萨尔大龙口墓地等地点的一系列发现，都具有多种可能性和不确定性。

四、几个问题的讨论

1. 关于早期骑马民族的经济生活方式问题

中亚的博泰遗址发现的遗存中，99.9% 以上的动物骨骼是马骨，不管这些马骨是否是家马的骨骼，它们都说明，博泰人是以马为生的，或者养马，或者猎马，这是一种非常典型的经济形态。根据对这种经济形态的研究，博泰人的食物来源大概主要应与马有关。正是在这种长期的猎马实践活动中，人们与马形成了密切的联系，驯马活动才开始发端。

目前所知，与此相似的生活方式只出现在斯基泰文化时期。对于大多数早期骑马民族来说，养羊才是经济生活的主要对象，当然，单纯的养羊经济并不能与骑马民族文化相联系。有人做过数量分析，在青铜时代，如果只是依靠人来放牧，每个牧人步行加上牧羊犬的帮助，可以控制大约 150—200 只羊，如果是骑着马放牧，至少可以控制 500 只羊的群落，并且可以在更大的空间中游牧。[①] 可见马的作用并不单单体现在军事方面，更重要的是在经济生活方面。这种骑马游牧的生活方式，在新疆各地的早期骑马民族文化遗存中时有所见，如和静察吾乎沟文化时期就是如此。显然，以骑马放羊为特点的游牧经济比单纯的牧羊人经济，如甘青地区青铜时代常见的那些文化形态，表现得更加进步和富有活力。

骑马民族的优势首先是表现在它的经济生活方面。有了发展游牧经济的技术，需要更大的空间去扩大发展规模，这才出现骑马民族文化的大范围扩

① Khananov, Anatoly M. 1994. *Nomads and the Outside World*, second edition, revised (Julia Crookendon, trans.) Madison: University of Wisconsin. Original publication 1983, Cambridge University Press. 转引自 David W. Anthony and Dorcas R. Brown: "Eneolithic Horse Exploitation in the Eurasian Steppes: Diet, Ritual, and Riding", *Later Prehistoric Exploitation of the Eurasian Steppe*, Papers Presented for the Symposium to be Held 12-16 Jan. 2000, Volume I, pp. 1-11, The McDonald Institute for Archaeological Research, Cambridge, England。

张，因为，不断增大了的马群和羊群需要更大的牧场。从这里也能够看出，骑马民族经济生活方式本身就决定了它有不断扩张的需要，中亚的斯基泰文化和中国北方的匈奴文化的发展历史，都说明了这一点。在新疆地区，没有发展骑马民族经济的最有利的自然条件，除了天山以北地区外，其他地区没有广阔的草原和牧场。所以，我们在这里见到的早期骑马民族文化都是只分布在相对较小的地域范围内，没有发展成为后来的以骑兵作战为特点的游牧民族。当然，新疆塔里木盆地周围发现的一些含有早期骑马民族文化因素的遗存，其本身就是中亚西北部的游牧民族不断扩张活动中所遗留的产物。这些游牧民族文化因素在进入塔里木盆地周围的农业民族文化圈之后，作用逐渐减弱，直至消失。

2. 关于殉马和祭马问题

在和静察吾乎沟四号墓地发现的大量马头坑，一般单独埋在主人墓葬的旁边，而且，基本是一坑一个马头，个别为一坑埋 2—4 个马头，有的同时埋入马蹄、马尾。马头坑上地表常见积石堆。在全部 52 座马头坑中共埋有 76 个马头。在全部 248 座墓葬中有马头坑的墓葬占 21%。[1] 和静所见的这种现象在其他地点也有所反映。用马头或者整匹马作为主人的财产殉葬，是骑马民族文化的一个显著特点。有时，这种单独埋葬马匹的做法，还应有别的文化含义。有的学者注意到了新疆呼图壁县康家石门子岩画中的对马图案[2]，认为这表现了马祖崇拜或者说马祀巫术的场面[3]。也有人认为，这种对马图案实际是吐火罗—月氏人所崇拜的双马神形象。[4] 不管怎么解释，对于骑马民族来说，马的作用是可以被神化的，因此，产生任何形式的对于马的崇拜或者祭祀都是出于这种情感的需要。在骑马作战时，马和人有着生死与共的经历，它也就成为骑手自身不可分割的一个部分。所以，在和静察吾乎沟四号墓地所见的在主人墓葬的前方同一方位埋葬马头坑的习俗，表明这些马或者应该享受与其主人同样的待

---

① 新疆文物考古研究所：《新疆察吾呼——大型氏族墓地发掘报告》，东方出版社，1999 年，第 23—26 页。此处统计的数字与该报告后附的墓葬登记表的统计数字不相符，特此注明。

② 王炳华：《新疆天山生殖崇拜岩画》，文物出版社，1991 年。

③ 王樾：《"马祖"崇拜与亚洲古代民族文化关系》，《新疆文物》1994 年 2 期。

④ 林梅村：《吐火罗神祇考》，《国学研究》第五卷，北京大学出版社，1998 年，第 1—26 页。

遇，而不仅仅是作为墓主人的殉葬品出现。巴泽雷克大墓中的十匹骏马，每一匹马都享有豪华的鞍具和辔饰，极尽荣华富贵，显示了崇高的地位。马所拥有的这种荣誉只有在骑马民族文化中可以找到它的地位。

3. 关于马具和马辔饰的时代特征

新疆地区早期骑马民族文化遗存的确认，主要是依靠各种马具的发现。单纯的零星马骨的发现，尚不足以确认是否为骑马民族文化的遗存。目前所知，发现最普遍的马具就是马衔和马镳，因为，这两种用具形状非常特殊，很容易与其他类型的装饰用具相区分。根据前文介绍的实验研究结果，可以推断，在金属马衔出现之前，应该存在一些早期形态的马衔，可惜，这些以有机材料制成的马衔被发现和确认的机率很小。马镳的情况有所不同，由于不必考虑被马齿咀嚼作用磨耗的因素，马镳可以用各种材料制成，现在常见的有骨马镳、木马镳和金属马镳，就其作用的强度和时间长短来说，金属马镳显然是更进步的形态。马衔、马镳加上缰绳共同组成了一套控制马的最简单的，而且是最实用的马具。有了这套用具，一个骑手就可以骑在马背上浪迹天涯，拥有这种技术的文化也因此可以被确认为骑马民族文化。

马具的发展在于出现了马鞍具，早期的鞍具可能就是普通的毛织物铺垫在马背上，在马腹部用肚带控制。后来才逐步出现专门的木制马鞍和皮制马鞍。已知斯基泰文化时期已经出现了大量的制作精美的木马鞍和皮马鞍，从巴泽雷克墓地的发现看，这些马鞍往往装饰得非常华丽，极富特点。在新疆鄯善苏贝希一号墓地发现的马鞍是用毛毡和皮革缝制而成，鞍两侧的四角各有数条皮绳，作捆扎猎物之用，使用桃形、S 形骨带扣来固定前、后鞒的革带。[1]洛浦山普拉墓地的二号马坑出土了一个保存完好的马鞍，它是先用植物茎秆编结捆扎出鞍坯，再于鞍坯上包缚兽皮。鞍桥呈驼峰状，前后各两峰，两峰间底部有兽皮相连接，鞍体前宽后窄，马鞍长 74、宽 23—49、高 15 厘米，马鞍上有毛线编织的马肚带。鞍毯是一块栽绒编织的多层毛织物。[2]以上所见的两种马鞍，都是比较简陋的马鞍。这反映出骑手的经济状况比较贫困，

---

[1]　新疆文物考古研究所等：《鄯善苏贝希墓群一号墓地发掘简报》，《新疆文物》1993 年 4 期。

[2]　新疆维吾尔自治区博物馆：《洛浦山普拉古墓发掘报告》，《新疆文物》1989 年 2 期。

可能属于中下等级的阶层。

　　马鞍具的进一步发展则是出现马镫。由于使用了马镫，骑手可以更好地控制骑马时的重心和姿态，在马背上完成各种复杂的动作，马镫使骑马者的双手获得了解放。在新疆各地发现的各种马具中，唯独没有马镫，这说明，马镫出现的时间应该晚于新疆境内这些早期骑马民族文化存在的时间。从斯基泰艺术品中大量表现骑马场面的形象中可以看出，斯基泰文化时期，还没有出现马镫这种具有革命意义的创新。而到了公元3世纪前后，马镫在各种骑马民族文化遗存中都开始大量出现。

　　为了适应马上生活的需要，骑马民族的日用品常常采用更便于携带的木制品和皮革制品，身份较高者则使用金银制品。穿着方式也不同于一般的步行者，常见皮靴、皮裤、长袖长襟的短袍，腰扎皮带的装束，头戴各种皮帽或毡帽。这种装束的人群在洛浦山普拉、鄯善苏贝希等地点都有发现。只要是保存了干尸和其他有机物的地点，都能见到这种共性很强的生活习俗和衣着习惯。

　　综上所述，新疆地区曾经是一些早期骑马民族活动的地方，他们的活动，从整体上来看，反映了早期骑马民族从中亚西部逐渐东进、南下的历史进程。这些发现，对于说明中国北方骑马民族的兴起过程，有着十分重要的意义。

原载《考古学研究》五，科学出版社，2003年

新疆古尸研究的现状与展望

　　新疆地处亚洲腹地，由于特殊的地理位置和干燥的环境，这里保存了众多的古代人类的干尸遗存。20世纪初叶瑞典探险家斯文·赫定和贝格曼等人在罗布泊附近的小河一带发现了若干具干尸之后[①]，几十年来，在新疆东部的哈密盆地、吐鲁番盆地以及环塔里木盆地的且末、洛浦、和静等地陆续有一些新的发现。大多数发现表明，这些古尸大致都是新疆地区汉代以前的遗存，因此，对于这些古尸的研究，就成为新疆史前考古研究的一项重要内容。同时，由于古尸遗存包含着各种各样的文化信息，这些发现大大丰富了我们对于这些人群的族属、语言、风俗、历史等各个方面的认识，研究古尸遗存也就成为西域历史研究中的一个关键环节。

　　很久以来，新疆古尸的发现并没有引起学术界足够的注意。自20世纪初期的探险活动开始之后，最初，人们的注意力主要集中在古代的文书，反映佛教艺术的壁画、寺院和洞窟的发现上面。20世纪50年代以来，逐步开始对于深埋在地下的早期文化遗存有所重视，70年代以后，随着大规模的考古发掘工作的进行，对早期的干尸有了比较多的新发现。但是，即使是在这种时候，除了"楼兰美女"的公开展出引起了新闻界的轰动以外，学术界并没有对于这些干尸遗存做更多的研究和探索。早期的一些研究工作主要是体现在对于古尸的体质类型学鉴定分析方面，这一时期，上海自然博物馆与新疆考古研究所进行了比较长期的合作，保存了一批干尸标本，并解决了一些继续保存干尸标本的技术性问题。

---

① F. Bergman: "Newly Discovered Graves in the Lop-nor Desert", Hyllningsskrift Tillägnad Sven Hedin. Geografiska Annaler 1935: 44-61. 转引自 J. P. Mallory, Victor H. Mair: *The Tarim Mummies*, Thames & Hudson, 2000, p. 340。

　　对于干尸研究具有突破意义的转机出现在 20 世纪 90 年代。1991 年，在欧洲的奥地利和意大利边界附近发现了著名的冰人，这是一个保存在阿尔卑斯山山地冰川中的青铜时代猎人的遗体。这一发现引起欧美学术界极大的兴趣，同时，这个发现也使一些欧美学者联想到了远在中国的塔里木盆地曾经发现的许多干尸，因为，这些干尸从外貌上看与欧洲的冰人非常相像，他们大多数也属于欧洲人种。1996 年，由美国宾夕法尼亚大学亚洲与中东研究系的梅维恒（Victor H. Mair）教授发起和组织的，专题研讨新疆干尸的国际学术会议在美国费城召开，随后出版了专题论文集。[①] 在此之前的 1994 年，美国的《发现》杂志曾经刊发了介绍新疆干尸的专题文章和多幅彩色照片。这些宣传和报道使得公众对于那些远在亚洲腹地的早期欧洲人遗存兴趣大增，一时间，新疆干尸成为国际学术的热点问题，众多的学者纷纷加入到这个热点的讨论之中。这个热潮一直持续到了今天，1999 年，美国的史前纺织品研究专家，伊丽莎白·W. 巴博女士出版了《乌鲁木齐干尸》[②] 一书，对新疆干尸的发现进行了详细的描述，重点对干尸身上的纺织品进行了细致的研究。2000 年，著名的早期印欧民族历史和语言研究专家，英国皇后大学的教授 J. P. 马劳瑞和梅维恒合作出版了《塔里木干尸》[③] 一书，全面探讨了有关干尸的各个方面的问题。同样是在 1999 年，中国国家文物局边疆考古专项研究基金正式启动，首批经费即支持吉林大学边疆考古研究中心和新疆考古研究所共同合作，对新疆古尸的古代 DNA 进行系统的测试和分析研究。以上这些重要进展表明，对于新疆干尸的研究已经进入了一个新的发展阶段。

　　一般来说，新疆古尸的体质人类学属性比较容易确定，有些干尸仅从体表特征就可以判定他们属于何种人种。例如，孔雀河古墓沟墓地的所谓"楼兰美女"和其他一些人骨材料经鉴定属于古欧洲人类型的高加索人种；且末扎洪鲁克墓地出土的身高 2 米的男子和妇女也属于典型的欧洲人体质类型，具有深目、高鼻、亚麻色头发等特征；鄯善苏贝希三号墓地的一些干尸，也同样具有高加索人种的一般特征。但是，也有一些发现，仅从体貌特征上难

① *The Bronze Age and Early Iron Age Peoples of Eastern Central Asia*, Volume I and Volume II (*Journal of Indo-European Studies,* Monograph Number Twenty-Six), Washington D. C., 1998.
② Elizabeth Wayland Barber: *The Mummies of Ürümchi*, Macmillan, London, 1999.
③ J. P. Mallory, Victor H. Mair: *The Tarim Mummies*, Thames & Hudson, 2000.

以明确判断其属性。在这种情况下，DNA 分析无疑是最有效的检测手段之一，在这方面，有的单位和学者个人已经做了一些初步的尝试。例如，欧美学者已经检测了采自新疆哈密克孜尔确恰遗址（五堡墓地，下同）发现的干尸身上的 5 个样品，它们分属于 2 个个体，初步结果显示，这些样品都具有源自欧洲人种的某些遗传特性。[①]

除了对于干尸自身的观察和研究以外，其他途径也可以帮助我们确认干尸的基本属性。许多新疆干尸身上往往保留了极其丰富的服饰材料，这些装束本身就体现了一些古代民族独有的文化传统。例如，在东疆和南疆发现的大多数干尸都是身穿皮衣、皮裤，或者穿着羊毛编织的各种服装，编织的方法常见斜纹织法。有的干尸身体的头手部位绘有一些文身图案。其中，非常典型的一个发现是在哈密附近的克孜尔确恰遗址找到的一些斜纹毛织物，它们是一些用双色或者三色毛线编织成方格状图案的毛布，看上去是一种非常类似于现代的苏格兰格呢的东西。根据巴博等人的研究，这种斜纹毛织物的编织技法，应该是从西边的西亚起源、经过中亚一带传入新疆地区的。另外，从装束上也可以看出，鄯善苏贝希和且末扎洪鲁克等地所见的身着皮衣装束的干尸，应该是一些骑马民族的遗存。

由于这些干尸基本属于墓葬遗存，因此，随葬品的文化特征也可以帮助我们对他们的属性做出判断。在这方面，目前已经发表了许多重要的成果。[②] 概括起来说，新疆干尸所代表的人群组织可以区分为至少八种以上不同的考古学文化，这些文化大致分布在东起哈密、北到阿勒泰、南至帕米尔和塔克拉玛干大沙漠南缘一线的广大范围之内。这些文化存在的年代从公元前二千纪的初期一直可以持续到公元前一千纪的后半段。从文化渊源上看，新疆各地

[①] Paolo Francalacci: DNA Analysis on Ancient Desiccated Corpses from Xinjiang (China): Further Results, *The Bronze Age and Early Iron Age Peoples of Eastern Central Asia* Volume II (*Journal of Indo-European Studies,* Monograph Number Twenty-Six), Washington D. C., 1998, pp. 537-547.

[②] 关于新疆史前考古学文化的综合性研究成果，可以参阅以下数种文献：Corinne Debaine-Francfort: Archeologie du Xinjiang des origines aux Han: Premiere partie, *Paleorient* 1988, 14(1): 5-29; II eme partie, *Paleorient* 1989, 15(1), pp. 183-213; 陈戈：《关于新疆地区的青铜时代和早期铁器时代文化》，《考古》1990 年 4 期；水涛：《新疆青铜时代诸文化的比较研究》，《国学研究》第一卷，北京大学出版社，1993 年，第 447—490 页；K. T. Chen（陈光祖）& F. T. Hiebert: The Late Prehistory of Xinjiang in Relation to Its Neighbors, *Journal of World Prehistory* 1995, 9(2), pp. 243-300; 安志敏：《塔里木盆地及周缘地区的青铜文化遗存》，《考古》1996 年 12 期。

发现的这些青铜时代文化本身，或者是它们的主要文化因素分别来自于东、西南、西北和北等不同的方向，也有一些产生于新疆本地。

从语言学传统上分析，南疆南部的若干人群，如扎洪鲁克、洛浦山普拉等地点的发现，有可能属于和阗语和其他印度俗语系统，而在新疆东部发现的年代属于公元前二千纪下半叶的一些人群，可能是操着吐火罗语的原始印欧语民族。这些操着吐火罗语的人群本身又可以分为 A、B 两组。[①] 当然，这种推断还需进一步的发现给以证明。

以上若干方面的线索揭示出这样的事实，在公元前二千纪初叶到公元前一千纪初叶这段时间内，原来分布在中亚西北部的乌拉尔山地区、南西伯利亚地区以及哈萨克草原地区的牧人，一批又一批地来到了新疆的北疆和塔里木盆地周边地区，他们中包括安德罗诺沃文化、斯基泰文化的人群，可能还有更早时期的亚纳雅文化的人群。他们从中亚西部带来了骑马民族文化的传统，也带来了诸如青铜冶炼技术、武器制造技术、毛纺织和染色技术等；另一部分来自于中亚西南部费尔干纳盆地和塔吉克斯坦南部地区的农人，其中可能包括楚斯特文化、瓦赫什文化、艾拉坦文化的人群等也进入了塔里木盆地周边地区，他们带来了土坯建筑技术、小麦种植技术等。同时，原来分布在甘肃河西走廊地区的马厂和四坝文化的人群也西进到了新疆东部地区，他们带来了彩陶艺术等。这些南来北往、东奔西走的人群，最终将他们自己的遗骸留在了新疆辽阔的大地。同时，也将一个个历史的谜团留给了我们。

西方的学者和大众对于新疆干尸的关注，主要是想弄清楚，为什么在遥远的东方地区会发现年代如此早的西方人种的文化遗存？他们是在什么时候、从哪里来的？又到哪里去了？西方人对于东方世界的知识最早来自于古希腊和罗马时代的一些地理学家和历史学家的记述，但是，古希腊历史学家希罗多德和地理学家亚里士提斯等人对于遥远东方人文地理的那些描述，按照现代学者的看法，所涉及的地域范围最远并没有达到新疆境内的塔里木盆地周边地区。因此，西方文献对于新疆地区早期历史的记载，基本上是空白的。而当新疆干尸大量出土之后，他们那种对于东方神秘历史的认识欲望再

---

① 徐文堪：《关于吐火罗语和吐火罗人的起源问题》，黄盛璋主编：《亚洲文明》第三集，安徽教育出版社，1999 年，第 76—93 页。Xu Wenkan: The Discovery of the Xinjiang Mummies and Studies of the Origin of the Tocharians, *The Journal of Indo-European Studies,* Fall/Winter 1995, pp. 357-369.

次被激发出来了。同时，新疆干尸中的大量欧洲人种遗存，也使他们感到了更多的迷惑和兴趣。

中国古代对于西域地区历史的记载也很贫乏，西周穆王西行的故事，反映了周人对于神秘的西方乐园的一种向往。但据研究，穆王西游如果真实可信，可能的路线和到达的地点也只是在今天的青海境内，并没有进入新疆地区。所以，汉代张骞的凿空西域，才具有了划时代的伟大意义。

古代东方和西方之间的文化中心相距遥远，由于地理上的种种阻隔和交通的不便，形成了东西方历史文献记载上的相互不了解。由此也使得主要根据文献资料来研究东西方文化交流史的中外历史学家们，对于张骞通西域之前的西域地区的早期历史了解甚少。现在，大量新疆干尸的发现表明，东西方之间的文化交流，一直时断时续地存在着。据目前的发现，早在公元前二千纪的上半叶，从中亚西北部东进的一支原始欧洲人已经进入新疆北部和东部地区，在新疆东部，他们遭遇了西进的马厂文化和四坝文化的人群。此后，不断东进的草原游牧民族人群一次次进入新疆，逐渐占据了北疆和南疆北部的大部分地区，同时，西进的人群也逐步深入到塔里木盆地的东北部和东南部地区。这种东进和西进过程，也即东西方文化的相互接触、交流、融合的过程，在张骞到达西域之前，已经进行了上千年。所以，从客观上讲，张骞的凿空西域，是对已有的文化交流通道重新加以确认，而不是仅凭一人之力，开凿一条全新的通道。但是，张骞通西域，对于中国的中央王朝向西方世界施加其影响和统治作用，具有积极的意义，汉朝经略西域以后的两千年间，新疆所在的西域地区大多数时间阶段是在中国中央王朝的统治之下。

20世纪90年代以来研究新疆古尸的热潮，首先是由欧美学者倡导和兴起的，国际学术界的持续关注也带动了国内学术界对于这一热点问题的兴趣，加快了新疆古尸综合研究的步伐。近年来，相继出版的《新疆察吾呼》、《中国新疆山普拉》两部很有分量的考古发掘报告，以及一些简报资料汇编和大批的学术论文，都应是这种趋势的积极体现。然而，新疆那相对遥远的地理位置和比较艰苦的工作环境，限制了更多的学者到那里进行实地考察和研究。而且，新疆本地学者的数量也在近年内呈现出持续减少的趋势，这不能不说是一个令人遗憾的现实问题。

进入21世纪以后，中国的西部大开发运动无疑会推动新一轮的对于新疆古尸的发现和研究热潮。同时，由于大规模建设工程的上马和大量人口的涌入，也不可避免地带来更多的对于古尸遗存的破坏。如何更有效地保存这些经过了几千年的风霜严寒才存留到今天的弥足珍贵的文化遗产，是我们不得不面对的又一个问题。众多干尸的长期保存依然是一个很困难的课题，这不仅需要大量的经费投入，建设现代化的博物馆来改变目前的保存现状，同时，也需要购置大量先进的仪器设备，对这些已经发现的干尸进行全面系统的研究。在已有干尸的保存和研究现状没有得到根本改善之前，不应该再进行大量新的发掘，以免恶化现在的被动局面。

在古尸的研究方面，我们需要再次提出协同攻关的理念，因为，这些古尸遗存所包含的文化信息，已经远远超出了传统考古学研究的范畴。遗传学家、语言学家、民族学家、纺织工艺学家、冶金工艺学家、生态学家、地理学家与考古学家和历史学家的协同合作，将是一种全新的工作模式。同时，东西方学者共同参与合作研究，也是一个不可或缺的要素。虽然一些西方学者在进行这种合作研究中会带有某些顽固的偏见，但是，他们在印欧民族语言学、历史学研究方面得天独厚的条件，他们在新疆干尸整体研究中的作用都是值得肯定的。对于新疆发现的这些干尸，如果我们不从欧亚大陆古代世界民族迁徙运动的大舞台上寻找他们的来源和踪迹，而仅仅把他们局限在新疆境内进行界定和说明，是不可能得到完整解释的。

同样值得注意的是，对于新疆古尸的发现和研究，应该成为全国范围内的一个学术攻关课题，而不要使它仅仅成为新疆本地的一个热点。在这方面，敦煌学研究已经走出了一条成功的探索之路。新疆古尸研究所要回答的问题，已经超出了新疆的地理范围，这些问题是中国北方早期文明研究中的重大课题，同样，也是亚洲地区，乃至整个旧大陆上古代世界中曾经共同经历过的历史发展进程。这是由东方文明与西方文明、农业文明与草原文明、城市文明与游牧文明等不同的社会阶层、不同种族和人群、不同的文化发展模式共同作用而形成的一种特殊的文化传统。显然，对于这样一种文化传统的深刻理解和全面认识，将会是一项长期而艰巨的学术使命。

原载《吐鲁番学研究》2002 年 1 期

关于中亚安诺遗址出土的印章及其相关问题

《中国文物报》2001 年 7 月 4 日发表了李学勤先生的文章，介绍中亚安诺遗址发现玉石印章的消息及对有关情况的分析。我们感到，李文对中亚早期文化若干问题的描述过于混乱，不能使读者对这一重要发现的背景资料做出正确的判断。在此，我们就围绕这一发现的相关问题进行一番说明和讨论。

安诺遗址位于土库曼斯坦境内的科佩特山北坡的山前地带，地处卡拉库姆大沙漠的边缘。1904 年，美国人庞佩利（R. Pumpelly）首次在此进行发掘，发现并命名了安诺文化，揭开了近代中亚史前考古的序幕。安诺遗址由两个巨大的土丘组成，这种土丘是由人类的长期活动堆积的文化层形成的。庞佩利发掘后将整个遗址分为四期，北丘年代分别为石器时代、铜石并用时代；南丘则属于青铜时代和铁器时代。他又将 I 期遗存分为 I a 和 I b。现代学者认为，所谓的安诺文化只包括 I a 期遗存，年代约为公元前五千纪初叶。安诺遗址的规模和堆积层次远不如后来在这一地区发现的纳马兹加遗址（Namazga Depe）典型，因此，苏联学者马松（Masson, V. M.）等人就用纳马兹加文化作为科佩特山山麓地带的典型代表文化。纳马兹加文化又分为六期，I—III 期为铜石并用时代，绝对年代约为 3700BC—2500BC，IV—VI 期为青铜时代，绝对年代约为 2500BC—1000BC，六期文化连续发展，没有明显的间断。安诺遗址的 I b 期遗存大致相当于纳马兹加 I 期遗存。因此，我们可以很明确地说，在安诺遗址发现的公元前 2300 年前后的玉石印章与所谓的安诺文化没有任何关系。

公元前二千纪的初叶，分布在古代的穆尔加布河下游三角洲地区，即玛尔吉亚纳地区（Margiana）绿洲中的一些遗址，与分布在阿姆河中游河岸两侧地带，即巴克特里亚地区（Bactrian）若干绿洲中的一些遗址，构成了不同于同时代的纳马兹加 V 期遗存的一种新文化类型，这种文化被俄罗斯学者萨里安尼第（V. Sarianidi）等人称作 BMAC（Bactrian-Margiana Archaeological Complex），它被看作阿姆河文明的早期形式。由于这种文化分布范围界于中亚南部农业文化区和北部游牧文化区之间，因此，它同时兼有农业文明和游牧文化的一些特点，它的发现和确认对于理解南北文化的交流过程十分重要。

公元前一千纪上半叶，玛尔吉亚纳和巴克特里亚地区先后进入第二次城市化发展阶段，这一阶段的显著标志是出现了大量的设防城堡和要塞，大型纪念建筑、大规模集约化农业、中央集权的王国或者是寡头政治集团，最终形成了帕提亚帝国和巴克特里亚帝国，中国史籍中记载的安息和大夏即是指的上述两大帝国。显然，李文将 BMAC 看作大夏·玛剑类型文化是一种错误的认识，两者年代相距甚远。

关于玉石印章，据此项发掘的负责人黑伯尔特（Hiebert, F. T.）介绍，他们最初认为此印章所刻符号与印度河流域的哈拉帕文化有关，但后来请教了所有研究古代中近东铭刻材料的专家后认识到，这组符号与在美索不达米亚、伊朗、印度河谷、中国等地发现的已知文字都没有联系，可能属于一种存在于当地的、古老的铭刻符号系统，类似的东西仅在这一地区的阿尔腾（Altyn Depe）遗址的青铜时代遗存中有过发现。印章是西亚、中亚、印度河流域的早期文化中经常发现的物品，它的大量使用，揭示了这一广大地区内的古代文化有着发达的贸易交流活动和强烈的私有观念。而中国西部的早期文化遗存中则很少有这类物品的发现。

黑伯尔特博士师从美国哈佛大学著名中亚史前考古学家兰伯格·卡尔罗夫斯基（Lamberg-Karlovsky, C. C.），多年来专门研究 BMAC 问题及相关课题，已有颇多著述。近年来，他就职于宾夕法尼亚大学，又获得基金支持在土库曼斯坦、乌兹别克斯坦和里海沿岸地区进行国际合作研究，希望对于这一地区的早期文化演变和丝绸之路的兴起等问题有所突破，关于安诺遗址的发掘，他们计划连续工作几年，在这里庆祝安诺考古一百周年。实际上，安诺遗址本身并不如纳马兹加、阿尔腾这些遗址重要，但后两个遗址的发掘是由苏联学者主持进行的，资料也掌握在现在的俄罗斯研究机构之中。中亚各国希望通过自己的努力和国际合作，重新发现这一地区的古代文明，而黑尔伯特等美国学者则继承了庞佩里的未竟事业。

就中国学者而言，中亚考古的新发现对于我们自己的研究也是十分重要的。同时，我们也可以借鉴美国学者在中亚进行合作研究的成功经验，争取早日参与这些多边国际合作项目，或者在中亚国家进行以我为主的合作研究，这应该是 21 世纪中国边疆考古学研究的大势所趋。

原载《中国文物报》2001 年 8 月 19 日学术版

中国西北地区早期铜器研究的几个问题

中国西北地区早期铜器的有关发现，已经引起了学术界的广泛关注，许多学者都对中国西北地区早期铜器的来源，以及中国冶金技术的起源等问题发表了各自的看法。[①] 我们认为，虽然这些研究成果已经在许多方面取得了实质性的进展，但是，有一些问题仍然需要进一步探索和论证，在此，我们就以下几个问题展开讨论。

一、关于新疆早期铜器的年代问题

有的学者在论述新疆早期铜器的发展阶段时提出，新疆早期铜器的发展经过三个时期，第一期为公元前 3000—前 2000 年，并称之为红铜期，将其划归新石器时代。[②] 这种看法以疏附县乌帕尔苏勒塘巴俄遗址的采集铜器和陶片标本为立论依据，认为它们的文化属性与中亚的克尔捷米纳尔文化相似，同时认定，疏附县阿克塔拉遗址采集的小件铜器等，年代可能也与苏勒塘巴俄遗址相近。这种简单的观察和对比显然缺乏严密的论证。据介绍，在苏勒

---

① 例如：安志敏：《试论中国的早期铜器》，《考古》1993 年 12 期。水涛：《新疆青铜时代诸文化的比较研究 —— 附论早期中西文化交流的历史进程》，《国学研究》第一卷，北京大学出版社，1993 年，第 447—490 页。孙淑云、韩汝玢：《甘肃早期铜器的发现与冶炼、制造技术的研究》，《文物》1997 年 7 期。龚国强：《新疆地区早期铜器略论》，《考古》1997 年 9 期。李水城、水涛：《四坝文化铜器研究》，《文物》2000 年 3 期。梅建军：《关于中国冶金起源及早期铜器研究的几个问题》，"中国古代文明的起源与早期发展过程" 国际学术研讨会提交论文，2001 年 8 月，北京。
② 龚国强：《新疆地区早期铜器略论》，《考古》1997 年 9 期。

塘巴俄遗址采集的标本包括铜珠、残细铜棒 4 件、小铜块 12 件；另有粗砂红陶片、非几何形细石器、磨制石镞、骨镞等。[①] 由于是采集的材料，缺乏明确的层位关系，因此，这里发现的小件铜器与粗砂陶片、细石器、磨制石器以及骨器的相互关系就很难给以确认，说它们是共存关系并不一定可靠，以一些相互关系并不明确的材料来论证其中某一类发现的年代问题同样是缺乏说服力的。

关于阿克塔拉遗址调查资料中的陶器因素，我们曾经把它们与在帕米尔地区其他地点的发现做对比后确认，这类遗存的年代，大致相当于塔什库尔干县香宝宝墓地遗存的年代或略早，绝对年代不早于公元前 1000 年。[②] 阿克塔拉遗址中发现的小铜刀，年代应该接近该遗址中陶器遗存的年代，二者不应相差 2000 年之多。

关于中亚的克尔捷米纳尔文化，目前在新疆境内并没有发现明确的线索。根据苏联学者的研究，这种文化主要分布于阿姆河中下游和锡尔河中下游之间的广大区域（即后来的河中地或者花剌子模地区）。依据对这种文化中许多特性的比较分析，一般认为，克尔捷米纳尔文化存在的时间大约是从公元前四千纪到公元前三千纪末期或公元前二千纪初期。这样一种长时间延续的文化可以划分为早晚两个阶段，早期的特点是，陶器多为手制，流行用刻划、戳印、锥刺等方式在陶器表面装饰水波纹、直线纹、圆点纹、刺点纹等纹样，陶器的种类多为圆底的罐和碗钵类。石器多为燧石制的细石器，种类有石片、石镞和不规则四边形石片器等。晚期遗存的特点是，陶器除了早期的种类外，新出现了带有球型腹、平底作风的器类，陶器的装饰风格也发生了变化，用一种带尖刺的工具所做的各种三角纹、水波纹、竖线纹等更有规律性，特征更明确。燧石所制的石器也是变化多样，器类可达二十余种，常见的有各种石镞，还有大型的石铲样的器物，在这种文化最晚期的遗存中出现了红铜制品。[③]

---

① 新疆维吾尔自治区博物馆：《乌帕尔细石器遗址调查报告》，《新疆文物》1987 年 3 期。
② 水涛：《新疆青铜时代诸文化的比较研究——附论早期中西文化交流的历史进程》，《国学研究》第一卷，北京大学出版社，1993 年，第 447—490 页。
③ V. Sarianidi, Food-producing and other Neolithic Communities in Khorasan and Transoxania: Eastern Iran, Soviet Central Asia and Afghanistan, *History of Civilizations of Central Asia*, Volume I, UNESCO Publishing, France, 1992, pp. 109-126.

　　根据上述描述，克尔捷米纳尔文化中的红铜制品只是在它的最晚期遗存中才有发现，其年代应该大致接近公元前三千纪下半叶或者公元前二千纪初叶。这一年代显然比有些学者推定的苏勒塘巴俄遗址铜器的年代要晚 1000 多年。既然，在克尔捷米纳尔文化中的红铜制品出现的年代比较晚，那么，认为苏勒塘巴俄的发现可以早到公元前 3000 年的观点就很值得怀疑，据此认定的新疆境内的红铜期是在公元前 3000—前 2000 年的观点同样站不住脚。

　　在新疆地区目前已经发现的比较确定的红铜制品出在孔雀河古墓沟墓地，在这里发现了 2 件红铜制品。[①] 该墓地文化遗存的绝对年代经 ^{14}C 测定，大致是在公元前 1800 年前后。有些学者根据古墓沟墓地发现的一些木制品表面有类似于金属工具加工的痕迹断定，古墓沟墓地所处的时代应该属于青铜时代[②]，也就是说，这个遗址应该具有用青铜制作的木工工具。实际上，这个推断仍然需要真实的发现材料给以证明，否则，只能是一个推断而已。

　　如果排除了上述几处不能明确定性的发现，可以看出，新疆境内目前并没有发现早于公元前 2000 年的含有铜器因素的文化遗存，就考古发现反映的材料来看，新疆地区的早期铜器只能够确定为公元前 2000 年以后的文化遗存。这种现象是否正常，要看对于整个中亚和中国西部早期铜器产生和发展的大环境的基本分析和界定。我们认为，即使是中亚西部地区已经发现了年代比较早的属于红铜和青铜时代的文化遗存，也不能就此说明新疆地区就一定是与中亚西部地区同步发展的。关于这一点，可以从新疆地区其后阶段青铜文化的发展进程中得到印证。目前看来，围绕着新疆西北部和西南部地区以外的中亚五国境内的考古发现，有可能最终为解决新疆地区早期铜器的年代和来源问题提供最后的证据。

　　反过来看，新疆以东的甘青地区是否能够成为另一个可能的来源呢？曾经在甘肃东乡林家遗址的马家窑文化遗存中发现了一件青铜刀，年代可能早到公元前 2800 年前后。[③] 但是，一些学者对于此件制作工艺相当进步的青

① 新疆社会科学院考古研究所：《孔雀河古墓沟发掘及其初步研究》，《新疆社会科学》1983 年 1 期。
② 王炳华：《新疆地区青铜时代考古文化试析》，《新疆社会科学》1985 年 4 期。陈戈：《关于新疆地区的青铜时代和早期铁器时代文化》，《考古》1990 年 4 期。
③ 甘肃省文物工作队等：《甘肃东乡林家遗址发掘报告》，《考古学集刊》(4)，文物出版社，1988 年。

铜制品的可靠性表示疑义。[1] 在其后的马家窑文化马厂类型阶段，也即公元前2300—前2000年前后，甘青地区铜器的发现开始比较多见，其真实性也不容置疑。马厂和与其基本同时的齐家文化时期，可以看作是甘青地区铜器制造技术的初始阶段，这个阶段的绝对年代晚于所谓的新疆地区的"红铜期"的年代。

二、关于中国西部早期铜器的种类和文化特征

如果把中国西北地区的早期铜器按照器类和用途进行统计，可以看出，从最早的马家窑文化马厂类型开始，一直到年代比较晚的新疆地区的察吾乎沟文化、甘青地区的沙井文化等，这里发现的始终是一些制作简单的小型工具、武器、装饰品、马具等，少见大型铜容器和礼器。以新疆地区的发现为例，在发现铜器比较多的几个地点如新疆哈密焉不拉克墓地[2]、和静察吾乎沟墓群[3]等地出土的主要有镞、刀、锥、环形饰、扣饰、耳环、筒状饰、圆形泡饰、牌饰等，年代较晚的遗存中则出有带柄铜镜、管銎戈、短剑、矛头、带扣、连珠饰以及马头饰等。另外，在新疆巴里坤的兰州湾子遗址曾经发现了一件铜钁，在巩留、霍城、哈巴河、富蕴等地曾经征集到大致相同的其他几件铜钁。在乌鲁木齐南山阿拉沟墓地出土了一件方座承兽铜方盘，在新源县七十一团一连和察布查尔县大博采沟口各发现了一件四足方盘。在尼勒克县征集到一件双耳三足铜釜。在新源县七十一团一连曾出土了一个青铜武士雕像。[4] 这些发现虽然不具有普遍意义，但是也有非常明显的时代特征和地域文化特征。

在甘青地区，甘肃合水九站的寺洼文化墓地[5]、永昌柴湾岗和西岗的沙井

① 安志敏：《试论中国的早期铜器》，《考古》1993年12期。孙淑云、韩汝玢：《甘肃早期铜器的发现与冶炼、制造技术的研究》，《文物》1997年7期。
② 新疆维吾尔自治区文化厅文物处等：《新疆哈密焉不拉克墓地》，《考古学报》1993年1期。
③ 新疆文物考古研究所：《察吾乎沟——古代大型氏族墓地发掘报告》，东方出版社，2000年。
④ 新疆维吾尔自治区博物馆文物队：《新源县七十一团一连渔场遗址》，《新疆文物》1987年3期。
⑤ 王占奎、水涛：《甘肃合水九站遗址发掘报告》，《考古学研究》三，科学出版社，2000年，第300—477页。

文化墓地①等地，出有数量较多的青铜短剑和周式铜戈等武器。青海西宁沈那的卡约文化遗址中出土了一件体形巨大的铜矛（长达 61 厘米）。其他的发现则基本类同于新疆各地的一些发现，如在卡约文化墓葬中，也经常发现各种铜泡饰、管状饰、连珠饰等小件青铜装饰品。

以上这些青铜制品，显然不同于黄河中下游地区以夏商周为代表的青铜文化的基本器物组合和时代风格。但是，却或多或少地与新疆以西地区的各种青铜文化有着千丝万缕的联系，如新疆发现的四足承兽方盘、四足方盘、三足铜釜等在伊塞克湖到七河地区一线都有广泛的发现。②青海西宁发现的大铜矛，在南西伯利亚地区鄂木斯克附近的茹斯托夫卡（Rostovka）墓地有更多的发现，有人以为，西宁的铜矛应该就是从茹斯托夫卡铜矛演变而来的。③

从文化性质上看，中国西北地区在进入青铜时代以后，普遍出现了从传统的农耕经济向畜牧和游牧经济转变的过程，在甘青地区，这种转变是由于气候变化所导致的一种经济衰退现象。④在新疆地区，则是由于中亚西北部地区的草原游牧部落文化不断的东进运动造成的结果。⑤即使是在塔里木盆地周边地区，虽然后来是以所谓的绿洲农业经济为其支柱，但在公元前一千纪的前半叶，也出现了像察吾乎沟文化这样的十分典型的骑马民族的文化遗存。在且末扎洪鲁克墓地，同样发现了包含有骑马民族文化因素的文化遗存。不论是甘青地区的青铜文化，还是新疆地区的青铜文化，此时都具有文化分布范围狭小，聚落分散，社会组织结构相对不发达的特点，处于一种文化小而分散，不相统属，分化发展的格局之中。在这种无序发展的状态中，没有出现势力强大的主流文化和主流的文化发展方向。因此，也没有出现真正意义上的文化中心。受各自的经济实力和影响范围所限，这些青铜时代文化都没

---

① 甘肃省文物考古研究所：《永昌西岗柴湾岗 —— 沙井文化墓葬发掘报告》，甘肃人民出版社，2001 年。
② 水涛：《新疆青铜时代诸文化的比较研究 —— 附论早期中西文化交流的历史进程》，《国学研究》第一卷，北京大学出版社，1993 年，第 447—490 页。
③ 高滨秀：《关于公元前两千纪前半叶欧亚大陆中央地区的若干铜器》，《金属与文明》（日文），奈良，2000 年，第 111—123 页，转引自梅建军：《关于中国冶金起源及早期铜器研究的几个问题》，"中国古代文明的起源与早期发展过程"国际学术研讨会提交论文，2001 年 8 月，北京。
④ 水涛：《甘青地区青铜时代的文化结构和经济形态研究》，《中国西北地区青铜时代考古论集》，科学出版社，2001 年，第 193—327 页。
⑤ 水涛：《论新疆地区发现的早期骑马民族文化遗存》，《中国西北地区青铜时代考古论集》，科学出版社，2001 年，第 86—98 页。

有真正发展起来自己的青铜制造技术，整体上看，中国西北地区青铜时代的冶金技术水平不高。这种勉强维持的状态，可以从各地的考古发现中得到充分的反映。

三、关于中国西北地区冶金技术的起源和发展途径

近年来，很多学者就中国西北地区早期铜器的起源问题发表了意见，安志敏先生认为，铜器的起源，很可能是通过史前时期的"丝绸之路"进入中国的，他还举例说，偏处西北地区的齐家文化早期铜器远盛于中原地区，可能是首先接触到铜器的使用，并影响及龙山文化。[①] 林沄先生也认为，二里头文化中发现的环首刀和一端成漏斗状的耳环显示了与北方草原地区游牧文化的某种联系。[②] 实际上，这种样式的环首刀和耳环在甘肃西部的四坝文化遗存中也有发现。[③] 美国学者菲兹杰拉德·胡柏认为，齐家文化的一些铜器在形态上与塞伊玛—图尔宾诺（Seima-Turbino）文化的铜器非常相似。[④] 美国学者艾玛·邦克（E. C. Bunker）在讨论甘肃玉门火烧沟遗址出土的四坝文化的四羊首青铜权杖头的铸造技术和造型风格时认为，此物显示了与中亚和近东早期青铜文化的某些联系。[⑤] 还有一些学者从冶金技术发展的角度，讨论了中国西北地区早期冶金中的砷铜制品是否与中亚早期铜器中的砷铜技术存在某种联系环节的问题。[⑥] 这些研究，尽管有些结论还需要考古发现给以验证和支持，但是，在考察中国西北地区早期铜器的起源问题时，还是具有启发性的。关键是要在新疆地区找到更多的中间类型的考古证据。实际上，我们在考察新疆青铜时代文化时已经发现，新疆西南部、西北部地区和天山中部地区的许

① 安志敏：《试论中国的早期铜器》，《考古》1993 年 12 期。

② 林沄：《早期北方系青铜器的几个年代问题》，《林沄学术文集》，中国大百科全书出版社，1998 年，第 289—295 页。

③ 李水城、水涛：《四坝文化铜器研究》，《文物》2000 年 3 期。

④ Louisa G. Fizgerald-Huber, Qijia and Erlitou: The Question of Contacts with Distant Cultures, *Early China* 20, 1995, pp. 17-67.

⑤ Emma C. Bunker, Cultural Diversity in the Tarim Basin Vicinity and Its Impact on Ancient Chinese Culture, *The Bronze Age and Early Iron Age Peoples of Eastern Central Asia*, Volume II, 1998, pp. 604-618.

⑥ 李水城、水涛：《四坝文化铜器研究》，《文物》2000 年 3 期。

多青铜时代文化遗存，都与中亚、南西伯利亚等地的青铜时代文化有着必然的联系。[①]体质人类学研究也揭示出，在公元前二千纪上半叶到公元前一千纪下半叶这一时间阶段内，生活在新疆的南疆、北疆大部分地区的是一些高加索人种的人群集团。[②]所以，在这一时间阶段内的文化发展，更多地显示了与中亚和西方文化因素的联系环节，近年来在中亚的哈萨克斯坦和乌拉尔山一带的考古新发现及其研究表明，从公元前二千纪前半叶开始，在南乌拉尔山东麓地区出现了一系列的采矿地点和冶炼中心[③]，由此形成了一些为保护矿产资源而建立的早期设防城市。这些采矿和冶炼技术随着游牧民族集团的不断由西向东、向南运动和扩散，很快传遍了中亚东部地区。与这种扩散运动有关的考古学文化可能属于安德罗诺沃文化（Andronovo Culture），或者是辛塔什塔文化（Sintashta Culture）。目前，在新疆境内已经确认了安德罗诺沃文化遗存的存在。[④]也就是说，新疆境内的青铜冶金技术，存在着接受安德罗诺沃文化影响的条件和可能。而更早期的接触和联系环节，我们现在还无法确知。

至于甘青地区的齐家文化和四坝文化中的冶金技术是否也是受到中亚和西方文化因素的影响，还需要做进一步的分析和探索。

原载《桃李成蹊集 —— 庆祝安志敏先生八十寿辰》，香港中文大学

中国考古艺术研究中心，2004 年

---

① 水涛：《新疆青铜时代诸文化的比较研究 —— 附论早期中西文化交流的历史进程》，《国学研究》第一卷，北京大学出版社，第 447—490 页。

② 韩康信：《丝绸之路古代居民种族人类学研究》，新疆人民出版社，1994 年。

③ E. N. Chernykh, *Ancient Metallurgy in the USSR: The Early Metal Age*, translated from the Russian by Sarah Wright, Cambridge University Press, 1999, pp. 212-215.

④ 李肖、党彤：《准噶尔盆地周缘地区出土铜器初探》，《新疆文物》1995 年 1 期。周金玲、李文瑛：《托里县萨孜村古墓葬》，《新疆文物》1996 年 2 期。Elena E. Kuzmina, Cultural Connection of the Tarim Basin People and the Andronovo Culture: Shepherds of the Asian Steppes during the Bronze Age, in Victor H. Mair (ed.), *The Bronze Age and Early Iron Age Peoples of Eastern Central Asia* (*The Journal of Indo-European Studies*, Monograph No. 26), Washington: Institute for the Study of Man, 1998, pp. 63-93. Mei Jianjun, Colin Shell, The Existence of Andronovo Cultural Influence in Xinjiang during the Second Millennium BC, *Antiquity* 73.281 (September 1999), pp. 570-578.

西域史前文明发展的若干理论问题

一、西域史前文明形成的基本条件

本文所说的西域地区具有广泛的含义，一般是指西起里海，东达蒙古国境内的杭爱山、中国境内的祁连山西段一线，南自科佩特山、兴都库什山、帕米尔、昆仑山一线，北至阿尔泰山、西萨彦岭、哈萨克斯坦北部一线。这一地区也被称作中亚地区。中国的新疆地区位于传统意义上的西域东部，或者说中亚东部地区。

苏联著名学者 B. M. 马松在评价中亚文明的历史地位时曾经指出，在研究中亚远古史的过程中，我们可以十分明显地看出关系到这个地区古代历史的两个基本文化成分：伊朗—美索不达米亚成分和哈萨克斯坦—西伯利亚成分。[①] 在这两者之间，应该说，西亚文明所起的作用要更加重要一些。这是因为，在西亚地区，存在着目前所知最早的以农业和家畜饲养业为基础的文化类型，如巴勒斯坦和叙利亚地区的纳吐夫文化（Natufian Culture），年代为公元前 10000—前 8000 年前后；伊拉克北部的卡里姆—沙希尔遗存（Karim Shahir Site），年代为公元前 9000—前 8000 年前后；约旦的耶里哥遗址（Jericho Site），年代约为公元前 9000—前 7000 年。这些早期文化发展的结果，是在其后的时间阶段内，大约从公元前七千纪到前五千纪，在西亚和中亚的西南部地区，形成了一系列的农业文化。随着这种发展进程的演变，农业部落从猎人、渔人和采集者的总体中分化出来，形成第一次社会大分工。由于这种社会分工，出现了各地区文化和历史发展的不平衡性，在西域的广

---

① B. M. 马松：《中亚文明的历史地位》，《考古学参考资料》3—4，文物出版社，1980 年，第 1—24 页。

大范围内，形成了以农业经济为主的西南部文化区和以狩猎、采集、畜牧、游牧为特点的西北部文化区。马松认为，有很多因素促使科佩特山的山前地带产生远古的定居农业文化，这些条件包括这里大量存在野生的禾本科植物和众多的可以驯养为家畜的野生动物；存在有利于原始灌溉农业发展的生态学条件；与当时高度发达的伊拉克和伊朗文化有密切的联系。

在西域西南部地区，从早期的哲通文化，到后来的纳马兹加文化、亚兹文化等各个文化发展阶段，包括其中的两次大的城市化发展进程，我们都能看出来自于西亚地区的文化影响。因此可以说，西域西南部地区的文化进程，始终反映着西亚地区文明化进程对东方的影响。

对于西域的东南部地区来说，还应该考虑的一个因素是古代的印度文明的影响作用。在阿富汗、塔吉克斯坦南部等地，这种来自于印度方向的影响作用，对于这一地区青铜时代以后的文化发展显然具有重要的意义。但是，相对来说，印度早期文明的形成年代，比伊朗高原等地要晚一个阶段。因此，马松等学者推测，很可能阿富汗和印度西北部是在伊朗高原各部落分别向东迁徙的促进下，才最终完成了由掠夺性经济向生产性经济的转变。

在西域的西北部地区，从旧石器时代开始，广泛分布的尼安德特人群和其后的克罗马农人群，已经来到了亚洲中部的广大草原地带。莫斯特文化遗存的大量发现，显示了这一地区与欧洲文化的广泛联系。在青铜时代和早期铁器时代，安德罗诺沃文化和斯基泰文化的大范围分布，再次说明这一地区与东欧、南俄草原，以及黑海沿岸地区有着长时间的文化联系。因此，我们也可以认为，对于这一地区来说，来自于西方的草原游牧民族文化，在向东方的扩展过程中，始终是把西域西北部地区作为最广阔的活动舞台。这种来自于西方的影响，也就成为这一地区最重要的文化发展动力。到了后来，由于游牧民族的强盛，这种影响的范围也扩大到了西域西南部和东南部的广大地区。

在西域东部的我国新疆地区，除了这种来自于西方的文化传统，还有来自于西域东面的我国中原地区文化传统的影响作用。虽然新疆境内年代比较早的文化遗存发现较少，面貌不清，但至迟从青铜时代开始，这种来自于东方的文化因素就已出现在新疆东部，并且，逐步进入塔里木盆地地区。

处在西域腹心地带的花剌子模地区，由于没有与周边的古代文明中心建立直接的文化联系，所以，这里的文化发展演变始终比较缓慢，不能成为西域地区的文化发展中心。在整个新石器时代，这里的文化发展显然是随着西南面的科佩特山山前地带的文化发展进程而逐步变化。马松等学者认为，正是这些与南方的联系和南方的影响，在相当大的程度上促进了北方部落过渡到新的经济形态。而到了青铜时代晚期，这里的文化发展则受到来自于西北方向的游牧民族文化的强大影响。

所以，从总的方面来归纳，西域史前文明产生和发展的基本动力，在于不断地接受来自于周边其他发达的古代文明中心的影响作用，可以说，这一区域自身不具备成为文明中心的条件。这种情况与在西亚和中国的中原地区所发现的文明化进程完全不同，因为，西亚文明和中国中原文明都是在当地条件下独立形成和发展的。

二、农业文化区与游牧文化区的相互作用

西域西南部和西北部地区的文化发展道路，可以简单地归结为农业文化区和游牧文化区两种发展模式的共同存在和并行发展。在科佩特山山前地带，出现了西域地区最早的定居农业文化，由此带动了整个西域西南部地区农业经济的产生和长期稳定发展。这种农业经济的繁荣，是后来这一地区城市经济出现和发展的先决条件。从青铜时代开始，西域西南部地区逐步进入城市化阶段，所以，有的学者把古代中亚文明的性质归属在城市文明体系之中。[①] 古典时代的史学家把大夏（巴克特里亚）称作千城之国。李特文斯基等学者认为，在阿契美尼德王朝时期，大夏的大型建筑的某些结构和布局是后来的贵霜时期建筑发展的基础，在一定条件下，甚至也是中世纪建筑发展的基础。从考古发现来看，这些城市的形成和发展，经历了农业聚落、中心聚落、早期的城堡和城市经济、设防城市、中心城市等不同的发展阶段。因此，在西域西南部地区，城市化是农业经济发展的必然结局。同时，城市化也是这一地区复杂的民族关系、国家关系、政治和宗教等各种因素作用的结果。

---

① Б. А. 李特文斯基：《1967—1977 年苏联学者对古代中亚历史和文化史的研究》，《考古学参考资料》3—4，文物出版社，1980 年，第 64—96 页。

在西域的西北部地区，经济生活方式从最初的狩猎、采集方式逐步演化为畜牧和游牧经济，并且，在长期的历史进程中保持了这种经济方式的稳定发展。同时，这些游牧民对于古代中亚各族的经济、文化和民族的形成也起着巨大的作用。例如，李特文斯基等学者认为，塞人或塞种是帕米尔部族形成的一个基本成分，他们在其他中亚部族的形成中也起过重大作用。塞族对中亚艺术（尤其是野兽纹）、物质文化和军事，也有很大的贡献。塞种人及其文化对印度、新疆、阿富汗、伊朗的历史，对整个中近东地区，都起过重要的作用。塞种移民和塞种奴隶也曾参与建立阿契美尼德王朝的经济基础，塞种文化乃是古代东方文化的重要成分之一。

在西域东部的新疆地区，也存在着以绿洲环境中的农业经济为代表的文化类型和以山地、高原等环境下的畜牧、游牧经济为代表的文化类型，这两种经济方式在整个青铜时代长期并存。只是到了公元前一千纪的下半叶，才开始出现不同经济成分共存于同一种文化遗存之中的现象。

对于西域史前文明的发展来说，一方面是这两种经济发展方式的并存关系；另一方面，还应该看到，这两种经济方式所作用的区域经常发生变化。从新石器时代开始，受科佩特山山前地区农业文化的影响，花剌子模地区开始出现简单的半农业、半狩猎—渔捞经济的文化类型，农业文化的区域逐渐向东北方向拓展，作为这时期的代表性文化遗存，克尔捷米纳尔文化在很大的范围内都曾经被发现。最晚在青铜时代，西域东部新疆境内的许多绿洲之中也出现了农业经济文化类型。目前，我们尚不清楚，西域东部的早期农业技术是否直接来源于西域西南部地区，因为，在科佩特山山前地带发展起来的是一种灌溉农业技术，所种植的主要是大麦、小麦、豌豆等种类的农作物。在西域东面的甘肃和青海及其以东地区，很早的时候开始，就是以旱作农业技术为主，种植的作物是粟类的小米和十字花科的油菜等农作物。在新疆东部地区一些年代较早的文化遗存中，种植的作物种类主要是大麦和小麦，同时，也发现有谷子、高粱等作物品种。[1]但是，有关灌溉农业存在的证据，似乎没有明确的发现。新疆东部的发现说明，到了青铜时代，新疆境内的农业经济已经具备了两种文化传统的共同因素，这和这些文化遗存中的其

---

① 张成安：《浅析青铜时代哈密的农业生产状况》，《新疆文物》1997 年 4 期。

他构成因素所反映的特点是一致的。我们可以推测，大约是在更早的阶段，大麦和小麦的种植技术已经从西边传入了新疆。

在花剌子模地区，克尔捷米纳尔文化的发展始终没有形成大的定居农业聚落中心，也没有出现由农业聚落发展起来的城市经济体系。究其原因，可以看出，当地的气候环境条件不同于西域西南部地区，而且这里远离西亚的文明中心，接受其影响的程度显然大为减弱。另一个重要的方面，是因为这里始终存在着很强烈的狩猎、采集、畜牧和游牧经济的文化传统。这种传统不仅迟滞了当地农业经济发展的脚步，而且，从青铜时代开始，由于游牧部落的日渐强盛，游牧民的不同部落从不同的方向进入了农业文化区，在土库曼斯坦南部地区，从公元前二千纪的下半叶，草原部落开始向定居农业部落分布地区进行强烈的渗透。草原居民的这种迁移使得这一地区原有居民集团的物质文化和精神文化，特别是经济和生活方式，发生了重大的变化。这个时期当地的畜牧业发展较快，农业则发展较慢。马松在讨论安德罗诺沃文化的传播过程时指出，这个文化有两种发展方向，在灌溉农业区域，例如在阿姆河下游地带，以这种文化为基础形成了定居的农业绿洲；而在草原和半沙漠地区，则形成了早期游牧人（只是这些游牧人在某种程度上说，不是安德罗诺沃部落本身）。李特文斯基在分析这种情况时指出，由于这一切的作用，可能还包括一些自然地理的因素，某些相当庞大的部落集团从农业部落分布地区的东缘开始向东转移。这些部落有很大一部分进入了江河流域 —— 喷赤河和阿姆河各支流的沿岸地带，另一些部落则向南迁移进入了阿富汗。在开始和随后的接触中，融合在定居的农耕民中的"草原牧民"掌握了农耕民的物质文化。同时，他们也对农耕地区的埋葬习俗施加自己的影响，不仅如此，外来的草原牧民的语言 —— 雅利安语也在农耕民中广泛传播。[①]

因此，在总结西域史前文明的特色时，李特文斯基认为，牧民进入农耕绿洲地区，由外来户逐渐变为绿洲文化的有机组成部分，这是西域史前文明的一个重要特点。而且，由于农业文化区与畜牧文化区存在这些千丝万缕的联系，在这两种区域的交汇地带，就有着最活跃的经济、文化、民族和社会的相互交流。属于这类交汇地带的是黑海北岸城市、斯基泰地区、中亚城

① Б. А. 李特文斯基：《苏维埃时期塔吉克斯坦的考古发现与中亚古代史上的若干问题》，《考古学参考资料》3—4，文物出版社，1980年，第25—63页。

市，以及游牧民所占据的中亚—哈萨克斯坦的草原和山地。[1]

三、环境因素对西域史前文明发展的影响

西域地区远离海洋，境内高山纵横，沙漠遍布。总的来说，这样的环境条件对于人类生存是非常艰难的。苏联学者 B. A. 拉诺夫曾经探讨过石器时代人类入居亚洲高山地区问题[2]，究竟是什么原因迫使原始部落离开地势较低、适宜生存、交通便利的富饶谷地，到群山之中去做那种艰险的旅行呢？除去狩猎部落随兽群迁移、社会组织发展后产生的部落分化等解释，一个最重要的原因在于自然生态方面。苏联学者 Л. Ф. 西多罗夫认为，在更新世早期，帕米尔高原尚未上升到现在的高度，在山间地带，在河滩地，到处都生长着土盖林，山坡上桧柏林、棱狐茅草原广泛分布。高原的植被变成现在的样子为时不久，已经进入了有历史记载的时期，相应地，至少在更新世的前半期，由于高度较低，气候是温和湿润的。[3]

西域高山地区生态条件的一个特点是，这些山系中存在有不同的地貌形态和动植物群落，从山脚下向上依次为：平原；山前地带和大的低洼盆地，如希沙尔、费尔干纳等地；严重切割的高山地带，高度为海拔 500—4000 米；升高的、微弱切割的谷地—高山地区的下部沉积，如天山的山梁、帕米尔高原等地；山脊剥蚀作用，即现代冰川作用的区域，海拔 4500 米以上。从宏观上看，原始部落进入这些高山地区是一个逐渐的过程，经历了很长的时间。在整个旧石器时代，原始人不仅是在冰川作用的间歇时期居住在西域山区，而且，他们曾经生活在更加严酷的条件之下，即山地冰川作用加剧的时期。实际上，在第四纪没有遭遇覆盖性大陆冰川作用的西域山地，可以划分为两个区域，一个是保留山地冰川作用遗迹的山区，一个是未受冰川作用的

---

① Б. А. 李特文斯基：《1967—1977 年苏联学者对古代中亚历史和文化史的研究》，《考古学参考资料》3—4，文物出版社，1980 年，第 64—96 页。

② В. A. 拉诺夫：《帕米尔和石器时代人类入居亚洲高山地区问题》，《考古学参考资料》3—4，文物出版社，1980 年，第 97—133 页。

③ Л. Ф. 西多罗夫：《冰河时期以后帕米尔植被的发展》（俄文），《植物学杂志》第 48 卷第 5 期，1963 年。

区域，这包括海拔低于 2000 米的所有大盆地和谷地。据拉诺夫的研究，现今所有可靠的旧石器时代遗存，都分布在未受冰川作用的地带，直到更新世结束，进入西域高山地区的活动才有所加强。

在西域境内，所有最重要的考古发现，基本都集中在山前地带，或者大的山间盆地和谷地。这是因为，对于早期的狩猎、采集、渔捞等经济类型来说，这种山前环境提供了最为丰富多样的、可利用的动植物资源，最典型的例子出现在科佩特山的山前地带。当人们掌握了定居的农业生产技术以后，山前的河流又成为灌溉必不可少的水源地。人们首先是从山前地区学会了灌溉农业，然后才开发了河流下游的三角洲，正如从安诺、纳马兹加捷别到捷詹河三角洲的吉奥克苏尔遗址所反映的文化发展进程。由于山前地带集中了最多的原始部落和人口，这一地区的资源很快便出现了问题，我们看到，纳马兹加捷别、阿尔滕捷别、亚兹捷别、吉奥克苏尔等一大批非常重要的遗址，在经过一段时间的繁荣以后，都遭遇了被废弃的命运。就单个遗址来说，可能各有各的原因，如河流的改道，土地的沙化，人口的压力，等等。作为一种普遍的现象，许多学者注意到，公元前二千纪的上半叶，西域西南部的纳马兹加捷别、阿尔滕捷别这两个古代文化中心同时开始荒芜起来，以纳马兹加Ⅵ期文化为代表的这时期文化十分明显地出现了粗俗和衰落的现象。几乎在同一时期，伊朗北部的丘连捷别、沙赫捷别、捷吉萨尔等遗址也无人居住了。阿富汗南部的蒙地盖克城址变成了一片废墟。在偏南的某些地方，许多绿洲荒芜了，印度的信德和旁遮普等地的城市文明衰落了。对于这一现象，有的学者认为，土库曼南部古代农业文化的衰落与畜牧业作用的增大有关，此时一些农人转而主要从事畜牧活动。[①] 但是，这种解释没有说明为什么畜牧业作用会突然在这样大的范围内持续增强。我们以为，这种变化应该从环境变化上寻找答案。

从 20 世纪初期到现代，一直有各种理论试图说明公元前二千纪初叶开始的西域各地的沙漠化进程与环境变化的关系。但是，由于缺乏足够的相关研究，这种认识始终得不到深化。近年来，对于全新世气候变化问题的研究有了许多新的进展，中国学者已经发现，在中国西部地区，从公元前 2000 年

---

① B. M. 马松：《中亚文明的历史地位》，《考古学参考资料》3—4，文物出版社，1980 年，第 1—24 页。

前后开始，有一次明显的寒冷期气候作用时期。[①] 这种气候变化对于中国西部青铜时代文化的发展产生了重大的影响。[②] 这一寒冷期气候同样在西域的大部分地区有所表现，如有的学者认为，在全球气候变暖的时期，西域的大部分地区是处在反气旋控制下的干燥环境之中，在公元前4000—前2000年期间，里海水位持续下降，直至历史最低点。[③] 而当寒冷期到来，西域的气候条件得到改善，湿润程度大为增加。对于从事定居农业的部落来说，冬季降水的增加未必是一件好事，但对于从事游牧业的部落来说，草场面积的扩大，使他们可以长驱南下，进入许多原来的农业区。在一些定居农业的中心，如阿尔滕捷别等地，长期的繁荣使得人口增长过快，对于水资源和植被的消耗、破坏等都可能导致环境的恶化。[④] 所以，一方面，游牧经济得到了大发展的机遇，另一方面，农业经济面临着发展中的许多问题。这种时候，一部分农人不得不转而从事畜牧业，使农业区域内的畜牧经济成分得到进一步加强。当然，大范围的民族迁移活动，其原因必定是非常复杂的，不是一两种解释就可以全部说明的。也就是说，在这种时候，环境变化所起的作用可能是重要的条件之一，但更深刻的原因，或者来自于社会组织结构内部的部族分化趋势等方面。

四、西域史前文明与其他地区史前文明的关系

在考察西域史前文明的产生条件时，我们注意到了西域地区与西亚、美索不达米亚等地区的早期文明之间存在着紧密的联系。这些联系表现在许多的文化特性上，如灌溉农业技术、小型土坯居址建筑、大型城市和神庙建筑的规划与布局艺术、小型女神雕像、小型动物雕像、金属冶炼技术、印章和

---

① 施雅风等：《中国全新世大暖期鼎盛阶段的气候与环境》，《中国科学》（B辑）1993年23卷8期。
② 水涛：《甘青地区青铜时代的文化结构和经济形态研究》，《中国西北地区青铜时代考古论集》，科学出版社，2002年。
③ H. H. Lamb：《气候的变迁和展望》，汪奕琮、姚竟生、孙安健译，气象出版社，1987年，第64—65页。
④ V. M. Masson and T. P. Kiiatkina, Man at the Dawn of Civilization, *The Bronze Age Civilization of Central Asia – Recent Soviet Discoveries*, Amonk, New York, 1981, pp. 108-109.

封泥的造型艺术,等等。这些联系往往是由于新的部落集团从伊朗北部进入西域西南部或东南部地区,他们给这些地区带来了新的文化因素,改变了这些地区的文化发展进程。

在涉及部族迁移问题时,最重要的事件是所谓雅利安人的迁移问题,有许多学者认为,雅利安人迁入伊朗东部和印度地区,是经过中亚境内;另一些人则认为是经过高加索地区。李特文斯基认为,无论是"中亚说",还是"高加索说",都不能单独地完满解决所有的实际问题。真实的过程可能要复杂得多,这包括一系列的迁徙,有的经过高加索,有的经过中亚。而且,雅利安语可能早在公元前二千纪的中期就已经在中亚南部传播。在分析这些事件时,不能不注意到极可能操雅利安语的,分布在西面的安德罗诺沃部落同木椁墓部落有非常相似的文化面貌。关于这个问题,俄罗斯著名学者 E. E. 库兹明娜(Кузьмина)的研究,用考古学、语言学、文献学等多方面的材料相互印证,阐述了哈萨克斯坦境内的安德罗诺沃文化与南亚的操印度雅利安语的古代居民的文化共同性等问题。[1]在青铜时代晚期,中亚无疑是一部分雅利安部落迁入的地方。这些雅利安部落一方面成为后来中亚民族的主要成分,另一方面,他们又把雅利安语传播到了更远的伊朗东部、阿富汗和印度等地。同时,从伊朗西部和西南部出发的另几支移民,也到达了这些区域。[2]

另一个值得研究的问题是斯基泰艺术向东方的传播问题,从已经发现的考古文化遗存来看,塞人在西域的西北部、东北部、东南部都有分布,特别是在中部天山、帕米尔地区分布十分密集。在阿尔泰山和叶尼塞河流域,也可以发现具有浓厚的斯基泰艺术风格的文化遗存类型。同时,我们可以说,斯基泰艺术的影响范围已远达蒙古国和中国北方地区。斯基泰艺术风格对后来的西域草原文化产生了深远的影响,我们可以从巴泽雷克大墓、阿姆河宝藏、提尔亚捷别黄金宝藏等发现中看到这种影响作用。斯基泰艺术之所以在西域各地广泛传播,它的深层原因在于,西域西北部地区与黑海沿岸地区、乌拉尔山以西地区始终存在着密切的文化接触和部族交往,两地有着共同的文化传统。所以,当斯基泰部落在黑海沿岸地区兴盛强大起来以后,西域西

---

① E. E. Кузьмина, Откуда пришли индоарии, Москва: Российская Академия Наук, 1994.

② Б. А. 李特文斯基:《苏维埃时期塔吉克斯坦的考古发现与中亚古代史上的若干问题》,《考古学参考资料》3—4,文物出版社,1980 年,第 25—63 页。

北部地区很快就成为塞人一个新的理想家园。

古代印欧语民族何时进入新疆塔里木盆地周围地区，也是一个重要的学术热点问题。近年来，在新疆境内发现了众多的古代干尸标本，如孔雀河下游铁板河发现的一具女尸；哈密五堡发现的多具干尸；且末扎洪鲁克发现的多具干尸；鄯善苏贝希发现的多具干尸等。虽然这些发现所代表的文化遗存的年代早晚有所不同，但是，值得注意的是，这些干尸从体质类型上看，大多数具有高加索人种（Caucasoid）的特征。因此，很多学者试图将这些发现与历史上曾经活动在塔里木盆地周围的印欧语民族，如吐火罗人（Tocharians）联系在一起。[①] 关于这方面的讨论，以1996年4月在美国宾夕法尼亚大学举行的"中亚东部青铜时代和早期铁器时代的民族"国际学术会议为标志，达到了一个高潮。[②] 虽然各国学者在一些问题的看法上存在差异，但是，比较一致的看法是，这些生活在公元前2000—前1000年前后的干尸所代表的人群集团，非常可能与吐火罗人和吐火罗语有某种渊源关系。值得一提的是，许多国家的研究者不仅仅是依靠历史考据学、人类学、考古学、比较语言学、神话学等方面的研究结论，一些学者已经开始从遗传学和分子考古学的角度寻找新的突破和发现，试图证明遗传数据与语言数据之间存在的相关性，进而将种族、语言、文化几者之间的相关特性联系在一起。[③]

在论述有关吐火罗人的文献记载问题时，有的学者认为，月氏就是吐火罗人的一支。他们最初的居住地并不是在传统认为的甘肃敦煌到祁连山西段一带，而应是在新疆东部的天山东段、博格达山、巴里坤山到阿尔泰山东段之间的草原地带。[④] 根据这种观点，有可能把在新疆东部发现的含有欧洲人种族类型的文化遗存与吐火罗—月氏人的文化遗存联系在一起。当然，问题并

[①] 有关的文章很多，请参阅论文专集：*The Journal of Indo-European Studies*, Vol.23, No.3-4, Fall/Winter 1995。

[②] 徐文堪：《"中亚东部铜器和早期铁器时代的民族"国际学术讨论会综述》，《西域研究》1996年3期。

[③] Francalacci, Paolo, DNA Analysis of Ancient Corpses from Xinjiang, *The Journal of Indo-European Studies*, Vol.23, No.3-4, Fall/Winter 1995, pp.385-398. 翁自立、袁义达、杜若甫：《中国人群遗传结构分析》，《人类学学报》8卷3期，1989年。

[④] 林梅村：《祁连与昆仑》，《敦煌研究》1994年6期。林梅村：《吐火罗人与龙部落》，《西域研究》1997年1期。林梅村：《吐火罗神祇考》，《国学研究》第五卷，北京大学出版社，1998年，第1—26页。

没有得到全部解决，有的学者注意到，在新疆各地的早期石窟壁画中，保存有一部分吐火罗人的形象资料，其中有一些是深目黑色人①，这些人与在新疆东部发现的以金发、碧眼、浅色皮肤为特点的高加索人种的干尸遗存并不完全相同。所以，早期印欧语民族在新疆境内的分布、迁移状况随着时间的改变而变得错综复杂，目前，对这些问题的研究仍处在探索阶段。

地处西域东部的新疆，不仅接受了来自西面和东面的文化影响，而且，在许多时候，它还是把西方与东方连接在一起的桥梁和纽带。关于冶金技术的起源，有很多发现表明，西亚地区是一个最重要的中心。因此，一些学者在探讨中国中原地区的早期铜器和铁器的来源时，都将它们与西亚或者中亚的发现联系在一起。②实际上，由于目前在新疆境内没有确认早于公元前2000年的青铜时代文化遗存，所以，我们现在很难说明这种传播是如何产生、如何进行的。也许，就目前材料来看，冶金技术可能是沿着西域北部的草原地带由西向东扩散的，在米努辛斯克盆地，卡拉苏克文化与中国殷商文化的联系非常密切，而且，这种联系开始的时代应该更早一些。在西域的大部分地区广泛分布的安德罗诺沃文化，一方面建立了西域西北部地区与西南部地区之间的联系，另一方面，他们又有可能向东方传播各种草原文化的技术因素，这其中包括了骑马、马车、冶金和游牧民的造型艺术，等等。在丝绸之路开辟之前，草原游牧民文化在沟通西方和东方之间的文化联系方面所起的作用，远比分布在一个个相对孤立的绿洲环境中的农业民族所起的作用要大得多，这一点是不容忽视的。农业民族的每一种技术传统，都是在长期适应当地环境条件的基础上发展起来的，如西域西南部沙漠地区传统的灌溉技术、小麦栽培技术、土坯建筑技术；中国中原等地的旱地栽培粟类作物的技术、窑洞建筑技术等。这些传统一旦离开特殊的环境条件，也就不会成为具有向外传播优势的文化因素。早年，安特生等人曾经认为，中国中原的仰韶文化是从西域地区传播过去的。现在，一方面，在中国中原各地的发现表明，中原文化是本地起源的；另一方面，在新疆和西域各地的发现也说明，

---

① 陈健文：《月氏种属问题再研究》，《史耘》1995年1期（台湾师范大学历史研究所）。

② Louisa G. Fitzgerald-Huber, Qijia and Erlitou: The Question of Contacts with Distant Cultures, *Early China* 20, 1995, pp.17-67. 陈戈：《史前时期的西域》，余太山主编：《西域通史》，中州古籍出版社，1996年，第16—31页。

在整个史前时代，西域与中国中原地区的文化联系不是很多，这种联系所起的作用也不是很大。这种状况一直持续到了张骞通西域之前；在此之后，中国中原与西域的交往大大地加强了。

原载《西域研究》2005 年 4 期

第二部分　甘青地区

西北地区史前考古研究的回顾与前瞻

在我国近代考古学发生、发展的半个多世纪中，西北地区曾经是人们最早给予注意的地区，也是历年来工作开展较多、发现较多的地区。这里现已初步建立了地方性的年代序列和文化发展序列。许多发现表明，这里是探索和解决一些史前研究中重大学术课题的关键地区，因此，这里的工作依然需要给予足够的注意。在我们对将来的工作做出预测和展望时，首先认真地回顾这一地区史前研究工作发展的历史，显然是十分必要的。

19 世纪中叶以来，欧洲及其他地区一些国家的探险队、考察队相继到我国西部和北部地区进行活动。到 20 世纪初，这种活动达到高潮。这些探险队活动的范围很广，包括我国的内蒙古、新疆、甘肃、宁夏、青海、西藏等省区和四川省的部分地区。活动的内容最初主要是从事地质、地理、生物学的考察，以后逐渐扩大，涉及历史、考古、民族、语言、民俗、宗教、艺术、中西交通以及现实政治、经济、军事等广大领域。这其中发现较多、后来影响较大的有斯文·赫定、斯坦因、安特生、波塔宁、科兹洛夫、伯希和、大谷光瑞、普尔热瓦尔斯基等人的考察活动。对于史前人类活动发现较多的只有斯文·赫定、安特生等人。

斯文·赫定一生断断续续对我国西北地区进行了 7 次探险考察活动，从 1893 年直到 1935 年。最重要的是 1927 年开始的中瑞联合西北科学考察团的活动。这个考察团由斯文·赫定和徐旭生共任团长，中方参加者中包括著名的地理学家袁复礼、考古学家黄文弼等人。考察团 1927 年 5 月由北京出张家口，经内蒙古西部到额济纳河流域，于 1928 年到达乌鲁木齐。其后又从 1930 年到 1935 年，走遍了新疆、甘肃、宁夏、内蒙古等省区。在这一综合考察活动中，首次在我国的内蒙古中西部、甘肃西部、新疆东部等地区，发现了一批以细石器为主要特征的文化遗存，著名的有新疆哈密七角井遗址等地点。[①] 这是在我国境内较早发现的史前遗存之一。

安特生 1921 年在河南渑池仰韶村首次发现了一种彩陶遗存之后，提出了"仰韶文化西来说"的论断。为了证实自己的这一假说，他有意识地对我国西北地区直到中亚腹地的古代交通通道进行了大范围的考察活动。从 1923 年到 1924 年，在甘肃境内调查了大量的遗址（约 50 多处），收集了许多陶器、石器等遗物。在 1925 年出版的《甘肃考古记》一书中[②]，他首次将甘肃的古文化分为六期，即齐家期、仰韶期（半山）、马厂期、辛店期、寺洼期、沙井期。尽管受许多条件限制，使安特生当时误将齐家期素面陶器的年代排在半山期、马厂期彩陶的前面，但在 20 世纪 20 年代的最初发现中，能基本准确地区分出这六种文化遗存（其中在寺洼期的陶器群中，安特生已经注意到了卡约、下西河等地点的特殊性，卡约的遗存后来被确认为卡约文化），仍然是安特生的一大贡献。

20 世纪 20 年代在西北地区的工作，还有法国古生物学家桑志华等人在甘肃陇东地区发现的旧石器时代遗存。陇东也是我国最早发现旧石器文化遗存的地区。在此基础上，后来这一地区旧石器时代晚期遗存又陆续有所发现，计有庆阳巨家塬[③]、环县楼房子[④]、环县刘家岔[⑤]、镇原黑土梁[⑥] 等地点。

20 世纪 30—40 年代，我国一些田野考古学家，也曾到西北地区进行过考古调查和发掘活动，并有重要发现。影响较大的有夏鼐、裴文中、苏秉琦等人的工作。

1944 年春，夏鼐参加了前中央研究院及前中央博物院所发起的西北科学考察团，从事甘肃省的考古调查及发掘，历时两年。先是由何乐夫陪同，在兰州附近考察了高坪、中山林、太平沟、十里店、土门后山、曹家咀、青岗岔等处遗址。这次调查得到如下几点认识："（1）确定了兰州区域有史前遗

---

① P. Teilard de Chardin and C. C. Young, on Some Neolithic (and Possibly Paleolithic) Finds in Monglia, Sinkiang and West China. *Bulletin of the Geological Society of China*, Vol. XII, No. 1, 92-94, lig 12-13, 1932. 转引自安志敏：《中国西部的新石器时代》，《考古学报》1987 年 2 期，第 146 页注 1。
② 安特生：《甘肃考古记》，乐森璕译，《地质专报》甲种第五号，农商部地质调查所印，1925 年。
③ 谢骏义等：《甘肃庆阳地区的旧石器》，《古脊椎动物与古人类》15 卷 3 期，1977 年。
④ 谢骏义等：《甘肃庆阳地区的旧石器》，《古脊椎动物与古人类》15 卷 3 期，1977 年。
⑤ 甘肃省博物馆：《甘肃省环县刘家岔旧石器时代遗址》，《考古学报》1982 年 2 期。
⑥ 谢骏义：《甘肃镇原黑土梁发现的晚期旧石器》，《考古》1983 年 2 期。

址的存在。（2）确定了遗址的文化性质是属于齐家、甘肃仰韶、马厂三种文化，而辛店、寺洼、沙井三种文化，似乎未曾传播到兰州区域。"①

1945 年 4 月，夏鼐等人来到洮河区域进行考察，在寺洼山遗址进行了发掘，其目的是想确定马家窑期遗址和寺洼期墓葬的关系，同时，对寺洼期墓葬做较详细的观察和记录。通过发掘，夏鼐提出以下几点认识：（1）马家窑期遗存与河南的仰韶文化颇多不同，应以临洮的马家窑遗址作为代表，另定一种名称。（2）年代方面，可大体断定寺洼文化的年代晚于马家窑期彩陶文化，早于汉代。（3）寺洼文化与辛店文化可能是同一时代的两种文化。（4）寺洼文化和沙井文化是两个根本不同的文化，后者不是从前者变化而来的，因此，不能以沙井的年代来推测寺洼文化的绝对年代。（5）寺洼文化与马家窑期遗存显然属两个文化系统，与齐家文化也不同。因此，其渊源问题尚无法解决。（6）由于寺洼文化中火葬制的发现，根据文献记载分析，其族属应是氐羌族系。②

1945 年 5 月，夏鼐等人在宁定阳洼湾齐家文化墓地进行试掘。在所发掘的 2 号墓填土中，发现了 2 片泥质红陶片，上有黑彩花纹，属标准的仰韶文化彩陶片。据此，夏鼐提出，这一发现从地层上证明了甘肃仰韶文化的年代应该较齐家文化为早，如果将安特生序列中齐家文化与仰韶文化的相对年代加以修改、互相倒转，就会使"齐家文化的绝对年代不会比公元前 2000 年早过许多"③这一推论与仰韶文化绝对年代的矛盾迎刃而解④。

夏鼐在甘肃的一系列工作和发现，比起安特生建立的序列体系，又前进了一大步。

由于夏鼐是一位出色的田野考古学家，更注意从田野发掘中获得证据，提出论断，这就使得他的发现令人信服。由于他的每次发掘目的都很明确，使他能在不太多的田野发掘中，提出和解决一系列的学术问题。他的许多论断，如马家窑文化的确立、齐家文化年代的改定、寺洼文化族属的推断等，在以后的大量工作中被证明是正确的。在当时，这是我国考古学界的重要成

① 夏鼐、吴良才：《兰州附近的史前遗存》，《考古学报》1951 年 5 期。
② 夏鼐：《临洮寺洼山发掘记》，《考古学论文集》，科学出版社，1961 年。
③ Mengcin, Weltgeschichte der Steinzeit(1931), 81，转引自夏鼐：《临洮寺洼山发掘记》，《考古学论文集》，科学出版社，1961 年。
④ 夏鼐：《齐家期墓葬的新发现及其年代的改订》，《考古学报》1948 年 3 期。

就。夏鼐的工作由此也引起了人们的普遍注意。

裴文中的工作主要是在渭河流域、西汉水流域、洮河流域、大夏河流域的考古调查。他于 1947 年 9 月在寺洼山遗址发掘了 1 座墓葬，"似曾经混乱者人骨之旁及下，均有排列之大砾石甚多，或与墓葬有关"[①]。 这是首次发现寺洼文化的积石葬俗。他在《甘肃史前考古报告》[②] 中，对渭河流域的许多遗址的位置、地形及文化性质等，做了较为详细的记录，应当说这是第一本较有价值的渭河流域遗址调查报告。

苏秉琦 1934 年起就在渭河流域从事田野考古调查，参加了宝鸡斗鸡台墓地的发掘。在他所著的《斗鸡台沟东区墓葬》[③] 报告中，就周秦文化的面貌进行了分析，并首次提出了先秦文化的问题。他的《瓦鬲的研究》[④] 等论著，为考古发现中的类型学研究树立了典范，为其后西北地区对各种含有瓦鬲因素的文化遗存的区分和研究奠定了基础。

纵观 1949 年以前西北地区的史前研究工作，虽然开始是由于外国探险队、考察队的纷纷涌入而发端，但接下来的，则是我国学者独立进行的系列工作和发现。从 20 年代到 40 年代末，在当时国难深重、各种条件都不具备的困难境况下，依然能有上述的许多工作和成就，是难能可贵的。这些工作和成就，与仰韶村发掘、殷墟发掘、城子崖发掘、西阴村发掘一样，代表了我国近代田野考古学的开端和最初的发展过程。在特定的历史背景条件下，西北地区的考古工作，与中原地区的工作一起，走在了中国田野考古学发展的最前端。

1949 年以来，伴随着大规模经济建设事业的开展，一个田野考古工作的新阶段随之到来。在西北地区，首先面临的是为配合黄河水库工程而进行的一系列文物普查和抢救发掘工作，在黄河上游以及黄河流域许多重要的水系流域，如渭河、泾河、洮河、湟水等地均发现了大量的史前文化遗址，经过大面积科学发掘的重要遗址有几十处。通过这些普查和发掘工作，取得了许多重要的发现：1957 年在临洮马家窑瓦家坪遗址发现了马家窑类型叠压在庙

---

① 夏鼐：《临洮寺洼山发掘记》，《考古学论文集》，科学出版社，1961 年。
② 裴文中：《甘肃史前考古报告》，《裴文中史前考古学论文集》，文物出版社，1987 年。
③ 苏秉琦：《斗鸡台沟东区墓葬》，北京大学出版社，1948 年。
④ 苏秉琦：《苏秉琦考古学述选集》，文物出版社，1984 年。

底沟类型之上的地层关系①；1962 年在武山石岭下遗址发现马家窑类型遗存之下还有一文化层，即石岭下类型遗存②；后来在天水罗家沟遗址又发现庙底沟类型、石岭下类型、马家窑类型遗存从下到上的三叠层③；1960 年永靖马家湾遗址发掘中发现了 7 座马厂类型的半地穴式房子，证实了马厂类型遗存不仅有墓地，而且也有自己的居住遗址④；1956 年秦安寺咀坪遗址发掘，发现了 6 座齐家文化的白灰面房子⑤；1959 年永靖大何庄遗址发掘，发现了齐家文化的房子、窖穴、墓葬、石圆圈等大量遗迹和遗物⑥；1959—1960 年永靖秦魏家遗址发掘，揭露了齐家文化一处保存完整的公共墓地⑦；1957 年、1959 年及以后对武威皇娘娘台遗址的发掘，发现了齐家文化的男女合葬墓及铜器等重要现象⑧；1964 年宁夏固原海家湾遗址发掘，发现了不同于甘肃中部典型齐家文化遗存的另一类遗存⑨。

在对于时代较晚的青铜文化的研究方面，这一时期也有许多重要的发现：1958 年、1959 年对永靖张家咀遗址、姬家川遗址的大规模发掘，揭示出辛店文化两种不同类型的遗存，后被称为张家咀类型、姬家川类型⑩；1956 年依据东乡唐汪川山神遗址所出的陶器，提出了"唐汪式陶器"的概念⑪；1957 年根据山丹四坝滩遗址发现的陶器，提出了四坝文化的概念⑫；1958 年根据平凉安国镇发现的一座残墓的资料，提出"安国式陶器"的概念⑬；1959 年在青海省都兰诺木洪搭里他里哈遗址的调查和试掘，发现了一种新的文化遗

① 甘肃省文管会：《甘肃临洮、临夏两县考古调查简报》，《考古通讯》1958 年 9 期。
② 甘肃省博物馆、北京大学考古专业连城发掘队：《从马家窑类型驳瓦西里耶夫的"中国文化西来说"》，《文物》1976 年 3 期。
③ 甘肃省博物馆、北京大学考古专业连城发掘队：《从马家窑类型驳瓦西里耶夫的"中国文化西来说"》，《文物》1976 年 3 期。
④ 中国科学院考古研究所甘肃队：《甘肃永靖马家湾新石器时代遗址的发掘》，《考古》1975 年 2 期。
⑤ 任步云：《甘肃秦安县新石器时代居住遗址》，《考古》1958 年 5 期。
⑥ 中国科学院考古研究所甘肃工作队：《甘肃永靖大何庄遗址发掘报告》，《考古学报》1974 年 2 期。
⑦ 中国科学院考古研究所甘肃工作队：《甘肃永靖秦魏家齐家文化墓地》，《考古学报》1975 年 2 期。
⑧ 甘肃省博物馆：《甘肃武威皇娘娘台遗址发掘报告》，《考古学报》1960 年 2 期。
⑨ 宁夏回族自治区展览馆：《宁夏固原海家湾齐家文化墓葬》，《考古》1973 年 5 期。
⑩ 中国社会科学院考古研究所甘肃工作队：《甘肃永靖县张家咀与姬家川遗址的发掘》，《考古学报》1980 年 2 期。
⑪ 中国社会科学院考古研究所甘肃工作队：《甘肃永靖县张家咀与姬家川遗址的发掘》，《考古学报》1980 年 2 期。
⑫ 安志敏：《甘肃山丹四坝滩新石器时代遗址》，《考古学报》1957 年 3 期。
⑬ 甘肃省博物馆：《甘肃古文化遗存》，《考古学报》1960 年 2 期。

存，被命名为诺木洪文化，其主要分布区域是在青海西部柴达木盆地一带[①]。

另外值得一提的还有 1963 年在宁夏灵武水洞沟遗址的发掘，发现了一批重要的旧石器时代晚期文化遗存，被命名为水洞沟文化[②]，这一发现填补了西北地区旧石器时代的一个空白。

从上述的工作和发现中我们可以看到，新中国成立以来的西北史前考古研究，比以前有了根本的变化。包括调查和发掘在内的各种田野工作，已在很大的空间范围内展开，特别是对一系列重要遗址的较大规模的发掘工作，使许多发现趋向于研究的进一步深化、系统化、序列化。在甘肃中部，初步建立了庙底沟类型→石岭下类型→马家窑类型→半山类型→马厂类型→齐家文化→辛店文化、寺洼文化的年代序列，基本摸清了黄河上游几种主要文化的分布范围和各自的文化特征。这一成果表明西北史前研究工作的水平，在当时的国内考古学界，仍然可以说是走在前列的。

除了一系列的发掘工作，这一时期的综合研究工作也已初步展开，取得了一些可喜的成果。张学正的《甘肃古文化遗存》一文[③]，利用大量的第一手普查资料，系统地论述了甘肃境内已发现的多种古文化遗存的分布、特征及相互关系等问题，代表了这一时期研究工作的认识水平。安志敏的《甘肃远古文化及其有关的几个问题》一文[④]，对于纠正安特生分期的错误，清除这一错误的影响，是有积极意义的。

"文化大革命"期间，西北地区的考古工作处于停滞状态。"文化大革命"后期，自 1972 年以来，部分地恢复了调查、发掘工作：1973 年在永昌鸳鸯池墓地发掘中发现了马厂类型墓葬（M44）打破半山类型墓葬（M72）的地层关系[⑤]；1974 年在永登蒋家坪遗址发掘中发现了马厂类型遗存压在马家窑类型遗存之上的地层关系[⑥]；以后又根据一批 ^{14}C 测定年代数据[⑦]，可以将马家窑文化诸类型的序列建立起来，即马家窑类型→半山类型→马厂类型；

---

① 青海省文管会等：《青海都兰县诺木洪搭里他里哈遗址调查与试掘》，《考古学报》1963 年 1 期。
② 汪宇平：《水洞沟村的旧石器文化遗址》，《考古》1962 年 11 期。
③ 甘肃省博物馆：《甘肃古文化遗存》，《考古学报》1960 年 2 期。
④ 安志敏：《甘肃远古文化及其有关的几个问题》，《考古学报》1960 年 2 期。
⑤ 甘肃省文物工作队：《甘肃永昌鸳鸯池新石器时代墓地》，《考古学报》1982 年 2 期。
⑥ 资料存甘肃省文物考古研究所，未发表。
⑦ 张学正等：《谈马家窑、半山、马厂类型的分期和相互关系》，《中国考古学会第一次年会论文集》，1979 年。

1973年广河地巴坪墓地的发掘，发现了半山类型墓葬66座[1]；1975年景泰张家台墓地发掘，首次发现了半山类型遗存的石棺葬（以石板数片围成棺状）[2]；1974年开始直到1980年，多次对青海柳湾墓地进行发掘，共发现半山、马厂、齐家等文化类型的墓葬1700多座，这是西北地区已知规模最大的一处史前公共墓地[3]；1974年兰州王保保城遗址发掘，首次发现了马家窑类型的墓葬[4]；1977年青海贵南尕马台遗址发掘，发现了一批马家窑类型的瓮棺葬[5]；1977年东乡林家马家窑文化遗址发掘中发现了铜刀子一件[6]；1975年武威皇娘娘台遗址第四次发掘[7]、1975年广河齐家坪遗址发掘[8]、1977年贵南尕马台遗址发掘[9]，都发现了齐家文化的铜器，器形有刀、锥、凿、钻头、匕、斧、镜、环饰等，经鉴定有的为铜铅合金的铅青铜；1976年在玉门火烧沟墓地发掘的一批墓葬[10]，出土了大量的陶器、石器、铜器以及部分小件金饰器等，这是甘肃目前发现早期铜器最多的一个地点，红铜、青铜均有。

"文化大革命"后期开始进行的大量工作，直到1978年以后，才逐步走上正轨，并开始具有一些新的特点。从全国范围内来观察，这一时期科学研究中探索、争鸣的气氛日益活跃，在考古学界首先是对考古类型学、地层学的重新肯定和强调，其后是区系类型理论的提出和运用。1973年在浙江余姚河姆渡遗址的重要发现[11]，70年代以来在辽河流域的一系列重要发现[12]，使人们开始对传统的黄河流域文化中心说进行深刻的反思，对史前文化的多源发生等问题展开了讨论。这种学术界整体认识水平的提高和转变，对西北地区的研究工作产生了深远的影响。首先应该提到的是1978年开始的连续七年的

① 甘肃省文物队：《广河地巴坪"半山类型"墓地》，《考古学报》1978年2期。
② 甘肃省文物队：《甘肃景泰张家台新石器时代的墓葬》，《考古》1976年3期。
③ 中国社会科学院考古研究所等：《青海柳湾》，文物出版社，1984年。
④ 甘肃省博物馆：《兰州马家窑和马厂类型墓葬清理简报》，《文物》1975年6期。
⑤ 《我省考古工作的一项重大发现》，《青海日报》1978年2月18日。
⑥ 甘肃省文物队：《甘肃东乡林家遗址发掘报告》，《考古学集刊》（4），中国社会科学出版社，1984年。
⑦ 甘肃省博物馆：《武威皇娘娘台遗址第四次发掘》，《考古学报》1978年4期。
⑧ 资料存甘肃省文物考古研究所，未发表。
⑨ 《我省考古工作的一项重大发现》，《青海日报》1978年2月18日。
⑩ 资料存甘肃省文物考古研究所，未发表。
⑪ 浙江省文管会等：《河姆渡遗址第一次发掘报告》，《考古学报》1978年1期。
⑫ 郭大顺等：《辽宁省喀左县东山嘴红山文化建筑群址发掘简报》，《文物》1984年11期。

对甘肃秦安大地湾遗址的发掘[①]，这项工作的成果是多方面的：（1）首次在渭河上游地区发现了早于仰韶文化的遗存。（2）由于这一遗址的发掘，建立了甘肃东部自距今 7000 年到距今 5000 年前后的文化发展序列，这就是：大地湾一期遗存（也被称作大地湾文化）→半坡类型遗存→庙底沟类型遗存→大地湾仰韶晚期遗存（石岭下类型）→常山下层类型遗存。（3）通过大面积发掘，基本完整地揭示了大地湾遗址的全貌。这是黄河上游地区考古发现中，唯一一处规模较大、年代较早、延续时间长的史前聚落。（4）通过这一发掘工作，有目的地强调了地层学、类型学、区系类型理论和方法的运用，培训了专业研究人员的业务素质，改进了以往的田野工作方法和作风。（5）注意了多学科的合作和攻关，对大地湾遗址的地理地貌特征、环境构成、动物骨骼、植物炭化子实、孢粉等方面进行了许多专题研究，对房屋的结构、地面材料的材料力学特性等进行了专门的鉴定和实验研究。由于这项工作还在继续，相信仍会有新的发现和收获。

对于大地湾遗址的全面揭露和综合研究，标志着地方考古研究机构的成熟，这是新时期西北考古研究中的一个重要现象。由于地方研究机构的迅速建立和完善，使得参加田野工作的业务人员的人数比"文化大革命"以前有很大的增长，工作的范围也大大扩展了。在这时期，有许多重要的发现。

在青海省，1973—1980 年对大通上孙寨墓地的发掘，揭露了从马家窑文化直到汉代各时期的墓葬 1000 多座[②]，其中包括 M384 所出的马家窑文化彩陶舞蹈盆等发现；1978 年民和核桃庄、山家头墓地的发掘[③]，对辛店文化的研究有极其重要的意义。在循化阿哈特拉山遗址[④]、循化苏志村遗址[⑤]、循化苏呼撒遗址[⑥]、贵德山坪台遗址[⑦]、湟源大华中庄遗址[⑧]等地的发掘，积累了大

---

① 甘肃省博物馆文物队：《甘肃秦安大地湾新石器时代早期遗存》，《文物》1981 年 4 期。《甘肃秦安大地湾第九区发掘简报》、《秦安大地湾 405 号新石器时代房屋遗址》、《甘肃秦安大地湾遗址 1978 年至 1982 年发掘的主要收获》，《文物》1983 年 11 期。《大地湾遗址 F901 发掘简报》，《文物》1987 年 3 期。

② 青海省文管会：《青海省文物考古工作三十年》，《文物考古工作三十年》，文物出版社，1979 年。

③ 许新国、格桑本：《青海省三十五年以来的文物考古工作》，《青海考古学会会刊》1984 年 6 期。

④ 许新国、格桑本：《青海省三十五年以来的文物考古工作》，《青海考古学会会刊》1984 年 6 期。

⑤ 许新国、格桑本：《青海省三十五年以来的文物考古工作》，《青海考古学会会刊》1984 年 6 期。

⑥ 柳春城：《循化东风公社苏呼撒墓葬发掘简讯》，《青海考古学会会刊》1982 年 4 期。

⑦ 青海省文物队：《青海贵德山坪台卡约文化墓地》，《考古学报》1987 年 2 期。

⑧ 许新国、格桑本：《青海省三十五年以来的文物考古工作》，《青海考古学会会刊》1984 年 6 期。

量的卡约文化的墓葬材料。由此进一步提出了区分卡约文化不同地方类型的观点。①

在新疆维吾尔自治区，自 20 世纪 70 年代后期以来，也有了一系列的工作和发现：先后在孔雀河古墓沟②、哈密五堡③、焉不拉克④、吐鲁番艾丁湖⑤、鄯善苏巴什⑥、洋海⑦、木垒四道沟⑧、奇台半截沟⑨、巴里坤兰州湾子⑩、奎苏南湾⑪、乌鲁木齐乌拉泊⑫、阿拉沟、鱼儿沟⑬、东风厂⑭、和硕新培拉⑮、和静察吾乎沟⑯、塔什库尔干香宝宝⑰等地点的发掘工作，陆续揭示了一些含有彩陶因素的青铜文化遗存。部分遗存中发现的铁器表明，新疆彩陶因素存在的时间很长，有的已进入早期铁器时代。对于东疆地区彩陶因素初步的比较研究显示⑱，一些具有红衣黑彩作风的彩陶及一些素面红陶的造型特征，应是接受东来文化因素影响的产物，这类作风的彩陶有经天山阿拉沟等自然通道继续向西、向南传播的线索可寻。同时，在东疆及南疆的部分彩陶遗存中，还能区分出来自中亚地区和南西伯利亚地区的文化因素。这表明，新疆古代文化的构成因素是十分复杂的。这些发掘工作对于最终建立新疆东部、

---

① 许新国、格桑本：《卡约文化阿哈特拉类型初探》，《青海考古学会会刊》1981 年 3 期。
② 王炳华：《孔雀河古墓沟发掘及其初步研究》，《新疆社会科学》1983 年 1 期。
③ 钱伯泉、王炳华：《通俗新疆史》，新疆人民出版社，1987 年，第 10—12 页。
④ 新疆维吾尔自治区文化厅文物处等：《新疆哈密焉不拉克墓地》，《考古学报》1989 年 3 期。
⑤ 新疆维吾尔自治区博物馆等：《新疆吐鲁番艾丁湖古墓葬》，《考古》1982 年 4 期。
⑥ 吐鲁番地区文管所：《新疆鄯善苏巴什古墓》，《考古》1984 年 1 期。吐鲁番地区文管所：《新疆鄯善苏巴什古墓群的新发现》，《考古》1988 年 6 期。
⑦ 材料未发表。
⑧ 新疆维吾尔自治区文管会：《新疆木垒县四道沟遗址》，《考古》1982 年 2 期。
⑨ 新疆维吾尔自治区博物馆考古队：《新疆奇台县半截沟新石器文化遗址》，《考古》1981 年 6 期。
⑩ 材料未发表，散见于新疆维吾尔自治区博物馆：《新疆古代民族文物》，文物出版社，1985 年。
⑪ 材料未发表。
⑫ 王明哲、张玉忠：《乌鲁木齐乌拉泊古墓葬发掘研究》，《新疆社会科学》1986 年 1 期。
⑬ 鱼儿沟材料未发表。另见新疆社会科学院考古研究所：《新疆阿拉沟竖穴木椁墓发掘简报》，《文物》1981 年 1 期。
⑭ 张玉忠：《天山阿拉沟考古考察与研究》，《西北史地》1987 年 3 期。
⑮ 吕恩国：《新疆和硕县新塔拉遗址发掘简报》，《考古》1988 年 5 期。
⑯ 新疆文物考古研究所：《新疆和静县察吾呼沟口四号墓地一九八六年度发掘简报》，《新疆文物》1987 年 1 期。孙秉根、陈戈：《新疆和静县察吾乎沟口一号墓地》，《考古学报》1988 年 1 期。
⑰ 新疆社会科学院考古研究所：《帕米尔高原古墓》，《考古学报》1981 年 2 期。
⑱ 水涛：《新疆青铜时代诸文化的比较研究——附论早期中西文化交流的历史进程》，《国学研究》第一卷，北京大学出版社，1993 年。

南部及北部各地区的文化发展序列，是非常重要的。目前，对于这些遗存的年代、性质及其文化分期研究等问题，已开始引起人们的注意。1987 年在北疆呼图壁县境内发现的大型岩刻人物画面①，对于了解广泛分布于新疆各地的古代岩刻画的创作背景及创作者的族属、宗教活动、社会组织结构等问题都具有重要意义。

在宁夏回族自治区，1986 年隆德页河子②、海原菜园等遗址的发掘③，揭示了清水河流域仰韶文化之后的一类文化遗存，这类遗存显示了与甘肃东部、中部地区的若干文化遗存的一致性特征，同时也具有一定的地方差异性，由此提出了一些新的学术课题。

各地的工作在大量积累发掘材料的同时，对研究工作提出了许多新的要求和任务。研究表明，西北地区史前文化所呈现出来的错综复杂的面貌，往往表现为：同地区时间上互为先后的文化遗存，很难确认其文化发展上的必然联系；同一区域内处于同时间阶段上的各类文化遗存，很难明确判定互相的文化影响作用结果。某一典型文化的分布范围、存在时间，一般都局限于一个很小的时空界限内，文化遗存间的差异性往往大于相同的因素，这就使得西北地区的考古发现不断使用新的命名。这些变幻莫测的现象，吸引了国内众多学者的兴趣和注意力。而解决这些复杂的文化关系问题，必须从解决单一文化的发展序列入手。因此，对于一个个单一文化的专题研究的兴起，就成了这一时期西北史前研究的另一个重要现象。在这其中，最有成效的是北京大学考古系、吉林大学考古专业（现为考古系）和甘肃省文物考古研究所、青海省文物考古研究所、宁夏回族自治区文物考古研究所的一些合作研究项目，提出和解决了一些重要的学术课题：1982 年北京大学考古系与甘肃省文物工作队合作在甘谷毛家坪遗址的发掘④，区分出了 A 组、B 组两类遗存，研究者认为，毛家坪 A 组遗存前段的发现为我们研究东周秦文化的形成提供了重要线索和资料。毛家坪 B 组遗存所具有的铲形袋足鬲等文化特征，不同于甘肃东部已知的各种文化遗存，当是一种新的发现，研究表明，这类

① 王炳华：《新疆呼图壁县生殖崇拜岩画的研究》，《新疆文物》1988 年 1 期。
② 杨明、王辉：《宁夏隆德县页河子新石器时代遗址发掘简报》，《考古》1990 年 4 期。
③ 宁夏文物考古研究所等：《宁夏海原县菜园村遗址、墓地发掘简报》，《文物》1988 年 9 期。
④ 甘肃省文物工作队等：《甘肃甘谷毛家坪遗址发掘报告》，《考古学报》1987 年 3 期。

遗存可能与活动于甘肃东部的戎人系统有密切的关系。①1984 年北京大学考古系与甘肃省文物工作队合作在庆阳合水九站遗址的发掘②，发现了一类以单耳乳状袋足鬲等器形为主要特征的寺洼文化的地方类型遗存，被称作九站类型。由于九站类型遗存从早到晚都含有典型的周文化因素，可以肯定二者的并列关系，这同时也就否定了寺洼文化作为先周文化来源的可能性。③1984 年北京大学考古系与甘肃省文物工作队合作对临夏莲花台、永靖马路塬遗址的发掘④，证实了辛店文化甲组遗存（姬家川类型）早于乙组遗存（张家咀类型），并在研究中提出了唐汪式陶器的归属及辛店文化渊源探索等问题⑤。1985 年吉林大学考古专业与甘肃、青海两省文物考古研究所合作对甘肃广河齐家坪、青海民和核桃庄、民和山家头、大通上孙家寨、循化阿哈特拉山、循化苏志、循化苏呼撒等地点发掘资料的整理研究及大通黄家寨遗址的发掘⑥，第一次提出了河湟青铜文化谱系的概念并进行了论证，提出了诸青铜文化类型同时并存发展的对子结构体系⑦。1985 年、1986 年北京大学考古系与甘肃、宁夏两省区文物考古研究所合作对甘肃庆阳南佐疙瘩渠遗址、宁夏隆德页河子遗址的发掘⑧，探讨了仰韶文化之后、齐家文化之前这一时期存在于甘肃东部的被称为常山下层类型遗存的文化面貌及其与马家窑文化、齐家文化的关系⑨。1986 年、1987 年北京大学考古系与甘肃省文物考古研究所合作对河西走廊的史前时代遗址进行了调查，并对酒泉干骨崖遗址进行了发掘⑩，据此对四坝文化进行了系统的研究，提出了四坝文化（含火烧沟类型遗存）与马厂类型遗存、齐家

---

① 赵化成：《甘肃东部秦和羌戎文化的考古学探索》，《考古类型学的理论与实践》，文物出版社，1989 年。
② 王占奎、水涛：《甘肃合水九站遗址发掘报告》，《考古学研究》三，科学出版社，1997 年。
③ 王占奎：《试论九站寺洼文化遗址 —— 兼论甘肃东部地区寺洼文化》，北京大学硕士学位论文，1985 年。
④ 马路塬材料未发表。另见甘肃省文物工作队、北京大学考古系甘肃实习组：《甘肃临夏莲花台辛店文化墓葬发掘报告》，《文物》1988 年 3 期。
⑤ 南玉泉：《辛店文化序列及其与卡约、寺洼文化的关系》，《考古类型学的理论与实践》，文物出版社，1989 年。
⑥ 高东陆等：《青海大通县黄家寨墓地发掘报告》，《考古》1994 年 3 期。
⑦ 许永杰：《河湟青铜文化的谱系》，《考古学文化论集》三，文物出版社，1993 年。
⑧ 杨明、王辉：《宁夏隆德县页河子新石器时代遗址发掘简报》，《考古》1990 年 4 期。
⑨ 王辉：《试论页河子和疙瘩渠遗址的陶器分期及相关诸问题》，北京大学硕士学位论文，1987 年。
⑩ 李水城、水涛：《甘肃酒泉干骨崖墓地的发掘与收获》，《考古学报》2012 年 3 期。

文化、卡约文化关系的新论点①。1987 年北京大学考古系与青海省文物考古研究所合作对民和阳山墓地发掘材料的整理研究，探讨了半山类型遗存和马厂类型遗存间的演变关系，提出了区分半山类型遗存的几个不同地方性变体的新认识。②

在这一时期，还有一些重要的专题研究成果。严文明的《甘肃彩陶源流》一文③，首次系统地论述了西北地区各时期彩陶风格的形成、演变及发展过程，提出了彩陶西渐说的观点。俞伟超的《关于卡约文化的新认识》一文④，首次从经济形态的分析入手，论证了西北地区农业经济向畜牧经济转化的过程，探讨了这种新的经济发展模式在我国及世界各地古代社会中的存在事实和意义。张忠培的《齐家文化研究》一文⑤，从多方面探讨了齐家文化的有关问题，指出齐家文化是我国目前发现的唯一一个制铜技术经历了从红铜向青铜发展的全过程的考古学文化，首次将齐家文化与陕西客省庄二期文化做了明确区分，对齐家文化的渊源做了新的探索。

以上只是对一些研究成果做个摘要的介绍，难免挂一漏万，但从这简略的回顾中，仍可看出新时期西北史前研究的成就。随着文物普查工作在西北地区全面铺开，新发现的大量史前遗址，必将会给西北史前研究提出许多新的课题。

首先，仍然是建立和完善各地的文化发展序列和年代序列。在甘肃东部，早期新石器时代遗址的寻找和确认，还需花很大的力气去探索。渭河上游的大地湾一期文化遗存，从其发展水平看，还不是最原始的形态，因此，要在渭河上游地区对于年代更早的文化遗存做更多的调查工作，同时，应着重于考察接受中原地区早期文化影响的可能性。在这一地区，还应注意对仰韶文化与马家窑文化关系的探索，对常山下层类型遗存与齐家文化关系的探索，对寺洼文化去向问题的探索，对先周文化、先秦文化的继续探索。在甘肃中部、青海东部地区，仍需填补文化发展序列上的空白，尤其是对齐家文

① 李水城：《四坝文化研究》，《考古学文化论集》三，文物出版社，1993 年。
② 张弛：《半山式文化遗存分析》，《考古学研究》二，北京大学出版社，1994 年。
③ 严文明：《甘肃彩陶源流》，《文物》1978 年 10 期。
④ 俞伟超：《关于"卡约文化"和"唐汪文化"的新认识》，《先秦两汉考古学论集》，文物出版社，1985 年。
⑤ 张忠培：《齐家文化研究》，《考古学报》1987 年 1—2 期。

化的去向，辛店文化、寺洼文化、卡约文化的来源，马厂类型遗存与齐家文化的关系等问题的探讨。在甘肃西部，要继续探索马厂类型遗存、齐家文化的去向及四坝文化的去向等问题。在新疆东部地区，要逐步建立文化发展序列、年代序列，要着重考察当地文化与甘肃中西部文化、新疆南部与北部文化、中亚地区文化、南西伯利亚地区文化的相互关系。在宁夏、甘肃北部地区及内蒙古西部地区，要着重于搞清细石器遗存的性质、年代及发展去向等问题，探讨黄河流域文化与草原地区文化之间的相互关系问题。

其次，在建立和完善年代发展序列的同时，要全面展开多层次、多角度的研究，着重于以下几方面课题的探讨：

第一，早期中西文化交流问题。

中国西北地区与中亚地区在新石器时代和青铜时代都曾经广泛存在有发达的彩陶文化传统，而且表现出一些相似的特点。中国北方地区与西伯利亚地区在青铜时代都曾经大量发现骑马民族的文化遗存，其文化分布往往有大面积的接触地带。因此，早期中西文化交流问题的探索，将是个国际性的重大课题。对于这一问题的解决，不能依靠对原有观点的简单批判，必须用大量的考古材料做详细的对比分析和论证。文化的交流和相互影响，是在历史过程中发生的，不能因为今天国际政治格局的变化，限制历史问题的讨论。这一课题的最终解决，将有赖于新疆境内的史前研究工作的发现和突破。

第二，农业经济和畜牧经济产生的背景及其相互作用问题。

西北地区由于自然条件的复杂多样，在史前时期，既产生过发达的锄耕农业经济文化，也出现了典型的畜牧经济文化。这种多源经济形态的共存及相互作用的关系，在我国其他地区尚不多见。因此，这里是探讨社会经济作用的关键性区域。这种作用对后来这一地区多民族聚居格局的形成有决定意义，所以又是探讨西北地区民族问题的关键所在。对于这一课题的深入研究，前景将十分诱人。

第三，环境及其对人类活动的影响作用问题。

西北地区环境的多样性，表现在考古发现上是文化的多样性。环境对人类活动的影响作用在这里表现得最为直接和显而易见。运用自然科学的最新理论、方法，对于环境作用进行准确的定性定量分析，并与考古发现做细致的对比分析，将揭示一些具有普遍意义的现象。这也是我们必须给以足够注意的新课题。

第四，文化发展形态的模式研究。

着重探讨西北地区这种小规模独立发展的文化群体与中原地区大范围分布的中心文化所经历的发展道路的不同。这最终或许可以说明，文化的多线进化理论，同文化的多源发生理论一样，是一种普遍存在的规律。这种小规模独立存在、多种文化群体并行发展的模式的建立，对研究我国边远地区史前时期多种文化的发生、发展形态，无疑将是一种很好的参照系，应具有普遍指导意义。

我国的考古学研究，正处在一个发现和资料积累迅速增长的大发展时期。但正如一些有远见的学者指出的那样，由于我们目前的研究手段、方法、理论建设、人员素质等方面还不能很好地适应这种大发展的需要，因此，总的来说，我们还没有进入研究工作的黄金时代。这是我们面临的现实，也正因为如此，才使我们更加感到任重而道远。

西北地区的史前研究，曾经走在我国考古学研究的前列，但随着全国各地新发现的不断涌现和研究队伍的不断壮大，这种局面正在发生变化。新的形势和西北史前考古研究应有的地位，将激励我们不断地拿出最新的研究成果，为我国考古事业走向繁荣发展的黄金时代做出贡献。

原载《考古学文化论集》三，文物出版社，1993 年

关于寺洼文化研究的几个问题

寺洼文化，自瑞典人安特生 1923 年在甘肃省临洮县寺洼山遗址首次发现以来[①]，在半个多世纪中，新的材料时有发现。1945 年，夏鼐等人在寺洼山遗址又做了发掘，发掘墓葬 6 座[②]；1957 年，甘肃省博物馆在平凉县安国镇遗址调查时清理了一座残墓[③]；其后，又在庄浪县川口柳家村遗址清理了一座残墓[④]；1980 年，中国社会科学院考古研究所泾渭工作队在庄浪县徐家碾遗址发掘墓葬 104 座[⑤]；1982 年，甘肃省博物馆考古队与北京大学考古系合作在西和县栏桥遗址发掘墓葬 9 座[⑥]；1984 年，甘肃省文物工作队与北京大学考古系合作在合水县九站遗址发掘墓葬 82 座[⑦]。上述几批材料的获得，使我们对寺洼文化的研究逐步得以深化。通过对这些材料的分析，我们现在可以对寺洼文化的若干问题，提出一些初步的看法。

大范围的文物普查资料表明，寺洼文化分布的中心区域，是在甘肃中部的洮河中上游地区，分布面的最东面，已达到子午岭西麓的泾河上游地区，北边已到庄浪县境内的葫芦河流域，南面深入到西河县、礼县境内的西汉水流域，整个分布面大体在兰州以东的甘肃中部、东部和南部地区。

关于寺洼文化的类型划分，目前还没有形成一致的认识。早年的发现多集中在寺洼山一地，1957 年发现的安国镇遗址的一座残墓，所出陶器的形态

① 安特生：《甘肃考古记》，乐森璕译，《地质专报》甲种第五号，农商部地质调查所印，1925 年。
② 夏鼐：《临洮寺洼山发掘记》，《考古学论文集》，科学出版社，1961 年。
③ 张学正：《甘肃古文化遗存》，《考古学报》1960 年 2 期。
④ 员安志：《甘肃庄浪县柳家村寺洼墓葬》，《考古》1963 年 1 期。
⑤ 胡谦盈：《甘肃庄浪县徐家碾寺洼文化墓葬发掘纪要》，《考古》1982 年 6 期。
⑥ 赵化成等：《甘肃西和栏桥寺洼文化墓葬》，《考古》1987 年 8 期。
⑦ 王占奎、水涛：《甘肃合水九站遗址发掘报告》，《考古学研究》三，科学出版社，1997 年。

有别于寺洼山遗址的器物群，因而，研究者提出了"安国式陶器"的概念①。其后发现的川口柳家、徐家碾、西和栏桥、合水九站等遗址的文化遗存，面貌多不尽相同。我们现在根据各地发现的资料，试将寺洼文化分为三个不同的类型，即寺洼山类型、栏桥—徐家碾类型、九站类型。

寺洼山类型以临洮寺洼山遗址为典型代表性遗存，包括洮河流域其他遗址的采集品。在墓葬方面，寺洼山类型有两种特殊的葬俗，尚未见于其他的遗存，一是火葬，如夏鼐1945年在寺洼山发掘的零号墓所见②，是将尸骨火烧后收残骨及骨灰于长颈陶壶内，单埋于一墓内。典型的火葬在寺洼文化已发现的二百多座墓中仅见此一例报道。二是积石葬，在夏鼐发掘的第1、2号墓及裴文中在寺洼山所发掘的一座墓中，都发现在人骨的身旁及下面，排列有大块的砾石，"但是排列凌乱无次，我们不知道放置这些砾石的意义是什么"③。除以上这两种特殊葬俗外，在寺洼山类型还见有仰身直肢葬和乱骨葬。随葬陶器均为手制，陶色不纯，夹砂或夹陶片碎屑。器形主要有高体小口双耳罐、高体大口双耳罐、矮体小口双耳罐、矮体大口双耳罐、双腹耳罐、子母口器盖、壶、三足小鼎、双耳三足鬲等。其中，子母口器盖、三足小鼎、四足鬲等都是寺洼山类型所独有的器形。陶器中的双耳罐一般为圆鼓腹，器形矮胖。鬲为分档袋足鬲，乳状袋足肥大，实足跟较长。

栏桥—徐家碾类型以栏桥遗址、徐家碾遗址为代表性遗存，包括原来称为安国式陶器的那部分遗存，主要分布于六盘山、陇山以西的渭河上游以及西汉水流域。这个类型的墓葬多为长方形覆斗状竖穴土坑墓，随葬品散置在墓室内。另外，也见有带头龛的长方形竖穴土坑墓。葬式有仰身直肢葬、乱骨葬、二次迁葬等。陶器以夹细砂的灰褐陶为主，器形有双耳罐、壶、腹耳罐、鬲、豆等，最有特点的是有大量的双马鞍口双耳罐和簋式豆。

九站类型以九站遗址为代表性遗存，包括其他一些相邻遗址的采集品。主要分布在泾河上游地区。九站类型的墓葬多为带头龛的长方形竖穴土坑墓，随葬品放置在头龛内。同时，也见有长方形竖穴墓。葬式多为扰乱上身的乱骨葬，还见有仰身直肢葬、二次迁葬和俯身葬等。陶器以夹砂的红褐、

① 张学正：《甘肃古文化遗存》，《考古学报》1960年2期。
② 夏鼐：《临洮寺洼山发掘记》，《考古学论文集》，科学出版社，1961年。
③ 裴文中：《甘肃史前考古报告》，《裴文中史前考古学论文集》，文物出版社，1987年。

灰褐杂色陶为主。器形有各式双耳罐、单耳罐、腹耳壶、壶、鬲、豆、盆、绳纹罐、尊等，其中，以单耳乳状袋足分裆鬲、联裆鬲、盘式豆为其典型器物。其与周式陶盆、折肩罐等器物共存，也是主要特征之一。

这三个类型之间的关系目前尚不十分清楚，其中，寺洼山类型材料较零散，徐家碾遗址的资料尚未全部发表，栏桥遗址发掘的墓葬数量较少，所以，都没有做分期研究的尝试。我们目前仅见到九站类遗存的初步分期研究成果[①]，大致可以分三期。

一期：墓葬全部为带头龛的竖穴土坑墓，随葬陶器的器形有鬲、壶、双耳罐、单耳罐、双腹耳小壶等，鬲为无耳或有耳的分裆鬲，乳状袋足下有明显的实足跟，有的口沿下饰有花边。双耳罐圆腹或长圆腹，双腹耳小壶直口、耳偏上。

二期：墓葬中除带头龛的墓以外，出现了不带头龛的竖穴土坑墓。陶器组合同一期。但豆的数量增加，鬲无明显的实足跟。双耳罐以斜直腹为主，双腹耳小壶侈口，耳在腹中部。这一期延续的时间较长，本期后段开始，西周文化的鬲、盆、豆、罐已成为重要的文化因素。

三期：墓葬为带头龛的和不带头龛的两种并存，陶器中鬲盛行联裆鬲，带疙瘩状足跟。豆主要为细柄浅盘豆，双腹耳小壶敞口、卷沿，耳在腹下部。在器类组合上，联裆鬲、盆、豆、罐、钵、三足瓮等西周文化中常见器类均有。

对于九站三期遗存的年代推断，主要是依据其遗存中共存的先周文化、西周文化的某些遗存因素的年代来确定。第一期中，乳状袋足鬲有明显的实足跟，这和已知先周文化陶鬲的作风一致，其年代的上限可达殷墟分期的第三、第四期。九站第三期遗存中普遍出现泥质灰陶绳纹罐、联裆鬲、陶盆、细柄浅盘豆等器形，与已知关中地区西周晚期到春秋早期的同类器物的作风一致。九站二期遗存包含有一期和三期二者的某些因素，呈现为一种不间断连续演变的趋势，此期遗存发现丰富，延续时间长，大致应经历了西周早、中期阶段。所以，九站遗存存在的时间，是从商代晚期或商周之际（殷墟三、四期）开始，一直延续到西周晚期或春秋早期。

---

① 王占奎：《试论九站寺洼文化遗址 —— 兼论甘肃东部地区的寺洼文化》，北京大学硕士学位论文，1985 年。

由于九站类型分期及年代序列的确立，我们可以将其他类型的遗存做一些对比分析。寺洼山类型普遍存在的乳状袋足分裆鬲袋足丰满，实足跟较长，与九站一期的袋足分裆鬲风格一致。但其形态还应略早一阶段。寺洼山类型的双耳罐一般为圆腹或圆鼓腹，与九站类型比较，也是早期的作风。在洮河流域的一处遗址中，曾发现寺洼山类型的墓葬中共出有辛店文化姬家川类型的彩陶罐。由对辛店文化的研究中得知①，姬家川类型的年代应在商代中期前后。因此，我们可以推定，寺洼山类型存在的时间早于九站类型存在的时间。

栏桥—徐家碾类型遗存中所发现的乳状袋足鬲与寺洼山类型中的相比，属于较晚的形态类型，约与九站类型相近。栏桥遗址中常见的夹细砂灰陶双马鞍口双耳罐、簋式豆等，也表现了较晚的特征。徐家碾遗址发现的铜兵器中戈的形态接近关中地区西周中期戈的作风。因此，栏桥—徐家碾类型存在的时间晚于寺洼山类型，约与九站类型同时。

由此进一步推知，就目前发现的材料来看，整个寺洼文化存在的时间大致应从商代中期直到春秋初期。

关于寺洼文化与辛店文化的关系，由于两种文化各自发展序列的建立，可以看出，辛店文化的分布范围在早期阶段多集中于洮河下游，即甘肃临夏、永靖、临洮一带，中晚期进入湟水谷地、大通河流域，发展的趋势呈现为一种西渐的过程。寺洼文化在寺洼山类型阶段时，主要分布在洮河中上游的河谷地带，与辛店文化的分布区相邻而基本不相交叉。其后，寺洼文化逐渐进入渭河、泾河、西汉水流域，其发展呈现为一种东渐的过程。由于二者发展方向的不同，使他们始终处于同时并存的状态。在早期阶段，二者表现出一些相近或共同的文化特征，如乳状袋足双耳分裆鬲的口沿饰花边，实足跟较长。双耳罐多为单侧马鞍形口的作风，区别仅仅在于辛店文化的器物上多饰彩而寺洼文化的陶器多为素面。在其后的发展阶段，由于这两种文化各自的独立发展，这种一致性也趋于消失。

关于寺洼文化与先周、西周文化的关系，从寺洼文化自身的发展过程中可以看到，它在向东发展的过程中，在九站类型阶段，与周文化在分布地域

---

① 南玉泉：《辛店文化序列及其与卡约、寺洼文化的关系》，《考古类型学的理论与实践》，文物出版社，1989 年。

上发生接触，并且互相发生影响。如九站遗存中所见的联裆鬲、黑皮陶折肩罐、小盆、豆、绳纹罐等因素，都应是来自周文化的影响。由于在九站类型遗存中，寺洼文化因素与周文化因素大量并存，可以肯定，寺洼文化晚期阶段与先周文化、西周文化是时间上同时并存，地域上相互交错的两种互有影响又各自独立发展的文化，寺洼文化不可能是周文化的主要来源因素。寺洼文化在整个西周时期仍然独立存在和发展的现象，充分说明了这一点。

关于寺洼文化的来源，由于材料不足，现在还不能予以肯定。寺洼文化早期阶段的遗存主要发现在洮河流域，从寺洼山类型和辛店文化较早期遗存所表现的诸多共同因素中可以推测，它们在文化渊源上应有共同的来源因素。关于辛店文化的来源问题，由于在青海省民和县山家头遗址的发现①，使人们有理由认为，辛店文化与齐家文化有比较密切的渊源关系。这种认识的建立，也有助于寺洼文化渊源问题的提出和解决。齐家文化发展到大约距今4000 年前后，受到寒冷气候作用的影响，定居农业经济解体，从而导致了齐家文化的消亡。对于晚于齐家文化的四坝文化、辛店文化、卡约文化、寺洼文化的研究发现，农业经济解体后，普遍出现了半游动性质的畜牧经济，且规模都比较小，出现的时间约在距今3800 年前后，辛店文化、卡约文化、寺洼文化以及四坝文化的晚期阶段，呈现了一种同时并存的局面，它们大体都处于相同的经济文化发展阶段，如都能使用青铜武器和小型青铜工具，都以畜牧经济为主体，以养羊为主要经营方式，墓葬中都盛行乱骨葬的习俗等。尤其是辛店文化、卡约文化和寺洼文化的早期阶段都存在于洮河、湟水与黄河的交汇地带，而且互相拥有基本独立的中心分布地域。这些现象说明，在更大的范围内来考察，辛店文化、卡约文化和寺洼文化的同源，不是没有可能的。对四坝文化的研究表明②，它也接受了来自齐家文化的某些因素的影响。

关于寺洼文化的去向问题，可以这样认为，寺洼文化东渐的发展过程中，在东面，由于碰到了周文化的强大势力，使其只能在泾河、渭河流域的上游地区存在和发展，在与周文化的长期并存之后，到春秋初年趋于消失。在南面，分布到西汉水流域的寺洼文化遗存，也在春秋初年趋于消亡。这种消亡是否跟秦人的兴起有关，还有待于进一步的研究。在寺洼文化晚期阶

---

① 格桑本、陈洪海：《青海民和核桃庄山家头墓地清理简报》，《文物》1992 年 11 期。
② 李水城：《四坝文化研究》，北京大学硕士学位论文，1988 年。

段的分布地域内，稍后一时期出现了以铲形袋足鬲为特征的一类遗存。据研究①，这种遗存可能就是春秋时期乃至西周晚期秦人的遗存。这种铲形袋足鬲与寺洼文化的乳状袋足鬲是否有渊源关系，已经成为一个引人注意的问题。另一方面，在四川西部广泛存在的战国墓中发现的一种折棱口双耳罐，其作风接近寺洼文化中的一种折棱口双耳罐。因此，寺洼文化向南的发展，有可能对四川西部产生过影响。

关于寺洼文化的族属，由于寺洼文化的分布区域处在周文化分布区的西方，时间上又大致与周文化同时并存，因此，推断其为所谓"西方牧羊人"的羌人是不错的。也有人推断分布于陇东的九站类型是犬戎的遗存②，这也属于羌人的系统。从大范围观察，分布于甘肃东部、中部、西部以及青海东部的寺洼、辛店、卡约和四坝等文化遗存，都处于羌人活动的时空范围内，它们都应是羌人系统的文化遗存，只是由于不同的部落群体，造成了不同的文化差异。古代文献记载的不足，使我们对羌人系统内各部落的进一步划分和认定显得十分困难。有的学者试做这方面的努力，区分出了分布于阿尼玛卿山东北的黄河河曲一带的卡约文化是属于析支羌的遗存③，但对于寺洼文化，目前仍未见有进一步的研究成果。

综上所述，由于若干问题的提出，今后对于寺洼文化的发现和研究，主要应集中于两个方向：一是在洮河流域重点考察其渊源，探讨寺洼文化与齐家文化的关系；一是在泾河、渭河流域重点考察其去向，着重探讨寺洼文化与铲形袋足鬲类型遗存的关系问题。我们期待着新的发现能对上述问题的解决提供线索。

原载《西北史地》1989 年 4 期

---

① 赵化成：《甘肃东部秦和羌戎文化的考古学探索》，《考古类型学的理论与实践》，文物出版社，1989 年，第 145—176 页。
② 赵化成：《甘肃东部秦和羌戎文化的考古学探索》，《考古类型学的理论与实践》，文物出版社，1989 年，第 145—176 页。
③ 俞伟超：《关于"卡约文化"和"唐汪文化"的新认识》，《先秦两汉考古学论集》，文物出版社，1985 年，第 193—210 页。

史前考古学研究中的环境因素分析（摘要）

　　人类对于自然环境面临着两种选择：被动地适应环境，以求生存；主动地利用和改造环境，扩展、改善生存空间和生活条件。在人类社会发展的早期阶段，主要是以适应环境条件来选择生存方式。要正确地把握自然环境对人类活动作用的性质和程度，需要一系列学科的研究为其提供条件。首先，是对自然环境发展变化的研究，特别是和人类活动关系非常密切的第四纪环境变化的研究，建立尽可能详尽完备的环境变化发展序列。其次，是对人类活动的发现和研究，建立比较系统的年代序列和区域发展关系序列。这样才能用比较分析的方法，了解同一时期内人类文化发展由于环境条件的不同而产生的差异和特性，了解同一文化发展区域内由于环境条件的变化而使文化发生分化、改变的状况。

　　在进行对比研究中，我们发现，存在着一些对环境变化的反应比较敏感的地区，在这些地区，往往由于环境的改变而导致人类活动方式的改变。而在另外的一些地区，环境的作用相对较小。以黄河流域的情况来分析，敏感地区是黄河的中上游，即我国的西北地区。从对西北地区人类活动和环境变化状况的分析中，我们大致可以得出这样一些认识：自然环境的变化，直接影响了人类对经济活动方式、居住地设置、人口发展、文化交流和迁徙活动等各方面的选择。

　　例如，距今4000—3500年前后的一次气候突然变冷，导致了黄河中上游地区齐家文化定居农业经济的衰退，在很大范围内表现为一次锄耕农业经济向畜牧业经济的转变。大规模的定居村落解体、消失，人口大量减少，代之以小规模的半游动性质的文化和简单居址的出现。由于食物短缺，人们开始走出河谷地带，形成较大规模、较长距离的不断迁徙活动。类似这种现象，在史前考古学研究中时有发现。

本文为作者1987年10月在北京大学考古系就读研究生时，参加北京大学青年教师和研究生举办的"走向二十一世纪：考古学的学习、思考与探索"讨论会的发言摘要，原载《文物天地》1988年3期

辛店文化研究

辛店文化是甘青地区一支重要的考古学文化遗存。对辛店文化的研究，将为建立和完善甘青地区考古学文化的发展序列，解决一系列重要的学术课题提供必要的条件。因此，对于有关材料的发现和探索，历来为学术界所重视。现在，新的考古发现丰富了人们对辛店文化整体面貌的认识，辛店文化及其相关课题的研究也已经取得了一些可喜的成就。但就已有的研究成果来看，对于辛店文化的类型、分期、年代、渊源及其与周围文化的关系等问题尚未形成一致的认识，甚至有些问题的看法差距很大。我们认为，由于新材料的不断发现，对上述问题的讨论和探索仍需深入进行。在此，我们主要依据历年来在甘肃境内的考古发现，同时参照近年青海东部地区的最新工作成就，对辛店文化的整体面貌做一番全面的考察和研究。

一、发现与研究概况

1924 年，瑞典考古学家安特生在中国甘肃境内的考古调查有很多重要的发现，他在 1925 年出版的《甘肃考古记》一书中，对在甘肃的发现做了简单的比较研究，区分出六种不同的文化遗存，分别依最初的发现地点命名为齐家期、仰韶期（半山）、马厂期、辛店期、寺洼期、沙井期。在对辛店期遗存的分析中，他提出了晚于马厂、早于沙井的认识。安特生的观点，代表了最初阶段人们对辛店文化的认识水平。

1949 年以来，为配合黄河水库建设工程，在甘肃境内的黄河沿岸地带及其主要的支流水系做了大量的考古调查和抢救发掘工作。在这一阶段，对辛店文化的遗存，从其分布、文化面貌、文化类型等方面，都有许多重要的发现和认识。

1956 年在刘家峡库区范围内的永靖张家咀和吴家等地点都发现辛店文化层叠压在齐家文化层的上面，证明了辛店文化的年代晚于齐家文化。[①] 同年在东乡县唐汪川山神遗址发现了一批器形、纹饰较特殊的陶器，不同于以往发现的辛店文化遗存，被称作唐汪式陶器[②]，为便于研究，又将已知辛店文化的遗存区分为甲、乙两组，研究者认为，年代上是乙组早于甲组，而唐汪式陶器的年代早于辛店文化的可能性是极大的[③]。

1958—1959 年间，中国科学院考古所甘肃工作队对永靖张家咀遗址进行发掘，1959—1960 年间，该队又分别对永靖莲花台遗址、姬家川遗址进行了发掘，研究者认为，张家咀遗址是一种新的文化类型，既含有唐汪式陶器，又包括了辛店文化乙组的遗物，而姬家川遗址的文化内涵与过去所谓的典型辛店文化相似，为区别这两种文化类型以利于比较研究，所以又提出张家咀类型、姬家川类型的概念。关于二者的年代顺序有两种不同的意见：一种认为姬家川类型早于西周，张家咀类型含有唐汪式陶器，年代相当于西周时期[④]；另一种意见仍然认为张家咀类型早于姬家川类型，唐汪式陶器由于与辛店乙组共存，其年代当与乙组遗存同时[⑤]。

1980 年，青海省文物工作队在民和县核桃庄小旱地遗址（以下称核桃庄墓地）和山家头遗址进行了发掘，获得了大量的辛店文化的墓葬资料，现在这两批材料尚未全部发表，对这些材料的研究也未形成一致认识。

1984 年，甘肃省文物工作队与北京大学考古系合作对临夏县莲花台遗址和永靖县马路塬遗址进行了发掘，研究者据此提出了姬家川类型早于张家咀类型的认

① 安志敏：《甘肃远古文化及其有关的几个问题》，《考古通讯》1956 年 6 期。
② 安志敏：《略论甘肃东乡县自治县唐汪川的陶器》，《考古学报》1957 年 2 期。
③ 安志敏：《略论甘肃东乡县自治县唐汪川的陶器》，《考古学报》1957 年 2 期。
④ 甘肃省博物馆：《甘肃省文物考古工作三十年》，《文物考古工作三十年》，文物出版社，1979 年，第 143 页。
⑤ 中国社会科学院考古所甘肃队：《甘肃永靖张家咀与姬家川遗址的发掘》，《考古学报》1980 年 2 期。

识，并对早于姬家川类型的辛店文化遗存的存在及文化面貌做了初步的探索。①

1987 年在甘肃全省范围内展开的大规模文物普查工作，是继 50 年代进行的黄河流域调查后最为全面的考古调查工作，对辛店文化的山家头类、姬家川类、张家咀类遗存及所谓的唐汪式陶器的分布、文化内涵等问题都有一些新的发现，下面我们将这几种遗存逐一进行分析。

二、类型划分

1. 山家头类遗存

这类遗存首先在青海省民和县山家头遗址得到确认。1980 年青海省文物考古队在此发掘了墓葬 33 座。研究者对这类遗存的认识不尽相同：有的称之为辛店文化山家头类型②；有的认为对这种遗存应再做划分，其中一部分属辛店文化早期类型，一部分界于辛店文化与齐家文化之间，应可单独称之为山家头文化③；还有的研究者认为这类遗存与卡约文化的早期遗存有联系④。我们认为，山家头墓地存在着两种不同的文化遗存，其中以平底、双大耳、绳纹为特征的一类遗存显系齐家文化晚期遗存，另一类是以圆底、圆鼓腹、绳纹为特征的遗存。我们所讨论的山家头类遗存，主要是指后一类而言。

这类遗存在山家头遗址确认后，在青海东部又陆续有所发现，计有乐都柳湾墓地、民和核桃庄墓地、民和边墙、马厂塬遗址等。

早在 50 年代在甘肃境内对这类遗存就有所发现，只是当时未能判明其文化性质。⑤现已确知的山家头类遗存地点已有十几处之多，重要的有临夏莲花台遗址、临夏孔家寺遗址、永靖盐场遗址、永靖马路塬遗址、原洮沙县四

① 南玉泉：《辛店文化序列及其与卡约、寺洼文化的关系》，《考古类型学的理论与实践》，文物出版社，1989 年。
② 格桑本、陈洪海：《试析甘肃临夏莲花台辛店文化墓葬》，《青海文物》1988 年 1 期。
③ 南玉泉：《辛店文化序列及其与卡约、寺洼文化的关系》，《考古类型学的理论与实践》，文物出版社，1989 年。
④ 俞伟超：《关于"卡约文化"和"唐汪文化"的新认识》，《先秦两汉考古学论集》，文物出版社，1985 年。
⑤ 甘肃省文管会：《兰州新石器时代的文化遗存》，《考古学报》1957 年 1 期。

时定遗址、永靖黑头咀遗址等地点。最近在兰州市文物普查中也发现了几处山家头类遗存的地点①，确知这类遗存已分布到黄河以北的永登县，兰州市红古区、城关区及榆中县等地。从甘肃、青海两省的文物普查资料来看，山家头类遗存的中心分布区域是在洮河、黄河、湟水的交汇地带，目前对于这类遗存在东面和南面的分布状况还不十分清楚，1984年北京大学考古系与甘肃省文物工作队合作发掘甘谷毛家坪遗址时，在其4B层文化层之下，发现一墓，出有1件彩陶双耳圜底钵②，从该遗址的地层关系中看出，该墓的时代应晚于仰韶文化晚期类型（石岭下类型），而早于毛家坪A组遗存（毛家坪A组遗存前段据研究属西周中晚期）③。我们将这件彩陶圜底钵与山家头类型的圜底钵做比较后，确认毛家坪TM7的文化性质应属辛店文化山家头类遗存，据此，可以将山家头类遗存向东的分布区域划到渭河中上游地区。

山家头类遗存除山家头墓地等少数地点为发掘资料外，多数为各地的采集品。综合各地的材料来看，山家头类遗存的陶器器类一般为双耳罐、钵、腹耳壶、单耳罐等几大类。器形一般圜底，口沿多饰附加堆纹花边，器表多为细绳纹装饰。也见有彩陶，一般为单一黑彩或黑褐彩，彩陶纹饰有连续三角纹、对三角纹、连续回纹、交错T字形纹等。

墓葬材料多未发表，从毛家坪TM7可以看出，墓室为长方形竖穴土坑，葬式为侧身屈肢，随葬品较少，一般置头前。有关居住址的情况，目前虽已发现许多重要的地点，但均未做过正式发掘工作。

2. 姬家川类遗存

这类遗存也即通常所说的典型辛店类遗存，1924年安特生首先发现于临洮县辛甸村遗址④，其后在甘肃、青海两省有大量的发现和报道。较重要的地点有永靖姬家川遗址、临夏莲花台遗址、永靖黑头咀遗址⑤、临洮灰咀遗址、

---

① 兰州市文物普查资料，现存兰州市博物馆。
② 赵化成等：《甘肃甘谷毛家坪遗址发掘报告》，《考古学报》1987年3期。
③ 赵化成：《甘肃东部秦和羌戎文化的考古学探索》，《考古类型学的理论与实践》，文物出版社，1989年。
④ 安特生：《甘肃考古记》，乐森璕译，《地质专报》甲种第五号，农商部地质调查所印，1925年。
⑤ 黄河水库考古队甘肃分队：《黄河上游盐锅峡与八盘峡考古调查记》，《考古》1965年7期。

临洮辛甸村遗址、民和核桃庄小旱地遗址等。

通过对姬家川遗址①、莲花台墓地②等地的发掘，我们目前对这类遗存有比较多的了解和认识。在姬家川遗址首次发现了辛店文化的房址，仅 1 座，结构为长方形半地穴式，西边有斜坡状门道，居住面中间有一个锅形灶坑，居住面为料姜石杂灰土的硬土面。

姬家川遗址发现的墓葬为长方形竖穴土坑，无葬具，单人侧身屈肢葬，随葬品置头前。在莲花台墓地发现的墓葬可分为三种形状：长方形竖穴土坑墓、不规则形竖穴土坑墓和长方形竖穴掏洞墓。葬式多为仰身直肢，也见有乱骨葬和侧身屈肢葬。随葬品一般均置于墓室内人骨架头前或上身附近，在竖穴掏洞墓如莲花台 M8 中，随葬品放置在头端右侧的掏洞之中。

已发现的属于姬家川类遗存的陶器数量非常之多，可以看出，姬家川类遗存的陶器多为夹砂红褐陶，羼和有碎陶末等。彩陶比例明显多于山家头类遗存，多数彩陶先通体饰绳纹，然后在颈、肩、腹上部等部位抹光再涂彩。器形一般底部微内凹，为这类遗存陶器的典型特征之一。器类的变化比较多样，主要为各种双耳罐、腹耳壶、大口罐、各类钵、单耳罐、乳状袋足分裆鬲等器类。彩陶一般为单一黑彩，也见有少数黑褐彩，有的器形涂有棕红、白色、浅橙色陶衣。彩陶的构图纹样主要为连续三角纹、对三角纹、双勾纹、连续回纹、宽带纹、横向或竖向双线条带纹等。各种纹样饰于陶器上的部位往往有一定规律，口沿下一般饰宽带纹、对三角纹等，颈部一般饰连续回纹、双线条带纹、水波纹等，肩部及腹上部多饰双勾纹、连续回纹等，腹下部一般仅饰竖向双线条带纹数组，或在双线中间夹一道连续曲线纹。在姬家川类遗存的彩陶中还见有一些写实的动物纹样，能识别的动物种类有狗、鸟、羊、蜥蜴等，这些动物纹样一般仅作为补白，填画在主要纹样的空白之处，也见有以动物纹为主构图的彩陶器物。安特生当年在洮沙县四时定遗址发掘出的陶器上还发现有人形纹样，身着宽肩、束腰、长摆服饰，但这类纹样在其后一直未能再次发现，故其真实性还有待确证。

---

① 《甘肃永靖张家咀与姬家川遗址的发掘》，《考古学报》1980 年 2 期。
② 甘肃省文物工作队、北京大学考古系甘肃实习组：《甘肃临夏莲花台辛店文化墓葬发掘报告》，《文物》1988 年 3 期。

3. 张家咀类遗存

这类遗存的主要代表性遗址为永靖张家咀遗址。甘青两省的普查资料表明，张家咀类遗存的分布面已扩展到青海西宁、互助、大通、乐都等地，其中心分布区与姬家川类遗存的分布区比较，明显偏西。

甘青两省发现并做过部分工作的张家咀类遗存的地点主要有永靖县张家咀遗址、东乡县崖头遗址、民和县马厂塬遗址、永靖县韩家咀遗址、民和县核桃庄小旱地遗址等，其中发掘墓葬数量最多的民和核桃庄墓地的大部分材料尚未发表。根据甘肃境内各遗址发现的情况，张家咀类遗存的陶器主要仍为夹砂红褐陶，器类基本同于姬家川类遗存，但形态有较大的不同，另外还见有豆、鼎等类器形。彩陶一般多见复彩风格，即同时使用两种彩绘颜料进行构图。构图纹样与姬家川类遗存有较大区别，除见有变形双勾纹、对三角纹、横向、竖向双线或三线条带纹等以外，大量出现各种曲线纹样，如变形鸟纹、变形勿字形纹、变形S形纹、涡纹等，空白处常用太阳纹、变形鸟纹等补白。在张家咀遗址发现有分布密集的各种窖穴，可见有圆形、袋形、长方形等形状。目前还未见有发现这类遗存房屋遗址的报道。

4. 所谓唐汪式陶器类遗存

1956年黄河水库考古队在甘肃东乡唐汪川山神遗址发现并征集了一些不同于姬家川、张家咀类遗存的陶器，完整器形多为彩陶，一般通体涂红陶衣，黑彩构图，纹样多为涡纹，也见有勿字形纹等；器类有双大耳罐、双耳罐、腹耳壶、圆腹罐、单耳罐、豆等。随后在东乡崖头遗址、青海大通上孙家寨遗址等地，也发现了风格相同的陶器。各地的发现表明，这类遗存往往与张家咀类遗存共存一地。1989年甘肃省文物考古研究所对唐汪川山神遗址的再次调查表明[①]，该遗址存在有姬家川类、张家咀类遗存，其中以张家咀类遗存为主。因此，我们可以肯定地说，所谓唐汪式陶器的分布面与张家咀类

---

① 1956年在唐汪川山神遗址的采集品中有一部分陶器遗存的陶片样品未曾发表过。1989年再次调查所获主要为各类型遗存的陶片，资料现存甘肃省文物考古研究所。

遗存分布面完全相同。在青海民和核桃庄拱北台路西一号灰坑出土过一组唐汪式陶器[①]，确知所谓唐汪式陶器中也存在一些不施彩的器形，如四耳罐、双耳钵、高领分裆鬲等。一号灰坑出土的这组陶器显然与上孙家寨等地的发现更为接近，而与东乡唐汪川的陶器有一定的差别，这种差别所说明的问题，将在后面进行讨论。

三、分期与年代

对于辛店文化分期的研究成果，目前还不多见，有的研究者依据莲花台墓地的材料，将辛店文化分为七期十段[②]，但所选标型器类过少，难以反映辛店文化全部器类的演变关系，而且在第七期十段之后，将所谓唐汪式陶器全部归入卡约文化序列，因此，这一分期成果还不是十分全面的。还有的研究者主要依据青海民和核桃庄墓地和民和山家头墓地的材料，将辛店文化分为六期九段。[③] 我们认为，对于这一分期成果在辛店文化早晚关系序列方面的观点，还有值得商榷的必要，为此，我们力图将甘青各地已发现的辛店文化各类遗存的材料，做一番全面的比较，从中找寻这些材料所包含的类型学的逻辑发展关系，再结合已有的地层关系证据，对辛店文化的整体分期做进一步的探讨。

辛店文化各类遗存的差别是显著的，但在陶器种类方面，却存在一些各类型共有的器类，计有双耳罐、腹耳壶、肩耳罐、圆腹罐、单耳罐、钵、鬲、豆等几大类，其中变化特征明显、有标型意义的器类有双耳罐、腹耳壶、肩耳罐、圆腹罐、钵、鬲、豆等，我们首先将这几种器形的型式变化特征做一分析（图一）。

---

① 格桑本：《青海民和核桃庄拱北台路西一号灰坑出土的唐汪类型陶器》，《青海考古学会会刊》1983 年 5 期。
② 南玉泉：《辛店文化序列及其与卡约、寺洼文化的关系》，《考古类型学的理论与实践》，文物出版社，1989 年。
③ 许永杰：《河湟青铜文化的谱系》，《考古学文化论集》三，文物出版社，1993 年。

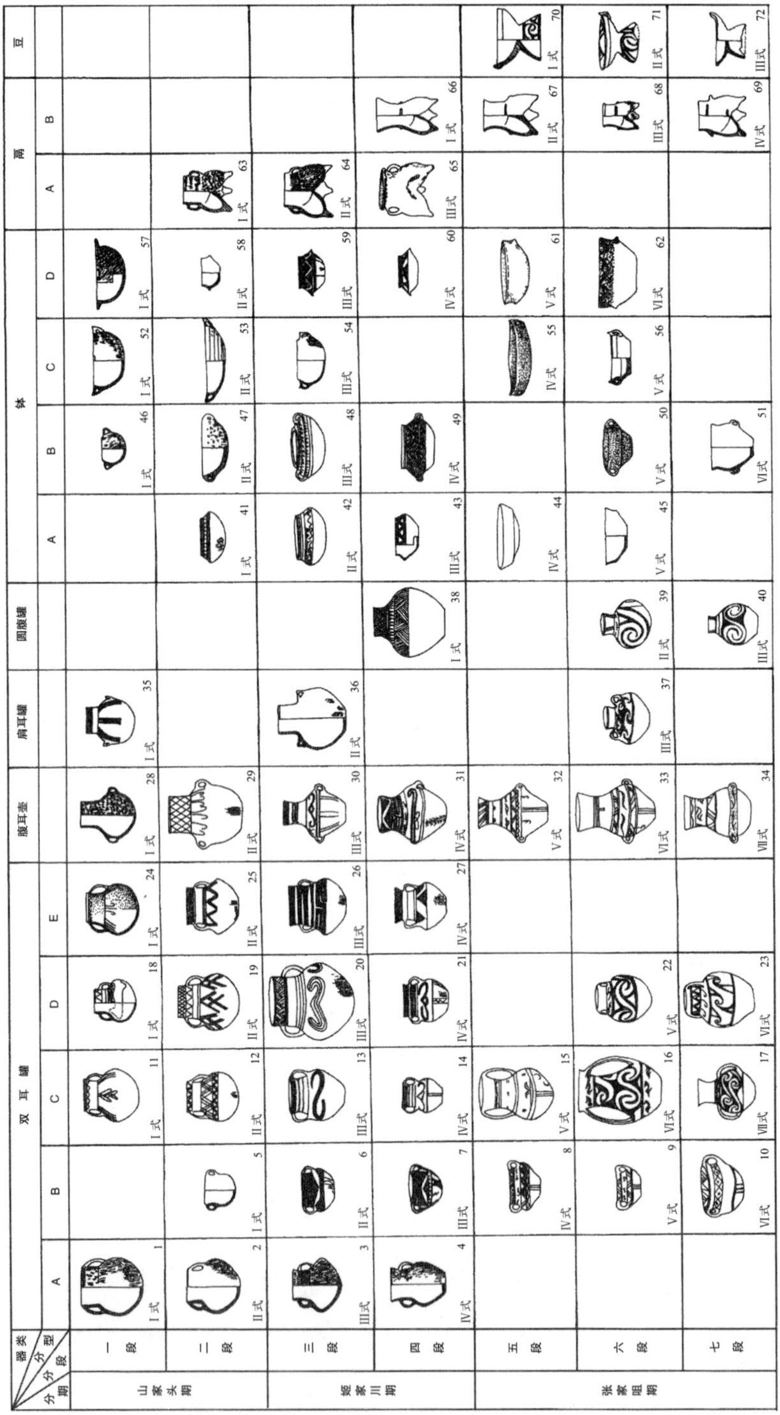

图一 辛店文化陶器分期图

双耳罐，依形态差异可分五型。

A 型双耳罐：通体绳纹，依变化可分 4 式。

Ⅰ式：直口，短直颈，口沿外饰附加堆纹泥条，圆鼓腹，圜底。标本：民和山家头 M32：1。

Ⅱ式：直口直颈，颈部略加长，口沿下附加堆纹泥条细小，圆鼓腹，圜底近平。标本：乐都柳湾 M1196：2。

Ⅲ式：口微侈，直颈，圆鼓腹，小底内凹。标本：临夏莲花台 LLMll：2。

Ⅳ式：敞口，束直颈，圆腹，平底微内凹。标本：永靖盐场 74KGl5：56（15947）。

B 型双耳罐：大口，依变化可分 6 式。

Ⅰ式：微侈口，颈部不明显，圆腹，圜底。标本：临夏莲花台 LLMl7：1。

Ⅱ式：直口，直颈，颈部加长，圆折腹或圆鼓腹，小底内凹。单一黑彩，颈部条带纹，肩部对三角纹，腹下部竖向条带夹曲线纹。标本：永靖盐场 74KGl5：135（16026）。

Ⅲ式：微侈口，短颈，圆折腹，小底内凹。单一黑彩，口沿下宽带纹，颈部连续间断线纹，肩部对三角纹，腹下部竖向双线及折线纹。标本：永靖姬家川 H8：11。

Ⅳ式：微侈口，束颈，圆鼓腹，腹下部内收，小平底。复彩，口沿下重线三角纹，颈部变形鸟纹，肩部重线三角纹，腹上部水波纹，腹下部竖向三线纹。标本：民和核桃庄 MHM235：3。

Ⅴ式：微敞口，束颈，圆腹，平底，整体器形变矮。复彩，口沿下重线三角纹，颈部连续 S 形纹，肩部重线三角纹，腹下部竖向三线纹。标本：民和核桃庄 MHM334：2。

Ⅵ式：敞口，束颈，圆腹，平底。复彩，颈部两道条带纹，中间为连续菱格纹加圆点，腹下部竖向三线纹。标本：东乡崖头 120。

C 型双耳罐：双大耳，依变化可分 7 式。

Ⅰ式：直口，短直颈，圆鼓腹，圜底。黑褐彩，口沿下一道条带纹，颈部连续三角纹，肩及腹上部饰竖向三线纹和交错 T 字形纹。标本：永靖马路塬采集品（临夏州馆藏：辛 306）。

Ⅱ式：直口，直颈，颈部略加长，圆鼓腹，圜底。单一黑彩，口沿下连续重线三角纹，肩及腹上部连续重线三角纹二列。标本：永靖盐场 74KGl5：140（16031）。

III式：微敞口，束颈，圆鼓腹，圜底近平。单一黑彩，口沿下宽带，颈部条带纹两道，中夹一道水波纹，肩及腹上部大 S 形纹。标本：洮沙四时定 K5647H。

IV式：敞口，束颈，颈部加长，双耳圆鼓，圆鼓腹，小底内凹。单一黑彩，口沿下宽带，颈部两道条带纹中夹一道水波纹，肩部双勾纹，腹下部竖向双线纹。标本：永靖黑头咀 H193：4。

V式：敞口，束长颈，双耳向下加长，圆鼓腹，小平底。复彩构图，颈部条带纹，肩部双线纹，腹上部横向双线纹，其上以太阳纹、"ʃʃ"形叶纹点缀补白，腹下部竖向三线纹和竖向连续 S 形纹各几组。标本：永靖张家咀 KG5：01。

Va式：基本同V式，唯底部有三矮足。标本：永靖张家咀 H39：1。

VI式：喇叭口，细长颈，双耳继续加长，耳面下移至颈上部，圆腹，平底。红衣黑彩，颈上部连续勿字形纹，颈下部及肩部连续涡纹两列。腹下部连续勿字形纹。标本：东乡崖头 M1：1。

VII式：喇叭口，细长颈，双耳变小，耳面下移至肩部，圆腹，平底。红衣黑彩，颈部三道条带纹，内填重线三角纹和曲线纹，肩及腹上部涡纹两列。标本：核桃庄拱北台 H1：1。

D 型双耳罐：高领圆腹，依变化可分 6 式。

I式：直口，直颈，圆鼓腹，圜底。单一黑彩，颈部连续三角纹，肩部连续三角纹两列。标本：临夏莲花台 LLM18：1。

II式：直口，高直颈，圆鼓腹，小底微内凹。单一黑彩，口沿下连续网格纹，颈部连续三角纹，肩及腹部竖向交错 T 字形纹几组。标本：永靖盐场 74KGl5：74（15965）。

III式：直口，高直颈，圆鼓腹，小底内凹。单一黑彩，口沿下重线编织纹，颈下部四道条带纹，肩及腹上部重线双勾纹。标本：洮沙四时定 K5668S。

IV式：微侈口，直颈，圆腹，小底内凹。单一黑彩，口沿下宽带纹，颈中部连续三角纹,颈下部两道条带纹,肩及腹上部双勾纹,腹下部竖向双线纹夹折线纹几组。标本:永靖盐场74KGl5:37(15927)。

Ⅴ式:微侈口,直颈,颈部变短,圆鼓腹,小平底。红衣黑彩,肩上部两道条带纹,中间连续变形S形纹,腹部连续涡纹。标本:东乡唐汪川KG12:010。

Ⅵ式:微侈口,短直颈,圆肩腹,平底。红衣黑彩,颈部两道条带纹,中间连续双线三角纹,肩部连续变体S形纹,腹上部连续变体涡纹。标本:大通上孙家寨(见于《文物考古工作三十年》图版拾肆,6)。

E型双耳罐:高领折腹,依变化可分4式。

Ⅰ式:直口,直颈,腹下部圆鼓,小底内凹。单一黑彩,口沿下连续三角纹,肩部竖向三线纹和双勾夹竖线纹各两组。标本:民和山家头M32:2。

Ⅱ式:微侈口,直颈,颈部略加长,腹下部内收,小底内凹。单一黑彩,口沿下重线编织纹,颈下部三道条带纹,肩部连续重线三角纹。标本:永靖盐场74KG15:52(15942)。

Ⅲ式:侈口,高直颈,腹下部内收,小底内凹。单一黑彩,口沿下宽带纹,颈部三道条带纹,肩及腹上部连续宽带回纹。标本:洮沙四时定K5391B。

Ⅳ式:喇叭口,束直颈,腹下部内收,小底内凹。单一黑彩,口沿下宽带纹,颈部两道条带纹,肩部连续对三角纹。标本:永靖盐场74KG15:131(16022)。

腹耳壶,依变化可分7式。

Ⅰ式:直口,口沿下饰附加堆纹泥条花边,竖直颈,圜底,通体细绳纹。标本:临夏莲花台LLM15:1。

Ⅱ式:直口,口沿外饰附加堆纹泥条,高直颈,圆腹,圜底近平。单一黑彩,颈部斜线网格纹,肩及腹上部竖向双勾纹几组。标本:永靖盐场74KG15:121(16042)。

Ⅲ式:微敞口,束直颈,颈部加长,圆腹,小平底。单一黑彩,口沿下宽带纹,颈部连续回纹,肩部双勾纹,腹上部二道条带纹,腹下部竖向双线纹几组。标本:临夏莲花台LLM12:1。

Ⅳ式：敞口，束颈，圆肩，斜直腹，平底。单一黑彩，口沿下对三角纹，颈中部连续回纹，其下一道锯齿纹，肩上部一圈动物纹，肩下部变形双勾纹，腹中部连续回纹，腹下部竖向变形蜥蜴纹几组。标本：民和核桃庄（见于《文物考古工作三十年》图版拾肆，5）。

Ⅴ式：喇叭口，细长颈，溜肩，斜直腹，平底。复彩构图，口沿下斜向重线纹，颈部几组细线条带纹，肩上部一圈变形飞鸟纹，肩下部双线三角纹，其下一圈垂帐纹，腹中部一道条带纹，腹下部竖向三线纹和竖向变形 S 形纹各几组。标本：民和核桃庄 MHM 171：1。

Ⅵ式：喇叭口，束颈，溜肩，圆鼓腹，小平底。复彩构图，颈中部一组条带纹，中间构成连续小菱格纹，肩上部两组双线条带纹，中间为重线三角纹，其下为一圈变形 S 形纹，腹中部为二组双线条带纹，中间为重线三角纹，腹下部竖向三线纹与连续 S 形纹各几组。标本：永靖韩家咀 KG6：011。

Ⅶ式：喇叭口，束颈，溜肩，圆鼓腹，腹大径下移，双腹耳位置下移，平底。复彩构图，颈上部几道条带纹，颈中部一圈变形勿字形纹，颈下部二道条带纹，中间为重线对三角纹，腹中部二道条带纹，中间为一圈变形勿字形纹。标本：东乡崖头 126。

肩耳罐，依变化可分为 3 式。

Ⅰ式：直口，直颈，圆鼓腹，圜底，双耳位于肩下部。单一黑彩，口沿下宽带，肩及腹上部竖向条带纹几组。标本：永靖马路塬（84YM 残 M）。

Ⅱ式：直口，直颈，圆鼓腹，小平底，双耳位于肩中部。标本：永靖盐场 74KG15：154（16045）。

Ⅲ式：敞口，束颈，颈部变短，圆鼓腹，小平底，双耳位于肩上部。红衣黑彩，肩及腹上部连续两列涡纹。标本：永靖韩家咀 KG6：06。

圆腹罐，依变化可分 3 式。

Ⅰ式：微敞口，束直颈，圆肩腹，平底。单一黑褐彩，颈部细线网格纹，肩上部连续三角纹，肩下部连续细线编织纹。标本：永靖盐场 74KG15：177（16068）。

Ⅱ式：敞口，束颈，圆鼓腹，小平底。红衣黑彩，颈部竖向三线纹几组，肩部二道条带纹，中间为一圈勿字形纹，腹部连续涡纹。标本：东乡唐汪川

KG12：03。

Ⅲ式：敞口，束颈，溜肩，圆鼓腹，平底。红衣黑彩，颈部竖向双线纹几组，肩部一道条带纹，其下一道水波纹，腹部连续涡纹。标本：核桃庄拱北台 H1：4。

钵，依形态差异分四型。

A 型：无耳，依变化分 5 式。

Ⅰ式：直口，颈部不明显，圆折腹，腹较深，圜底。标本：临夏莲花台 LLM11：3。

Ⅱ式：直口，短直颈，折腹，腹部变浅，圜底近平。单一黑彩，颈部三道条带纹，肩部对三角纹。标本：洮沙四时定 K57345。

Ⅲ式：直口，短直颈，口径变大，折腹，平底。单一黑彩，口沿下宽带，肩部连续三角纹，其下一道条带纹。标本：民和中川史瓜拉采集品（见于《青海考古学会会刊》1982 年 4 期第 21 页图五，3）。

Ⅳ式：敞口，曲腹，小平底，腹部较浅。标本：永靖张家咀 H171：7。

Ⅴ式：敞口，曲腹，平底，腹部加深。器壁内施红陶衣。标本：永靖瓦渣咀 H146：5。

B 型：双横耳，依变化可分 6 式。

Ⅰ式：敛口，圆鼓腹，腹较深，圜底。通体绳纹。标本：临夏莲花台 M18：2。

Ⅱ式：微敛口，圆腹，腹部变浅，圜底。标本：临夏孔家寺采集品。

Ⅲ式：直口，颈部不明显，圆鼓腹，圜底近平。单一黑彩，肩及腹上部两列连续三角纹，中间为一圈 Z 形纹，腹中部两道条带纹。标本：洮沙四时定 K5661S。

Ⅳ式：直口，短直颈，折腹，平底。单一黑彩，颈部三道条带纹，肩及腹上部连续重线对三角纹，其下为连续重线编织纹。标本：永靖盐场 74KG15：101（15992）。

Ⅴ式：敞口，曲腹，小平底。腹上部施红陶衣。标本：东乡唐汪川 KG12：014。

Ⅵ式：敞口，束颈，圆腹，腹部加深，平底。标本：核桃庄拱北台

H1：5。

C型：双提耳，依变化可分5式。

Ⅰ式：敛口，圆鼓腹，圜底，腹部较深，通体绳纹。标本：民和山家头M32：3。

Ⅱ式：微敛口，圆腹，圜底，腹部变浅。单一黑彩，腹部四道条带纹。标本：民和核桃庄MHM342：2。

Ⅲ式：直口，颈部不明显，圆腹，圜底近平。标本：永靖盐场74KG15：163（16054）。

Ⅳ式：敞口，曲腹，小平底，腹部较浅。标本：永靖张家咀H134：5。

Ⅴ式：敞口，曲腹，平底。腹部加深。标本：永靖张家咀T13：3。

D型：双鋬耳，依变化可分6式。

Ⅰ式：敛口，圆鼓腹，圜底，鋬耳位于口沿下。通体绳纹。标本：民和山家头M15：2。

Ⅱ式：微侈口，颈部不明显，圆鼓腹，小底微内凹，双鋬耳下移至肩部。标本：永靖黑头咀H163：1。

Ⅲ式：微敞口，直颈，颈部略加长，圆折腹，小平底，双耳位于腹上部。单一黑彩，口沿下宽带纹，肩部对三角纹，腹下部竖向双线纹和折线纹各几组。标本：永靖盐场74KG15：113（16004）。

Ⅳ式：微敞口，束颈，折腹，内凹底，双耳位于腹上部。单一黑彩，口沿下宽带纹，肩部对三角纹。标本：永靖盐场74KG15：83（15974）。

Ⅴ式：敞口，曲腹，小平底，双耳位于腹中部。标本：永靖张家咀H174：1。

Ⅵ式：敞口，斜直腹，平底，双耳位于腹中部。复彩构图，口沿下连续变形飞鸟纹。标本：永靖张家咀H63：2。

鬲，依形态差异分为二型。

A型：乳状袋足，依变化可分3式。

Ⅰ式：直口，直颈，颈部较长，袋足较深，实足跟较长。通体细绳纹。标本：永靖黑头咀H163：2。

Ⅱ式：直口，直颈，颈部变短，三袋足尖部外撇，鬲裆变低。通体绳纹。

标本：永靖王源王家坡村采集品（现存临夏州博物馆）。

Ⅲ式：微敞口，束颈，颈部较短，三袋足外撇，实足跟变短，鬲裆较低。裆部饰附加堆纹泥条。标本：永靖姬家川 H14：5。

B型：高领分裆，依变化可分4式。

Ⅰ式：喇叭口，束颈，颈部较长，三足微外撇，实足跟较短。标本：永靖采集品（现存永靖县文化馆）。

Ⅱ式：喇叭口，束直颈，颈部略变短，三足外撇，实足跟较短。标本：永靖张家咀 T66：2。

Ⅲ式：敞口，束颈，颈部继续变短，三足微内收，实足跟变长。标本：永靖瓦渣咀 T23：5。

Ⅳ式：微敞口，短颈，三足内收，足尖外撇，实足跟较长。标本：核桃庄拱北台 H1：8。

豆，单提耳，依变化可分3式。

Ⅰ式：豆盘略曲腹，腹较深，盘深与柄高约相等，豆柄喇叭口。红衣黑彩，柄下部连续涡纹。标本：永靖张家咀 H20：3。

Ⅱ式：豆盘略折腹，盘腹变浅，柄高大于盘深，豆柄喇叭口。红衣黑彩，盘内沿连续弧线纹，盘内中心勿字形纹，柄部连续涡纹。标本：东乡唐汪川 KG12：016。

Ⅲ式：豆盘平沿，浅腹，盘底近平，豆柄筒状，柄高大于盘深。标本：核桃庄拱北台 H1：2。

依据上述分型、分式的标准，我们将已知的辛店文化各地点发现的陶器全部进行归类排比，经过检验，确知各地点发现的各类器形的变化情况基本都符合上述变化序列。但是，要确定这一变化序列的早晚顺序，则需要以确凿的地层关系为依据。为此，我们把属于同一典型地层单位的陶器进行共存关系的分析，结果如表1所示，在34组有2件以上标型器物的地层单位中，没有发现各类器形序列倒置或共存关系混乱的例证。整理表1，可得到如表2的组合关系现象。

表 1　辛店文化典型地层单位陶器共存关系表

典型单位 \ 器类·分型·分式	双耳罐 A	B	C	D	E	腹耳壶	肩耳罐	圆腹罐	钵 A	B	C	D	鬲 A	B	豆
民和山家头 M15	I											I			
民和山家头 M32	I			I							I				
民和山家头 M22	I														
临夏莲花台 M15						I									
临夏莲花台 M17	I	I													
临夏莲花台 M18			I							I					
临夏莲花台 M11	II								I						
临夏莲花台 M13	II			III											
临夏莲花台 M12			III			III						III			
临夏莲花台 M10			III 2			III									
临夏莲花台 M6			III			IV									
临夏莲花台 M8		III	IV			IV									
临夏莲花台 M7			IV	IV											
临夏莲花台 M9		III	IV			IV									
临夏莲花台 M3			IV			IV									
临夏莲花台 M2			IV			IV									
临夏莲花台 M1		III	III			III									
临夏莲花台 M14	?					III									
乐都柳湾 M1196	II 3					II 2									
永靖姬家川 H8		III				III		IV							
永靖姬家川 H13	III					III							II		
永靖黑头咀 H163													II	I	
永靖黑头咀 H118			V			V									
永靖黑头咀 H144						V			V						

续表

器类／分型／分式／典型单位	双耳罐					腹耳壶	肩耳罐	圆腹罐	钵				鬲		豆
	A	B	C	D	E				A	B	C	D	A	B	
永靖黑头咀 H171									V 2						
永靖黑头咀 H20			V												I
东乡崖头 M2			VI				III								
民和簸箕掌石棺墓	II						II								
民和核桃庄 M44			IV				IV								
民和核桃庄 M194			IV				IV								
民和核桃庄 M171			V				V								
民和核桃庄 M235		IV	IV				IV								
民和核桃庄 M242			IV				IV								
民和核桃庄拱北台 H1			VII					III		VI				IV	III

注：罗马字母后边的阿拉伯数字表示件数。

A Ⅰ 式双耳罐与 B Ⅰ 式、E Ⅰ 式双耳罐，C Ⅰ、D Ⅰ 式钵有共存关系，D Ⅰ 式双耳罐与 B Ⅰ 式钵共存，我们把它们划为第一段。

A Ⅱ 式双耳罐与 Ⅱ 式腹耳壶、A Ⅰ 式钵共存，我们把它们划为第二段。

A Ⅲ 式双耳罐与 Ⅲ 式腹耳壶、A Ⅱ 式鬲有共存关系，Ⅲ 式腹耳壶与 C Ⅲ 式双耳罐、D Ⅲ 式钵有共存关系，我们把它们划为第三段。

Ⅳ 式腹耳壶与 C Ⅳ 式、B Ⅲ 式双耳罐有共存关系，C Ⅳ 式双耳罐与 E Ⅳ 式双耳罐有共存关系。我们把它们划为第四段。

Ⅴ 式腹耳壶与 A Ⅴ 式钵、C Ⅴ 式双耳罐有共存关系，我们把它们划为第五段。

C Ⅵ 式双耳罐与 Ⅲ 式肩Ⅲ罐共存，我们把它们划为第六段。

C Ⅶ 式双耳罐与 B Ⅵ 式钵、B Ⅳ 式鬲、Ⅲ 式豆、Ⅲ 式圆腹罐有共存关系，我们把它们划为第七段。

表 2　辛店文化陶器组合关系表

期别	段别	双耳罐	腹耳罐	肩耳罐	圆腹罐	钵	鬲	豆
山家头期	一段	AⅠ、CⅠ、DⅠ、EⅠ				BⅠ、CⅠ、DⅠ		
	二段	AⅡ、BⅠ、CⅡ、DⅡ、EⅡ	Ⅱ			AⅠ、BⅡ、CⅡ、DⅡ	AⅠ	
姬家川期	三段	AⅢ、BⅡ、CⅢ、DⅢ、EⅢ				AⅡ、BⅢ、CⅢ、DⅢ	AⅡ	
	四段	AⅣ、BⅢ、CⅣ、DⅣ、EⅣ	Ⅳ		Ⅰ	AⅢ、BⅣ、DⅣ	AⅢ、BⅠ	
张家咀期	五段	BⅣ、CⅤ	Ⅴ			AⅣ、CⅣ、DⅤ	BⅡ	Ⅰ
	六段	BⅤ、CⅥ、DⅤ	Ⅳ	Ⅲ	Ⅱ	AⅤ、BⅤ、CⅤ、DⅥ	BⅢ	Ⅱ
	七段	BⅥ、CⅦ、DⅥ	Ⅶ		Ⅲ	BⅥ	BⅣ	Ⅲ

　　将各型式的组合关系情况进行归纳，结果如表2，其中一、二段器形均为山家头类遗存，可称之为山家头期；三、四段器形变化较多，主要为姬家川类遗存，可称之为姬家川期；五、六、七段器形变化也较多样，基本包括了原称为张家咀类遗存、唐汪式陶器、上孙家寨类型的主要器类变化，我们称之为张家咀期。这样一来，我们可以把辛店文化的整体序列划分为三期七段遗存，各典型地层单位的分期情况见表3。

　　各期遗存的陶器特征表述如下：

山家头期

　　一段：主要器形为绳纹双耳罐、双大耳罐、高领圆腹双耳罐、高领折腹双耳罐、腹耳壶、肩耳罐、双横耳钵、双鋬耳钵等。壶罐类器形均为圆鼓腹，直口，直颈，口沿外多饰附加堆纹泥条花边。钵类器形均为敛口、深腹。各类器形皆圜底，通体细绳纹。彩陶为单一黑彩或黑褐彩，主要施于罐类器形，构图纹样为连续三角纹、连续斜线网格纹、交错T字形纹等。

　　二段：主要器形同一段，新出现有大口双耳罐、无耳钵、乳状袋足鬲等器形。壶罐类直口、高领、圆鼓腹，圜底近平或小底微内凹。钵类微敛口，有的出现不明显的短颈，圆腹或圆折腹，圜底近平或小底微内凹。鬲直口，高领，袋足丰满，实足跟较长。彩陶已见于各类器形之上，主要为单一黑彩构图，花纹母题为连续三角纹、连续网格纹、交错 T 字形纹、重线三角纹、重线编织纹等。

姬家川期

三段：基本器形同前。壶罐类口部微敞，颈部变短，圆腹或圆折腹，内凹底。钵类直口，短直颈，内凹底或圜底近平。鬲直口，颈部变短，三袋足尖部外撇。彩陶为单一黑彩，构图纹样主要为宽带纹、连续回纹、双勾纹、连续对三角纹、条带纹等。

四段：基本器形同前段，新见有圆腹罐。壶罐类敞口，束颈或束直颈，圆腹或折腹，内凹底，也见有部分小平底。钵类微敞口，直颈，折腹，内凹底或平底。鬲敞口，束颈，三足外撇，足尖变短。此段出现高领分裆鬲，喇叭口，束长颈，三足下垂，实足跟较短。彩陶主要为单一黑彩，也见有部分复彩风格构图。构图纹样基本同前段，但变化较多，常见在构图空白处用 S 形纹、勹字纹、小动物纹补白，双勾纹变化复杂，多在中间两勾相连处加画 V 形构成菱格形纹样。

表 3　辛店文化典型地层单位分期表

期别 \ 段别 \ 单位		遗址	墓葬
山家头期	一段		民和山家头 M15、M32、M5
			临夏莲花台 M15、M18
	二段	永靖孔家寺遗址	民和山家头 M33、M22、M27
		永靖黑头咀 H163、H182	临夏莲花台 M17
			柳湾 M1196、M1244
			民和核桃庄 M342、M279
			民和簸箕掌石棺墓

期别 \ 段别	单位	遗址	墓葬
姬家川期	三段	洮沙四时定遗址	临夏莲花台 M11、M13、M12、M14、M16
		永靖黑头咀 H177、H194	M10
		姬家川 H29、H23、H6、H13	
		永靖马路塬 H9、H35	
	四段	永靖姬家川 H8、H10、H27、H14	临夏莲花台 M1、M2、M3、M4、M5、M6
		永靖黑头咀 H212、H193	M7、M8、M9
			民和核桃庄 M194、M242、M105、M103、M298、M238、M218、M172
张家咀期	五段	永靖瓦渣咀 H2	民和核桃庄 M171、M235
		永靖张家咀 H20、H171、H174、H134、H118、H144、H141	东乡崖头 M3
		姬家川 H28	
	六段	永靖张家咀 H63	民和核桃庄 M256、M334、M343、M259
		永靖瓦渣咀 H146	东乡崖头 M1、M2
		永靖韩家咀采：06、011	
		唐汪川山神采：010、016	
	七段	民和核桃庄拱北台 H1	大通上孙家寨 M1043
			东乡崖头采：126

张家咀期

五段：器形有较大变化，绳纹双耳罐、高领折腹双耳罐、乳状袋足鬲等器形消失，新出现有单提耳豆、三足小鼎、三足双大耳罐等器形。壶罐类喇叭口，束颈，溜肩，圆腹或圆鼓腹，平底。钵类敞口，曲腹，腹较浅，小平底。高领分裆鬲敞口，束颈，颈部变短。豆盘敞口，曲腹，柄高与盘深相等。彩陶均为复彩构图，即先以红色作底，然后在涂红彩部位绘黑彩纹样。构图纹样主要为多组细线条带纹，在相间部位填绘重线三角纹、连续垂帐纹、连续变形鸟纹、变形 S 形纹、竖向连续 S 形纹等，常见以小太阳纹等补白。

六段：基本器形同于五段。壶罐类喇叭口，束颈，溜肩或圆肩，圆腹或圆鼓腹，平底，双大耳罐双耳向下加长。钵类敞口，曲腹，腹部加深，平底。高领分裆鬲微敞口，束颈，三足缩小。豆盘敞口，腹变浅，柄高大于盘深，豆柄喇叭口形。彩陶主要为通体施红陶衣后绘黑彩，也见有部分复彩构图。构图纹样主要为各种连续涡纹，也见有细线条带纹、重线三角纹、变形勿字形纹、变形 S 形纹等。

七段：器形种类减少，新见有四耳圆腹罐等器形。壶罐类喇叭口，束颈或细长颈，溜肩或圆肩，圆腹或圆鼓腹，平底。钵敞口，曲腹，腹部加深。高领分裆鬲微敞口，束直颈，三足缩小，实足跟加长。豆平沿，浅盘，筒状高柄。双大耳罐、腹耳壶、双横耳钵等器形双耳位置明显下移。彩陶大多数为红衣黑彩，各种涡纹构图，还见有部分变形鸟纹、变形勿字形纹样等，主要见于壶罐类器形。

关于辛店文化三期遗存的相对年代关系，目前还没有直接的地层关系给以证明，但我们可以借助一些间接的地层关系加以论证。

在山家头墓地 M15 中发现有辛店文化山家头期一段的 A I 式双耳罐、D I 式钵与齐家文化晚期的双大耳罐共存的现象，表明山家头期一段与齐家文化晚期阶段的年代应比较接近。在拱北台 H1 中所出的 CVII 式双耳罐等器形，在大通上孙家寨墓地发掘中多与卡约文化晚期阶段器物共存，如上孙家寨 M1043，这表明辛店文化张家咀期七段的年代应与卡约文化上孙类型晚期年代比较接近。在核桃庄墓地发掘中，更是已经证明"张家咀类型晚于山家头类型"[①]。这样我们可以肯定，辛店文化的山家头期早于张家咀期。但从这两期遗存各自的文化特征方面，还不能肯定它们有直接的演变关系。我们认为，在山家头期遗存与张家咀期遗存之间存在着明显的缺环，前者不能直接发展为后者。

在临夏莲花台墓地，永靖盐场墓地等地都发现山家头期遗存与姬家川期遗存共存一地的现象。从陶器演变关系分析中可以看出，姬家川期的多数器形与山家头期器形有较密切的联系，特别是山家头期二段与姬家川期三段遗

---

① 格桑本、陈洪海：《试析甘肃临夏莲花台辛店文化墓葬》，《青海文物》1988 年 1 期。

存之间往往有共存现象。我们认为，姬家川期遗存与山家头期遗存有直接的逻辑演变关系，二者之间不存在明显的缺环，山家头期早于姬家川期。

在民和核桃庄墓地等地发现有姬家川期遗存与张家咀期遗存共存一地的现象。虽然在核桃庄墓地已发现两类遗存有打破关系的例证，但没见有两类遗存的陶器共出于一个典型地层单位的报道。目前，还没有发现姬家川类遗存与唐汪式陶器共存一地的典型地点，说明姬家川期遗存仅仅与张家咀期较早阶段的遗存关系比较密切。从陶器的排比分析中也可发现，姬家川期的 B型、C 型、D 型双耳罐、腹耳壶、肩耳罐、圆腹罐等器形与张家咀期的同类型器物有明确的逻辑发展关系。我们认为，姬家川期遗存与张家咀期遗存不是共存关系，而是发展关系，姬家川期早于张家咀期。

根据上述认识，我们可以肯定，辛店文化的存在和发展顺序经历了山家头期、姬家川期、张家咀期三个发展阶段。

辛店文化存在的绝对年代，可以根据已有的 ¹⁴C 测定数据加以限定，可供参考的数据有如下一些：

（1）84YH9，木炭，BP 3170±95，经树轮校正为 BP 3365±155；

（2）84YMH35，木炭，BP 3000±100，经树轮校正为 BP 3160±180；

（3）80MHM256，BP 2940±100，经树轮校正为 BP 3085±80。

其中数据（1）、（2）标本采自永靖马路塬遗址，该遗址发掘所获材料属姬家川期第三段。数据（3）标本采自核桃庄 M256，该墓出土陶器属张家咀期第六段。

另外，在青海省发现的卡约文化遗存中，也有一些墓葬出有所谓的唐汪式陶器，如阿哈特拉山 M158：1 双大耳罐与民和核桃庄拱北台 H1 所出的 C Ⅶ式双耳罐形制基本相同。阿哈特拉山 M158 的 ¹⁴C 测定数据为 BP 2710±100，经树轮校正为 BP 2800±140，可知拱北台 H1 所代表遗存的年代也应为BP 2800±140 年前后。

上孙家寨墓地出有唐汪式陶器，经 ¹⁴C 测定年代的墓葬有 3 个：

（1）DSM333，BP 2940±90，经树轮校正为 BP 3085±120；

（2）DSM989，棺板，BP 2500±80，经树轮校正为 BP 2545±90；

（3）DSM979，棺板，BP 2580±80，经树轮校正为 BP 2640±130。

这 3 座墓中出的唐汪式陶器我们还无缘得见，所以很难准确判定其与辛店文化分期的对应关系。据对卡约文化的研究表明，上孙家寨 M333 应属上孙家寨七期分期中的第六期早段[①]，显然它还不是最晚的遗存。至于 M989、M979 所反映的年代偏晚的问题，我们将在后面给以讨论。

分析上述 ^{14}C 年代数据，我们可以看出，姬家川期遗存存在的时间约为距今 3400—3100 年前后，张家咀期遗存存在的时间约为距今 3100—2800 年前后。显而易见，山家头期遗存存在的时间至迟不晚于距今 3400 年前后。齐家文化晚期遗存，据乐都柳湾 M392 的 ^{14}C 测定年代为距今 3865±155（经树轮校正），考虑到山家头期一段遗存晚于齐家文化晚期遗存的年代，那么，整个辛店文化存在的时间约从夏代晚期一直延续到西周晚期。

四、辛店文化的来源问题

在我们讨论山家头期遗存的年代问题时，已经注意到了山家头期一段遗存与齐家文化晚期遗存之间关系比较密切，现在我们可以把二者的相似因素加以分析比较。

山家头墓地的 M15 中发现辛店文化 AⅠ式双耳罐、DⅠ式钵与齐家文化晚期的双大耳罐共存，在 M5 中发现了属于辛店文化早期风格的双耳圆腹圜底罐与齐家文化的堆纹口沿罐、平底敛口钵共存，在 M4 中，则发现了堆纹口沿罐、双大耳罐、平底敛口钵等器形同出一墓的现象，显然，此墓性质应属齐家文化晚期遗存，而 M15、M5 的年代也应与 M4 十分接近。

类似的情况在其他一些地点也有发现。如广河齐家坪墓地也有双耳圆腹圜底彩陶罐与其他齐家文化器形共出的现象。在临夏枹罕瓦窑头、榆中县等地的采集品中，也见有这种双耳圆垂腹圜底彩陶罐。

把山家头墓地的材料和其他地点的发现综合起来加以分析，我们有理由认为，辛店文化山家头期第一段的遗存应该是来源于齐家文化晚期遗存，这种继承关系表现在陶器方面的特点是器表一般通体饰细绳纹，口沿部饰附加堆纹泥条花边，一般以双耳罐、腹耳壶、单耳罐、钵等为基本器类，彩陶纹

---

① 俞伟超：《关于"卡约文化"和"唐汪文化"的新认识》，《先秦两汉考古学论集》，文物出版社，1985 年。

样中的连续三角纹构图等文化因素。但是，辛店文化早期遗存器形普遍为圜底这一特征，不能从齐家文化因素中找到认同，也不能从其他早于辛店文化的遗存因素中找到解释。因此，就目前材料所反映的现象，应该将这一文化特征，看作是产生于辛店文化自身新出现的文化因素。

有的研究者在探讨辛店文化彩陶的渊源关系时认为，辛店文化的彩陶形成过程中，接受了来自马厂类型遗存的影响。[1] 这种看法目前具有一定的代表性，但就陶器本身来说，还找不到由马厂类型演变为辛店文化早期类型的典型器类。在甘肃西部地区，马厂类型遗存存在的时间很长，与齐家文化在时间上、地域上都曾存在广泛的联系，这种联系的结果，使齐家文化晚期遗存中彩陶的数量和器类都明显有所增加，在乐都柳湾墓地，这种现象表现得十分突出。因此，我们是否可以认为，在辛店文化早期遗存彩陶中的部分马厂彩陶因素成分，实际应是齐家文化和马厂类型遗存共同影响的结果。这样一来，我们就可以说辛店文化是受齐家文化较大影响而形成的地方色彩相当浓厚的文化遗存。我们不讲齐家文化直接发展为辛店文化，是因为当我们探讨寺洼文化、卡约文化的来源问题时，一般认为这两种文化也应主要来源于齐家文化的某些文化因素。显然，齐家文化的向后发展，不仅影响了辛店文化，而且还可能影响了寺洼文化、卡约文化等，这种受一支主要文化影响发展为几支地方特点非常突出的文化的多元化发展模式，在甘青地区的古文化发展中表现得非常典型，这种主动或被动的吸收、影响，甚至分化发展现象的直接动力是什么？有待我们今后继续深入探讨。

五、辛店文化与周围地区文化的关系问题

1. 辛店文化与卡约文化的关系问题

近年来对卡约文化的研究表明[2]，卡约文化可分为两个地方类型，主要分

---

[1] 南玉泉：《辛店文化序列及其与卡约、寺洼文化的关系》，《考古类型学的理论与实践》，文物出版社，1989 年。

[2] 俞伟超：《关于"卡约文化"和"唐汪文化"的新认识》，《先秦两汉考古学论集》，文物出版社，1985 年。

布于循化等黄河沿岸地区的阿哈特拉类型和主要分布于湟水流域的上孙家寨类型之间，虽多有不同，但有一点是共同的，阿哈特拉类型从第五期开始，上孙家寨类型从第六期开始，都普遍出现了所谓的唐汪式陶器。而唐汪式陶器，在辛店文化中也是到张家咀期第六段左右才开始出现。这样，在讨论辛店文化与卡约文化的关系问题时，实际上是在讨论所谓的唐汪式陶器的文化属性问题。辛店文化早期遗存和卡约文化早期遗存无论在文化面貌方面，还是主要分布地域等方面，都有显著的差别。目前对这两种文化的研究，已经能够排出它们各自的发展演变序列，研究表明，二者在早期、中期发展阶段，是同时并存的两支文化遗存。关于这一点，我们在此不多作论证，现仅就晚期阶段这两支文化的关系问题，做一番考察。

在已发表的阿哈特拉山类型的陶器分期研究成果中[1]，第五期第七段出现的唐汪式陶器，器形主要为双大耳罐和一种小口鼓腹双耳罐，这两种器形与前面的卡约文化第一至四期遗存的主要器形相比较，显然缺乏符合逻辑的演变关系，只能看作是一种新出现的文化因素。

"至于湟水流域的唐汪式遗存，据上孙家寨的早期阶段墓（第五期），双大耳罐多数是通体灰黑，没有彩绘，红陶的大口双耳罐也不见彩绘，而唐汪式的旋涡纹彩陶，只是到再晚一期（第六期）才大量流行。这又进一步说明，直到唐汪阶段，彩陶还是先在黄河沿岸地带发达起来的。"[2] 这也就是说，上孙家寨类型中的唐汪式彩陶因素，有可能来自黄河沿岸地区。如果拿卡约文化中的唐汪式陶器与辛店文化中的唐汪式陶器进行比较，那么可以发现，在阿哈特拉类型中，有相当于辛店文化分期中张家咀期第六段的遗存，如阿哈特拉山 M33，在民和边墙村也发现过类似的遗存。[3] 在上孙家寨类型中，则主要是相当于辛店文化张家咀期第七段的遗存，另如互助县张卡山等地所见，也属相同的遗存。在上孙家寨类型中所见的唐汪式陶器的器形，仍然以双大耳罐为主，另见有高领圆腹双耳罐、双耳桶状杯、双腹耳小壶等器

① 俞伟超：《关于"卡约文化"和"唐汪文化"的新认识》，《先秦两汉考古学论集》，文物出版社，1985年。
② 俞伟超：《关于"卡约文化"和"唐汪文化"的新认识》，《先秦两汉考古学论集》，文物出版社，1985年。
③ 青海文物考古队编：《青海彩陶》，文物出版社，1980年，图版170。

形。① 此外，¹⁴C 测定数据表明，上孙家寨墓地 M979、M989 棺板的年代分别为 BP2640±130 年、BP2545±90 年（均经树轮校正）。这两个数据显然晚于其他地点含有唐汪式陶器墓葬的年代，由此可以认为，上孙家寨类型遗存中的唐汪式陶器类文化因素，有一部分年代比较晚，延续的时间相对较长。

从前面对辛店文化的分期研究中可以看出，辛店文化的三期七段遗存，有着顺序演变的逻辑发展关系，其中第六段开始出现的唐汪式陶器与前面的各期遗存相比，在 B 型、C 型、D 型双耳罐，腹耳壶，肩耳罐，圆腹罐，A 型、B 型、C 型、D 型钵，B 型分裆鬲，豆等众多典型器形演变关系上，有密切的逻辑发展序列，唐汪式陶器与辛店文化乙组陶器往往共存一地的现象，也反映了二者的关系密不可分。因此，我们认为，所谓唐汪式陶器，是产生于辛店文化晚期的一种新的文化因素，随着辛店文化向西的发展，辛店文化与卡约文化发生了密切接触，卡约文化中的唐汪式陶器因素，应是来自于辛店文化的传播影响所致。在辛店文化趋于消亡时，卡约文化中的唐汪式陶器因素仍得以继续发展了相当长的一段时间，并产生了一些新的变化。有的研究者提到在上孙家寨最晚期——第七期仍见有唐汪式彩陶和辛店乙组共存的现象。② 目前我们尚未得知这些共存陶器的器形特点，不清楚它们的层位关系，所以在此姑且不论。

2. 辛店文化与寺洼文化的关系

目前对寺洼文化早期类型遗存的研究还不充分，一般认为，主要分布于洮河流域的寺洼山类型遗存的年代要早于分布于泾河、渭河及西汉水流域的其他类型的遗存。③

辛店文化与寺洼文化在早期阶段虽然同样分布于洮河流域中下游地区，但目前还没有发现二者存在于同一个遗址的现象，有的研究者注意到了辛店

① 青海文物考古队编：《青海彩陶》，文物出版社，1980 年，图版 171—174、185。
② 俞伟超：《关于"卡约文化"和"唐汪文化"的新认识》，《先秦两汉考古学论集》，文物出版社，1985 年。
③ 水涛：《关于当前寺洼文化研究的几个问题》，《西北史地》1989 年 4 期。

文化与寺洼文化的分布面似乎有一条明确的界限。^①寺洼山类型遗存存在的时间，据研究者推测，应在商代早期至中期阶段^②，辛店文化较早期遗存存在的时间，也在这一阶段。凡此种种，使我们有理由相信，辛店文化发展到姬家川期——即辛店文化中期阶段，与寺洼文化是时代上相同、地域上相邻、各自独立发展的文化遗存。二者之间的文化影响作用，往往表现得不十分突出，这或许与它们各自的发展方向不同有关，辛店文化向西发展中与卡约文化发生了密切的联系，而寺洼文化向东发展中，与周文化有一定的接触和联系。

辛店文化与寺洼文化的联系仅仅表现在个别器形的相似方面，如单马鞍形口双耳罐、乳状袋足分档鬲等，但这种相互间的影响并未导致这两种文化各自基本文化特征的改变，更不可能产生某种明显的替代作用和承继关系。

3. 辛店文化与先周文化的关系

在研究探讨先周文化来源问题时，有的学者提出了先周文化的来源因素中有一部分应来自于西北地区的辛店、寺洼文化的某些文化因素的观点^③，后来在进一步阐述这种观点时，又明确指出，这些来自于辛店文化的因素，主要是指如高领乳状袋足鬲、双耳罐、单耳罐、腹耳罐（壶）以及偏洞室墓和棺外置石块等文化因素^④。有的研究者把辛店文化（特指姬家川类遗存）与先周文化进行陶器排比，分为同一文化的四个类型，依发展关系分别称为辛店文化姬家川类型、石咀头—晁峪类型、刘家类型、斗鸡台类型，认为各类型的不同特征体现了不同的发展阶段，认为辛店文化于甘肃西部向东发展，与寺洼文化发生关系，互相融合发展，对先周文化石咀头—晁峪类型和刘家类型发生影响，共同形成先周文化。^⑤并在最近的文章中，仍然认为，辛店文化最

---

① 南玉泉：《辛店文化序列及其与卡约、寺洼文化的关系》，《考古类型学的理论与实践》，文物出版社，1989 年。
② 水涛：《关于当前寺洼文化研究的几个问题》，《西北史地》1989 年 4 期。
③ 邹衡：《论先周文化》，《夏商周考古学论文集》，文物出版社，1980 年。
④ 邹衡：《再论先周文化》，《周秦汉唐考古与文化国际学术会议论文集》，《西北大学学报》增刊，1988 年 18 卷。
⑤ 卢连成：《扶风刘家先周墓地剖析——论先周文化》，《考古与文物》1985 年 2 期。

有可能是先周文化的母体。① 显然，后一种对先周文化来源问题的认识，与我们对辛店文化的研究颇多抵触，在此有继续讨论的必要。

对先周文化的研究表明②，它的构成因素主要有两种来源，一种是以长方体瘪裆鬲为代表的姬周文化因素，一种是以高领乳状袋足鬲为代表的姜戎文化因素（也称作姜炎文化）。目前学术界一般倾向于把扶风刘家墓地的遗存看作是姜戎系统文化的典型代表性遗存，"这一墓地的上限年代应该晚于商王武丁时代，或相当殷墟文化第二期第三组"③。

早于刘家墓地的含高领乳状袋足鬲的遗存，近年已在宝鸡等地有所发现。④ 在石咀头、晁峪等地点发现的高领乳状袋足鬲，虽然还没有明确的地层关系和¹⁴C测定年代给以限定，但从类型学上观察，其形态早于刘家墓地的同类器形这是可以基本肯定的。有的研究者据此进一步溯源，认为石咀头—晁峪类型的直接前身即是辛店文化的姬家川类型。⑤ 这样的推论，目前还难以令人接受。

石咀头—晁峪类型遗存的基本器类有双耳高领袋足鬲、无耳高领袋足鬲、双耳罐、单耳罐、腹耳壶等几类，我们把它们与辛店文化同类器形比较后，发现二者的确有许多相似之处，但在年代上可能还需再做划分。如石咀头—晁峪类型的Ⅰ式单耳罐（标本7），微敛口，直颈，圆鼓腹，圜底，作风接近民和山家头 M33∶1 号单耳罐，唯前者耳较宽大，接近齐家文化陶器的风格；Ⅰ式双耳罐（标本14），微敛口，短直颈，圜底，口沿花边，作风接近民和山家头 M32∶1、M22∶1 号双耳罐；Ⅰ式腹耳壶（罐），微敞口，直颈，圆肩腹，圜底，口沿花边，作风接近乐都柳湾 M1196∶5 号腹耳壶。如果上述类比关系成立，则石咀头—晁峪类型中Ⅰ式双耳罐、Ⅰ式单耳罐、Ⅰ式腹耳壶等器形所代表遗存的年代应相当于辛店文化山家头期第一段到第二段这一时期。这组以直颈、圆鼓腹、圜底为主要特征的陶器，显然不应由辛

① 卢连成：《先周文化刍论（摘要）》，《周秦汉唐考古与文化国际学术会议论文集》，《西北大学学报》增刊，1988年18卷。
② 邹衡：《再论先周文化》，《周秦汉唐考古与文化国际学术会议论文集》，《西北大学学报》增刊，1988年18卷。
③ 邹衡：《再论先周文化》，《周秦汉唐考古与文化国际学术会议论文集》，《西北大学学报》增刊，1988年18卷。
④ 卢连成：《扶风刘家先周墓地剖析——论先周文化》，《考古与文物》1985年2期。
⑤ 卢连成：《扶风刘家先周墓地剖析——论先周文化》，《考古与文物》1985年2期。

店文化姬家川类遗存发展而来。石咀头—晁峪类型Ⅰ式高领袋足鬲共有3件标本，其中标本2、标本9耳面饰锥刺纹及X形划纹，器身饰细泥条蛇纹的作风，均不见于辛店文化陶鬲之上。耳面上沿与口沿齐平的特征也不为姬家川类陶鬲所具有。标本8虽然比其他几件更接近姬家川类型陶鬲的造型特点，但其耳面饰几排锥刺纹的特征仍然说明它与其他器物属同一类文化遗存。除上述几件Ⅰ式陶鬲外，其他如Ⅱ—Ⅳ式高领袋足鬲与辛店文化姬家川类型陶鬲相比差异明显。显然，从总体上看，这批高领袋足鬲与辛店文化陶鬲的差异之处大于相同之处。很难将它们纳入辛店文化陶鬲的系列进行排比。辛店文化高领袋足鬲从早到晚的形态变化特征是颈部由直口、高领，变为敞口、短颈，三袋足由内收变为逐步外撇，足尖由实足跟较长变为实足跟较短。这种变化规律显然不同于由石咀头—晁峪类型陶鬲→刘家类型陶鬲→斗鸡台类型陶鬲所表现的那种变化规律。所以我们认为，石咀头—晁峪类型的乳状袋足鬲的谱系不同于辛店文化姬家川类型陶鬲的谱系，自然更不能由姬家川类型的陶鬲演变而来。最近在扶风壹家堡遗址发现的所谓壹家堡第二期遗存中所具有的乳状袋足鬲与扶风刘家的同类陶鬲非常接近，这类陶鬲据研究者分析可能来源于年代更早的壹家堡第一期遗存中的第四类文化因素。[1]而壹家堡第一期遗存中的第四类文化因素，同样应是石咀头—晁峪类型陶鬲的直接来源所在。尽管目前还很难确认这种器表带蛇纹装饰的陶鬲在陕西关中地区及甘肃东部地区存在的更早的形态特点和文化属性，但是它不属于辛店文化系统则是可以肯定的。

　　石咀头—晁峪类型遗存中所见的以微敛口、直颈、圆鼓腹、圜底为特征的这批陶器，应该说接近或就是辛店文化山家头类型的遗存。由于这批材料多系调查所获，组合关系无法得知。我们认为，上述具有山家头类型特征的遗存应与其他遗存区别开来。这种遗存在宝鸡地区的发现仅仅表明，辛店文化山家头类遗存的分布面，向东不仅可以到达甘肃甘谷、天水一带，而且可以到达宝鸡地区。从地理上看，甘谷、宝鸡同处于渭河谷地，地形变化很小，一种文化遗存沿河流的上游地带顺流向下游方向分布，是一个很自然的现象。从年代上看，辛店文化山家头类遗存存在的时间不会晚于公元前14世

---

[1] 孙华：《陕西扶风县壹家堡遗址分析——兼论晚商时期关中地区诸考古学文化的关系》，《考古学研究》二，北京大学出版社，1994年。

纪，这和对刘家墓地的年代推测在商王武丁之后或相当于殷墟文化第二期第三组之时大约相差一段时间，但是考虑到石咀头—晃峪类型的年代早于刘家墓地的年代，可以认为，山家头类遗存与石咀头—晃峪类型遗存中的圜底类陶器是大约同时代的遗存，只是后者的某些耳面装饰风格，更接近齐家文化陶器的作风。这类陶器到刘家墓地阶段，已有所减少，到斗鸡台类型阶段则基本消失。所以，这种含有辛店文化早期文化因素的陶器，在所谓的姜戎文化系统中，没有占据主导地位，更不能成为其后若干先周文化遗存的主要来源和母体。

从我们对辛店文化与寺洼文化关系的分析中，也可以看出，二者早期阶段在分布地域、文化特征方面虽有一些相似因素，但随着辛店文化的向西发展，寺洼文化的向东、向南发展，二者的一致性趋于消失。因此，不可能出现辛店文化与寺洼文化在甘肃东部地区发生关系、互相渗透融合的状况，当然，也不会有这两支文化的混合体对石咀头—晃峪类型和刘家类型施以影响，共同形成先周文化这样一种假想的发展过程。

目前，在甘肃东部陇山两侧地区，仅见有少量的辛店文化山家头期、姬家川期的遗存，零散陶器可见于各地、县文化馆的收藏之中。关于先周文化的渊源问题，我们认为，从地域来说，它的主要来源因素，应在陕甘两省泾渭流域的大文化，即龙山—齐家文化中去寻找，至于来自辛店、寺洼的因素，最多只是一些影响因素而已。

六、结语

对于辛店文化的整体研究，经过甘青两省多年的调查和发掘工作，已经积累了大量的资料，通过对各地材料的分析比较，对辛店文化自身面貌及与其他文化的关系等若干学术问题的探索，现在终于可以取得一些明确的认识。

辛店文化在各时期各地区的不同遗存，基本可以概括为三个类型的遗存。山家头类型遗存的确认，大大丰富了辛店文化的内涵。唐汪式陶器由于其从不单独存在于一定的时期和一定的地域，更由于它与张家咀类型遗存的关系密不可分，自然在文化属性上等同于张家咀类型遗存，换句话说，唐汪式陶器只是张家咀类型遗存中的一部分陶器。上孙家寨类型由于在文化特性上仍然表现为张家咀类型（包括唐汪式陶器）的许多特点，也可以纳入张家咀类型的范畴。辛店文化三个类型遗存的不同，一方面表现了不同分布地域的不同特点，更主要的是反映了辛店文化不同发展阶段的不同文化特征，依据我们对辛店文化分期的认识，辛店文化顺序经过了山家头期、姬家川期、张家咀期三个发展阶段，经历了夏代晚期、商代、西周这样一个历史时期。辛店文化各时期遗存的分布地域有一些明显的变化，早期的遗存主要分布于黄河、洮河、湟水的交汇地带，但向东的分布可及陇山两侧和渭河中上游地区。姬家川期遗存分布面很广，主要集中于洮河下游及黄河沿岸地带，晚期遗存分布面偏西，逐步深入到湟水流域中上游地区。辛店文化的早期遗存与齐家文化晚期遗存关系十分密切，通过对比研究，可以肯定二者的渊源关系，即辛店文化的来源因素，主要归结为齐家文化晚期遗存的继续分化发展，同时也吸收了同时期马厂类型遗存的部分彩陶文化因素。[①] 辛店文化形成之后，与较后一时期形成的寺洼文化在各方面始终处于同时并存、各自独立发展的状态。晚期阶段向西发展的辛店文化遗存与卡约文化发生广泛的接触，并对卡约文化晚期阶段的彩陶因素产生较大的影响。存在于甘肃东部渭河流域的辛店文化早期遗存，曾与姜戎文化中的早期类型遗存发生接触，但这种联系随着其后阶段辛店文化的向西发展而趋于消失。早期辛店文化遗存并未能对早期的姜戎文化遗存产生深刻的影响，也未改变其文化因素的主导成分，可以肯定，辛店文化不是早期姜戎文化的来源，更不能成为先周文化的母体。

辛店文化的去向目前还不十分明确，辛店文化晚期遗存大量分布于卡约文化分布范围内，在文化特性方面，曾与卡约文化发生广泛的交流，因此我们有理由认为，辛店文化的消亡，应与卡约文化的发展有密切的关系。有的研究者注意到辛店文化晚期遗存中的某些陶器风格类似沙井文化陶器的特点[②]，但二者之间是否确有发展替代关系，目前在甘肃还没有发现任何可以进一步研究的线索。

---

① 关于马厂类型遗存的下限年代，有许多资料表明它一直可以延续到齐家文化晚期阶段，有关马厂类型遗存与齐家文化晚期遗存的相互关系等问题，我们准备另文进行研究。

② 俞伟超：《关于"卡约文化"和"唐汪文化"的新认识》，《先秦两汉考古学论集》，文物出版社，1985 年。

由于对辛店文化产生、发展、消亡全部过程的基本把握，我们可以更进一步地理解和认识整个甘青地区青铜文化的形成、分布、发展、变化的格局结构。我们相信，全面搞清和深刻认识甘青地区青铜时代整体面貌的日子已经不会太远了。

附　录

辛店文化遗址统计表

遗址名称	文化性质	面积（m²）
东乡县		
果园乡冯家山遗址	辛店（姬家川类型）	
唐汪乡葡萄山遗址	辛店	
唐汪乡且村遗址	马厂、齐家、辛店	
唐汪乡活活罗罗遗址	齐家、辛店	
百和乡王家沟遗址	马厂、齐家、辛店（姬家川）	
河滩乡沙坡湾遗址	辛店（姬家川）	
果园乡洒家遗址	辛店（张家咀类型）	
东塬乡白许家遗址	马家窑、齐家、辛店	
赵家乡堡子山遗址	辛店（姬家川）	
董岭乡薛家岭遗址	齐家、辛店（姬家川）	
百和乡阳洼山遗址	齐家、辛店（姬家川）	
唐汪乡张家村遗址	马家窑、齐家、辛店	
达板乡桌子坪遗址	齐家、辛店（姬家川）	
春台乡多木寺遗址	马厂、辛店（姬家川）	
白崖村遗址	辛店	140×110
红庄墓地遗址	辛店	
上黑石山遗址	辛店	
赤家沟遗址	辛店	180×150
马奄坪遗址	辛店	100×100
中牡山遗址	辛店	
下三庄照壁山遗址	辛店	250×40

续表

遗址名称	文化性质	面积（m²）
大巴岭遗址	辛店	
下堵坪（甲）遗址	辛店	150×140
下堵坪（乙）遗址	齐家、辛店	220×80
教里马山遗址	辛店	60×50
甘程家大坡（甲）遗址	辛店	250×150
甘程家大坡（乙）遗址	辛店	300×250
马巷坪庙坪遗址	马厂、齐家、辛店	
白崖札木池村遗址	马家窑、辛店	
唐汪川山神遗址	齐家、辛店（姬家川、张家咀）	100×100
疙瘩岭遗址	马家窑、齐家、辛店	100×120
积石山县		
居集乡尕张家遗址	齐家、辛店（姬家川）	
石塬乡石梯子遗址	辛店（山家头类型）	
刘集乡马鞍桥遗址	马家窑、马厂、齐家、辛店	
大河家乡朱家坪遗址	齐家、辛店	
银川乡线家遗址	马厂、齐家、辛店	
三坪村高咀遗址	马家窑、马厂、齐家、辛店	
头坪村转角咀遗址	马家窑、马厂、齐家、辛店	
安集乡红坪村遗址	半山、辛店（姬家川）	
安集乡安家湾村遗址	马家窑、辛店（姬家川）	
安集乡风林村寨子遗址	马厂、辛店	
安集乡洼岭遗址	马厂、辛店	
铺川张巴村坪咀遗址	马家窑、齐家、辛店	
关家川乡芦家唐中遗址	齐家、辛店	
关家川乡袁家岭遗址	半山、齐家、辛店（姬家川、张家咀）	
广河县		
三甲集镇宗家村扎拉咀遗址	半山、辛店（姬家川）	
三甲集镇水家村石咀头遗址	齐家、辛店（姬家川、张家咀）	
阿力麻土乡辛家村堡子山遗址	半山、齐家、辛店（张家咀）	

续表

遗址名称	文化性质	面积（m²）
阿力麻土乡赵家山沿坪遗址	马厂、齐家、辛店	
永靖县		
三塬乡向阳村上金家遗址	辛店	
三塬乡向阳村冯家坷宅遗址	马厂、齐家、辛店	
岘塬乡姬川村马路塬遗址	齐家、辛店（山家头、姬家川）	
刘家峡乡孔家寺村石咀山遗址	马厂、辛店（山家头）	
三塬乡东风村坟湾畦子遗址	齐家、辛店（张家咀）	
盐锅峡镇扶河村尕庙台遗址	马厂、辛店（张家咀）	
刘家峡乡乱米咀遗址	齐家、辛店	200×100
刘家峡乡金家园遗址	辛店	30×40
新寺乡庆丰村喇嘛桥地遗址	马家窑、马厂、辛店（姬家川）	
川城乡川城村中寺岭遗址	半山、马厂、辛店（张家咀）	
小岭乡晨光村韩家寺新庄三岭遗址	马厂、齐家、辛店	
五台乡塔坪村大地边遗址	马厂、齐家、辛店	
五台乡塔坪村吊咀遗址	马厂、辛店（山家头）	
五台乡永乐村寺顶遗址	马厂、辛店	
临夏市		
南龙乡罗家湾尕塬遗址	马家窑、半山、马厂、齐家、辛店（张家咀）	
南龙乡冯家台遗址	马厂、辛店（山家头）	
南龙乡草滩遗址	齐家、辛店（山家头）	
抱罕乡王坪遗址	半山、齐家、辛店（张家咀）	
屯地村遗址	齐家、辛店	300×130
大咀小塬遗址	齐家、辛店	140×110
马家崖头遗址	辛店	
孔家寺村金家圈遗址	辛店	40×20
下川队遗址	辛店	30×40
罗家川遗址	辛店	200×150
上庄遗址	辛店	250×200
韩家咀遗址	辛店	166×300

续表

遗址名称	文化性质	面积（m²）
党家滩（东南）遗址	辛店	
黄李村（西南）遗址	辛店	380×160
盐厂村（东）遗址	辛店	760×113
盐厂村（西）遗址	辛店	80×50
何家堡（北）遗址	辛店	30×5
青咀遗址	辛店	160×65
白塔村遗址	辛店	100×20
刘家村遗址	辛店	100×40
莲花村（东南）遗址	辛店	540×300
崇王庄遗址	辛店	
孕马庄遗址	辛店	115×50
金家沟遗址	辛店	230×160
余家沟遗址	辛店	100×20
西河乡下铨村遗址	马厂、辛店	150×80
姬家川遗址	辛店	120×80
马家寨遗址	辛店	
刘魏家遗址	辛店	140×95
甘茨沟遗址	辛店	90×105
罗家堡（东）遗址	辛店	150×50
沈家园遗址	辛店	
杨家坪（大夏河北岸）遗址	齐家、辛店	50×260
罗家沟乱毕咀遗址	齐家、辛店	200×100
魏家川尤家塬遗址	齐家、辛店	80×105
张家咀（东北）遗址	齐家、辛店	230×135
吴家（西）遗址	齐家、辛店	400×250
高白家遗址	齐家、辛店	180×80
高家咀（东）遗址	齐家、辛店	120×150
鲁家村遗址	辛店	
白家村遗址	辛店	
杨家坪遗址	齐家、辛店	150×260

续表

遗址名称	文化性质	面积（m²）
康乐县		
苏集乡苏集村鱼咀山遗址	齐家、辛店（姬家川）	
临夏县		
莲花乡曙光村范家塬遗址	马家窑、辛店（姬家川、张家咀）	
莲花乡莲城村渡口遗址	辛店（姬家川、张家咀）	
新集乡杨坪村沙仁沟遗址	齐家、辛店（张家咀）	
兰州市		
张家台�堡（黄河南岸）遗址	辛店	150×100
牟家台（黄河南岸）遗址	辛店	300×30
大沙沟口（庄浪河西岸）遗址	马厂、辛店	250×100
华林坪（黄河南岸）遗址	马厂、齐家、辛店（山家头）	100×200
红古马家台遗址	马厂、齐家、辛店	
红古窑街红山大坪遗址	马家窑、齐家、辛店（山家头）	
红古老鼠坪遗址	半山、马厂、辛店（山家头）	
红古乡王家台遗址	马厂、齐家、辛店	
城关区中山村（北边）遗址	辛店（山家头）	
西固祁家坪（西台）遗址	马家窑、齐家、辛店（张家咀）	
西固羊黑庙咀遗址	马家窑、辛店（张家咀）	
西固岸门村遗址	辛店（张家咀）	
西固马耳山遗址	半山、马厂、辛店（张家咀）	
西固范家坪（北角）遗址	辛店（山家头）	
永登县		
大沙沟坪遗址	马厂、辛店（山家头）	
红城凤凰山坪遗址	马厂、辛店（山家头）	
城关李家坪遗址	马家窑、马厂、辛店（山家头）	
龙泉柴家坪遗址	马厂、齐家、辛店（姬家川）	
中堡邢家湾翻山岭遗址	辛店	
羊胸子城遗址	马家窑、辛店（张家咀）	
龙泉湾遗址	马家窑、马厂、齐家、辛店	
柳村岭龙家湾遗址	马厂、齐家、辛店（姬家川）	

遗址名称	文化性质	面积（m²）
乐山坪遗址	半山、马厂、辛店（姬家川）	
榆中县		
巴家坪遗址	马厂、辛店（山家头）	
优阜山三台地遗址	马家窑、齐家、辛店（山家头）	
青海省西宁市		
东郊十里铺遗址	辛店	
大堡子鲍家寨遗址	辛店	
大通县		
后子河上孙家寨遗址	马家窑、齐家、辛店（卡约）	1000×500
东峡台子乱疙瘩遗址	辛店	50×40
城关贝寺尔塌山贝寺尔遗址	辛店、卡约	500×80
湟中县		
总寨清水河村清水河遗址	辛店、卡约	1500×50
李家鱼儿疙瘩遗址	辛店、卡约	
民和县		
川口边墙马厂塬遗址	马家窑、齐家、辛店	140×420
西沟南塬遗址	马家窑、辛店	
曼坪张家村阔家咀遗址	马家窑、齐家、辛店	500×300
核桃庄拱北台遗址	马家窑、辛店	
核桃庄小旱地遗址	辛店	
中川梅一村文家沟遗址	辛店	100×50
中川清泉史瓜拉遗址	辛店	200×50
官亭赵木川原工台遗址	辛店	
川口山城遗址	马家窑、齐家、辛店	150×100
曼坪下甘家遗址	马家窑、齐家、辛店	200×50
转导寺滩村大盖楞台遗址	辛店	
川口大塬遗址	马家窑、齐家、辛店	
总堡总堡塬遗址	马家窑、辛店	
古鄯古鄯村遗址	马家窑、辛店	
马厂塬边墙当中岭遗址	马家窑、辛店	

续表

遗址名称	文化性质	面积（m²）
转导杨家泉遗址	马家窑、辛店	200×100
转导阳洼坡村西土场头遗址	辛店	80×40
转导商家村遗址	辛店	400×400
中川前进喇嘛坟遗址	辛店	400×200
转导肖家村遗址	马家窑、齐家、辛店	400×200
曼坪毛家村遗址	辛店	
官亭光明王石沟遗址	辛店	150×100
官亭美田甘家遗址	辛店	
官亭美田文家遗址	辛店	500×800
官亭美田鄂家（乙）遗址	辛店	800×100
松树河西庄遗址	辛店	
乐都县		
高庙蒲家墩遗址	马家窑、辛店	90×110
高庙段堡子遗址	马家窑、辛店	50×50
高庙柳湾遗址	马家窑、齐家、辛店（山家头）	450×250
洪水西旱台遗址	马家窑、齐家、辛店	180×90
曲坛河西余家庄遗址	马家窑、辛店	
高庙东村二中东旱台遗址	马家窑、齐家、辛店	250×150
岗沟申家旱台庙咀遗址	齐家、辛店、卡约	
洪水马家岭遗址	齐家、辛店	100×50
雨润深沟刘家村遗址	辛店	
碾伯山地（甲）遗址	辛店	14×13
岗沟西岗子遗址	辛店、卡约	250×100
岗沟东岗子遗址	辛店	
中坝大湾遗址	辛店	
洪水双塔营东坪遗址	辛店	
互助县		
沙塘川总寨遗址	马家窑、齐家、辛店、卡约	200×150
巴扎加塘台遗址	马家窑、辛店	
红崖子沟张卡山遗址	辛店	300×20

遗址名称	文化性质	面积（m²）
化隆县		
城关南城台遗址	马家窑、辛店、卡约	300×150
群科限口（甲）遗址	马家窑、辛店	150×80
雪什藏古楼沿子遗址	马家窑、齐家、辛店	100×40
群科卡昂遗址	马家窑、辛店	100×600
昂思多梅家遗址	齐家、辛店	150×100
昂思多麻卡拉遗址	齐家、辛店	170×100
昂思多白土窑窝遗址	辛店、卡约	160×100
昂思多拉龙哇遗址	辛店、卡约	70×40
昂思多塔子沟遗址	辛店	100×30
昂思多关沙尔上滩遗址	辛店、卡约	60×50
昂思多尔尕昂遗址	辛店、卡约	100×50
昂思多山卡拉遗址	辛店、卡约	150×50
群科若木且遗址	辛店、卡约	50×150
群科伊沙滩（甲）遗址	辛店、卡约	500×400
群科伊沙滩（乙）遗址	辛店、卡约	250×50
群科烂下滩遗址	辛店	100×40
群科麻昂日素遗址	辛店	130×100
群科金刚城遗址	辛店	738×371
甘都牙路乎化崔遗址	辛店	
甘都牙路乎西滩（甲）遗址	辛店	
甘都牙路乎西滩（乙）遗址	辛店	
甘都牙路乎西滩（丙）遗址	辛店	
甘都牙路乎水库遗址	辛店	
循化县		
白庄苏合札村（东）遗址	马家窑、辛店、卡约	100×50
街子审利村（甲）遗址	马家窑、辛店	150×60
文都果什滩村遗址	马家窑、辛店	1000×800
城镇尕拉村西沟坪遗址	马家窑、辛店	180×30
红旗查汗大寺下庄白土山遗址	马家窑、辛店	

续表

遗址名称	文化性质	面积（m²）
清水瓦匠庄村遗址	齐家、辛店	100×60
清水大庄亥开日遗址	齐家、辛店	180×150
清水上滩台尕遗址	齐家、辛店	250×80
白庄上白庄村坡伊扛遗址	辛店、卡约	200×50
白庄朱街村塌城遗址	马家窑、辛店、卡约	250×200
道纬若曼多村遗址	辛店	
街子审利村（乙）遗址	辛店	200×80
城镇沙坡塘村三大湾（甲）遗址	辛店	80×150
城镇沙坡塘村三大湾（乙）遗址	辛店	80×150
清水石巷村双渠遗址	辛店	180×100
清水马尔坡村韩旗（旱地）遗址	辛店	80×50
街子石头坡村格子大坡遗址	辛店	80×300
红旗哈旦村豆后旦（甲）遗址	辛店	200×150
红旗苏只村豆后旦（乙）遗址	辛店	200×?
红旗伊马亥村（甲）遗址	辛店	100×50
红旗查汗大寺下庄（甲）遗址	辛店	300×80
红旗查汗大寺下庄（乙）遗址	辛店	50×50
红旗查汗大寺下庄（丙）遗址	辛店	15×50
红旗赞卜户大滩遗址	辛店	200×80
城镇加入村遗址	辛店	100×70
同仁县		
麻巴浪家加木堂木河滩遗址	辛店	100×30
共和县		
曲沟合洛寺遗址	辛店	

原载《考古学文化论集》三，文物出版社，1993 年

（与张学正、韩翀飞合作）

论甘青地区青铜时代文化和经济形态转变与环境变化的关系

　　甘青地区的青铜时代文化包括齐家文化、辛店文化、寺洼文化、卡约文化、四坝文化、沙井文化、先周和西周文化、铲形袋足鬲遗存及诺木洪文化等。我们首先对上述青铜文化各自的文化分期、年代、文化渊源及相互关系等问题逐一进行探讨。

　　齐家文化可分为四期六段，时间约在距今4200—3800年前后。它主要来源于稍早阶段的常山下层文化，在其形成过程中，曾受到东面的客省庄二期文化和西面的马厂类型遗存的共同影响。

　　辛店文化可分为三期七段，时间约在距今3600—2600年之间。辛店文化早期的山家头类遗存主要来源于齐家文化，并发展为中期的姬家川类遗存。姬家川类遗存早于晚期的张家咀类遗存，而不是与之同时并存或晚于后者。张家咀类遗存包括了所谓的唐汪式陶器，因此，唐汪式陶器是辛店文化的产物，而不是产生于卡约文化或独自形成的新文化。

　　寺洼文化可分为四期六段，时间约为距今3300—2500年前后，早期的寺洼山类遗存多分布在洮河的中上游地区，它的来源应与存在于洮河流域的辛店文化姬家川类遗存有关。寺洼文化的中晚期遗存多分布在甘肃东部和南部地区，与当地的先周、西周文化形成长期共存的发展格局。

　　卡约文化可分为两个地域类型，分布于黄河沿岸和湟水流域的卡约文化虽然文化面貌互有差异，但都经历了三期六段的发展过程。时间约为距今3600—2600年前后。两地的早期遗存都来源于齐家文化，并接受了马厂晚期遗存的影响。两地的中晚期遗存先后受到向西分布的辛店文化的强烈影响，形成了卡约文化中的唐汪式陶器遗存。

四坝文化可分为三期七段，时间约为距今3900—3500年前后。它主要来源于马厂晚期遗存的一种变体（即所谓的过渡类型遗存），同时受到齐家文化的部分影响。四坝文化形成后主要向西发展并逐步进入新疆东部，而对甘青地区的其他几支青铜文化基本没产生影响作用。

沙井文化可分为二期四段，时间约从西周直到春秋晚期。它的早期遗存应当与分布在甘肃中部的洛门—朱家沟组遗存有渊源关系，对后者的时代及文化面貌尚需做进一步的研究。沙井文化的晚期遗存最终融入北方系统的青铜文化之中。

在甘肃东部发现的先周文化遗存主要属于所谓的羌戎文化系统，它的来源当与较早阶段的晁峪—石咀头类遗存有关。晁峪—石咀头类遗存主要来源于更早阶段的齐家文化和客省庄二期文化，而不是来源于辛店文化或寺洼文化，因此，辛店文化和寺洼文化不是先周文化的母体。

在甘肃东部发现的西周墓葬主要为西周早期阶段的遗存。部分随葬大量商式铜礼器的墓葬，其主人身份应是受封西迁的殷商旧族，而不是存在于当地的方国首领。西周中晚期遗存的减少说明其时周人的活动中心区域转向东方。

铲形袋足鬲遗存和诺木洪文化遗存目前发现较少，它们的存在时间大约是在西周到春秋时期，它们的来源问题今后还需进一步研究。

从上述文化各自的特点及其整体分布格局等方面分析，甘青地区的青铜时代文化是一个多元的结构系统，这种多元性表现在文化多样，小而分散，不存在主流文化；文化来源多样，或由当地的早期文化演变而来，或由外来的新因素发展而来；文化关系多样，有的单独存在于一定的地域和时间阶段，有的共同存在于一定的地域和时间阶段。如果我们把甘青地区青铜时代的文化整体结构与新石器时代的文化整体结构做一些比较，就会发现二者之间有很大的不同。在新石器时代晚期阶段，在甘肃东部和中部地区存在着以仰韶文化晚期遗存→常山下层文化→齐家文化早期遗存为代表的一类文化遗存；在甘肃中西部、青海东部地区存在着以马家窑类→半山类→马厂类遗存为代表的一种文化遗存。这种东西两大主流文化并立的局面，构成了甘青地区新石器时代晚期阶段文化结构的基本格局，然而从齐家文化晚期阶段开始，东西两大主流文化均趋于消失，继而出现了许多小而分散的青铜时代文化。因此可以说，文化的多元分化发展，是甘青地区青铜时代出现的一种新的、有代表性的发展模式。对于这种文化发展进程的转变及新模式的形成机制，需要做进一步的分析探讨。我们认为，人类的文化发展进程和行为方式的转变，首先应受人类经济生活方式的影响和限制。

在甘青地区的新石器时代文化中，普遍出现了原始的锄耕农业经济。伴随着农业经济的发展，在各地都产生了一些定居的中心聚落，形成了一定的人口规模。这种锄耕农业经济到新石器时代晚期进入了一个较高的发展阶段，我们可以从一些典型遗址看看这种较发达的农业经济在各方面所达到的成就。在甘肃东部，秦安大地湾遗址的总面积可达到几十万平方米，仰韶晚期阶段的各种大大小小的居址从河旁的低阶地一直分布到山梁的较高处，反映出当时的人口达到了相当数量。为了协调和组织众多的人口进行有效的生产活动，出现了以 F901 为代表的象征权威的大型建筑和专门掌握分配大权的权力阶层。在这一地区，仰韶文化之后的常山下层文化和客省庄二期文化仍然是以定居的农业经济为主。在灵台桥村遗址发现了具有重要意义的陶瓦，说明客省庄二期文化也应有大型居址建筑存在。宁夏海原切刀把墓地等地的常山下层文化的墓葬普遍流行厚葬风俗，反映了死者生前对财富的占有已达到相当的程度，而大多数人能普遍拥有相当规模的财富，是经济生活繁荣富足的集中表现。

在甘肃中西部地区和青海东部地区，新石器时代晚期的马家窑→半山→马厂文化也以发达的农业经济著称。特别是马厂类型阶段，黄河沿岸地区和湟水流域的经济空前繁荣。这一时期的遗址不仅分布密度高，而且规模也都十分可观，在甘肃永靖马家湾等地发现的马厂类型的居址有单间、双套间和多套间各种结构，居址附近有成组分布的陶窑和窖穴，显示出这一时期的聚落从布局到功能结构都比较进步。在青海柳湾的马厂墓葬遗存，普遍存在明显的厚葬风俗，常见以大量粟作为随葬品的现象。对该墓地人口构成的不完全统计分析显示，马厂时期无论人口总数，还是人口的年龄构成情况都明显处于最佳时期。另一方面，由于马厂墓葬中大量随葬精美彩陶，使我们有理由认为，此时期农业生产的持续繁荣，出现了大量过剩产品，使得一些人可以专门从事制陶和其他行业。在齐家文化早期遗址中发现大量随葬猪骨的现象说明，直到齐家早期阶段，养猪业还有条件获得充分的发展，这也可说明农产品的富足情况。

甘肃东部、中西部和青海东部地区农业经济的发展为甘青地区迈进文明社会打下了坚实的基础。可以肯定，由这种高度发展的农业经济中产生出甘青地区的城市文明是完全有可能的。然而，我们所看到的历史画面却是，在齐家文化晚期阶段及以后的时期内，甘青地区的这种发达的农业经济体系彻底解体衰落了。

自马厂晚期和齐家文化之后，甘青地区出现的四坝文化、卡约文化、辛店文化以及再晚一些的寺洼文化、沙井文化等，其经济形态都是以游牧经济为主要特点。值得注意的是，在甘青地区如此广大的空间范围内，不同文化体系的农业经济在距今 4000 年前后的一段时间里，同时出现了解体和衰落的现象。这种经济形态转变过程出现得突然而又影响深远，显然应该给以足够的重视。有的研究者在解释这种由农业向畜牧业的转变机制时认为，由于这种转变，人们能够征服的空间范围大大扩展了，它比农业经济能更有效地发展和利用这一地区的各种资源，因而也更具有优越性，总之是一种巨大的进步。我们认为，这些认识没有说明原始农业经济衰落的直接原因，同时也忽视了这种农业经济的发展在甘青地区所创造的巨大成就，因此，认为畜牧业比农业更适合甘青地区资源特点的解释难以令人信服。而就甘青地区文化发展的一般规律而言，也看不出存在有畜牧业取代农业经济作用的必然性因素。显然，这种大范围的经济形态的突然转变，不能从这一地区文化自身的发展进程中找到合理的原因。而我们知道，在世界古代历史的发展进程中，很多地区的一些重要的古代文化都因为环境条件的突然改变而趋于衰落和毁灭，如印度的哈拉帕文化、埃及的尼罗河文明等。因此，环境条件的变化最有可能对古代文化的发展产生深远的影响。但是，要确定过去的环境条件在何时、何地、何种程度上发生过变化，却是一个十分复杂的问题。而且环境的每一次变化是否都能对文化发展产生直接的显而易见的影响，也是学术界有所争论的问题。在此，我们试图利用多种学科的研究成果，对全新世的气候及环境变化等方面的问题做一些尽可能细致的探讨，然后再来讨论由于环境条件变化而导致的一系列后果。

我国学者竺可桢首先建立了东亚地区近 5000 年来气候变化的波动曲线，

提出"仰韶温暖期"和"殷墟温暖期"的概念。[1]但令人遗憾的是，由于当时考古材料的缺乏，对于龙山时代和夏代的气候状况，他未能做出详尽的分析。从我们今天所掌握的材料来看，正是在龙山时代到夏代这一时期，我国的大部分地区都经历了文化发展进程的巨大变革。显然，对这一时期的环境状况尤其需要进行深入的探讨。

我国学者李吉均等通过对中国西部的山地冰川、湖泊水位、孢子花粉组成状况、黄土中埋藏古土壤层位的分布时段等方面的综合考察，提出中国西部全新世气候变化呈现了一个"三部曲"的图式，即距今 7500—3500 年间的气候最适宜期及其两头的相对寒冷期。[2]在三部曲的背景下，穿插了多次气候波动，以七个冰进时期为代表（即距今 8300 年、5700 年、4000 年、3000年、2000 年、1000 年、200 年前后的七次冰进事件）。有的研究者通过对甘肃北部及青海东部的风沙堆积及沙漠化过程的考察研究发现[3]，在全新世中期，各地沙丘趋于固定，广泛发育沙黑垆土。到全新世中晚期的距今 4000年前后开始，风沙活动再次活跃，新沙丘广泛分布。有的研究者从行星运动对气候变化的影响等方面进行探讨[4]，结果发现，在距今 4000 年前后，应有一次持续了约 200 年的低温时期。另外，从对渤海湾西岸的贝壳堤等海岸线指示物的研究[5]，也发现在距今 4000—3800 年之间有一次明确的低海面时期。从我们对甘肃中部葫芦河流域的古文化分布状况的综合考察中也可看出[6]，自齐家文化晚期以来，代表农业经济形态的齐家文化遗存的分布北界、遗址海拔高度、离河高度、分布密度及单个遗址的总面积等项指数，均有大幅度的缩减，对河流沉积物的分析表明，自仰韶晚期以后，开始了气候逐渐向干冷方向变化的过程。由于距今 4000 年前后这次气候变化在许多方面都有明确

① 竺可桢：《中国近五千年来气候变迁的初步研究》，《考古学报》1972 年 1 期。
② 李吉均：《中国西北晚更新世以来的环境演化模式》，《第四纪研究》1990 年 3 期。周尚哲等：《中国西部全新世千年尺度环境变化的初步研究》，《环境考古研究》第一辑，科学出版社，1991 年。
③ 董光荣等：《由萨拉乌苏地层看晚更新世以来毛乌素沙漠的变迁》，《中国沙漠》1983 年 3 卷。徐叔鹰等：《青海湖东岸的风沙堆积》，《中国沙漠》1983 年 3 卷。
④ 任震球：《行星运动对中国五千年来气候变迁的影响》，《全国气候变化学术讨论会文集》，科学出版社，1981 年。
⑤ 张景文等：《¹⁴C 年代测定与中国海陆变迁研究的进展》，《第一次全国 ¹⁴C 学术会议文集》，科学出版社，1984 年。
⑥ 李非等：《葫芦河流域的古文化与古环境》，《考古》1993 年 9 期。

的反映，所以一般把它看作是全新世以来的新冰期或寒冷期。

以上种种研究表明，在甘青地区的齐家文化农业经济开始衰落的阶段，即距今 4000 年前后，中国西部的气候和环境正是处在一个由温暖转向寒冷的新冰期开始阶段。下面我们就来分析一下温暖期气候和寒冷期气候各自的量值变化特点。

在距今 6000 年以来的高温期中，中国西部大部分地区表现为湿热同步的气候环境。这一时期在黄土高原地区，地带性森林一度逼近其东南边缘[①]，高原内部的山地、高地和沟谷森林也获得了更优越的生长条件。从秦安大地湾遗址仰韶晚期房屋建筑中大量使用圆木的情况[②]，可推知当时该地应有森林植被存在。在兰州马衔山 3560 米高度剖面所采这一时期的孢粉样品组合显示[③]，其中有较多种类的阔叶乔木花粉，特别是喜暖湿的椴树花粉明显增多，反映出由于气候暖湿，森林上界上升。

在青海的青海湖盆地和贵南盆地，此时期形成了厚约 80—100 厘米的古土壤层，其中孢粉组合显示出当时的植被是较湿润的草原环境。[④] 据竺可桢推算，仰韶温暖期时的年平均气温比现今约高 2℃ 左右，1 月平均温度大约比现在高 3℃—5℃。[⑤] 相应的年降水量也要比现在高出许多，这样才可使甘肃东部地区的森林植被、青海湖等湖泊的高湖面状况维持较长的时期。

在随之而来的距今 4000 年前后的新冰期阶段，地带性森林从甘肃黄土高原南离，高原的绝大部分被草原和荒漠草原占据，古土壤发育明显减少或缺失。在北面，风沙活动再次活跃。[⑥] 在西部的高山地带，山谷冰川开始向前推进。[⑦] 在青海东部，湖泊水位大幅度下降，干燥度增加引起新沙丘发育。植被景观在贵南盆地为荒漠草原，孢粉组合中麻黄属激增到 78.21%，禾本科只

① 唐少卿等：《历史时期甘肃黄土高原自然条件变化的若干问题》，《兰州大学学报》1984 年 1 期。
② 李非等：《葫芦河流域的古文化与古环境》，《考古》1993 年 9 期。
③ 汪世兰等：《马衔山地区全新世孢粉组合特征及古植被的演变规律》，《兰州大学学报》1988 年 2 期。
④ 胡双熙等：《青藏高原东北部边缘区钙土的形成与演化》，《生物地理和土壤地理研究》，科学出版社，1990 年。
⑤ 竺可桢：《中国近五千年来气候变迁的初步研究》，《竺可桢文集》，科学出版社，1979 年，第 475—497 页。
⑥ 董光荣等：《由萨拉乌苏河地层看晚更新世以来毛乌素沙漠的变迁》，《中国沙漠》1983 年 3 卷。
⑦ 陈吉阳：《中国西部山区全新世冰碛地层的划分及地层年表》，《冰川冻土》1987 年 9 卷 4 期。

占17.36%。[①] 据有的研究者推断[②]，距今4000年前后的这次寒冷期作用期间，年平均温度比现今约低1℃—2℃，持续时间约为200年左右。若与前一阶段的高温期气候相比，年平均气温下降幅度约为3℃—4℃。同时，年降水量也有较明显减少。显然，这是一次十分剧烈的气候变化。

水、热条件是气候构成的两大要素，也是对农业生产具有决定影响的因素。在甘青地区现代的气候环境条件中，水、热资源的分配不均是个十分突出的问题。以甘肃省为例，在中部、西部地区，日照充足、地势平坦，但缺乏足够的降水。在水、热资源较充足的陇南地区，山大沟深，缺乏必要的可耕地面积。甘南地区降水充足，地势平坦开阔，但热量条件不够，无霜期很短。这些矛盾限制了甘肃各地农业生产的发展规模，因此，就甘肃全省范围而言，农业生产的基础都十分薄弱，在河西、陇中、陇东的大部分地区只能发展现代的灌溉农业。而在一些靠天吃饭的地方，农业生产常常不能满足当地人口的自给水平。青海东部的黄河沿岸、湟水谷地和青海湖地区的水、热资源条件大体相当于甘肃中部的兰州、临夏等地的情况。有的地方条件甚至更差，这也使得当地的农业生产发展受到很大的制约，一般只能在灌溉条件下达到基本自给水平。

我们知道，甘青地区新石器时代形成和发展起来的原始锄耕农业经济中，主要的种植作物是粟类。在现代北方地区的农业体系中，粟类仍是十分重要的粮食作物。通过对这类作物生长习性的分析可以发现，粟类作物对气候条件的变化十分敏感，若遇低温或干旱，就会出现只长苗不结穗的现象。可以认为，粟类作物的一般现生栽培种比野生物种具有更好的进化优势，能够适应多种环境条件。甘青地区新石器时代晚期所种植的粟类作物，其生物性状特点应更接近野生种，加之当时的耕作技术简单粗放，种子不经优选，所以对环境条件有更多的依赖。在距今6000年前后开始的高温期中，甘青地区的气候条件，特别是水、热资源完全能够满足粟类作物的生长需要，因而农业得以长期存在和发展。在距今4000年前后开始的新冰期气候时期，年平

---

① 胡双熙：《青藏高原东北部边缘区栗钙土的形成与演化》，《生物地理和土壤地理研究》，科学出版社，1990年。

② 任震球等：《行星运动对中国五千年来气候变迁的影响》，《全国气候变化学术讨论会文集》，科学出版社，1981年。

均温度猛然下降 3℃—4℃，同时，在甘肃中部及以东地区伴随着降水量的大
幅度减少，使粟类作物的种植只能在近河谷的低地上维持小规模的再生产。
在甘肃西部、西南部和青海东部等地区，虽然新冰期气候中的降水量减少幅
度不很大，但气温太低，年平均气温和年积温等条件已不能满足粟类作物的
生长需要，种植谷子可能出现只长苗不结穗的现象。因此，总的来说，在新
冰期气候条件下，甘青两省的大部分地区以种植粟类作物为支柱的农业生产
所依赖的水、热气候条件已不复存在。这种局面若仅在短时期内存在，或可
使农业生产仅仅遭到巨大破坏，在灾害之后还可以恢复原有的生产规模，但
这次新冰期气候持续时间近 200 年，在这样漫长而又艰苦的时代里，农业生
产必然遭到彻底破坏。

从上述对甘青地区环境条件及农业生产发展水平的分析中，我们可以明
确这样的认识：只有环境条件的巨大变化，才能对这一广大区域内的人类经
济生产活动产生深远的影响。事实也是这样，距今 4000 年前后开始的持续
长期的寒冷期气候环境，改变了农业生产赖以存在的基本条件，使这种经济
体系逐步解体并衰落下去。在旧的体制趋向衰亡的过程中，新的经济因素不
断增长，并最终取代旧有体制而成为人们经济生活中的主流。这种新的经济
方式就是在甘青地区青铜时代普遍出现的畜牧业生产方式。

在甘青地区新石器时代晚期遗存中，发现的家畜种类有猪、狗、马、绵
羊、山羊和家鸡。这其中马的遗骨发现很少，且只能鉴定到属，是否家养还
难以肯定。猪、狗、家鸡的驯化和家养，都是以定居的农业经济生产环境为
存在条件，因此只能作为农业经济的补充因素存在和发展。绵羊和山羊的家
养，不依赖农业经济为其提供条件，而且在个体的大小和种群的数量发展等
方面，都能形成一定的生产规模。因此，当农业生产条件不复存在的时候，
只有养羊才能形成一种新的生产方式，为人类提供赖以存在和发展的基本食
物来源。这说明在甘青地区的农业经济解体之后普遍出现以养羊为主的畜牧
经济并非是一种偶然的巧合，而是人类在特定环境条件下的唯一选择。

虽然在甘青地区存在着广阔的草场资源，在青铜时代也发展起了一些典
型的畜牧经济文化，但由于畜牧经济本身所具有的特点，以及从农业向畜牧
业转变过程所具有的灾变性质，又使这些文化的发展受到很大的限制。与在
定居的农业经济条件下发展起来的新石器晚期阶段的文化相比，甘青地区的

青铜文化在许多方面都表现了停滞或倒退特征：所有的青铜文化遗址均是以小而分散为特点，有的有一些简单居址，有的甚至很少或没有发现典型居住址的存在。由于畜牧经济居无定处，逐水草而游动，人们对功能齐全的复杂聚落的建设可能不如以前那么热心，但是聚落规模的缩减必然引起社会结构和人口结构的某些变化。在一个仅有数座居址的聚落中，社会组织结构自然只能是一个简单的以血缘家庭为核心的群体。居住条件较差、生活环境不稳定、饮食结构简单粗放，这些都会对人口的平均寿命、人口的再生产能力产生不利的影响，总的来说，人们的生活质量将会明显下降。

在社会的总生产和总的物质积累方面，这时期也出现了明显的下降趋势，制陶业的衰落是一个最突出的例证。所有青铜文化的墓葬遗存中，随葬品都很贫乏，显然制陶业的生产规模已大不如前，没有能力生产大量的陶器以作随葬之用。同样，冶铜技术的发展也十分缓慢，多数情况下青铜制品数量少且形制简单，制作粗糙，一般多为小型工具和装饰品，没有大型的铜容器和大型武器。

经济生产方式转变对人们的观念意识方面也产生了深远的影响。由于制陶业的衰落和冶铜技术的不发达状况，前一时期曾广泛流行的制作和拥有大量精美的彩陶艺术品的风气也不复存在，可以看出人们普遍的对审美活动和艺术品的制作产生了心理抑制和厌恶。这也反映出生存条件的恶化和生活水平的下降对人类心理发展的消极影响。

社会生产总量的减少，使人们对占有财富更加贪婪和不择手段，不仅对活人进行财产的掠夺和人身占有（在辛店文化墓葬中曾发现所谓的奴隶随葬现象），而且对于死者所拥有的财产也进行了剥夺。在甘青地区新石器时代晚期所盛行的厚葬之风到青铜时代已荡然无存，所有这一时期文化的墓葬都以葬具简陋或缺失、葬式混乱或骨架身首不全、随葬品简单贫乏为其基本特点。可以认为，造成这种对死者表示轻视和进行搅扰的行为方式的真正原因，仍然是社会对财富需求的不断增长和社会生产所提供的财富总量严重不足。因为在残酷的自然环境条件中，活人的需要比死人的需要更有意义。这或许可以解释甘青地区青铜时代大量流行乱骨葬、二次迁葬、割体葬等行为模式的社会心理方面的原因。

由上述分析看出，甘青地区青铜时代出现的这种经济形态的巨大转变，不仅使物质文化的生产活动受到严重破坏，也使人们的观念形态发生了深刻的变化。由于这一地区文化的普遍退化，在甘青地区的青铜时代没有形成城市经济和以国家形态为特点的社会组织结构。在中华远古文明形成的最重要阶段，甘青地区的文化却被迫退出了历史发展的中心舞台，这使得具有发达的新石器时代文化的黄河上游地区没能成为早期城市文明形成的主要区域。而恰恰是在这一时期，早期城市文明的中心区域在黄河中下游地区出现了，历史发展第一次将甘青地区抛在了时代潮流的后面。

通过对甘青地区青铜时代文化发展进程的全面考察，使我们得到这样一种认识：环境条件及其变化状况是这一地区早期文化发展最本质的决定因素，在气候和环境条件良好的全新世高温期，该地区形成和发展了繁荣昌盛的定居农业文化。而当气候恶劣的新冰期来临，农业经济解体，文化发生普遍的倒退，只以长期维持低水平的简单畜牧经济为唯一发展途径。从甘青地区青铜文化所表现的这种独特的发展方式中，我们可以对人类文化发展的控制因素，对人与自然的相互依存关系，对人类社会发展道路的曲折性和多种选择性有更深入的理解和认识。

原载《环境考古研究》第二辑，科学出版社，2000 年

中国彩陶研究的一部力作

《半山与马厂彩陶研究》是近年来考古界不多见的一部有关中国彩陶研究的力作,这一重要学术成果的出版,表明中国考古学在彩陶研究领域已进入一个新的高度。同时,也预示有关彩陶的研究很可能会成为一个新的学术热点。

一

《半山与马厂彩陶研究》一书是李水城先生在其博士论文基础上略加修订而成的。本书以中国史前时代最为丰富的半山、马厂类型彩陶为研究对象,对约 4000 件彩陶及其花纹进行了极为详细的排比分析,最终获得了对半山、马厂彩陶器形与花纹演变规律的新认识。该书就中国含彩陶因素的考古学文化不断"西渐"的理论做了系统的阐述论证,深入探讨了彩陶这一文化特质与黄土地带及旱作农业的关系。此外,作者还就彩陶器形与花纹的关系、彩陶这一文化现象与制陶工艺技术间的关系、半山与马厂彩陶的历史地位等进行了有意义的探讨。

马家窑文化自发现迄今已历时近 80 年,在中国西北的甘肃、青海、宁夏等省区,已经发现的半山、马厂时期遗址近 800 处,经正式考古发掘和试掘的遗址就有 30 余处,积累了相当丰富的资料,具备了系统研究的条件。但以往学术界对彩陶的专题研究数量甚微,究其原因,一是重视的程度不够,二是此类课题的研究难度相当大,若想将数量巨大、变化繁多的彩陶花纹理出个头绪来，显然不是件容易的事，研究者往往望而却步。

20世纪20年代，瑞典地质学家安特生（J. G. Andersson）在甘肃和青海发现并购买了一大批半山、马厂时期的彩陶，后来交与他的助手巴尔姆格伦（Nils Palmgren）进行研究，巴氏于1934年完成了《半山、马厂随葬陶器》一书，对半山马厂陶器及某些花纹图案进行了分类和分期，这是首次对半山、马厂彩陶进行的系统研究。在50年代以前，"中国彩陶文化西来"的说法风行一时。60—70年代，苏秉琦、严文明等先生根据中国考古发现的实际，提出并详细论证了"彩陶逐步西渐"的史实，以及中国西北地区彩陶的发展状况。50年代以来，逐渐开始有学者涉足彩陶研究，《半山与马厂彩陶研究》一书，正是在总结前人研究的基础上，注意到以往彩陶研究中的某些弊端，因此，作者充分运用考古类型学的手段，在研究方法和理论上均有所突破，令人耳目一新。

《半山与马厂彩陶研究》将彩陶按器形和花纹分为两条主线，先将半山彩陶常见的22种器形、马厂彩陶常见的24种器形进行了谱系分析，排比出器形变化的规律，建立分期标准。再将半山彩陶中颈部花纹14种、腹部花纹19种、内彩花纹7种，马厂彩陶颈部花纹16种、腹部花纹24种、内彩花纹16种，分门别类进行谱系编年研究。需要说明的是，作者在这里并非孤立地看待彩陶器形与花纹的变化，而是将两条线路的考察结果加以有机的结合，再通过考古发掘中发现的层位关系进行验证，确立各种器类和不同花纹间的演变关系。经过这样的整合，最终确立半山、马厂彩陶的文化编年和时空架构。这一框架的建立，将中国彩陶不断西渐发展的历史进程勾勒得清晰可见。

彩陶花纹的研究确实有很大难度，首先研究者要面对成百上千的不同花纹母题，再进一步将各类花纹母题分类并追寻其变化，同时要顾及色彩的搭配组合，花纹图案平视与俯视的不同视觉效果，各部位花纹的相互统一和协调等。此外，还应考虑创作者的审美习俗、创作意图、时代风格等非视觉因素，特别是研究者本身所具有的艺术修养也是一项影响到研究水平的重要变量。毋庸讳言，对任何一件史前时代的彩陶作品，一个考古学家和一个艺术家会有完全不同的认识，如果能够将两者的长处兼容并蓄，将足以显示研究者的学术功底。

《半山与马厂彩陶研究》在分析彩陶的花纹构图时，采用了一种不同于已往的多角度的综合分析法，即不仅仅分析以往大家都能注意的腹部主体纹样，而且将每一彩陶个体的不同施彩部位看作是整体的一部分，分别进行类型学的分析。如将彩陶花纹分解为口沿内彩、颈部（领部）、腹部、内彩、彩绘符号等若干项，分别追溯其演变趋势。以半山时期彩陶为例，颈部花纹被分为14类，腹部花纹分为19类，内彩花纹分为7类。这种分类又有主次之别，其中，腹部花纹又分成平视与俯视两个层次，如横条带纹俯视作等距离套合的多重同心圆；齿带纹俯视为齿带状同心圆，若竖向排列，俯视会呈现轮辐的形状，与器口结合宛若光芒四射的太阳；凸弧纹和旋涡纹俯视呈内敛的四角或六角的菱星；垂弧纹俯视为繁缛的复瓣大团花；圆圈纹俯视作紧簇的花朵；人蛙纹俯视时呈奇特的八角星纹样；葫芦纹俯视呈对称的十字花结构；斜条带纹俯视呈单向旋转的水涡；菱格纹和折线纹俯视作层层剥离、变幻莫测的复瓣花卉；方块几何纹俯视呈六分的花瓣。显然，每种单一的花纹母题在构成完整画面或改变观察者的视角时，会产生明显不同的视觉效果。具体到一件彩陶作品，我们很难讲是应该从平视的角度观察，还是从俯视的角度观察，或者说原本就应从多重的角度观察。该书作者正是通过这样的反复揣摩，发现一些看似平常的几何纹样，经观察角度的转换，再现出了原始艺术家所理解的那些自然现象，如太阳、星相、变换的花朵、旋转的水涡，等等。通过这样变换不同视角的分析，使我们有可能更深入地辨析史前艺术家为什么在陶器表面绘画那些线条，以及如何将其组合成一个整体。其实，彩陶花纹本身应含有丰富的视觉语言和思想内涵，而不仅仅是一些简单的几何图形。

以往考古界对半山与马厂的文化关系曾有若干种不同的解释，有人认为它们是共存的，或曾经有一段共存，也有的认为是先后延续的。一般的认识是，半山时期彩陶主要绘黑红复彩，以各种锯齿纹构成花纹母题；马厂时期彩陶流行红衣黑彩，锯齿纹消失。通过李水城博士的研究，证明这两个类型很难用一刀切的方法简而化之，实际上，在马厂类型的早期仍保留有相当一部分黑红复彩构图，并延续了已变得有些潦草简化的锯齿纹样。到了马厂类型的繁荣期，这些半山时期的因素才彻底消失。作者还发现，马厂阶段彩陶器中长颈器减少，与此相对应，颈部的花纹也更为简单、程式化，腹部花纹则出现大量的新内容，但这些内容又多少与半山时期的花纹保持着千丝万缕的联系，如由旋涡纹演变而来的四大圆圈纹，变化丰富的人蛙纹，以及菱格纹、回纹、网格纹、八卦纹、万字纹等。总之，马厂时期的各类花纹母题均可在半山彩陶中找到亲缘关系，因此，半山与马厂只能是一个文化前后承继的两个阶段。马厂时期的彩陶出现了更多的变异，并逐渐形成河湟地区与河西地区两种区域风格，河西走廊一带的马厂类型最终演变成四坝文化，并一直向西影响到新疆东部的哈密地区；河湟地区在马厂类型以后产生了若干支青铜文化，它们都或多或少地继承了使用彩陶的传统，这些彩陶又或多或少地从马厂彩陶中吸取了养分。

　　该书的另一贡献是对半山时期彩陶风格突变的诠释。以往有研究者指出，半山类型是经马家窑类型小坪子期发展而来，这一认识从马家窑文化总的时空结构上看是不容置疑的。李水城博士经过细致的观察，发现半山时期彩陶中盛行红彩的传统很难在马家窑类型中找到根源，但在黄河中游的晋中地区，相当于仰韶文化的庙底沟二期阶段，以及内蒙古中南部地区相当于仰韶文化晚期阶段的遗存中，发现有使用黑红复彩构图的彩陶，特别是在内蒙古中南部的彩陶中还发现有锯齿、对齿类元素，并流行内彩。这些因素均与半山彩陶风格接近，因此，半山彩陶中突然出现的红彩和锯齿纹有可能接受了中原及鄂尔多斯高原一带原始文化的影响。这一认识无疑拓宽了我们寻找甘青地区史前文化中某些文化因素来源的思路和视野。对黄河中游与甘青地区文化互动关系的进一步考察，或许会对甘青地区早期文化的研究带来更多意想不到的发现。

　　该书的最后部分，详细论证了中国史前文化的西渐过程及彩陶与黄土地带的关系，反映出作者多年来对环境考古学研究的关注与实践，以及从文化人类学的角度观察考古学中的文化现象时的一些思考。特别是在对彩陶与制陶工艺之关系的讨论中，作者提出，凡彩陶发达的考古学文化必然停留在手工制陶阶段，一旦掌握了快轮制陶技术，彩陶这一装饰工艺很快便会随之消亡。中国西部地区考古学文化中彩陶的发达，恰恰是这一地区史前和青铜时代的制陶工艺长期滞后、未能掌握快轮技术的结果。作者还进一步指出，彩陶花纹的演变速率往往大于器形的演变速率，因此，在对含有彩陶因素的考古学文化进行编年研究时，应在花纹的变化方面下更多的工夫。同时，只有兼顾器形与花纹两方面的变率，所获得的信息才是完整的。对于以往彩陶研究中流行的花纹变化由"简—繁—简"或者"写实—几何图案化"的所谓演变规律，作者也表达了自己的不同见解。

该书后面附有相当详尽的资料索引，搜集了将近 800 处半山、马厂时期的遗址信息，为他人进一步的研究工作提供了很大方便。

该书作者长期涉足中国西北原始文化研究，在《半山与马厂彩陶研究》这部著作中，尽其所能搜集了所有的研究素材并进行细致的梳理，对前人旧说也是逐一甄别，从不轻易盲从或做标新立异之举。论证方法丝丝入扣，结论合情合理，是一部严谨的科学研究著作。由于该书在研究方法上以厚积薄发见长，广泛占有资料和前人研究成果，因此，除具有很高的学术价值外，也有着相当重要的资料价值，特别值得向考古学、先秦史、美术史、工艺美术史及图案装帧艺术等研究领域的读者推荐。

二

彩陶是原始文化研究中经常碰到的研究对象。作为原始思维和原始艺术的表达形式，彩陶与早先的岩刻艺术以及其后的青铜器纹饰一样，都表达着一些共同的东西。如何准确地理解先民们在器物装饰纹样中所隐含着的文化信息，至今并没有大家认同的解释方案。艺术史家往往从人类思维发展的一般规律中找寻答案，把创作彩陶的动机归结为图腾崇拜一类的原始宗教活动的产物。但考古学家常常发现，彩陶器皿本身大多数具有实际的使用功能，并且它普遍存在于社会生活的各个层面，分属于社会中的各种阶层。由于存在这些观察角度和认识上的差别，对于彩陶研究所要回答的问题，不同的学者也就有了不同的选择，艺术史家试图从大量的个例中发现共同的艺术表现规律，因此，他们会提出彩陶发展具有"简—繁—简"或者"写实—几何图案化"的所谓演变规律。这种归纳从宏观上解释了人类认知水平的发展变化状况，或许具有一定的指导意义。但是，这样的结论运用于一项针对性很强的考古学研究之中，并不能解决任何问题，因而，考古学家在研究彩陶的过程中，更多的是注意装饰纹样之间的逻辑演变过程以及彩陶图案与器物造型之间的关系，更多地是关注每一类彩陶自身的个性特征，尽可能从具体的构图母题上说明此类彩陶与其他彩陶的不同，由此总结出不同类型的彩陶在空间和时间上所表现的差异性。考古学研究很容易推翻一些所谓的一般规律，因为规律往往忽略了细节，而对细节的把握始终是考古学家的特长。在这里我们看到，对于彩陶的两种研究方式本身并不能相互替代，如果没有考古学家对于每一种考古学文化的细致分析，就不会发现所谓的半山类型和马厂类型的彩陶。同样，如果仅仅局限于对具体花纹演变过程的分析，仍然没有说明人类审美意识的成长过程。

美国的新考古学派曾经试图调和传统考古学这种见物不见人的研究，与大众所热切关心的人类自身发展问题之间的矛盾，为此，他们提出了许多种原始文化发展模式。但是，这种模式研究由于在运用于具体对象时，仍然存在着先入为主的选择标准问题，实际上并没有很好的调和此类矛盾。也就是说，所谓模式，仍然需要根据具体研究对象做出不断的修正。我们认为，考古学家所面对的是千差万别的各种文化现象，他们首先必须有能力理清这团乱麻，而不必急于回答一些似是而非的问题。从考古学上研究彩陶及其他艺术现象，只能从具体的素材分析入手，给出明确的共存关系和演变过程，寻找其渊源，确定其去向。如果素材积累较多，可以在个案分析的基础上讨论一些涉及区域文化发展的共同问题。以甘青地区为例，马厂遗存的由东向西发展是个案，而彩陶因素的逐步西渐过程是这一地区彩陶文化发展所表现的共同特点。在一项具体的研究中，我们不需要回答更加一般化的问题，这些问题的研究应该留给其他学者去完成，实际上，考古学家也不可能解答所有的问题。如果按照这样一种比较宽容的标准来衡量我们的研究工作，我们还是应该对于自己的研究水平充满信心。

《半山与马厂彩陶研究》是一部纯粹考古学意义上的研究著作，因此，它摈弃了一切华美的辞藻、丰富的联想和艺术的夸张，只是用严谨的形式逻辑论证了半山、马厂彩陶的来龙去脉，取得了一些令人信服的结论。由于这部著作提供了一个可靠的时空结构框架，它也就为其他人的进一步研究提供了方便，创造了条件，从这种意义上讲，它的学术价值并不仅仅局限在考古学研究领域之内。我们因此可以大胆推断，这样一种对于彩陶以及其他艺品的考古学研究，或许正是我们想要看到的理想模式。

　　彩陶纹饰究竟表达了什么样的含义，这是每个人都急于知道答案的问题。目前，许多研究彩陶的文章在这方面似乎都可以给出一定的解释，又都无法回避更多的不可解释的东西。由于这种解释的随意性往往陷入自相矛盾的怪圈，使得大家对于这样的研究结果产生了怀疑，也使得更多的人视彩陶研究为畏途，这种现象无疑限制了对于彩陶等艺术品的考古学研究。从《半山与马厂彩陶研究》一书所采用的方法来看，只有先就基本的考古学问题求得可靠的结论，才能在此基础上进行更深层次的归纳与探索。我们期待着今后的研究者在半山、马厂彩陶象征意义的解释方面取得更大的突破。

原载《考古》2000 年 5 期

中国史前时期与文明时代初期的环境变化与文化发展

一、中国史前文化与早期文明发展的基本格局

如果简单地概括说明中国史前文化的基本格局，我们可以说，它是以两河流域农业文化为主要形态，以外围半山区的畜牧文化、渔捞文化为多样性的一种格局。两河是指黄河与长江，外围地区则主要指东北的辽宁西部、内蒙古中南部、宁夏、甘肃西部和青海东北部、四川西北部、云贵地区、两广地区、福建沿海地区等，当然，也应包括新疆地区、青藏高原地区、东北平原、台湾列岛的古代文化遗存。

大约在距今一万年前后，由于冰后期气候的普遍好转，在中国的北方开始出现早期的定居点，已经发现的有河北徐水南庄头遗址等[1]，北方的黄河流域随后产生了以种植粟类作物为主的旱作农业经济形态。同一时期或更早，南方的长江流域发展起了以种植水稻为主的水田农业形态，一般学者也称其为稻作农业。[2] 就中国两河流域出现定居文化的时间来看，与著名的西亚两河流域等地是基本同时的。这表明，冰后期的全球气候变暖，对世界各地史前文化的发展具有共同的作用和影响。

距今8000年前后，黄河流域旱作农业文化的分布范围已经扩展到了上游的甘青地区，其后，以仰韶文化为代表的农业部落占据了北达内蒙古长城沿

---

[1] 原思训、陈铁梅、周昆叔：《南庄头遗址 ¹⁴C 年代测定与文化层孢粉分析》，周昆叔主编：《环境考古研究》第一辑，科学出版社，1991年，第136—139页。

[2] 严文明：《中国稻作农业和陶器的起源》，《远望集》（上），陕西人民美术出版社，1998年，第49—52页。

线，南到江淮之间的广大地域。农业的持续发展，使得整个黄河流域出现了各种地方文化高度发展的繁荣局面，这种繁荣一直延续到龙山时代。在龙山时代即将结束的时候，文化格局开始显现出大的变化，首先，黄河上游的史前文化整体衰落下去，同时，黄河中下游地区出现了长时间的文化重组和兼并战争，最终由夏部族统一了中原。夏、商两个王朝相继在中原地区建立国家，并逐步扩大统治的范围，直到周代，形成了横跨长江南北的一统格局。

在北方文化发展的各个阶段，南方也进入了文化发展的繁荣时期，长江上、中、下游在新石器时代虽然没有形成像北方的仰韶文化那样遍及全流域的中心文化，但也出现了如大溪文化、屈家岭文化、良渚文化等一系列地方类型的文化，就其发展水平来说，这些文化并不亚于黄河流域的同时期文化。特别是到了新石器时代晚期，长江中游的石家河文化已经形成非常强大的文化集团，并开始向黄河流域扩展，参与了与炎、黄氏族逐鹿中原的兼并战争。在石家河文化结束以后，长江流域地方文化的发展处于相对的低潮时期，这种局面一直延续到楚文化的再次兴起。

在中国的两河流域文化竞相发展的同时，处于外围的周边地区也相继出现一些颇有特色的地方类型文化，如北方辽河流域的红山文化、夏家店下层文化；南方珠江流域的昙石山类型文化等。处于外围的这些地方类型文化，无论其发展水平，影响范围都不如黄河流域、长江流域的同时期文化，究其原因，应该与这些文化所处的地理环境状况有较大的联系。因此，从总的方面来观察，中国的史前文化是以黄河、长江流域的早期文化为主要代表形态的，中国的早期文明，也是在这两个区域产生和发展起来的。

中国史前文化的发展，表现出了阶段性变化的特点，特别是在距今10000年、8000年、4000年前后，出现了大范围的文化发展的剧烈变化，如距今10000年前后，人类纷纷从山前地带进入到河谷平原地区；距今8000年前后，各地出现早期种植业和农业；距今4000年前后，北方畜牧文化普遍兴起，南方的新石器文化普遍衰落。在另外的时间阶段，各地文化的发展相对比较平稳。这些变化的出现在每个局部地区来讲，都有一些特殊的原因，但是，从全局来看，又有一些共同的作用因素，这些共同的因素，是我们需要探讨的主要问题，从近年来环境考古学的研究成果来分析，这些因素应该是与环境条件的变化有关。

二、史前时期重要的环境演化事件

更新世时代的冰河气候使得人类在几百万年的时间阶段，始终处在发展缓慢的过程中，末次冰期结束以后，全球气候开始进入一个长的温暖时期，人类社会也开始了一个快速发展的阶段。人类社会在最近一万年里的发展和变化，比起在此之前的几百万年的演化过程要快得多，这首先应该归因于冰后期适宜的气候环境。

一万年以来的气候条件，虽然说总的来看是处在温暖时期，但也曾出现过几次明显的气候波动变化。这些波动变化，反映在中国西部内陆地区的是冷暖交替、干湿交替的变化过程，反映在中国东部沿海地区的则是海平面的升降、湖泊的伸缩、河流水位的涨落等方面的变化。这些波动变化有的因为变幅较小，没有对一个大区域的生态系统造成影响，因而，不在我们的考察重点之列。有的变化剧烈，不仅改变了生态环境，同时也改变了人类的生存方式，这些变化过程，显然需要给以充分的注意。概括起来说，这样的变化阶段出现在距今 8000 年、6000 年、4000 年、3000 年等时间阶段，全新世气候的这几次大的波动变化，在许多方面都有反映。

在中国北方，位于内陆的西部地区在距今 8300 年前后出现了一次寒冷期，在此之后，气候开始大幅度转暖，内陆湖泊出现高湖面，黄土中的古土壤广泛发育，这次转暖意味着全新世气候最适宜期的开始。这个暖湿期一直延续了大约 4000 年，其间，在距今 5700 年前后又出现波动，气候转冷，随后再次转暖。距今 4000 年前后出现了另一次变幅较大的寒冷期，表现为山地冰川的大幅度推进，随后是湖泊水位的持续下降，气候开始朝着干冷的方向发展，这个寒冷期，标志着中国西部全新世气候最适宜期的结束和新冰期的开始。[①]

中国北方的华北、内蒙古、东北等地区也有一些相关的变化。在全新世早期各地的增温幅度不大，如华北的太行山山前平原一带，在距今 10000 年

---

① 周尚哲等：《中国西部全新世千年尺度环境变化的初步研究》，《环境考古研究》第一辑，科学出版社，1991 年，第 230—236 页。

前后虽然气候逐步好转，但仍然属于比较干凉的类型。[①] 至距今 8000 年前后，在内蒙古赤峰等地出现了暖温性夏绿阔叶林，代表着暖湿气候类型的存在。[②] 距今 7000 年前后，华北各地开始进入全新世大暖期的鼎盛阶段。距今 4000 年前后，气候再次变得干凉，岱海等湖泊水位大幅度降低。距今 3000 年前后，大暖期气候结束，此后开始不可逆行的波动降温时期。[③]

中国南方全新世气候变化的特点不同于北方地区。在长江下游地区，大暖期气候带来了丰富的水热资源，同时，也使河湖水面高涨，海岸线前移。海面波动上升最迅速的时期主要是在距今 8000—7000 年、6000—5500 年期间。我国东部许多湖泊、洼地的演变过程往往与气候波动、海面升降运动发生直接的联系，后者通过对水量、水位的调节决定了湖泊的扩张期与缩小期的交替出现。如太湖地区曾经历过一个海湾—泻湖—陆地的交替演变阶段，其主要的成海时期为距今 5500 年、3800 年、2300 年前后，其余时间阶段，太湖多为地势低洼的陆地环境。[④]

在长江中游的湖南、湖北地区，分布有大面积的湖泊和低地平原。全新世大暖期暖湿气候作用期间，这一地区水域面积空前扩展，距今 4000 年前后的气候波动变化，在这里曾经形成过大范围的洪水灾害。

在中国南方的珠江三角洲地区，全新世的海平面也出现了波动变化的现象，距今 8000—7400 年、7100—6000 年，海平面急剧上升，达到第一次高海面。距今 6000 年前后这次高海面在我国沿海普遍存在，只不过出现时间有先有后，高度也略有差异。此后，距今 5900—5500 年，珠江三角洲地区海平面波动下降，从高出现今海面 1 米降至现海平面下 3.5 米左右。距今 5500—2800 年，海面又呈现波动上升的趋势。对于海平面变化的研究表明，气候变化是控制海进的主要因素之一，但通常海面变化需要滞后一定的时

① 原思训、陈铁梅、周昆叔：《南庄头遗址 ¹⁴C 年代测定与文化层孢粉分析》，《环境考古研究》第一辑，科学出版社，1991 年，第 136—139 页。
② 孔昭宸等：《内蒙古自治区赤峰市距今 8000—2400 年间环境考古学的初步研究》，《环境考古研究》第一辑，科学出版社，1991 年，第 112—119 页。
③ 施雅风等：《中国全新世大暖期的气候波动与重要事件》，《中国科学》（B 辑）1992 年 12 期。
④ 杨怀仁、谢志仁：《中国近 20000 年来的气候波动与海面升降运动》，《第四纪冰川与第四纪地质论文集》第二集，地质出版社，1985 年，第 1—18 页。

间，海进的发生与气候的变暖在时间上不尽一致，气候变暖在先，海面变化在后。[①]

三、对环境变化作用的基本评价

以上我们初步确认了中国全新世气候环境变化的一些主要事件，这些事件对当时、当地的史前文化的发展产生了巨大的影响，这可以从许多考古发现中得到证明。

距今 10000 年前后，中国北方华北平原的气候环境开始变得比较适宜于定居生活，因此，那些原来居住在山区洞穴里的人群，来到了河谷平原地区生活，从事采集和渔捞活动。到距今 8000 年前后，持续变暖的气候环境使人类在北方河谷地区的活动范围大大拓展，在甘肃秦安大地湾遗址、陕西宝鸡北首岭遗址、河南新郑裴李岗遗址、河北武安磁山遗址、内蒙古赤峰兴隆洼遗址等地，已经发现了这一时期的人类活动遗迹，并且在上述遗址中都发现了种植粟类作物的原始农业遗存。其中，赤峰市兴隆洼遗址已经是位于北纬42°以北的地带，这表明，由于此时大凌河上游河谷地带环境比较优越，这里能够满足早期定居者的采集、渔捞、狩猎、种植农作物等各项生产活动的正常进行。辽西地区这些早期定居文化的发现非常有意义，它为其后阶段当地文化的大发展打下了基础。

全新世气候最适宜期的到来，为中国北方史前文化的大发展创造了前所未有的优越条件，自距今 6000 年以来，在西北、华北、东北等地区产生了一大批高度发展的新石器时代文化如马家窑文化、仰韶文化、红山文化、大汶口文化等。马家窑文化占据了甘肃中西部、青海东北部的河谷地区，创造了灿烂的彩陶艺术；仰韶文化散布在黄河上、中、下游的各个角落，成为黄河流域最具代表性的主流文化；红山文化主要分布在内蒙古长城地带、辽西地区一线，成为东北地区最具影响力的文化类型；大汶口文化的分布面则覆盖了山东半岛地区。

---

① 李平日等：《珠江三角洲一万年以来环境演变》，海洋出版社，1991 年，第 65—68 页。

延续数千年之久的全新世大暖期，无疑是人类全面开发整个中国北方地区的最主要的条件。长期的繁荣使黄河流域农业高度发展，人口大量增长，社会组织日趋复杂化，这些都为黄河流域早期文明的出现奠定了基础。

在长江流域，全新世初期气候转暖的过程开始的较早，人类认识栽培作物水稻的过程也开始的较早，目前，已经在江西万年仙人洞、吊桶环，湖南道县玉蟾岩等地点发现了目前所知我国最早的稻谷遗存和水稻的植物硅酸体，这些发现可以把长江流域稻作农业的起源追溯到距今 13000 年前后。距今 9000 年开始，稻作农业在长江中游得到普及，其代表性遗存有湖南的彭头山文化、湖北的城背溪文化等。距今 7000 年前后，在整个长江流域都出现以稻作农业为标志的文化群体，如长江上游的大溪文化，中游的屈家岭文化，下游的河姆渡文化、崧泽文化等。稻作农业技术向北的分布甚至到了淮河流域，如上游地区的河南舞阳贾湖遗址和下游地区的江苏高邮龙虬庄遗址等地点，都发现了栽培稻遗存。

长江中游的屈家岭文化时期，由于农业的持续发展，人口大量增长，地域不断扩大，一时间遗址分布遍及两湖平原，到其后的石家河文化阶段，分布地域更是扩大到了淮河流域。在这一阶段，长江中游也出现了许多设防城堡，其文化发展程度和文明化进程的速度都不亚于同时期的黄河流域，在长江下游，良渚文化也达到了非常高的发展水平。由此可以看到，全新世大暖期期间，长江流域的文化得到了长足的发展，长江文明的雏形已经展现在我们面前。

在南方的珠江三角洲地区，冰后期气候转暖之后这里湖沼密布，河道纵横，人们在水网地区发展起了渔捞经济，他们多数是在河岸、海湾、潮间带、沙丘等环境之中捕食淡水和咸水中的贝类和鱼类。就这些贝丘遗址的分布状况来看，随着不同阶段海平面的上升和下降，人类居住遗址的位置也后退或前伸。在广东曲江地区，距今 5000 年前后开始的石峡文化时期，经济形态已经从渔捞、采集类型转向稻作农业类型。

全新世大暖期气候，对中国各地原始文化的发展都具有积极的意义。然而，大暖期气候的结束，在不同地区则显现了不同的影响。

距今 4000 年前后，在中国西部出现的新冰期气候使得齐家文化的农业生产遭到彻底破坏，此后，这一地区开始了一个漫长的畜牧经济发展的时期，人口大幅度下降，人们的生存状况恶化，文化发展出现停滞和倒退。[①] 在内蒙古中南部地区，同时期也出现了文化普遍退化的现象，沙漠化过程再次开始。在黄河下游地区，各地的龙山文化纷纷走向消亡，部族之间的兼并战争基本完结，出现夏族统一中原的局面。在华北北部和东北各地，农业类型的文化趋于衰落，农业区的分布范围大幅度南移，草原游牧文化逐步兴起。

同样是在距今 4000 年前后，长江流域的石家河文化从盛极一时到走向灭亡[②]，良渚文化也在其发展高峰阶段时突然消失[③]。究其原因，许多学者认为，这几种文化的消亡，可能与广泛传说的大洪水有关。[④] 从地理环境方面分析，石家河文化、良渚文化所处的环境，即长江中游的两湖平原和下游的环太湖地区，都是易于受到洪水灾害影响的地区。同一时期的洪水也可能影响到了黄河下游地区，因为山东境内的许多地方在龙山文化消亡后，也出现了文化层中断的现象，龙山文化之后出现的岳石文化在很多方面表现了退化的特点。

在珠江三角洲地区，此时受海平面上升的影响，水生生物资源重新丰富起来，贝丘遗址的数量再度增加。[⑤]

距今 3000 年前后，当又一次寒冷期气候来临时，中国北方的西周王朝面临着前所未有的自然灾害，连年不断的地震、干旱等使得关中平原农业经济遭到很大的破坏，干旱也使得北方游牧民族的畜牧业生产受到影响，他们不得不南下掠夺农业民族，农业民族面临着来自北方的巨大威胁，因此，西周王朝被迫东迁，逐步放弃了黄土高原西部和北部的大部分定居农业区域，这里因此成为游牧民族新的家园。到了春秋战国时期，北方的游牧民族逐步发展壮大，成为与黄河流域农业民族抗衡的重要文化集团。

在中国南方，距今 3000 年前后的这次气候变化没有造成大的文化变迁。

---

① 水涛：《甘青地区青铜时代的文化结构和经济形态研究》，北京大学博士学位论文，1993 年，第67—70 页。
② 北京大学考古系等：《石家河遗址群调查报告》，《南方民族考古》第五辑，四川科学技术出版社，1992 年，第 213—292 页。
③ 黄宣佩：《论良渚文化的分期》，《上海博物馆集刊》第六期，上海古籍出版社，1992 年，第371—388 页。
④ 俞伟超：《龙山文化与良渚文化衰变的奥秘》，《文物天地》1993 年 3 期。
⑤ 李平日等：《珠江三角洲一万年以来环境演变》，海洋出版社，1991 年，第 79—91 页。

四、中国史前环境变化与文化发展

从上面的初步排比中可以看出，中国早期文化的发展，受到环境条件的极大制约，概括说来，环境的制约作用在北方大于南方，西部强于东部，内陆大于沿海，山区大于平原。

中国北方的原始人群从山地下降到河谷地带定居，主要归因于冰后期气候条件的好转，北方旱作农业的产生和发展，也可以说是得益于全新世大暖期气候环境。大暖期期间，黄河中下游地区的气候相当于现今属于亚热带地区的气候条件，在几千年中，逐步孕育出黄河流域古代文明。

可以说，末次冰期气候对华南地区的影响要弱得多，中国南方的原始人群显然在较早的阶段已经完成了从山区下降到河谷平原地区的生活转变过程，在距今13000年前后，人们已经知道了采集野生稻，进而在河谷地带开始了培育栽培稻的过程，同一时期，这一过程在长江中下游地区再现。因此，就早期农业起源来讲，北方地区更依赖于气候变暖。

中国西部的内陆地区自然环境比较恶劣，发展早期农业经济的条件十分有限，在全新世大暖期气候中，这里发展起了以马家窑文化、齐家文化为代表的定居农业经济。这些定居农业文化所取得的成功，使我们有理由相信，在这里也可以产生早期的文明形态。然而，这种发展过程在距今4000年前后受新冰期气候的影响完全停顿了下来，农业经济解体后，这里的文化发展再次出现了人口减少、规模缩小、进步缓慢的无序发展状态。相比之下，虽然黄河中下游地区也受到了新冰期气候的影响，经历了大洪水、海侵等灾变过程，但是，这些自然灾害没有彻底摧毁这里的农业经济，在最困难的时期，文化发展出现了结构重组的变化，一些旧有文化消亡了，另一些文化则应运而生，并最终统一在夏王朝的周围，形成中国文明的最初形态。

分布在长江中下游的石家河文化、良渚文化，无论其发展的规模和所达到的发展高度，都是中国新石器时代晚期同类文化中的佼佼者，但是在距今4000年前后，它们却突然衰落和消失了。什么原因能使石家河文化衰落得如此迅速而又彻底呢？有的学者认为是以石家河文化为代表的苗蛮集团与中原龙山文化为代表的华夏集团相互战争的结果，苗蛮战败，因而灭亡。实际上，目前在石家河文化的分布中心区内确实发现该文化晚期阶段遗存中，属于中原龙山文化的文化因素大量增加，表明这种文化早晚两阶段曾出现过文化因素的更替现象。①不过，石家河文化的最终衰落，应该有其自身发展的问题，这也就是学者们经常提到的洪水问题，洪水使该地区农业连年歉收，社会动荡不稳，再加上外来敌人的致命一击，才使得这样一种控制了整个长江中游的庞大文化系统终于土崩瓦解。从石家河文化与中原龙山文化相互接触的前沿地带，即淮河上游地区的考古发现来看，中原文化与长江中游文化的互为进退，与气候环境的冷暖变化有一定的相关联系，也就是说，中原文化的向南发展，总是在气候相对较寒冷的时间阶段，而大暖期气候时期，长江中游文化则是长驱北上。②

长江下游良渚文化的突然消失，又是一个难以解释清楚的谜团。许多研究证实，在距今 4000 年前后良渚文化消失之时，长江下游一带曾发生过大规模洪水和海侵，在遍及长江三角洲地区的良渚文化遗址的地层堆积上部有一层自然堆积层，对沉积物的粒度分析表明，这层堆积属于洪水沉积。③显然，洪水与这些遗址的文化层间断现象有一定的联系。但是，长期生活在水网地带的良渚人，本身对水上生活方式并不陌生，有发现表明他们已经掌握了制造舟楫的技术，因此，对于洪水，他们不应该感到完全无所适从。目前，一些学者在解释良渚文化消失后的去向问题时认为，他们是从太湖流域经宁镇、皖南、巢湖一线辗转北上至淮河流域，再到黄河中下游一带，参与了夏代建国的活动。④这种解释在考古发现上还无法得到证明。良渚文化的部分因素可能影响到了北方的山东龙山文化，但是，这种文化的整体北上，是不可能实现的，也就是说，洪水使得太湖地区的良渚人全部迁去北方的观点，不符合实际情况。在此需要强调的是，无论如何，洪水是良渚文化消亡的重要原因之一，由于这种突然的变化，长江下游地区的文化发展进程被迫中断。

---

① 北京大学考古系等：《石家河遗址群调查报告》，《南方民族考古》第五辑，四川科学技术出版社，1992 年，第 213—292 页。
② 北京大学考古学系等编著：《驻马店杨庄——中全新世淮河上游的文化遗存与环境信息》，科学出版社，1998 年，第 205—210 页。
③ 程鹏、朱诚：《试论良渚文化中断的成因及其去向》，《东南文化》1999 年 4 期。
④ 程鹏、朱诚：《试论良渚文化中断的成因及其去向》，《东南文化》1999 年 4 期。

所以，从结果上看，距今 4000 年前后的洪水和海侵，迟滞了这一地区的文明化进程，直到后来的吴、越时期，江南地区再度繁荣。

中国华南地区自全新世以来，文化的发展总的说来受环境变化的影响相对较小，但是，该地区始终没有发现大范围分布、长时间繁荣的早期文化类型，这也是值得探讨的文化现象。一种理论认为，这一地区过于优越的自然环境，特别是丰富的食物资源，使人们失去了发展食物生产技术和文化的动力。但是，随着华南考古的新发现，我们看到，这里的人们很早就开始了培育栽培稻的过程，因此，中国南方华南地区的开发过程可以说是开始的非常早。另一些学者认为，华南地区总的环境背景是以石灰岩的山地、丘陵为主，在这里发展起来的是一种"山间模式"的农业文化，它与在黄淮平原、长江中下游平原地区发展起来的"平原模式"的农业文化在文化的生存空间上有本质的差别。① 这也就是说，华南地区早期文化的长期缓慢发展，从根本上看，是由这一地区的环境背景所决定的。从一些局部区域来说，华南地区的某些山间盆地，在某一个时间阶段也可以发展一些比较大规模的早期文化类型，如昙石山文化、石峡文化等。但是，当这些文化的发展达到了这一地区环境所提供的生存空间的上限时，这些文化便无法继续向前发展。因此，这里的早期文化发展到文明时代前夜时，已经无法突破环境条件的强大制约，不能形成庞大的人口，没有出现中心聚落，没有复杂化的社会组织结构，因而落后于中国早期文明的整体发展进程。所以，我们认为，中国南方的华南地区文化发展与环境的互动关系的表现形式不同于中国北方，它主要不是因为环境的变化而产生变化，而是由于环境条件的存在方式，从根本上制约了这一地区文化发展的规模和水平。

珠江三角洲地区所代表的热带滨海环境，显示了另外一些特点，渔捞经济在这里长期居于主导地位，人类文化的发展受到海平面变化的直接影响，若海平面较高，则海水侵入三角洲上部，形成更多的开放泻湖和海湾，河口和海湾地带的水生生物种类大量增加，这同样有利于形成更多的贝类采集点和贝丘遗址，这个时期可以看作是当地文化的发展时期。若海平面下降，则滨岸线退至外围的沙丘附近，海洋生物的种类发生变化，原来的大量贝丘遗

---

① 裴安平：《中国原始稻作农业三种主要发展模式研究》，《远望集》（上），陕西人民美术出版社，1998 年，第 67—82 页。

址因此被废弃。此时，存在于沙丘地带的遗址数量较少，主要是以捕鱼经济为主。另外一些人群则被迫迁入山冈和台地，从事陆上经济活动，并因此发展了当地的农业生产，这一过程大约开始于距今3500年前后。[①] 海平面变化是气候变化的一种表现结果，因此，也可以说，珠江三角洲地区渔捞经济的繁荣和衰退，与气候变化有直接的联系。

不管在北方还是南方，中国的早期文化发展受气候变化影响的程度，都会显现出一些地域差别。一般认为，自然植被对气候变化的影响最为敏感，不同类型植被带之间的过渡带也就是对气候变化响应最敏感的地带。如果将这种理论对应于农业生产，则可以发现，农业的种植区也存在着对气候变化响应最为敏感的地带。在敏感地带附近，形成农牧业经济的过渡带。如中国北方现在的农牧过渡带大致位于大兴安岭东南山前平原，经乌兰浩特、泰来、杜尔伯特、通辽、赤峰、围场、张家口坝上、大同、河曲、榆林、环县北、固原北、会宁北、兰州南。[②] 从考古发现看，这条狭长地带上的许多地点，正是早期的农业文化与其后的牧业文化分布的交接带。距今4000年前后的寒冷期气候，摧毁的也正是这条交接带附近及其以西、以北地区的原有农业经济，而位于这一地带以南的地区，虽遭受了同样的气候变化，但只是不同程度地影响了当地的农业生产，并没有使农业经济完全改变。这种经济生活的演变格局使得甘青地区、内蒙古中南部地区的文化发展方向出现了重大变化，迫使这些地区退出了其后阶段的黄河流域文明化演进的行列。

中国的环境考古研究，已经揭示了史前文化发展与环境变化的一些必然联系，这些认识的取得，对于完整再现和充分理解中华远古文明的起源和发展过程无疑是非常重要的。从世界各地古代文明的产生、发展和消亡的过程中，我们也可以看到类似的历史演变进程，如中亚农业文化的衰落和草原民族的兴起，印度早期文化的衰亡，以及古代世界对于大洪水的各种传说，都与距今4000年前后的环境突变事件有一定的联系。因此，环境考古研究对于中国和世界古代文明研究来说，都是值得重视的新的研究领域。正确认识人与自然的相互依存关系，同样也具有积极的现实意义。

---

① 李平日等：《珠江三角洲一万年以来环境演变》，海洋出版社，1991年，第79—91页。
② 张丕远主编：《中国历史气候变化》，山东科学技术出版社，1996年，第406—410页。

甘青地区早期文明兴衰的人地关系

一、绪论

甘青两省地处黄河上游地区。如果我们把伊洛文明当作黄河文明，或者说中国文明的主要代表来做一番深入的研究，那么显然，作为黄河文明的另一个重要组成部分，甘青地区的古代文化在黄河流域文明化发展进程中的作用，也应给以足够的重视。事实上，从现有的考古发现来看，甘青地区由于所处的环境背景更加复杂多样，在人类文化发展的早期阶段更加直接地受到各种环境条件的制约和影响。这种影响的最为明显的后果，表现为全新世中期偏晚时期内的一次较剧烈的气候波动，导致了黄河上游地区早期文明因素赖以存在和进一步发展的基本条件，即农业经济的衰退和解体。然而，要深刻认识甘青地区这种文化发展结局的历史必然性，则应该对这一地区人地关系的基本状况及发展变化，做一番全面的考察和探索。

甘青地区从自然地理区划来看，可以分为三种大的环境区域：甘肃东部属于黄土高原区，青海大部属青藏高原区，甘肃西部属蒙、新荒漠区。在甘肃东部、中部及青海东部地区，自第四纪以来发育有非常广泛的黄土地貌，在黄河及其一级支流洮河、湟水、渭河、大夏河、清水河，二级支流泾河、马莲河、葫芦河等大小河流的沿岸，均发育有面积较大的一、二、三级阶地或台地。在较高的山梁和大的沟谷地区，现在还存在着各种针、阔叶混交的小片森林和大范围的灌木丛林，这样的环境条件显然有利于早期人类经济的存在和发展。考古发现也已证实，在上述河流的河谷地带存在着大量的早期文化遗址。

青海省的大部分地区，平均海拔高度均在 2000—4000 米以上。青藏高原的严酷自然条件显然不利于早期的人类经济的发展，但在众多的高原湖泊的湖滨地区，则可以满足以采集和渔猎经济为生活手段的一些原始文化的存在条件。当畜牧经济出现以后，这里则成为游牧民的理想家园。

甘肃西部是我国著名的河西走廊地区，其南侧的祁连山脉阻挡了由青藏高原下来的冬季降水，其东端的乌鞘岭山脉挡住了由季风气候带来的夏季降水，强烈的日照又使得地面及地下水大量蒸发。这种降水量与蒸发量之间的巨大不平衡状态，造成了这一地区的持续荒漠化以及戈壁景观的客观存在。显然，这种环境背景限制了这一地区早期文化的存在范围，一般我们只能在近水源地的河流下游地区发现一些小规模存在的早期文化遗址。

所以，就其总体来看，甘青地区的许多地域不利于发展大规模的人类经济文化类型。然而，这一地区在全新世中期的前段时期内却发展起了非常发达的锄耕农业文化，即以马家窑文化、齐家文化为代表的农业文化。这种非常成功的早期农耕文化的广泛存在，显然应与距今 6000 年以来的全新世高温期气候有着必然的紧密联系，这可以从以下几个方面的情况做出进一步的分析和解释。

二、早全新世时期的环境状况和人类文化

在第四纪末期的冰川气候结束以后，中国西部地区在全新世早期阶段依然处于非常恶劣的气候环境之中，昆仑山脉、天山山脉、祁连山脉等地都存在一些巨大的山地冰川。经过冰川学家的研究发现，这些冰川在距今 8000 年以前的早全新世时期，普遍处在向前推进的发育阶段[①]，受它们的影响，甘青西部地区一直是在一种气温较今日更加寒冷的环境之中，人类活动的空间范围因此受到极大的限制。到目前为止，考古学家在这一地区还没有找到距今 8000—7000 年以前的属于早全新世时期的人类文化遗存。这种情况表明，当时在这一地区，即使存在着一些人类文化群体，其总的数量也应是非常少的。

---

① 李吉均：《中国西北晚更新世以来的环境演化模式》，《第四纪研究》1990 年 3 期。

在甘肃中部、东部的黄土高原，虽然更新世末期冰期气候的影响十分巨大，但仍然不乏一些小气候环境区域，在一些大河支流的河谷阶地，存在着种类多样的动植物群体。考古学家已经在甘肃镇原的黑土梁、庆阳的巨家塬、刘家岔等地①，找到了更新世晚期的化石人类遗存和一些石制品，这表明，到更新世晚期阶段，曾经广泛存在于我国华北地区的古人类群体的活动空间已经拓展到了甘肃东部地区。他们在这里的森林、林间的灌丛以及河谷边上的水湾地带，从事着一些非常简单的狩猎和渔捞活动，在经过了早全新世漫长而又艰难的发展之后，他们终于在一些河谷地带生存下来，成为甘青地区最早的定居者。

为什么这些早期定居者能够在甘青地区这种复杂多变且总的来说较为恶劣的环境之中得以生存和发展下去？如果仔细分析一下，我们最终就会发现，小气候环境的存在是十分重要的条件。在甘肃中部和东部的黄土高原上，分布着一条南北方向的山系，即六盘山、陇山山脉，虽然这一山系总体上说规模不大，对整个西北地区的气候不构成巨大的影响，但由于它的存在，在夏季，它使季风气候所带来的降水更多的降落在陇山东侧，在冬季，它则有效地阻挡和减弱了来自西伯利亚的冷空气东进的线路和势头。它的存在造成了处于同一纬度地带的相邻两地域在水热条件方面明显的差别。陇山东侧的陇东高原，气候更加湿热，植被丰富，河流阶地也发育较好。陇西黄土高原则多受干旱和风灾的影响，植被条件相对要差许多。

早期的定居者在陇东地区的河谷阶地上出现并延续发展下去，显然是一种必然的选择。从整个黄河流域来看，经历了早全新世的漫长岁月之后，在距今8000—7000年间，华北地区的原始人群纷纷从山前地带进入了河谷平原地区，开始成为早期的定居民。在黄河上游所发现的甘肃秦安大地湾遗址一期遗存②、天水北赵师赵村一期遗存、陕西渭南老官台文化遗存，与在河南发现的裴里岗文化遗存、河北武安磁山文化遗存等，都有着非常近似的文化面貌，即有一些非常简单的陶制生活器皿、一些较原始的磨制石质工具，以及一些地穴式的居住址。显然，他们都生活在基本相同的环境之中，黄土的干燥、松软的特性使他们习惯于穴居方式并得以长期继承和发展这一居住形

---

① 《甘肃庆阳地区的旧石器》，《古脊椎动物与古人类》1977年第15卷3期。
② 《甘肃秦安大地湾新石器时代早期遗存》，《文物》1981年4期。

式。北方河谷地带普遍存在的禾本科野草的子实成为他们共同的采集对象，最终由某一群体率先发明了旱地作物粟类的栽培技术，并且很快这一技术在有相同环境条件的地方得以普及。

陇东地区这些早期定居文化的出现，为整个甘青地区人类文化在全新世中期的气候适宜期的大发展提供了非常重要的先决条件。如果没有这些发现，我们很难理解为什么甘青地区的文化会在距今 6000—5000 年间，突然出现一次飞跃。这些早期的定居者是作为文化的火种持续不断地延续着，积蓄着能量，一旦条件成熟，星星之火必成燎原之势。

三、全新世中期大暖期气候对甘青地区的影响

从全球气候变化状况来看，大约从距今 6000 年前后开始的温暖期影响非常广泛。此一时期在西欧被称作大西洋期，在中国，由于在黄河流域这一时期普遍发现的是仰韶文化遗存，著名的物候学家竺可桢将这一时期定名为仰韶温暖期。[①] 在黄河中下游地区，仰韶文化遗址中发现了代表亚热带南方动物的竹鼠遗骸等喜暖的动植物类群，表明此时中原地区是处在高温高湿的气候环境之中。气候变暖和雨量的增加，使黄河沿岸河谷地带的景观生态发生了很大的变化。首先是植物种群的多样化和数量的急剧增长，沟谷林地成片出现，到处灌丛密布，草木茂盛。流水量的增加使河谷阶地更加宽阔，土壤更加肥沃。这些改变为前一时期刚刚出现的旱作农业栽培技术的发展创造了极为有利的条件和更加宽广的发展空间。从考古发现看，仰韶文化时期，文化遗址数量的大量增加和每一遗址规模的不断扩展，人口总数的急剧膨胀，都是显而易见的。

在黄河上游的甘青地区，仰韶温暖期气候的到来，虽然没有带来像中原地区亚热带气候那样的水热条件，但是也在各地的不同环境背景中出现了一些相应的变化。

---

① 竺可桢：《中国近五千年来气候变迁的初步研究》，《考古学报》1972 年 1 期。

在陇东黄土高原地区，地带性森林由南向北逐步扩展。[①] 在林地的外围，山坡上、河岸边都密布着灌丛和草地。流水的增加使河谷变宽，阶地更加发育。可以肯定的是，这一时期在陇东高原的一些河谷地带，出现了类似于黄河中下游河谷地区一样的景观生态，因此使旱作农业的发展获得了良好的机遇和条件。对若干地区地层所做的黏土矿物成分分析反映出这一时期地表流水量增加，植被覆盖度较好，植物种类繁盛，且喜暖种类比以前明显增多。

陇西黄土高原由于陇山和六盘山的阻隔，水热条件不如陇东地区，因此在全新世早期阶段这里的大部分地区还可以说是植被很差，赤地千里，人迹罕至。仰韶温暖期的到来，给这里带来了无限的生机，沟谷地带开始出现乔木与灌木混交的林地。山坡上，河岸边的灌丛、野草的繁盛，使得原来贫乏的景观生态大为改观，良好的生态环境引来了原来定居在陇东及以东地区的人们纷纷西进，开辟新的家园。仰韶文化的发展使得陇东与陇西地区在文化上变成了一个整体，即成为甘青地区仰韶文化的主要分布地区。

从考古遗址的发现情况看，仰韶文化的分布范围比此前的距今 7000 年前后的秦安大地湾遗址一期文化有了非常明显的扩展，在陇东、陇西及陇南地区所有河谷阶地上，都可以找到仰韶文化时期的遗存。在一些典型遗址如秦安的大地湾遗址，天水的西山坪遗址、师照村遗址，礼县的高寺头遗址，庆阳的南佐疙瘩梁遗址，平凉的庙庄遗址等地，都发现了仰韶文化时期的规模庞大的聚落遗存，大地湾遗址的总面积超过 20 万平方米，在这种大型聚落遗址中，已经发现有许多成组分布的房屋、窖穴，也有像大地湾 F901 那样的超大型建筑（有人以为可以称之为宫殿建筑）。[②] 这些发现表明，当时这一地区的人口规模已十分可观，社会的组织已充分发展，对于我们所关注的文明起源问题来说，这种社会组织的高度发展显然是值得重视的，这一问题我们在后面将展开讨论。

仰韶文化向西拓展的触角，一直伸到了青海东部的黄河沿岸和湟水下游地区，目前已在青海省的循化县发现了仰韶文化庙底沟类型阶段的遗存。仰

---

① 唐少卿、伍光和：《历史时期甘肃黄土高原自然条件变化的若干问题》，《兰州大学学报》1984 年 1 期。
② 《甘肃秦安大地湾 901 号房址发掘简报》，《文物》1986 年 2 期。

韶文化在这一地区的成功进驻，对青海东部在其后时期文化的发展具有非常重要的意义。

　　甘肃西部地区在全新世早期是处于寒冷湿润的环境之中，在海拔较高的山地发育有成片分布的针叶林。由祁连山北坡向北流入腾格里沙漠的石羊河、流入阿拉善沙漠的黑河、流入安西和敦煌盆地的疏勒河等，为河西走廊地区动植物群落的存在带来了生命之水。但是，这里除了在河流下游湖滨地带有发育良好的植被景观，在河谷以外的大部分地区仍然是第四纪构造运动形成的大片戈壁和荒漠，植被条件一般仅为耐盐碱的棘刺类灌丛。早期人类难以在这样一种环境中生存和发展。

　　仰韶温暖期的到来，使这一地区的温度条件得以改变，高温使得山地冰川急剧后退，雪线普遍上移，河流水量暴涨，河流下游一般形成了颇具规模的终端湖和水草地。水热条件的改变也使得荒漠景观发生了变化，在一些河流的中下游出现了小片的次生乔木、灌木混交林地，以林地、小型湖泊为中心形成了一些绿洲。在绿洲的外围，荒漠植被中也出现了一些禾本科野草如芨芨草、针茅等。生态条件的变化为人类进驻这一地区创造了良好的环境，从考古发现来看，大约在距今 5000 年前后，分布在甘肃中部地区的仰韶文化已发展到晚期阶段，形成了如秦安大地湾遗址这样的一些大型聚落。高度密集的人群遍布于河谷地带，人口压力迫使部分人群西移，寻找新的发展空间。正是在这样的背景之下，西进的仰韶文化人群终于来到了甘肃西部及青海东北部，他们在湟水、大通河等河流的阶地上安营扎寨，发展农业生产，创造出了以精美的彩陶制品为标志的马家窑文化。又经过了几百年的发展和继承，马家窑文化演变成了一种遍布甘肃中部、西部和青海东部、西北部的颇具地方特色的文化类型。由于马家窑文化的长期发展和繁荣，甘肃西部变成了人类的又一个理想家园。

四、甘青地区文明因素的产生和发展

　　马家窑文化中的马厂类型遗存，代表了马家窑文化晚期的最高发展水平，对于这类遗存的大量发现和深入研究，有助于我们了解当时人类生活各个方面的基本状况。从遗址分布的空间范围来看，根据青海和甘肃两省的文物普查资料显示，马家窑文化的半山类型、马厂类型遗存向西一直分布到了甘肃河西走廊西端的酒泉、安西等地，向北深入到了腾格里沙漠及内蒙古自治区额济纳旗地区，向西南拓展到了青海湖周围地区。在同一地域内遗址的分布也十分密集，如青海东部的乐都县境内就已发现马厂类型遗址 90 余处，在湟水北岸沿河的每一座小台地或小丘陵上都有遗址分布。[①] 可以想见，如果是在傍晚时分，湟水岸边一定是一幅遍地炊烟的繁荣景色。

在漫山遍野的马厂居住地中，有一些是规模较大的中心聚落。在甘肃省永靖县的马家湾遗址、永登县蒋家坪遗址、兰州市白道沟坪遗址等地所发现的马厂时期的居址建筑形式十分多样，有长方形的单室，双套室和多室组合式地面建筑，也有圆形或长方形的半地穴式建筑。一般在房内或其附近建有储藏东西的窖穴，大的窖穴可深达 2 米以上。居址区附近还有生产作坊区，主要是烧制陶器的陶窑，这些陶窑往往是两三座一组地分布开来。就其整体布局来看，马厂时期这些较大规模的聚落，其功能显然是比较完善的，在布局上已将生产和生活等方面做了较明确的划分，特别是已将制陶业作为一项重要的生产活动进行规划和部署，表明此时应该出现了从事于制陶等专门劳动的手工业者阶层，这也可以从马厂时期陶器本身所反映的特点中得到进一步的说明。

在青海省乐都县柳湾墓地中共发现 1200 多座马厂类型的墓葬。[②] 这些墓葬普遍存在厚葬的风俗，一般每个墓都有二三十件随葬陶器，最多的如柳湾 M564，一座墓中随葬陶器多达 91 件。另外，在甘肃兰州附近的土谷台、白道沟坪、永登的乐山大坪、永昌的鸳鸯池等墓地中，也都出土了大量的马厂时期的随葬陶器，可见这是一个非常普遍的现象。这些作为随葬用品的陶器不仅数量多，而且一般形体都很大，制作十分规整，大多数是绘有各种母题图案的彩陶器。除此之外，在马厂时期的各种居址和各类文化堆积中也能找到大量的陶器碎片。显然，用于日常生活中的陶器，其数量和质量均不亚于用于随葬的大量精美彩陶。由此推算，马厂时期制陶业总的生产规模是十分庞大的，它在社会生活中所处的地位也是不容低估的。

---

① 李智信：《试论马家窑至卡约文化经济转变的原因及影响》，《青海文物》1991 年第 6 期。

② 《青海柳湾》，文物出版社，1984 年。

有的研究者对柳湾墓地所出的 7000 余件彩陶的基本纹样进行了排比分析，共区分出 500 余种单独纹样[①]，这些各不相同的单独纹样可以相互配置在一起，构成千变万化的图案。显然，设计这些单独纹样和整体图案是一种非常复杂的脑力劳动，它需要长期的专门化训练和对前人技术的继承和发展。换言之，设计这些艺术品的人应是出自专门的彩陶世家，受过长期的专业熏陶和培养，是一些专业人才。这是存在简单社会分工，即农业和手工业之间的分工的有力证据。而社会分工正是社会发展由野蛮社会迈进文明社会的重要标志。

甘青地区早期文化的发展，不仅表现在西部的马家窑文化的马厂类型达到了一个前所未有的繁荣阶段，与此同时，存在于甘肃东部和中部的齐家文化也向人们展现了一片欣欣向荣的景象。

齐家文化首先是从仰韶文化的母体中孕育和产生的。距今 5000 年前后，当仰韶文化经历了 1000 多年的漫长发展之后，开始进入它的后期阶段。原来广泛分布于黄河流域的这种以彩陶为特点的新石器文化开始解体，并趋于消亡。黄河上、中、下游各地分别形成了一些特点不尽相同的地方类型文化，如黄河下游的河南龙山文化、中游的陶寺类型文化、客省庄二期文化等，在甘青地区则是齐家文化。

齐家文化继承了仰韶文化时期发展起来的旱作农业技术，保持着一种定居的生活方式。同时，他们创新了在黄土地带的居址建筑技术，大量采用地面建房的方法，用一种石灰、沙子和料姜石粉末混合起来的材料（俗称白灰面）制作墙体和地面，使之更加平整、耐用，而且具有良好的防潮特性。居住条件的改善，无疑提高了人们的生活质量。农业的持久稳定发展，提供了充足的粮食及其副产品，不仅可以满足大量增长的人口的日常消费，而且可以用于其他方面。在青海柳湾墓地的马厂类型墓葬中曾大量发现用作随葬的粮食——粟，每个墓中几乎都有一个大陶瓮装满小米（粟），如果没有大量过剩的粮食产品，这种无意义的消耗和浪费简直是令人难以容忍的。在齐家文化早期的一些墓葬中，曾经大量发现随葬猪下颌骨的现象，极端的例子来自于甘肃永靖秦魏家墓地，在一个墓中竟有 68 个

[①] 《青海柳湾》，文物出版社，1984 年。

猪下颌骨。① 即使是在今天的现代化农业生产的水平上，一个人拥有 60 多头猪也是足以值得夸耀和自豪的事情。在这样一些看似简单的数字后面，实则反映出存在着一个规模庞大的饲料供给系统作为保证：猪虽然是杂食性的动物，但一般来说，家猪的饲料主要是一些薯类和粮食加工的副产品——谷糠等，所以，大量养猪实际上是另一种对粮食的消费方式，没有农业的高度发展是难以维系的。

农业的发展，还可以使一部分人从简单的农业劳动中解脱出来，去从事如制陶和其他手工艺品的制作活动，在这样的劳动实践中产生了早期的金属冶炼技术，即制铜技术。而这种新技术一旦出现，立即对社会生活的众多方面产生影响。

甘青地区在马家窑文化的马家窑类型时期已经出现了红铜制品，如在甘肃省东乡县林家遗址出土了红铜刀，在另外一些遗址还发现了铜锥、铜凿等制品，直到齐家文化时期，才出现了真正的青铜制品②，如小刀、箭头等。虽然在这种新技术出现的初期，它的应用范围尚不十分广泛，数量也不多，但是，青铜工具所具有的锋利、精巧、耐磨损等特性，使它比石制工具更能提高人们的劳动效率，因而更受欢迎。

文化人类学家在考察当代的原始民族之后，发现初民时代的社会组织是由以母系的血亲关系为纽带的血缘家庭、家族逐渐演变到以父系为主的氏族社会，再发展为长老制的军事民主体制的社会结构，最后进入文明时代的阶级社会。在我国的黄河流域，仰韶文化时期普遍发现有以同性合葬墓为特点的氏族公共墓地，到了仰韶时代的晚期，一些地方出现了一夫一妻的男女合葬墓。甘青地区到了齐家文化早期则又出现了以男性居本位的双人或三人合葬墓，如在甘肃省武威皇娘娘台墓地的发现。③ 这表明，齐家文化时期已有了以父系核心家庭为单位的社会组织，甚至一个男子可以占有两个或更多的女子为妻。成年男子地位的提高，使他们有可能占有比别人更多的社会剩余产品或其他财富，如猪的下颌骨等。对财富的分配或占有的不均衡现象，标志着私有制形态的出现。

① 《甘肃永靖秦魏家齐家文化墓地》，《考古学报》1975 年 2 期。
② 张忠培：《齐家文化研究》，《考古学报》1987 年 1 期、2 期。
③ 《甘肃武威皇娘娘台遗址第四次发掘》，《考古学报》1978 年 4 期。

　　甘青地区早期文明因素的出现和文明化的进程是一个逐步发展的过程，与黄河中下游地区相比，这里没有出现规模宏大的氏族战争的场面，如中原地区广为流传的黄帝部落与炎帝、蚩尤或东夷部落的相互征伐或兼并战争。我们认为，在黄河中下游地区，河谷平原十分宽广，在很大的地域范围之内由于气候、植被和其他环境条件的相似性，因而出现了有相同的文化传统的部落或氏族文化，他们在相互交往中能够形成人口众多，而且分布地域较广的氏族联盟，他们可以为了共同的利益而与其他的氏族联盟进行战争。在甘青地区，一些河谷阶地相对狭小，不可能容纳人口非常众多的庞大的社会组织，但在甘肃东部，实际上也存在着一些颇具规模的中心聚落，如甘肃省的秦安大地湾遗址，在仰韶温暖期的高温高湿气候条件下，经过了 1000 多年的持续发展，到了齐家文化早期，聚落的分布已遍及河谷地带的各级阶地上，有的甚至分布到了山坡的顶部。这说明当时的人口数量也已达到了空前繁荣的程度。人口的发展，有利于社会组织的进一步完善，可以预期，如果按照正常的历史进程向前发展，这里也会出现类似于黄河中、下游地区的部落联盟或早期的城市经济。

　　在甘肃中西部和青海东部，受复杂多变的地形条件的限制，在一个聚落中很难发展起规模庞大的人口，但在一个较小的河谷中，往往分布有许多同时期的中小型聚落，如在湟水流域、大通河流域、大夏河流域等地，几乎每一个小台地上都有马厂时期的文化遗存，这些看似单独存在的小型聚落，实际上在一个流域或一个相当规模的地域范围之内，也有着相互的文化联系和共同的文化传统。这些共同的东西使他们在文明化的历史进程中一同迈进了阶级社会的门槛。马厂时期墓葬遗存中经常能见到随葬品贫富不均的现象，这说明实际上存在着不同的阶层和等级，这些能比别人更多的占有大量随葬品的特殊人物，有可能在生前曾经是一位在一个或几个相邻部落中有特殊影响的人物。我们可以设想，如果当时出现了部落之间的兼并战争，他们之中的某些人，或许会被时代造就成为一个部落联盟的领袖或传奇英雄。但是，历史的发展往往不是按照一种直线的方式前进的，甘青地区的早期文化在进入了一个新的技术进步时代，即青铜时代之后，在经历了长期的繁荣发展，逐步迈向文明时代的过程中，文化和社会经济的各个方面却都出现了一次普遍的停滞或倒退现象。这里没有发现人们预期见到的早期城市经济和以城邦国家为标志的社会组织形态，而是展现了一幅聚落解体、农业倒退、人口急剧减少、文化普遍不发展的悲凉场景。这一过程的开始大约是在距今 4000 年前后的齐家文化中晚期。

五、甘青地区文明因素的衰退及其原因

许多史前考古学家都注意到了这样一种现象，在中国西北的甘青地区，青铜时代的文化与新石器时代的文化在各个方面都表现出很大的差别。我们前面已大致说过，甘青地区的新石器时代晚期的马家窑文化和齐家文化早期阶段，是以定居的农业经济为其特色，农业的发展促进了人口的繁荣，社会组织正逐步演变为结构复杂而等级森严的阶级社会。但是，大约是从齐家文化晚期开始，各方面已显露出了衰败的征兆，并开始出现了文化分化发展的趋势。首先，在聚落的规模方面，每一处遗址都开始相对缩小，聚落与聚落之间的分布密度也相对减少，显示出人口数量总额的逐步下降。到齐家文化之后，这些表现则愈发明显。

在甘肃东部地区，继齐家文化之后，出现了晁峪—石咀头类型文化遗存，再晚一些时候还有寺洼文化遗存。这几种文化遗存的共同特点是聚落规模很小，有的则是基本不见居址遗存。其经济文化类型都是以经营畜牧业为主，兼营小规模的农业或采集经济，制陶业发展水平不高。在这些文化早期的一些墓葬中，每墓仅见到 1—3 件简单的素面陶器。有的墓没有陶器，铜器的发现也非常少。

在甘肃中部和青海东部，齐家文化之后出现了辛店文化和卡约文化的早期类型，其文化特点与甘肃东部的情况大致相同。

在甘肃西部，马厂类型最终演化为四坝文化，但马厂类型所特有的定居农业生活消失了，四坝文化虽然比马厂类型分布的范围更加偏西和偏北，但从经济类型上看，它是一种从事畜牧业生活的文化，如在四坝文化的玉门火烧沟遗址等地，发现了大量随葬羊骨的现象[1]，少有与农业生产有关的发现。

---

[1] 《甘肃省文物考古三十年》，《文物考古工作三十年》，文物出版社，1979 年。

这些发现表明，在整个甘青地区的青铜时代，出现了大范围的经济文化类型的转变，似乎人们在一夜之间，都从原来定居的河谷地区四散离去，变成了到处游动的牧羊人。有的学者认为，这种由原始锄耕农业向畜牧业经济形态的转变是人类社会发展的一大进步。[1] 因为，毕竟他们走出了河谷，征服了更大的空间。可是，当我们详细考察一下这些游荡在各地的牧羊人的生活状况后就会发现，人们的生活水平降低了，人口减少了，社会的生产总量出现了严重不足，总之，文化发展出现了停滞或倒退。显然，这些变化是有原因的，而且，在如此巨大的范围内影响深远的这种变化，不是一些简单的原因能够给以说明的。

那么，究竟是什么原因引起了如此的沧桑巨变呢？可能的解释是由于人口的膨胀和压力。从甘青地区的环境条件所蕴涵的物质总量来看，在相对较狭窄的河谷地带，只能发展适度的原始锄耕农业，维持一定规模的聚落和人口。由于 1000 多年的连续的温暖期气候，持续发展的新石器时代文化到了齐家文化时期已经迎来了人口发展的高峰期。大量的人口聚集在空间狭小的河岸边，使可耕地或其他资源的消耗都达到了接近极限的程度，如齐家文化的居址，从河谷边的低阶地一直分布到了离河岸较远的山坡上。繁荣之后的可持续发展问题成为人们面临的一个挑战，在这种情况下，一部分人离开河岸地带，到更高、更远的广大区域中去寻找生存空间，应是一种正常的文化适应现象。但是，甘青地区自齐家文化晚期以来，所有的文化类型中的居址都大幅度萎缩，农业生产几乎面临解体或消亡。大量的 —— 而不仅仅是少部分人 —— 远离他们祖祖辈辈定居的家园，四处流浪。这些现象不是仅仅人口压力所能给以充分说明的，必然还有更直接的、更深刻的原因，也就是说，还需要从别的方面再做进一步的探索。

世界上一些著名的古代文明中心的衰落，究其原因，有许多不是由于文化本身的发展出了什么问题，而是因为周围的环境发生了变化，如埃及的尼罗河文明、印度的哈拉帕文化、中美洲的玛雅文化等。所以，我们也不妨将眼光投向甘肃东部这片广阔的黄土高原和甘肃西部、青海东北部的那些高山和戈壁，看一看自距今 4000 年开始，这些地区的气候环境有没有什么明显

---

① 俞伟超：《关于卡约文化和唐汪文化的新认识》，《先秦两汉考古学论集》，文物出版社，1985 年。

的变化。当然，作为一项考古学研究，我们自己很难对全新世环境变迁等项问题做比较深入的讨论，在此，只好借用其他相关学科的研究成果，以期对我们的研究所关注的焦点问题的解决能够有所帮助。

影响一个区域内的气候环境状况的关键因素是温度和降水，以及水热条件的平衡情况。水热条件的变化，可以从许多方面如山地冰川的位移、湖泊水位的升降、沙漠的进退、黄土地层中古土壤类型和孢粉组合类型的变化，以及人类居住遗址位置的变化中得到真实的反映。在甘肃西部的祁连山脉及昆仑山脉，存在许多山谷冰川，冰川学家的研究表明，在一些被定点考察的冰川中，如天山乌鲁木齐河源冰川、西昆仑山的崇侧冰川等，可以看到几次冰进的记录。据对冰碛物的 ^{14}C 测年分析，这几次冰进时期分别出现在距今8000 年和距今 4000 年前后，研究者认为，距今 4000 年前后的这次冰进事件，应标志着中国西部全新世气候最适宜期的结束和新冰期的到来。[1]

有的研究者进一步分析了中国西部的区域环境背景等问题，认为可以将中国西部分为季风盛行区和西风盛行区，其界限约在今天的昆仑山北侧。这两区在冰期时有不同的气候模式，即季风区干冷，西风区湿冷。因此，在更新世的末次冰期最盛时，西风区的新疆柴窝堡湖处于最高湖面，而季风区的青海湖则近于干涸，这种局面一直持续到全新世早期。在全新世早期的新冰期开始时，两区的湖泊均趋于退缩，到了全新世的高温期则都产生了高湖面。[2]青海湖的高湖面状况一直持续到了距今 4000 年前后，又开始了再一次的低水位状态直到今日。湖泊水位主要接受入湖河流的补给，若流域内持续干旱，河流来水受到影响，即使是像青海湖这样面积较大的内陆湖泊，水位也会发生明显的变化。青海湖的变化可以用来说明青海东部地区降水量的变化状况，二者有必然的因果关系。

在甘肃中部和东部地区，虽然没有冰川、湖泊等方面的研究对象，但同样的证据可以来自对沙漠、黄土中埋藏古土壤等方面的研究。鄂尔多斯高原及其相邻的陕北高原是我国北方受沙漠化影响最为典型的地区，研究发现，在全新世早、中期，鄂尔多斯高原先后出现温凉湿润的草甸草原和温暖湿润

---

① 周尚哲等：《中国西部全新世千年尺度环境变化的初步研究》，《环境考古研究》第一辑，科学出版社，1991 年。

② 李吉均：《中国西北晚更新世以来的环境演化模式》，《第四纪研究》1990 年 3 期。

的灌丛草原环境，流沙趋于固定，广泛发育沙黑垆土。至全新世中晚期，即约当距今 4000—3000 年前后，受新冰期气候作用的影响，鄂尔多斯高原再度变为干冷、多风的荒漠、半荒漠或干草原环境，普遍出现风成沙活动。[1] 沙漠化使人们原来的美好家园逐渐变为一个个废墟。

在陇东黄土高原地带，全新世沉积环境的研究近几年也受到重视，一些研究者的研究表明，约从该地区的仰韶文化晚期阶段以后，气候开始了一个逐渐向干冷方向变化的过程。对考古遗址分布规律的普查也显示，在六盘山西侧的葫芦河流域，仰韶文化中晚期和齐家文化的遗址向北分布的范围最大，到寺洼文化和西周时期，遗址的分布范围向南退缩了不少，或者说是由于北方地区的普遍干冷气候，压迫着人们向南迁移。[2] 黄土中的孢粉组合的变化也显示出在距今 3500 年前后，陇中黄土高原的地面植被类型中喜暖湿的种类在减少，属于草原环境的草本植物成分在增多。[3]

以上几个方面的结论虽然比较零乱，但是综合起来分析，就可以确认这样一个事实，即在中国西部的大部分地区，在距今 4000 年前后出现过一次明显的寒冷期气候过程，有的人称之为新冰期气候。

实际上，仅仅确定了寒冷期气候的存在还不能说明全部问题，关键是此次寒冷期作用的强度、范围和持续的时间到底怎么样？能否成为甘青地区经济和文化转变的决定因素？对这一问题的讨论，目前仍然是比较的难以把握，但也有学者对此做了有益的探索。据一些学者对全新世中期的仰韶温暖期（也被称作大暖期）气候与环境的综合分析，此次大暖期气候作用时间阶段内，我国西北地区的年平均气温可能升高了三度，而且，冬季升温幅度更大于年平均升温幅度。[4] 以青藏高原为例，根据高原上森林植被与水热因子相关，推测当时最热月均温度高于现代两度，而最冷月高于现今八度。研究者认为，大暖期冬季大幅度增温与夏季的微弱增温大大缩小了年较差值，作为冬季风源的西伯利亚高压大为削弱，寒潮几乎无力危害中国，这使得一些喜暖的动植物种群的分布范围大幅度北移。从降水量方面来看，在距今 6300 年

① 董光荣等：《由萨拉乌苏河地层看晚更新世以来毛乌素沙漠的变迁》，《中国沙漠》1983 年 3 卷。

② 李非等：《葫芦河流域的古文化与古环境》，《考古》1993 年 9 期。

③ 汪世兰等：《马衔山地区全新世孢粉组合特征及古植被的演变规律》，《兰州大学学报》1988 年 2 期。

④ 施雅风等：《中国全新世大暖期鼎盛阶段的气候与环境》，《中国科学》（B 辑）1993 年 23 卷 8 期。

前后，据紫果云杉推算，青海湖地区年降水量为 600—650 毫米，高于现代70%—80%，若再用水热平衡方法估算，当时降水在 550—570 毫米左右。我们可以给出的具体研究采样点还有一些，分别位于库木库里湖、柴窝堡湖、岱海等地，结论都是一致的，大暖期期间内陆湖泊地区的降水量都有很大幅度的增加，一般在 50% 以上，一些湖泊均高出现代湖面 7—8 米，有的高达18—20 米。[①] 这些研究表明，在所谓的大暖期气候条件下，甘青地区环境状况类似于今日的秦岭以北地区，因而广泛发展了定居条件下的农业经济文化。但当距今 4000 年开始，气候变为持续时间达 200 年以上的寒冷期时，情况发生了很大的变化。据研究，这次降温幅度为比现今的年平均温度低一到三度[②]，考虑到前一阶段的大暖期气候比现今约高三度，那么变温幅度则可能达到三到四度，降水量也相应地急剧减少。此时，黄土高原内的大片林地消失了，代之以草原和荒漠草原植被。降水的减少，使得许多原来居于水边的聚落因水量的减少而变的远离水源地，并逐渐衰败下来。农业的连年歉收，导致人口的大量外流，从陇东、陇中等地的河谷中走出来的人们，纷纷选择西进或南下的路线，希望找到新的理想家园，但现实情况是，随着人流的大量西进，他们不仅没能发现新的乐土，反而陷入了更加恶劣的环境之中。

在甘肃西部和青海西北部，气候的强烈变化几乎使这里的文化发展出现了短时间的中断现象，各地对相当于齐家文化晚期以后到辛店文化、卡约文化早期之前的文化遗存的发现都普遍较少，仅在河西走廊西部发现了相当于这一时期的四坝文化遗存。但这种文化已一改过去齐家文化那样的大规模群体聚集一地的经济结构，而是以小团体游动的方式，分散活动在近水源的河口地带或河流下游的水草地旁；从事的也不再是农业经济，而是以养羊为特色的牧业生活，西方牧羊人，正是他们日常生活的最好写照。这些终日四处奔波，找寻水草地的牧羊人，并没有向东回到他们的故乡，即马厂类型文化、齐家文化分布最为密集的甘肃中部、青海东部的黄河沿岸一带，而是一直向西，穿过几百公里的荒漠和戈壁，进入了新疆东部的哈密盆地。在那里，他们与一批几乎同时进驻到这里的欧罗巴人相遇，几经交流融合，发展

---

① 李栓科：《中国气候与海面变化研究进展》（一），海洋出版社，1990 年，第 15—16 页。
② 任震球等：《行星运动对中国五千年来气候变迁的影响》，《全国气候变化讨论会论文集》，1978 年。

成了一种新的青铜文化，即由哈密林场驻雅满苏矿办事处墓地为代表的具有当地特点的文化遗存。①

在甘肃中部，新冰期气候的持续作用，使黄土地区的景观植被发生了很大的变化，原有的一些喜暖阔叶林消失了，森林的下限不断向上移，有的仅保留了山顶部分的小片林地。林地消失后其涵养水分的作用不复存在，灌丛及草本植物的分布也由于缺水而显得稀稀落落。植被条件的改变使其水土保持能力大为减弱，一遇暴雨，便会泥沙俱下，几条大的河流因此开始了新一轮的溯源侵蚀活动，河流含沙量的大大增加，使河床不断抬高，在一些转弯处常常因流水不畅造成淤积，迫使其在局部地段改道。这种反复进行的河道变化，使一些原本设置在低阶地的定居农业聚落遭到很大的破坏，或因泥沙淤积而遭覆盖，如在甘肃静宁县番子坪遗址和秦安县雒家川遗址剖面中可以看到的情况②；或因河道改变而远离水源地；或因河谷下切变为高台式的阶地；凡此种种变化，对于原本就很薄弱的农业经济基础来说，是一场毁灭性的灾难。噩梦连连的人们，在一次次地尝试着重新开始农业生产的企图破灭以后，终于离开了那些他们曾经十分热爱的、肥沃的、性情温顺的，如今变得不可捉摸的、贫瘠的、性情暴烈而且反复无常的河流谷地，一步步走向那更加空旷而充满希望的远方。

在青海东部，寒冷期的到来意味着霜期的延长，干旱使得青海湖等湖泊的水位持续下降，湖滨生态景观开始恶化，植被的变化使得风沙活动急剧增强；在贵南盆地等地，前一阶段已经停止的沙漠化过程再次出现③；在湟水和黄河沿线一带，由于来水减少而出现了与甘肃中部的河谷地带同样的变化，所不同的是，由于这里的海拔更高，这种变化的幅度更加剧烈，农业生产遭破坏的程度也更加彻底，以往在湟水谷地那种遍地炊烟的繁荣已成遥远的记忆。

从考古发现来看，在齐家文化以后，甘肃中部和青海东部在几百年的时间里几乎是一片空白，或者说有关的发现少得可怜。据 ^{14}C 测定数据显示，齐家文化最晚期的遗存，其绝对年代在公元前 1900 年前后；而甘肃中部、青

---

① 水涛：《新疆青铜时代诸文化的比较研究 —— 附论早期中西文化交流的历史进程》，《国学研究》第一卷，北京大学出版社，1993 年。

② 李非等：《葫芦河流域的古文化与古环境》，《考古》1993 年 9 期。

③ 徐叔鹰等：《青海湖东岸的风沙堆积》，《中国沙漠》1983 年 3 卷 3 期。

海东部在齐家文化之后出现的辛店文化、卡约文化，就目前发现来看，其最早的遗存年代在公元前1600年前后。两者在时间上有明显的缺环，在文化面貌上也反映出较大的差别。齐家文化的陶器器类较多，各种器类的功能比较明确。从形态上看有大有小，用于墓葬随葬品的往往大小都有，配置合理。从制作工艺上看，齐家文化的制陶业广泛采用轮制技术，因此，每一种陶器都十分规范。陶器的坯子多选用经淘洗的夹细沙或泥质的原料，在快轮上修整后可得到质地细腻、胎壁很薄的造型。典型的器类如安佛拉式双大耳罐，其双耳宽且长，薄而均匀，经高温烧制后，器表往往呈现黄褐或灰褐色。它们虽轻巧，但很结实，且具较好的不透水性。由于这种经快轮修整的陶器十分规整，如出一模，所以，各地发现的齐家文化陶器往往具有较强的共性，很容易识别。而辛店文化、卡约文化早期类型的陶器则一般都不具备上述特点。

在甘肃中部发现的辛店文化早期类型的遗存，是以山家头类型为代表的一种文化遗存，它的陶器往往为圜底、鼓腹的碗、钵类或罐类，多为手工制作，陶胎粗，表面饰以细绳纹装饰，烧制火候低而易碎。就其制作水平看，与齐家文化的陶器相差很远。

在青海东部发现的卡约文化早期类型的陶器则更显简陋，一般用于墓葬随葬品的每墓仅一到三件，都为很小的碗、钵类或小罐，制作粗糙，全无任何艺术特点可言。这种状况一直延续到卡约文化中期以后，制陶业才重新繁荣起来。

在甘肃东部，齐家文化和客省庄二期文化所代表的龙山时代结束以后，广阔的黄土高原一时间也显得空旷而寂静，考古发现甚至直到今天也没能说明这一地区内相当于中原夏代的究竟是什么类型的文化遗存。稍晚一段时间，打破这种沉闷状况的首先是以晁峪—石咀头类型为代表的一支文化遗存，之后又有了寺洼文化以及如刘家类型、郑家坡类型、老牛坡类型、碾子坡类型、壹家堡类型等多种属于先周时代的地方文化遗存。文献史料记载，在周人的始祖后稷时代，周人已经发展了农业，后稷与尧舜、夏禹是同时代的人；到了后稷之子不窋之时，周人却放弃了原有的农业，自窜于戎狄之间；到了后来的公刘时代，周人又一次发明了农业技术，回到了定居的生活方式。周人对于自己祖先生活时代的这些追忆，显然是十分有意义和令人感兴趣的。在陕西长武碾子坡等遗址出土的大量动物骨骼遗骸也表明[①]，早期的这些地方文化的确经历过以畜牧业为主的阶段，这反映出文献记载的某些真实之处。一般学者往往只注意到这一事件中所反映的政治含义，即是说由于不窋在夏朝失官，才奔于戎狄之间，放弃农业生产方式。[②]实际上，我们知道，不管周人的始祖是活动于关中西部还是山西南部，在整个仰韶时代和龙山时代，黄土高原地区早已普遍发展了旱作农业技术，关中西部、陕北高原、晋南盆地都在农业区的范围之内，所以，周人的始祖后稷也是一位擅长农业生产的人物。后来情况肯定是发生了变化，才使不窋放弃了农业生活方式，而游动于各地，即所谓的自窜于戎狄之间。这种变化或许正是由对中国西部影响十分广泛的这次寒冷期气候带来的，周人的先祖不窋放弃农业而自奔于戎狄之间，说明其时由于寒冷期气候作用的结果，黄土高原地区的农业区域已大为缩小，偏北或偏西的陕北、关中西部等地已再次成为戎狄部落的游牧区域。到了公刘时期，由于气候的逐步好转，便有了再次发明农业的创举。当然，对于关中地区、陕北及晋西南地区的文化发展变化来说，应该考虑的要素或者不仅仅是气候因素而已，关于其他方面的原因，已超出了本文讨论的范围，在此不做进一步的深究。

周人在公刘之后再次发明了农业，到古公亶父时代始定居于岐山一带，终于发展成一支强大的民族，以武力征服了殷商王朝。这种发展结局也说明，陇东地区和关中西部地区在寒冷期气候作用结束之后，气候条件再次恢复到了可以大范围发展农业生产的状况，而在甘肃中部和青海东部等地，则始终没有恢复这种可以让人们回忆起美好往事的、温暖潮湿的气候环境。

在甘肃中部的兰州附近地区和洮河、大夏河流域，辛店文化是一支具有代表性的青铜时代文化。它的最初出现是在齐家文化衰落之后的一段时间里，有证据表明它的形成与齐家文化的分化发展趋势有一定的因果关系。[③]也就是说，当大规模的齐家文化聚落解体之后，人们开始四散离去，以小群体的方式各自寻找着新的生活方式和理想家园。其中一些人西进到青海东北部；一些人西进到甘肃西部的河西走廊；一些人南下到甘肃南部的白龙江流

---

① 胡谦盈：《陕西长武碾子坡先周文化遗址发掘纪略》，《考古学集刊》第 6 集。
② 许倬云：《西周史》（增订本），生活·读书·新知三联书店，1993 年，第 33—34 页。
③ 张学正等：《辛店文化研究》，《考古学文化论集》三，文物出版社，1993 年。

域；还有一些人就近活动在甘肃中部的黄河沿岸地区，经过几百年的艰苦生活，他们适应了新的环境条件，建立了新的经济生活方式，并且开始创造一种全新的文化形态。此时，虽然他们的远祖创造的辉煌业绩已成昨日旧梦，但他们仍然在某种程度上保持了祖辈传给他们的聪明和才智，制陶和金属冶炼技术的再次出现，应是得益于这种文化传统的继承。而农业生产技术，则由于环境条件始终没能全面恢复，而得不到有效的发展，只是在有的河谷地区存在一些小规模的农业生产区域。由于辛店文化时期没能发展起大规模的农业经济，以养羊为主的畜牧经济又难以保证在一个聚落内形成较大的规模，所以，辛店文化的各种聚落总的来说是不发达的。每个聚落内居住址的数量一般都很少，有的仅仅是些季节性营地，没有完整的房屋、窖穴、窑址等永久性建筑，人们在这类聚落中的生活状况难以保证有较高的水准，由此可以推断，人口的规模也必然十分有限。实际上，已经过正式发掘的辛店文化的遗址如甘肃临夏的姬家川、张家咀，永靖的马路塬、莲花台等，都是一些规模不大的小型聚落或墓地，比较大的如在青海民和县发现的核桃庄小旱地墓地，也只有一二百座墓葬，远不如在乐都县柳湾发现的马厂和齐家文化的墓地那样多。辛店文化时期制陶业在一定程度上得到了恢复和发展，除了早期时代的遗存中陶器较少，器类单纯，造型过于粗放以外，到辛店文化中期的姬家川期阶段，彩陶盛行起来。彩陶的母题花纹一般是一些几何形纹样，也有一些是表现动物形态的纹样，如表现羊角的双钩纹，表现草地上奔跑的小动物的勾字纹，还有飞鸟纹、狗纹等。这些动物都是人们在日常的游牧生活中天天见到的，因此画来便显得得心应手，形象生动。除彩陶外，也有大量的素面夹砂陶器，器类的变化也复杂起来，用于墓葬随葬品的陶器逐步增多，反映出制陶业的发展已有了稳定的生产规模。

金属冶炼工艺虽然是一项重要的新技术，但在甘肃中部的辛店文化时期始终没有得到有效的利用，已发现的辛店文化的铜器，多是一些小型工具和武器，如小刀、箭头和锥凿之类，没有大型的铜容器。制作工艺也只是运用原始的低温锻打方法，几乎没有见到模制工艺。这些简单的小型工具和武器，虽然比石器更加先进，但毕竟数量有限，因而，远没能够对人们的经济生活产生有决定意义的深远影响。这种状况反映出由于难以在一个区域中组织起规模较大的人群从事协作劳动，因此，像采矿、冶铜、制模、铸造这样一些需要整个社会共同合作才能进行运作的生产活动便会受到限制，没有条件进行发展和提高。正如在聚落建置、人口数量、冶铜生产等方面所表现出来的这些不发达状况一样，辛店文化时期整个社会的组织结构也是比较简单且不完善的。虽然有的研究者报道说，在个别遗址中发现了辛店文化的人殉现象[①]，但其真实性是需要进一步的发现给以验证的，而且，从总的方面来看，这种人殉即使有，也是很少的个别现象。大部分的辛店文化墓葬中随葬品都不很丰富，相互之间的差别也不明显，我们没有发现地位特别突出的人物和阶层，似乎人们只是在一种比较平和的状态下，过着简单而节俭的生活。

在青海东部的黄河沿岸地区和湟水、大通河流域，卡约文化的发展经历了与辛店文化大致相同的几个阶段。在它的早期阶段，制陶业、冶铜技术、聚落建置等方面都处于较低水平的状态，人口的总数也显得比较少。在大范围的文物普查中，很少发现属于卡约文化早期阶段的遗存，说明这样的遗址原本就没有多少。到卡约文化中期阶段，出现了独具特色的彩陶遗存，制陶业开始复苏，卡约文化也开始进入其发展的鼎盛时期，其分布的范围也进一步向西拓展，最终进入了新疆东部的哈密盆地。

卡约文化主要分布在青海东北部地区，由于这里的海拔比陇中黄土高原地区要高一些，因此，寒冷期所带来的恶劣气候的影响也更大一些。这里没有大范围分布的黄土地层，人们为了适应这样的高原环境，发明了石头建筑的居址。考古学家已经在这一地区发现了一些属于卡约文化时期的石头建筑遗迹，但就其规模来看，一般都不是很大，没有形成连片分布的村落布局。往往在一个地点仅发现几座这样的单间或双套间的石头墙的房子。由此看来，卡约文化的人群也保持着小规模群居的习惯，这也应是其经济生活方式的限制使然。

大多数卡约文化的人们是从事以养羊为主的畜牧经济，甚至在湟源县的大华中庄等遗址发现了完全从事畜牧业的经济类型。[②]在湟水岸边的上孙类型、黄河沿岸地区的阿哈特拉类型的卡约文化遗存，虽然保留了一些农业经济的成分，但也是非常有限的一小部分，不足以维持较多人口的消费。所以，在

---

① 谢端琚：《西北地区的辛店文化和寺洼文化》，《新中国的考古发现和研究》，文物出版社，1984 年。
② 《青海湟源县大华中庄卡约文化墓地发掘简报》，《考古与文物》1985 年 5 期。

这些地区的卡约文化聚落遗址数量虽然较多，规模却不是很大，在这些聚落中，很少发现诸如窑址、窖穴、冶铜或铸造遗迹、大型建筑遗迹等能够代表其社会经济发展水平的遗存。这种现象在墓葬遗存中也有反映。

卡约文化的墓葬目前已经发现了很多，经过发掘的已达千座以上。在这些分属于各不同时间阶段和各区域文化类型的卡约墓葬中，大多数是小型的单人墓，一般仅随葬几件素面的陶器，如大通县的上孙家寨墓地、贵德县的山坪台墓地、循化县的上半主洼墓地等都是如此。卡约晚期阶段虽然流行彩陶器，但每个墓中随葬彩陶的数量很少有十件以上者。除了陶器外，一般也能见到随葬小件铜器、石器、骨器和兽骨的现象。铜器多是用作装饰品的小铜泡以及小刀、铜锥、箭头一类的东西，不见铜容器。在个别地点曾发现了一些比较大型的青铜武器，如管銎战斧、钺、短剑、匕首等。从类型学分析中可以看出，这些青铜武器与广泛分布在北方草原地区的青铜文化关系比较密切，风格也颇为一致，所以，有可能来自于这一地区，而并非由卡约文化人群在当地制造。

卡约文化时期一些千奇百怪的埋葬习俗引起了许多研究者的广泛兴趣，这些葬俗包括了大量的扰乱上身或下身骨架的所谓乱骨葬，缺失上肢或下肢的所谓割体葬，经两次以上重新埋葬的所谓迁葬，还有一些是仅有随葬品而无人骨架的空墓或是所谓的迁出葬。凡此种种，都是以用非常规的方式处置人的骨架或尸体为其特点，这显然是一项有意识进行的活动，而并非是由个别人所为或是由野兽的偷食尸体所能给以全部说明的文化现象。对这种现象，一般学者往往仅从宗教学的角度来做解释和探索，认为这种埋葬习俗是为了让人的灵魂尽快地脱离肉体，寻找新的轮回转世的机会。[①] 实际上，所谓灵魂永生、轮回转世的观念仅是到了中世纪的佛教艺术传入中国以后才开始流行，史前时期是否如此，现在并没有任何材料可以佐证和说明。我们以为，卡约文化中普遍存在的大量剥夺死者财富或人身尸体的现象，或许可以解释为在灾荒年间经常出现的盗墓取宝或食人风俗的客观存在。一个社会，由于它的社会总的生产规模受到客观条件的限制，不能为整个社会群体提供充足的物质财富，这样的状况，在正常年景里人们尚可勉强度日，维持一种

---

① 李智信：《试论马家窑至卡约文化经济转变的原因及影响》，《青海文物》1991 年 6 期。

低水平的供求平衡关系。可当出现灾年，特别是连续多年的灾荒，情况就发生了变化。为了满足生存的需要，人们可以铤而走险，做一些违背常规的事情，或者杀人越货，或者偷鸡摸狗，尽取不义之财。更有胆大妄为者，挖祖宗坟，吃死人肉，无所不用其极。由于是处在非常时期，对于这些违背常理的行为，社会的道德舆论也就会给以默认或鼓励。总之，在一个时期里，所谓的盗墓者，食人肉者，不仅不以为耻，反而受到别人的羡慕。

卡约文化时期出现的这些反常现象，表明在严酷的现实面前，人们总是选择一些对活人更有意义的行为规范，而不太顾及对死者或先祖们的亵渎和搅扰。社会的进步首先应表现在物质财富的增长程度上，如果没有这种物质上的保证，为了自我的生存需要，人们往往会变得贪婪，缺少同情心和责任感。一旦这种不负责任的巧取豪夺变成全社会的普遍行为，社会的群体约束机制也就会名存实亡。换句话说，由于没有共同的利益作为凝聚力和约束力，整个社会组织将会成为一盘散沙。所以，我们认为，卡约文化时期虽然在一些地区存在众多的小型聚落，但最终也没能出现较大的部落集团。出现这种状况的深层原因是值得认真研究的。

在甘肃西部的河西走廊地区，继四坝文化之后出现的是沙井文化。这种文化主要分布在河西走廊东北部的武威地区，一些主要的遗址如沙井子、柳湖墩、黄蒿井等，现已被腾格里沙漠淹没。据研究，沙井文化的年代约为距今3000年前后的西周时期，其早期时代的遗存或可向前追溯到殷墟时代。据我国著名的物候学家竺可桢的研究，殷墟时期是我国北方地区继仰韶温暖期之后又一个较温暖的时期。此时，在甘肃中部、青海东部等地，辛店文化和卡约文化开始了各自的大发展时期。在甘肃西部的武威地区，石羊河下游地带的植被再度繁茂，因此引来了沙井文化早期时代的人群西进到这里。在沙井文化早期类型的彩陶器上，可以看到许多反映他们生活环境的动物母题的花纹，主要是一些鸟类，如一排排的天鹅、大雁、水鸭和其他种类的水鸟，在平静的水面上或是游动，或是埋头休息，或是振翅欲飞，真是一派自然平和的景象，似乎人们在这里生活得很富有诗情画意。实际上由于这里已接近腾格里大沙漠的边缘，水源全靠石羊河补给。当气候较为适宜时，石羊河水量充足，便会在下游形成一个面积可观的终端湖，湖滨地区可构成一个局部的小气候环境，湖里有鱼，水面有鸟，湖边草地上有各种食草的动物。作为一群以养羊为主业的游牧人，当沙井文化的人们发现这片新的水草地时，那种喜悦的心情是可以想象的，所以，他们用手中的画笔在陶器上尽情地画着。但是，后来随着气候的再次转干、变冷，湖面消失了，草地也日渐稀疏，鸟群不再来到这一带度夏、繁殖后代，一切生机都成了过去。这里再一次变得平静下来，牧人们最终也离开了这片日益沙漠化的故土。

沙井文化的经济生活方式是以畜牧业为主，也保留有制陶、冶铜等项技术传统。制陶业的发展规模十分有限，除在聚落遗址中能见到较多的陶片以外，用于墓葬随葬的陶器平均每墓不到一件。陶器多为夹砂的壶、罐类，制作粗糙，烧制火候较低，显见其技术比较落后。冶铜技术也不甚发达，没有发现有大型的铜制容器。但沙井文化晚期的墓葬遗存中常常出土数量较多的青铜武器，如短剑、匕首、小刀、箭头等，也有一些是装饰品，如铜泡、牌饰、带饰等，其中许多物品的风格接近北方草原地区游牧文化中同类器物的特点，这显示出沙井文化受它们的影响比较多。沙井文化的聚落多数都很小，一般文化层很薄，应该是季节性居住的营地。曾经在甘肃永昌县的三角城遗址发现了一座沙井文化时期的小型城址，此城平面呈三角形，故得此名。三角城遗址面积比较小，仅几百平方米。城墙为夯土筑成，残高约两米。城内发现一些居住遗址，均为地面起建的小房子，房内有灶坑，居住面为红烧土，房外有窖穴。总的来看，居住址的数目不多，说明同一时期内住在此城内的人口总数不多，也就是说，沙井文化时期，人们也是以小规模群居的方式进行活动。

春秋晚期以后，随着北方匈奴部族的强盛，整个甘肃西部地区都变成了骑着马四处游荡的匈奴部族活动的势力范围，沙井文化也终于被以匈奴为代表的北方青铜文化所同化。这种情况一直持续到了西汉时期。张骞通西域以后，西汉政权设置河西四郡，经略西域，在河西及西域各地设置军屯，开始了新一轮的农业开发活动。由于这次大规模的屯田活动只是出于政治的需要，并不是气候转暖条件下农业生产的自然复苏，虽然新的水利设施的利用，使粮食产量有了一定程度的保证，但从总的情况来看，它加速了这一地区的土地沙漠化和盐碱化过程。汉代以后，随着屯田军队的撤离，许多农田变成了新的沙荒地和盐碱地，这可以说是后话。

在陇中与陇东地区都广泛分布过的寺洼文化是另一支颇具特色的青铜文

化。早期的寺洼文化主要发现于甘肃临夏的洮河流域，他们与辛店文化姬家川期遗存的分布面虽相邻很近，但却不相互杂居，各有各的地盘。随后，辛店文化向西边的青海东部地区渗透，而寺洼文化却向南、向东发展。向南发展的寺洼文化最终进入了甘肃的陇南地区和更远的川西地区，在那里延续了很长的时间。向东发展的寺洼文化在进入陇东地区以后，与在此发展的先周文化建立了较密切的关系。寺洼文化时期的经济生活中虽然保留了一些农业经济的成分，但其主体仍然是畜牧经济。目前，对于寺洼文化的聚落遗存发现不多，已做发掘工作的地点多是一些墓葬遗存，从这些墓葬随葬品反映的情况看，制陶业是一项重要的经济活动。虽然在寺洼山墓地等早期的寺洼文化遗存中每墓随葬陶器的数量比较少，但在那些属于寺洼文化中晚期遗存的墓地如甘肃庄浪徐家碾墓地、合水九站墓地，墓葬中随葬陶器的数量有明显的增加，每墓可达到十几件或几十件。寺洼文化晚期的陶器虽然数量增多了，但从其制作工艺上看，则始终没有明显的改变，技术进步不大。这些陶器一般比较粗糙，胎质多是夹粗砂，形体厚重且表面不经装饰，不见彩陶，烧制火候也比较低。显然，这些粗制滥造的陶器多是出自一些不太熟练的制陶工匠之手，他们在一种随时可能迁居的环境之中，没有条件发展和完善自己的技术，只是在一些简单的窑址中，用一些就近得到的泥土做原料，制作一些朴素实用的陶器。从某种意义上说，寺洼文化时期的人们由于生活的艰难，没有那种闲情逸致去把陶器制作成一件具有审美功用的艺术品，而仅仅是在追求简单意义上的陶器的使用功能。这种情况同样出现在冶铜技术的发展过程之中。现已发现的寺洼文化的铜器数量较少，而且种类简单，多是一些小型工具、武器和装饰品，如小刀、箭头、铜泡等，在陇东地区的一些寺洼文化墓葬中曾经发现过铜戈一类的大型兵器，但这些铜兵器与周人的同类器物作风一致，显然应是来自周人的文化之中。

六、结语

以上我们考察了甘青地区青铜时代的一些代表性文化所具有的若干文化特性，可以看出，它们具有许多共同的东西，在聚落建置、制陶业、冶铜技术发展、人口数量和社会组织的发展完善等方面，都表现出或发展不充分或停滞不前的状况，因此，可以把这种不发达状况，或文化的普遍停滞、倒退现象看作是这一地区内这一时期的时代特征。在黄河流域的文化发展普遍进入青铜时代以后，黄河中下游地区出现了统一强盛的城邦国家 —— 夏、商王朝，而黄河上游的甘青地区却处在一个文化普遍停滞、倒退的时期，从而使甘青地区的文化发展落在了整个时代潮流的后边，甘青地区的早期文明失去了一次大发展的历史机遇，并从此开始逐步走向衰落和消亡。在这样一种沧海桑田般的历史巨变过程中，环境变化所起的作用显然是有决定意义的。甘青地区是一个人地关系十分敏感的地区，由于自然条件的复杂多样，水热资源的极端不平衡，生态系统十分脆弱，一旦出现某种变化，便会引起整个系统的连锁反应。在这里，人与自然有着一种更深刻的依存关系。首先，人类文化的发展更多地取决于环境条件的好坏，特别是在人类文化发展的早期时代。其次，人类对于自然条件的改造和利用，也需遵循生态平衡的客观规律性，这种情况如汉代以来的历次大规模屯田开垦活动所带来的土地沙漠化、盐碱化的后果，大量开采地下水所造成的地下水位持续下降、补给不足的问题，都是值得认真思考的环境问题。在总的环境条件没有变化的状况下，过多地向自然索取各种资源，从长远来看，必然会产生严重的负面影响。实际上，从甘青地区早期文明产生、发展，以至于走向衰落、解体，这样一种发展进程中，这一地区的先民们已经认识到了自然环境状况对于人类生活的巨大影响，他们最终找到了一种适合于本地区新的环境条件的生存方式，即畜牧业生活方式。从某种意义上说，人类有一种本能的求得自身存在和发展的愿望，这使得他们有勇气面对各种挑战，做出适合于生存的选择，而不是消极地等待自然的赐予。这也应是甘青地区早期文明走向衰落后，当地的文化继续存在和发展，绵延不断，直至今日的根本原因。

20 世纪中国西部与中亚史前考古学的主要进展

    中国西部地域辽阔，大致包括了现在行政区划中的西北五省区和西南五省市。在这一区域内的古代文化遗存同样分属于两个大的文化区系，即西北区系和西南区系，本文涉及的西部概念是以西北区系的甘青地区、新疆地区为主，兼及西藏和川西的部分地区。中亚也是一个非常广阔的地理概念，本文论述的重点是在靠近中亚东部的中亚两河流域，同时包括其南面的土库曼斯坦和阿富汗；其北面的哈萨克斯坦和南西伯利亚地区。之所以选择中国西部和中亚的这样两个区域来做观察，是因为在史前时代，这一范围内的文化发展有着许多共同的特点，更由于中国西部和中亚的考古发现，对于最终解决中国文化的来源问题，中国与西方的文化联系问题，具有不可替代的作用。

    20 世纪对于中国考古学的产生和发展，具有非常重要的意义，在这一历史进程中，中国西部地区一开始就受到了国际学术界的高度重视。20 世纪初叶，当安特生（J. G. Andersson, 1874—1960）在黄河流域的腹心地区发现仰韶文化之后，提出了"仰韶文化西来说"的论断，他的立论主要是依据早些时候由美国人庞佩里（R. Pumpelly, 1837—1923）在中亚地区发现的安诺文化（Anau Culture）以及更加遥远的特里波利文化（Tripolye Culture）。安特生的观点代表了 20 世纪初叶西方学者对于中国早期文化来源的普遍看法。[①] 由于当时在中国的黄河流域关于早期新石器时代文化的发现尚属空白，这种对于中国彩陶文化起源的认识，也就得到了广泛的承认。

---

① 19 世纪到 20 世纪初期西方学者关于"中国文化西来说"的各种观点，请参考陈星灿：《中国史前考古学史研究 1895—1949》，生活·读书·新知三联书店，1997 年，第 113—133 页。

安特生显然不满足于笼统地将黄河下游的彩陶文化与远在中亚腹地的安诺文化做直接的比较，为了验证自己的假说，在 1923—1924 年间，他有意识地在中国西部的甘青地区做了较大规模的调查和试掘，试图发现处于中原和中亚之间的文化交流通道上的有关证据。事实上他的这一考察活动的确有所收获，他此行确认出甘肃远古文化遗存中的六种文化，由此也揭开了中国西部史前文化的神秘面纱。①

在 20 世纪 30—40 年代，中国自己的一些考古学家也曾经到位于大后方的西部地区做了一些考古调查和发掘，夏鼐在洮河流域的工作，纠正了安特生六期说的部分年代序列错误。②裴文中等人在渭河、洮河、西汉水流域的调查工作，发现了大量的史前时期文化遗存。③在新疆，来来往往的外国探险家和各种考察队的目标主要集中在地面遗迹明显的石窟寺、古城等方面，少有关于史前文化的发现和报道。虽然一些学者也注意到了在戈壁滩上经常碰到的细石器遗存，但由于没有做过系统的发掘，多数情况下只是在地面有选择地采集这类标本，因而，对于这类遗存性质的判断大多有较大的偏差。总的说来，就大的框架看，这一时期对于中国西部史前文化的总体认识，依然没有突破安特生的六期框架。

进入 20 世纪 50 年代以来，随着经济建设规模的扩展，中国西部史前文化的新发现不断涌现，一方面，对于原有的六种文化遗存有了更加全面的认识，如区分出了齐家文化、辛店文化、寺洼文化的不同地域类型，建立了马家窑文化的年代序列；另一方面，新发现了一些地方类型的文化遗存，如甘肃境内的四坝文化，青海境内的卡约文化、诺木洪文化等。特别是 70 年代以来，在甘肃中部的渭河流域找到了早于仰韶文化的早期文化遗存④，为最终说明甘青地区新石器文化的起源过程创造了非常有利的条件。这一发现并非具有偶然性，而是整个黄河流域早期新石器时代文化发现的一个组成部分，在黄河中、下游地区的磁山、裴李岗、北辛等地点的发现，使我国北方早期文化的总体面貌日渐清晰，在河北徐水南庄头等地的发现，更是将我国中原地

① 安特生：《甘肃考古记》，乐森璕译，《地质专报》甲种第五号，农商部地质调查所印，1925 年。
② 夏鼐：《齐家期墓葬的发现及其年代之改订》，《中国考古学报》1948 年 3 期。
③ 裴文中：《甘肃考古报告》，《裴文中史前考古学论文集》，文物出版社，1987 年。
④ 甘肃省博物馆文物队：《甘肃秦安大地湾新石器时代早期遗存》，《文物》1981 年 4 期。

区早期新石器时代的起源线索追溯到了距今一万年前后的全新世初期阶段。①

由于这些重要的发现，以及对于黄河流域新石器文化序列的重新构建，人们不再相信所谓的"中国文化西来说"等早期理论，转而开始考虑仰韶文化从东向西发展的可能性，特别是甘青地区仰韶文化的发展对于本地含彩陶因素的新石器时代晚期文化、青铜时代文化的影响作用等问题。在此认识基础上，有的学者提出了中国西部彩陶文化的西渐理论②，对于半山、马厂彩陶的综合研究表明，自仰韶文化以后，确实存在着人群的西进、彩陶的西渐过程。③这种西进运动波及的范围，最远可达新疆东部的哈密地区。④

从 20 世纪 70 年代以来，新疆境内的考古工作也有了突破性的进展，人们在东疆、北疆、南疆的不同地区找到了大量的青铜时代和早期铁器时代的文化遗存，经过相互比较发现，它们可能分属于不同的文化区系，有着不同的来源方向。⑤在东疆的发现与甘青地区的青铜时代文化有着密切的联系，这一方面再次肯定了当时部分蒙古人群西进运动的存在，另一方面，这些东来的文化因素往往与西来的一些文化因素混杂在一起，如哈密天山北路墓地发现的情况。迄今为止，我们没有发现高加索人种的早期文化分布到甘肃西部地区的明确证据，而在新疆东部地区则已经有了较多的发现，如孔雀河古墓沟墓地等地点。⑥这一现象表明，西来文化因素影响范围的东界大概是在哈密一线。

在北疆的一些发现可以看作是南西伯利亚地区若干青铜时代文化南下发展的产物，实际上，在草原地带，以游牧民族为代表的一些青铜文化的影响远达蒙古高原东部一线，我们在河南安阳等地都能看到这些远来的文化因素。在南疆的塔里木盆地周边地带发现的青铜时代遗存，一部分应归结于东疆地区原有青铜文化继续西进的结果，另一部分则是中亚若干人群不断东进的产物。显

---

① 原思训、陈铁梅、周昆叔：《南庄头遗址碳十四年代测定与文化层孢粉分析》，《环境考古研究》第一辑，科学出版社，1991 年，第 136—139 页。
② 严文明：《甘肃彩陶源流》，《文物》1978 年 10 期。
③ 李水城：《半山与马厂彩陶研究》，北京大学出版社，1998 年，第 192—204 页。
④ 水涛：《新疆青铜时代诸文化的比较研究 —— 附论早期中西文化交流的历史进程》，《国学研究》第一卷，北京大学出版社，1993 年，第 447—490 页。
⑤ 水涛：《新疆青铜时代诸文化的比较研究 —— 附论早期中西文化交流的历史进程》，《国学研究》第一卷，北京大学出版社，1993 年，第 447—490 页。
⑥ 王炳华：《孔雀河古墓沟发掘及其初步研究》，《新疆社会科学》1983 年 1 期。

然，在新疆的这些发现，才是真正意义上的中西文化交流的结晶。

20 世纪的中亚考古硕果累累，成就举世瞩目。仅就史前阶段来看，由苏联学者主持进行的一系列大规模发掘工作，揭示了分布于卡拉库姆大沙漠（Kara-kum Desert）南缘、科佩特山（Kopet-Dag Mountain）北坡的山麓地带的哲通文化（Dieton Culture）、纳马兹加文化（Namazga Culture）；分布于中亚两河河间地区的克尔捷米纳尔文化（Kelteminar Culture）；存在于费尔干纳盆地（Fargana Basin）的楚斯特文化（Chust Culture）；分布于哈萨克斯坦及南西伯利亚的安德罗诺沃文化（Andronovo Culture）；分布于米努辛斯克盆地的卡拉苏克文化（Karasuk Culture）等重要文化遗存。这些新石器时代和青铜时代的文化遗存，代表了两种不同的经济生活方式和文化传统，其中，主要存在于卡拉库姆沙漠南部边缘地区的定居农业文化，早在新石器时代，就逐步发展起了引水灌渠系统和各种土坯建筑物。灌溉技术保证了农业生产在干燥环境中的长期稳定提高，而土坯建筑技术的大规模运用则成为聚落拓展和城市兴起过程中最主要的标志，中亚文明的高度繁荣因此奠定了坚实的基础。虽然中亚西南部地区城市文明出现的时间比较早，但是，它对于中亚东部的新疆以及甘青地区的辐射作用相对较弱，新疆地区至今尚未找到青铜时代的城市遗址。而在印度河流域，我们可以看到，由于不断的南下运动，西亚、中亚文化对于早期印度文明所产生的影响作用非常明显。由此可以推断，在史前时代，中亚西南部地区与中亚东部地区的文化联系不如与南亚地区的文化联系那样紧密。

在中亚的费尔干纳盆地，楚斯特文化后来演变为艾拉坦文化（Eilatan-Aktam Culture），由于地域相邻，这两种文化的人群都曾先后进入塔里木盆地，成为塔里木盆地西南边缘的早期居民之一。在天山以北的七河地区，大量分布的青铜时代晚期文化把伊犁河上游和中下游地区连成了一个整体。据俄罗斯学者的研究，包括这一地区在内的整个哈萨克草原地区，在更早一些时候，都曾经是安德罗诺沃文化的分布区域[1]，我们目前已经在伊犁地区的巩留县发现了属于安德罗诺沃文化的青铜武器，在塔城地区发现了安德罗诺沃

---

[1] Elena E. Kuzmina, "Cultural Connections of the Tarim Basin People and Pastoralists of the Asian Steppes in the Bronze Age", *The Bronze Age and Early Iron Age Peoples of Eastern Central Asia*, Volume I, Institute for the Study of Man, Washington D. C., 1998, pp. 63-93.

文化的墓葬遗存，可以确认，这种文化的确分布到了新疆西部。由于安德罗诺沃文化在中亚各地分布非常广泛，影响深远，而且，这种文化的向东西方扩展，与骑马民族的兴起过程有直接的联系，这一历史过程，即早期游牧民族从乌拉尔山以西地区向东方的迁移，可能开始于更早期的亚纳雅文化阶段（Yamnaya Culture）[①]，中亚目前发现的最早的青铜武器、两轮马拉战车，以及在南乌拉尔山地区为了保护采矿业而发展起来的初期城市，都属于安德罗诺沃文化时期的创造。

中亚牧民的再一次大规模东移过程，开始于公元前一千纪初期的斯基泰时期，在南西伯利亚的巴泽雷克地区发现的大量墓葬遗存，是斯基泰·塞伊马文化所代表的骑马民族分布到中亚东北部地区的有力证据。同时，有迹象表明，这种与骑马有关的生活方式，曾经影响到了新疆塔里木盆地东南边缘的和静察吾乎沟、且末扎滚鲁克等地。[②]中亚骑马民族的南下，对于新疆东南部、青藏高原北部、川西高原甚至远到滇西地区[③]公元前一千纪以来的民族迁移活动，都产生了深远的影响，这种南下运动和东进运动一样具有十分重要的意义。只是我们目前对于骑马民族南下过程的一些细节缺乏深入的研究。

在甘青地区，大部分青铜时代文化都不是骑马民族的文化遗存，在这里，经常见到的是一些半游牧性质的牧羊人，他们保持着较小的群体规模，散居在广阔的黄土高原、大河谷地和戈壁绿洲，只有分布在河西走廊东部的沙井文化可能与草原地区的骑马民族有比较密切的联系。甘青地区很少见到来自于中亚等地的游牧文化因素的影响显然是一个值得注意的现象，一个比较合理的解释是，由于甘青地区自新石器时代晚期以来，人群总是持续不断地向西移动，他们很早就占据了河西走廊中西部地区，因此，当中亚牧民在公元前一千纪初期向东运动时，这里已经没有文化空白地域，当地青铜文化的存在，迟滞了西方文化因素的东进过程。而在其北边的草原地区，由于在

---

① Elena E. Kuzmina, "Cultural Connections of the Tarim Basin People and Pastoralists of the Asian Steppes in the Bronze Age", *The Bronze Age and Early Iron Age Peoples of Eastern Central Asia*, Volume I, Institute for the Study of Man, Washington D. C., 1998, pp. 63-93.

② 新疆博物馆等：《新疆且末扎滚鲁克一号墓地》，《新疆文物》1998年4期。

③ Tzehuey and Chiou-Peng, "Western Yunnan and Its Steppe Affinities", *The Bronze Age and Early Iron Age Peoples of Eastern Central Asia*, Volume I, Institute for the Study of Man, Washington D. C., 1998, pp. 280-304.

广大范围内存在着十分一致的地理环境和游牧民族文化传统，所以，这里成为骑马民族往返于东西方之间的理想通道。

存在于青铜时代的早期中西文化交流，显然不是依靠经过甘肃河西走廊的这条通道。实际上，是通过草原牧民之间的相互交流，一些新因素逐渐出现在中国北方地区，例如，安阳等地发现的两轮马车和马头刀等具有骑马民族文化特点的遗物，可能是经过中亚和南西伯利亚的安德罗诺沃人，从更加遥远的西方传入的。另一方面，在甘青地区，青铜时代早期的四坝文化铜器使用的是一种砷铜合金技术，这种技术与在中亚南部的阿尔腾丘（Alten Depe）等地发现的青铜器具有相同的技术特点，与中原地区的二里头文化则有所不同。这可能意味着四坝文化的青铜技术来自于西方，但是，由于新疆境内尚未确认早于四坝文化年代的早期遗存，这种因素由西向东传播的途径尚不明确，因此，目前还不能肯定四坝文化的冶金技术就是来自于西方。①

小麦是另一种可能来自于西方的文化因素，在中亚南部的农业区，从新石器时代早期开始，就广泛种植了小麦、大麦等旱地农业作物，而中国北方和西部地区，始终是以粟类为栽培对象。在甘青地区，目前已经在属于四坝文化的民乐东灰山遗址发现了数量较多的栽培小麦标本②，新疆境内年代较早的孔雀河古墓沟墓地也发现了小麦遗存③。可以肯定，就栽培小麦的技术来说，的确存在着东传的可能性。

新疆境内目前发现较多的早期铁制品也引起了学者们的广泛注意，根据 ^{14}C 数据显示的年代，这些铁制品有可能早到公元前一千纪的初叶，而当时，中原地区的铁制品也只是刚刚出现不久。由于中亚西部和西亚地区冶铁业的发生年代较早，新疆地区的冶铁术可能来自于西方，而不是东方。

土坯建筑也是一项具有明确地域特点的中亚文化因素，在新疆地区，这种建筑形式曾经存在于青铜时代晚期的若干遗址和墓地，在青海西部，诺木洪文化晚期的建筑就是采用土坯建筑的形式，这可以看作是土坯建筑技术逐步东传的一个例证。④ 在更晚一个阶段，新疆各地的土坯建筑广泛运用于修建

---

① 李水城、水涛：《四坝文化研究》，《文物》2000 年 3 期。
② 《民乐东灰山考古 —— 四坝文化墓地的揭示与研究》，科学出版社，1998 年，第 140—141 页。
③ 王炳华：《孔雀河古墓沟发掘及其初步研究》，《新疆社会科学》1983 年 1 期。
④ 《青海都兰县诺木洪搭里他里哈遗址调查与试掘》，《考古学报》1963 年 1 期。

佛教洞窟、佛塔、城堡和墓葬。

基于 20 世纪中亚和中国西部史前考古学的主要发现，我们现在可以对一些涉及中国早期文化发生问题的关键环节给以说明，也就是说，虽然存在着早期的东西方之间的文化交流，但就文化本身的发生过程来看，中国西部和中亚有着各自独立的发展道路。中国西部的甘青地区与中原地区的文化联系相当紧密，而新疆地区则较多地受到了来自中亚各地文化传统的影响，新疆实际上成为中国中原和中亚两大文化中心共同作用的地区，因而，这里的文化面貌十分多样化。种族人类学研究的结果也显示出，从青铜时代开始，这里的民族成分就具有多样化的特点，这种特点在这一地区得到了长久的保存和发扬光大，成为新疆地区历史文化传统的重要组成部分。

20 世纪的中国西部和中亚史前考古学，在取得了一系列重大成果的同时，也为我们留下了更多的需要深入发现和探索的课题。首先，从什么时候开始，西进的蒙古人与东进的高加索人在什么地方发生了首次接触？由于新疆境内新石器时代文化的面貌尚不明确，这个问题还需要更多的考古发现给以揭示。

新疆的彩陶曾经历过一个很长的发展过程，一方面，它们接受了来自甘青地区早期彩陶文化的影响；另一方面，也接受了来自于中亚地区若干彩陶文化的影响；可能还有一部分是产生于当地的土著文化因素。是什么机制能够保证这些不同的艺术风格长期并存而不是相互替代？当不同种族的人群共处一地时，是什么人来协调和处理不同生活方式、不同语言文化之间的冲突和矛盾，最终形成一种多元化的文化发展模式，并使之长期存在和繁荣发展？

作为连接中国与西方的重要纽带和通道，中亚地区与中国西部地区在史前阶段表现出了许多相似和相同的文化特质，这些相似性在长周期的历史发展中逐步得到强化，最后演变为一个个绿洲文明国家，正是这些在文化上、血缘上、历史传统上或多或少有着许多相似点的绿洲国家，最终肩负起了中西文化交流的历史重任，成为丝绸之路上的一个个支点和驿站，丝绸之路因此能够延伸数万公里，存在十多个世纪。

展望 21 世纪，中国考古学即将进入全球化的信息共享时代，就中国西部和中亚地区来说，这里仍然是我们了解中国与外部世界，特别是西方文明关系的重要窗口，早期中西文化交流问题是涉及许多国家和地区的重大前沿问题。20 世纪史前考古学的进展，为我们深入探讨这一课题打下了坚实的基础，在新世纪，中国考古学必将为这一课题的研究做出新的重要贡献。

本文为 2000 年 7 月 28 日—8 月 1 日，作者在北京参加中国社会科学院考古研究所举行的"21 世纪的中国考古学与世界考古学"国际学术讨论会提交的论文

甘青地区青铜时代的文化结构和经济形态研究

一、绪论

甘肃、青海两省位于我国西部的黄河上游地区。在中国历史发展的漫长岁月中，甘青地区一直是各民族文化相互交流、传播的舞台和通道。考古发现表明，甘青地区有十分丰富的古文化遗存，是我国新石器时代和青铜时代远古文化形成和发展的主要区域之一。因此，无论对于历史研究，还是对于考古学文化的研究，甘青地区都是十分重要的。正是由于这样，自19世纪末到20世纪初的一连串外国考古学家的探险考察活动，都把甘青地区作为主要的考察区域。1924年瑞典考古学家安特生（J. G. Andersson）首先在甘肃发现并区分出六种古文化遗存，即后来所谓的齐家文化、马家窑文化的半山类型和马厂类型、辛店文化、寺洼文化（含卡约类遗存）和沙井文化。[①]20世纪40年代，我国考古学家夏鼐[②]、裴文中[③]等人也在甘青地区进行了一些田野工作并有重要发现。50年代以来的大量考古调查和发掘工作，除对上述六种文化遗存有进一步的发现和认识以外，还新发现了几种古文化遗存[④]，即所

---

① 安特生：《甘肃考古记》，乐森玙译，《地质专报》甲种第五号，农商部地质调查所印，1925年。
② 夏鼐：《齐家期墓葬的新发现及其年代的改订》，《中国考古学报》1948年3期。夏鼐：《临洮寺洼山发掘记》，《考古学论文集》，科学出版社，1961年。
③ 裴文中：《甘肃史前考古报告》，《裴文中史前考古学论文集》，文物出版社，1987年。
④ 张学正：《甘肃古文化遗存》，《考古学报》1960年2期。

谓的四坝文化[①]、卡约文化[②]、先周文化[③]、铲形袋足鬲遗存[④] 和诺木洪文化[⑤]。

　　经过半个多世纪的不断发现和材料积累，现在我们对甘青地区远古文化中的青铜时代文化遗存已有了基本的认识，确知甘青地区青铜文化的基本内涵大致应包括齐家文化、辛店文化、寺洼文化、卡约文化、四坝文化、沙井文化、先周和西周文化、铲形袋足鬲遗存、诺木洪文化等。近年来，学术界开始对上述诸种青铜文化的单一文化进行谱系研究，已经取得了一些令人鼓舞的成果，但就整体上看，对甘青地区青铜时代文化的研究还有待进一步深入，对整个甘青地区的青铜时代进行全面的考察，目前尚属空白。因此，本文的选题依然具有必要性。

　　甘肃省地域狭长、地势多变，由东南向西北分属于长江流域、黄河流域和内流河流域。甘肃东南部和中部地区为一系列的高原或山地地貌，西部主要为戈壁、绿洲和荒漠景观，因此河流的分布对古代文化的存在具有重要意义。境内主要的河流有黄河及其一级支流洮河、渭河、大夏河，二级支流泾河、祖厉河、葫芦河，长江支流白龙江和部分内流河如石羊河、黑河、疏勒河、党河等。

　　青海省幅员辽阔，大部分属青藏高原地区，目前仅在黄河沿岸及其支流湟水、大通河流域和环青海湖地区发现有大量的古文化遗址分布。因此，作为对甘青地区青铜时代文化的全面考察，本文论述的空间范围大致包括甘青地区的上述水系流域。由于在这一空间范围内的各种青铜文化头绪纷繁，面貌错综复杂，所以在论述这一繁杂的文化系统时，我们将采取由简入繁的办法，即从单一文化的讨论开始，逐步论及这一地区青铜时代文化结构的整体面貌。而在对各单一文化的考察中，文化的分期和年代问题是一切研究工作的基础，我们愿先就这类问题求得一个基本的认识。

---

① 安志敏：《甘肃远古文化及其有关的几个问题》，《考古通讯》1956 年 6 期。
② 青海省文管处考古队：《青海文物考古工作三十年》，《文物考古工作三十年》，文物出版社，1979 年。
③ 邹衡：《论先周文化》，《夏商周考古学论文集》，文物出版社，1980 年。
④ 赵化成等：《甘肃甘谷毛家坪遗址发掘报告》，《考古学报》1987 年 3 期。
⑤ 吴汝祥：《青海都兰县诺木洪搭里他里哈遗址调查与试掘》，《考古学报》1963 年 1 期。

二、文化分期与年代

1. 齐家文化

考古调查所见齐家文化遗存的分布十分广泛，东到泾河上游地区[①]、南到白龙江流域[②]、北达内蒙古阿拉善左旗[③]、西至青海东北部的湟水流域及甘肃河西走廊西端的疏勒河流域[④]（图一）。

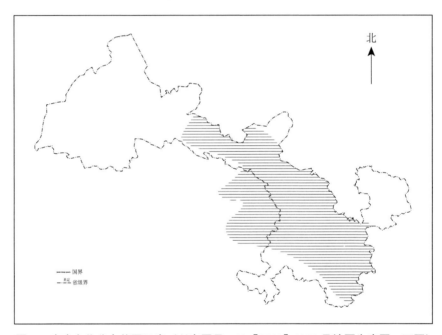

图一　齐家文化分布范围示意（以审图号：GS [2019] 3333 号地图为底图，下同）

在这一分布区域内经过发掘的重要遗址有甘肃永靖大何庄[⑤]、永靖秦魏

---

① 平凉地区博物馆编：《平凉文物》，内部印刷，1982 年 10 月。
② 长江流域规划办公室考古队甘肃分队：《白龙江流域考古调查简报》，《文物资料丛刊》第 2 辑，1978 年。
③ 齐永贺：《内蒙古白音浩特发现的齐家文化遗物》，《考古》1962 年 1 期。
④ 张学正：《甘肃古文化遗存》，《考古学报》1960 年 2 期。
⑤ 中国科学院考古研究所甘肃队：《甘肃永靖大何庄遗址发掘报告》，《考古学报》1974 年 2 期。

家①、广河齐家坪②、秦安寺咀坪③、武威皇娘娘台④，青海贵南尕马台⑤、乐都柳湾⑥等。通过对这些不同地点所获材料的研究，目前对齐家文化的分期形成了几种不同的认识。有的研究者认为，据 ¹⁴C 数据与出土物的比较分析，齐家文化的年代东边的要比西边的早⑦，可以把齐家文化暂分为四期，大何庄下层代表一期，大何庄上层代表二期，秦魏家下层代表三期，秦魏家上层代表四期⑧。有的研究者认为，典型的齐家文化可分为甲、乙两种类型，甲型以大何庄和秦魏家两处为代表，乙型以皇娘娘台和柳湾两处为代表，年代上是甲型早于乙型。⑨有的研究者认为整个齐家文化可分为三期八段，一期遗存发现较少，包括瓦家坪 K82.5、柳湾 M267、皇娘娘台 F8 等典型单位，二期包括皇娘娘台遗址和秦魏家"三层"墓葬（即下层）为代表的一些遗存，三期包括大何庄 F7 和秦魏家墓地的其他一些墓葬为代表的遗存。⑩

对于青海东部发现的齐家文化遗存的分期问题，也有一些不同的认识。有的研究者认为，柳湾墓地齐家文化遗存因大量存在别具风格的彩陶，因而有别于其他地区的齐家文化遗存，由此可称之为齐家文化柳湾类型，这类遗存可分为早中晚三期。⑪有的研究者认为，柳湾墓地与皇娘娘台墓地的遗存，应是齐家文化前期阶段的遗存，其年代相当于龙山时代，而将柳湾墓地分为三期，从葬制来看没有年代意义。⑫有的研究者认为，齐家文化在早晚各阶段均存在不同的类型。⑬

① 中国科学院考古研究所甘肃队：《甘肃永靖秦魏家齐家文化墓地》，《考古学报》1975 年 2 期。
② 齐家坪遗址曾先后两次被调查和发掘，第一次发掘资料见安特生：Researches into the Prehistory of the Chinese, BMFEA 1943, No. 15: 1-300。
③ 任步云：《甘肃省秦安县新石器时代居住遗址》，《考古》1958 年 6 期。
④ 甘肃省博物馆：《甘肃武威皇娘娘台遗址发掘报告》，《考古学报》1960 年 2 期。甘肃省博物馆：《武威皇娘娘台遗址第四次发掘》，《考古学报》1978 年 4 期。
⑤ 青海省文管处考古队：《青海文物考古工作三十年》，《文物考古工作三十年》，文物出版社，1979。
⑥ 青海省文物管理处考古队等：《青海柳湾》，文物出版社，1984 年。
⑦ 谢端琚：《试论齐家文化与陕西龙山文化的关系》，《文物》1979 年 10 期。
⑧ 谢端琚：《论大何庄与秦魏家齐家文化分期》，《考古》1980 年 3 期。
⑨ 胡谦盈：《试论齐家文化的不同类型及其源流》，《考古与文物》1980 年 3 期。
⑩ 张忠培：《齐家文化研究》，《考古学报》1987 年 1 期、2 期。
⑪ 青海省文物管理处考古队等：《青海柳湾》，文物出版社，1984 年。
⑫ 张忠培：《中国父系氏族制发展阶段的考古学考察——对含男性居本位的合葬墓的墓地的若干分析》，《中国北方考古文集》，文物出版社，1990 年。
⑬ 许永杰：《河湟青铜文化的谱系研究》，油印本，1986 年。

看来几种意见的差距很大，下面我们准备对这几个遗址的情况逐一做些分析。大何庄遗址的地层关系情况请见表1。

表1 大何庄遗址典型单位地层关系表

	居址	墓葬	叠压（↓）、打破（→）
上层	F1、F4、F12、H1—H4	M1、M5、M9、M13—M18、M30、M32、M34—M38、M41—M43、M46	M15（上）、M16（上）、M11、M12、M9（上） ↓ ↓ ↘ ↙ M20（下） M17（上） F9 H13（下） ↓ ↘ ↙ M46→F5
下层	F2、F3、F5、F9、F7、F10、H5、H6、H11、H13、H14	M4、M6、M8、M10、M11、M12、M19—M24、M27、M28、M56、M58、M63、M65、M72、M75、M77、M78、M68、M89、M90、M91	M24、M91 F2 ↘ ↙ F10 M34→M36→F4

在大何庄下层居址和墓葬的典型单位中，见诸于发掘报告的基本器类有小口罐、单耳罐、圆底罐、侈口罐、双耳罐、双大耳罐、豆、高领双耳罐等。上层遗存除有下层这些器类外，还有高领深腹罐。把已发表的上下两层遗存中的同类器进行比较（图二），可以看出它们之间存在着一定的差别。在较晚阶段的上层墓葬和部分遗迹单位中的陶器出现了一些形态上的变化，

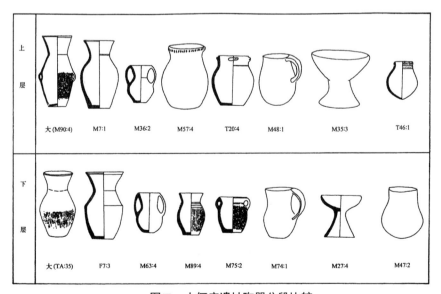

图二 大何庄遗址陶器分段比较

高领双耳折肩罐形体瘦长、底部内凹，双大耳罐腹大径居中偏下，其他罐类普遍形体矮胖、圆腹平底或圜底、口沿部出现花边装饰或小鸡冠耳作风。豆柄部变粗，整体变矮。大何庄遗址陶器所展示的这些变化是否具有普遍意义，还要看其他遗址的情况而定，但是大何庄上层遗存陶器的这些特点，显然应引起注意，这一点我们在后面还将述及。

秦魏家墓地分为南北两片，发掘以南片为主，据发掘报告介绍的地层堆积情况，一些典型单位的层位关系可表述为表2。

表2　秦魏家墓地典型单位地层关系表

	南墓地	北墓地	叠压（↓）、打破（→）
二层	M1等99座墓葬及石圆圈遗迹		M30、M9、M68　　　　M21、M41、M8 ↓　　　　　　　　　↓ M43、M89、M74、M75、H43、M53、H45、 M75→H22、M91→H59
		M105—M108、M110、M113、M114、M118—M119、M120—M138	
三层	M36、M43、M53、M74、M75、M89、M98、M109、H1等60个窖穴		M40、M6→　　　　　　M74→H49 ↓　　　　　　　M10→　　　　　M90→ M5→H58 M20→H42　　　　　　H58 H51、M24→　　　　M78→　　　M99→

注：北墓地仅一层墓葬，无叠压、打破关系。

北墓地地层关系简单，陶器与南墓地也没有明显差别，因此可基本归入南墓地二层墓葬的范畴。从陶器的比较中看出（图三），南墓地三层的几座墓葬陶器作风显然有别于二层墓葬，器形的整体作风矮胖。二层的众多墓葬还可以再做区分，其中早段墓葬陶器作风接近三层墓葬，晚段墓葬陶器的整体风格向瘦长演变，在变长的器物颈部一般饰有数道凹弦纹装饰。考虑到大部分灰坑年代早于墓葬的现象，以H1为代表的这类遗存，其年代应早于三层墓葬。由于H1这类遗存较为特殊，在其他齐家文化遗址发掘中未见有同类器形可资对比，因此这类遗存的性质在此暂且不论。

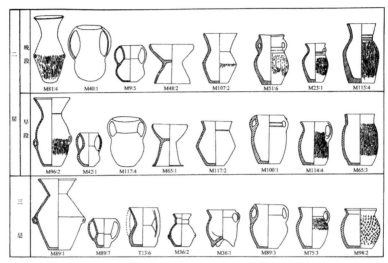

图三　秦魏家墓地陶器分段比较

皇娘娘台遗址四次发掘共发掘墓葬 88 座和一些灰坑，居址材料除 F8
外，其他典型单位均未发表陶器。依据发掘报告提示[1]，多数灰坑被墓葬叠
压，其年代应早于墓葬的年代。根据对墓葬所出陶器的排比分析（图四），
可以看出这些墓葬存在着早晚差别。如果以 F8 为最早的遗存，其他墓葬可
划分为三段遗存，以 M30、M31 为代表的这段遗存由于与马厂晚期类型的彩
陶共存，可以判定它的年代应相对较早。这一段的陶器造型特点多为矮胖、
圆鼓腹、短直颈，也显示了早期的作风。第三段遗存整体上接近第二段，但
陶器的颈部开始加长，形体开始变高。第四段遗存与第二段差别明显，陶器
整体为长方体，腹部加长变瘦，侈口曲颈罐等器形消失，新出现了圆底器。
如仅以发表的陶器作为判断依据，皇娘娘台墓地部分典型单位的早晚关系可
归结为表 3。

表 3　皇娘娘台遗址典型单位分段表

分段	典型单位
一段	F8
二段	M29、M30、M43、M31、M47、M60、M67、M78、M82、M88

① 甘肃省博物馆：《武威皇娘娘台遗址第四次发掘》，《考古学报》1978 年 4 期。

续表

分段	典型单位
三段	M32、M40、M46、M65
四段	M27、M37、M38、M48、M54、M76

齐家坪遗址 1949 年前所获的材料比较零散，除发现一些以各种蛇纹装饰为特点的陶片外，完整器形有高领双耳折肩罐、双大耳罐、双耳长颈罐、封口盉等[①]，把这些器形与我们所见到的齐家坪遗址第二次发掘的墓葬材料进行比较（图五），可以看出该遗址包含有不同阶段的遗存因素，据此可将齐家坪遗址的遗存分为三段，第一段器物整体作风为矮胖造型，可以高领折肩罐 K6042、双大耳罐 K5430、封口盉 K5427 等为代表。第二段以第二次发掘的 M108 为代表，整体作风开始向瘦长变化。第三段以 M107 为代表，高领双耳折肩罐形体瘦长、溜肩、喇叭口，颈部加长。新出现双耳彩陶罐，红褐彩，连续重线三角纹构图。一般器类多为小平底或圜底。另在素面陶器中出现一些以蛇纹装饰为特点的器物，这种情况在其他齐家文化遗址中较少见到。

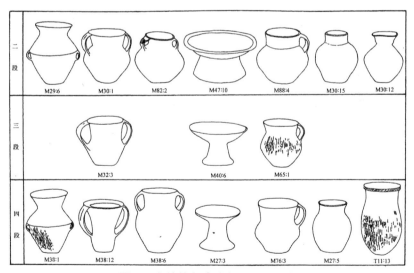

图四　皇娘娘台遗址陶器分段比较

注：F8 代表的第一段遗存不属于齐家文化遗存。

---

① 安特生：Researches into the Prehistory of the Chinese, *BMFEA* 1943, No. 15: 1-300。

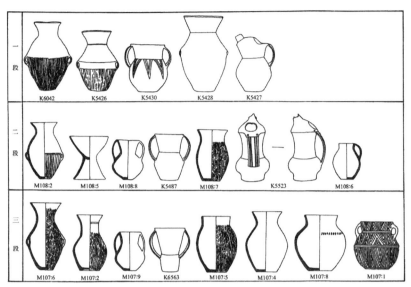

图五　齐家坪遗址陶器分段比较

　　青海省东部的齐家文化遗存，当以柳湾和孕马台两遗址为代表。孕马台遗址材料未发表，从见诸报道的部分材料看，其遗存面貌接近齐家坪遗址第三段，典型器类为夹砂红褐陶的双大耳罐。另外在此遗址发现了较多的小件青铜器，重要的有星云纹圆形铜镜等，因此，一般认为孕马台遗址是齐家文化晚期阶段的遗存。

　　在柳湾墓地共发掘齐家文化墓葬 366 座，是目前所获齐家文化墓葬资料最丰富的一处地点。原发掘者认为，根据地层叠压、打破关系[1]可以将这些墓葬分为早、中、晚三期。我们认为这一分期基本可以成立，但对这几百座墓葬中每一座墓的具体期别归属仍有许多可以讨论的地方。[2] 在此我们也依据地层关系提示及器物的形态变化特点，把柳湾齐家文化墓葬分为三段遗存（图六）。

---

[1]　柳湾墓地齐家文化墓葬共有 11 组叠压、打破关系，即 M398→M410、M383→M399、M972→M965、M1127→M1128、M400→M412、M865→M857、M966→M965、M1008→M992、M978→M975、M547→M546、M976→M986，其中两墓均有随葬陶器的有前九组打破关系。

[2]　《青海柳湾》一书中所附的墓葬登记一览表详细标明了每座墓的期别、随葬品的型式分类及数量等，经仔细核对我们发现，同期墓葬中随葬品的型式变化十分混乱，似无规律可循，对这一问题我们准备另文专门讨论。

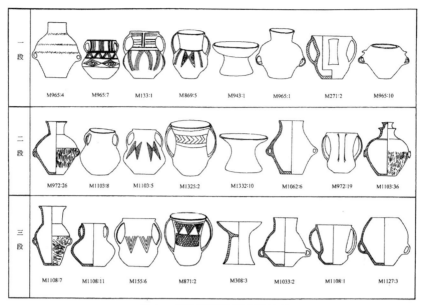

图六　柳湾墓地陶器分段比较

　　第一段以 M965、M133、M869、M943、M271 等墓葬为代表，高领双耳折肩罐为圆肩、短直颈，双耳罐及双大耳罐等均为圆鼓腹，豆为矮体、浅盘、粗柄，彩陶以黑彩居多，除已出现齐家文化的典型构图纹样——对三角纹外，大部分为马厂类型晚期遗存的各种纹样，如菱格纹、重线三角纹等。第二段以 M972、M1103、M1325、M1332、M1062 等为代表，高领双耳折肩罐为广折肩、小喇叭口，双耳罐等为长圆腹、形体变高，彩陶中马厂类因素消失。第三段以 M1108、M155、M871、M308、M1033、M1127等为代表，高领双耳折肩罐形体瘦长，双大耳罐口径大于腹径，豆为高柄，豆盘加深。这三段遗存中一、三段差别明显，自身特征肯定，二段多具过渡性质。

　　根据对上述五处齐家文化遗存的分段比较，我们认为，甘青两省目前发现的齐家文化遗存总体面貌基本一致，柳湾齐家文化墓葬只是在第一段遗存中较多的包含有马厂晚期遗存的部分因素，在第二、三段遗存中，这种影响已很少见或不见，因此没有必要将柳湾齐家文化遗存另立为一个类型，可以将各地发现的齐家文化遗存分为四期六段，各遗址典型单位的期别归属请见表 4。

表 4 齐家文化各典型遗存单位分期表

分期	分段	柳湾墓地	皇娘娘台墓地	齐家坪遗址	秦魏家墓地	大何庄遗址	尕马台遗址
一期	一段	一段					
二期	二段	二段	二段	一段			
	三段		三段		三层		
三期	四段	三段	四段	二段		下层	
	五段				二层早段		
四期	六段			三段	二层晚段	上层	√

注：皇娘娘台一段为 F8 所代表的遗存，不在典型齐家文化范围之内，故不分期。

各期遗存的陶器变化特点表述如下：

一期一段：为齐家文化形成期。由于目前发现的齐家文化早期遗存主要位于其分布面的西部，所以表现了较为明显的受马厂类型遗存影响的特点。彩陶以黑彩构图，基本再现马厂类遗存的构图纹样和部分器物造型，如柳湾墓地所见的高领双耳折肩罐、双耳罐、鹗面罐等。

二期二段：开始出现典型的齐家文化构图纹样，彩陶以红彩构图，纹样多为重线三角纹、对三角纹。高领双耳折肩罐等器类往往在腹部饰竖向篮纹或粗绳纹，一般器形矮胖，腹部圆鼓，整体作风朴素、沉稳厚重。

二期三段：高领双耳折肩罐及双大耳罐肩腹部出现明显的折棱，其他器类腹部仍为圆腹，但颈部已开始变长。双大耳罐制作精巧。

三期四段：器形整体变为瘦长形，高领双耳折肩罐颈部加长，双大耳罐腹部变小，口呈大喇叭形，豆柄部加高，少数器形中出现圜底作风。彩陶消失。

三期五段：器形继续向瘦长变化，器表绳纹变细，在器物的颈部一般有数道凹弦纹装饰。器物组合简化。

四期六段：器形均为细长形，腹部收缩，腹大径偏下。双大耳罐小巧精致，其他器形已开始退化。一般器表绳纹细密，口沿及颈部往往加刺点、附加堆纹、凹弦纹等装饰。圜底器明显增多，彩陶再次出现，以红褐彩构图，以连续重线三角纹为主，往往是器表全部涂彩，或颈以下部位全部涂彩。

以上四期遗存中，一、四期特征明确，二、三期为过渡阶段，往往兼有上下两期的作风。一、二期可视为早期，三、四期为晚期。

齐家文化各期遗存的相对年代，可以从一些遗址的地层关系中得到确认。柳湾墓地中多次发现齐家文化墓葬打破马厂晚期墓葬的现象[1]，而在柳湾墓地的齐家文化早期遗存中仍然具有大量的马厂类型遗存因素，由此可知，在青海东部，齐家文化早期遗存应与马厂晚期遗存同时或略偏晚。在甘肃中西部地区，齐家文化遗存往往叠压在客省庄二期文化遗存之上，如在秦魏家墓地的 H1、皇娘娘台墓地的 F8 类遗存的发现，这表明齐家文化的年代应晚于客省庄二期文化。客省庄二期文化遗存在陇山、六盘山以西地区的分布，目前只有一些零星发现，从秦安大地湾[2]、镇原常山[3]、宁夏南部的固原店河[4]、海家湾[5]及海原菜园[6]等地的发现来看，甘肃中部地区晚于仰韶文化的是以常山下层文化（或称菜园文化）为代表的文化遗存。这类遗存与齐家文化的相对年代关系目前还缺乏直接的地层关系证据。从青海民和山家头墓地[7]等的发现可知，齐家文化第四期第六段遗存年代早于山家头墓地二段为代表的辛店文化早期遗存，从而可以肯定，齐家文化早于辛店文化。

柳湾等地的 ^{14}C 测定数据显示，齐家文化的绝对年代约在距今 4200—3800 年前后。[8]

---

① 据《青海柳湾》一书介绍，这类打破关系共有如下 14 组：M392→M391、M271→M281、M292→M291、M136→M137、M543→M541、M557→M556、M1013→M1014、M1060→M1061、M1111→M1117、M1428→M1438、M1161→M1164、M1169→M1172、M1276→M1247、M1323→M1423。
② 大地湾遗址发掘材料正在整理之中，简报材料见于《文物》1983 年 11 期。
③ 胡谦盈：《陇东镇原常山遗址发掘简报》，《考古》1981 年 3 期。
④ 钟侃：《宁夏固原店河齐家文化墓地清理简报》，《考古》1987 年 8 期。
⑤ 宁夏回族自治区展览馆：《宁夏固原海家湾齐家文化墓地》，《考古》1973 年 5 期。
⑥ 宁夏文物考古研究所：《宁夏海原县菜园村遗址切刀把墓地》，《考古学报》1989 年 4 期。
⑦ 苏生秀、陈洪海：《青海民和核桃庄山家头墓地清理简报》，《文物》1992 年 11 期。
⑧ 齐家文化的 ^{14}C 测定数据有如下几组：柳湾 M266 为距今 4205±140 年，大何庄 F7 为距今 4000±115 年、3965±115 年，柳湾 M392 为距今 3865±155 年。

2. 辛店文化

自 1924 年安特生首先在洮河流域发现辛店文化遗存以来，在甘肃中部的黄河沿岸、青海东部的湟水流域现已找到了这种文化的大量遗址。目前所知，包括山家头类型在内的辛店文化分布范围东到渭河上游地区的甘谷[①]、庄浪[②]一线，北到兰州附近的永登[③]、榆中[④]一带，西到青海东北部的大通、互助等地[⑤]，南到甘肃洮河中游地区的康乐等地[⑥]（图七）。在这一范围内经过发掘的重要遗址有甘肃永靖姬家川、张家咀[⑦]、莲花台[⑧]，青海民和山家头[⑨]、核桃庄[⑩]、乐都柳湾[⑪]。调查所见的重要遗址有甘肃临洮辛店、四时定、灰咀[⑫]、永靖黑咀[⑬]、盐场[⑭]、东乡崖头[⑮]、青海民和簸箕掌[⑯]等地点。下面我们对其中的一些遗址逐一做些分析。

山家头墓地共清理墓葬 33 座，各墓随葬陶器的组合情况见表 5。

[①] 在甘肃甘谷毛家坪遗址发掘中发现的 TM7 类遗存，经对比分析可以确认为山家头类型遗存。

[②] 在庄浪县曾发现 1 座辛店文化姬家川类型遗存的墓葬，出有 3 件陶器。参见南玉泉：《辛店文化序列及其与卡约、寺洼文化的关系》，《考古类型学的理论与实践》，文物出版社，1989 年。

[③] 永登县文物普查中曾在大通河下游地区发现辛店文化张家咀类型遗存分布，材料尚未发表。

[④] 榆中县文物普查时曾发现有辛店文化山家头类型的零星陶器，材料未发表。

[⑤] 赵生琛等：《青海古代文化》，青海人民出版社，1985 年。

[⑥] 在洮河中上游的岷县、临潭、卓尼等地，据文物普查资料，还没有发现辛店文化遗存的分布。

[⑦] 中国社会科学院考古研究所甘肃队：《甘肃永靖张家咀与姬家川遗址的发掘》，《考古学报》1980 年 2 期。

[⑧] 中国社会科学院考古研究所甘肃队：《甘肃永靖莲花台辛店文化遗址》，《考古》1980 年 4 期。甘肃省文物工作队、北京大学考古系甘肃实习组：《甘肃临夏莲花台辛店文化墓葬发掘报告》，《文物》1988 年 3 期。石龙、李成瑞：《甘肃临夏莲花台发现辛店文化遗物》，《文物》1984 年 9 期。

[⑨] 苏生秀、陈洪海：《青海民和核桃庄山家头墓地清理简报》，《文物》1992 年 11 期。

[⑩] 发掘资料尚未发表，青海省文管处考古队：《青海文物考古工作三十年》，《文物考古工作三十年》，文物出版社，1979 年。格桑本：《民和发现一批距今四千多年的古墓葬》，《青海日报》1980 年 6 月 5 日。

[⑪] 青海省文物管理处考古队等：《青海柳湾》，文物出版社，1984 年。

[⑫] 安特生：《甘肃考古记》，乐森璕译，《地质专报》甲种第五号，农商部地质调查所印，1925 年。又见安特生：Researches into the Prehistory of the Chinese, *BMFEA* 1943, No. 15: 1-300。

[⑬] 黄河水库考古队甘肃分队：《甘肃永靖县张家咀遗址发掘简报》，《考古》1959 年 4 期。

[⑭] 材料尚未发表，现存甘肃省博物馆。

[⑮] 甘肃省博物馆文物队：《甘肃东乡崖头辛店文化墓葬清理记》，《文物》1981 年 4 期。

[⑯] 高东陆、吴平：《青海境内发现的石棺葬》，《青海考古学会会刊》1984 年 6 期。

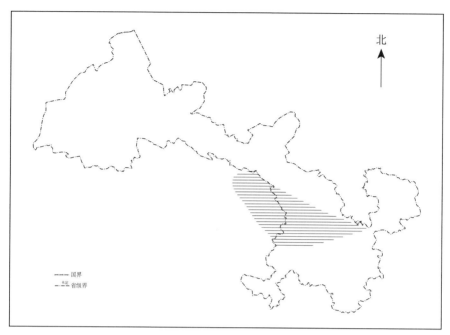

图七　辛店文化分布范围示意

表5　山家头墓地随葬陶器组合关系表

陶器\器形\单位	夹砂红褐陶									泥质红陶						
	双耳圜底罐	绳纹双耳罐	堆纹口沿罐	双耳彩陶罐	单耳罐	双耳钵	钵	盆	釜形罐	双大耳罐	堆纹口沿罐	平底钵	长颈罐	双耳彩陶罐	单耳罐	双小耳罐
M1	1	2														
M2		1														
M3		1							1							
M4										2	1	1	1			
M5											1	1		1		
M6		2													2	
M7													1	1		
M8																
M9	1															

续表

陶器＼器形＼单位	夹砂红褐陶									泥质红陶						
	双耳圜底罐	绳纹双耳罐	堆纹口沿罐	双耳彩陶罐	单耳罐	双耳钵	钵	盆	釜形罐	双大耳罐	堆纹口沿罐	平底钵	长颈罐	双耳彩陶罐	单耳罐	双小耳罐
M10																
M11		2							1							
M12					1											
M13																
M14										1		1				
M15					1					1						
M16	1	1			1											
M17		1			1											
M18		1			1											
M19		1														
M20				1	1											
M21	1				1											
M22		1														
M23							1				1	1				1
M24		2														
M25	1															
M26		1														
M27		1		1	1											
M28	1	1														
M29							1					1	1			
M30	1			1	1											
M31		2	1													
M32		1		1	1											
M33					1											

这批墓葬陶器的质地和造型风格可以分为两大类：第一类以泥质红陶或夹细砂红陶为主，器物造型具齐家文化晚期遗存的特点。第二类以夹砂红褐陶为主，器表均饰细绳纹装饰。进一步划分可将山家头墓地遗存分为三段（图八），各墓分段结果如表 6。

表 6　山家头墓地各墓分段表

分段	典型单位
一段	M4、M5、M7、M8、M14、M23、M29、M33
二段	M2、M3、M9、M11、M12、M15、M17、M20、M21、M24、M25、M28、M32
三段	M1、M6、M16、M18、M19、M22、M26、M27、M30、M31

注：M10、M13 无随葬陶器，故不分段。

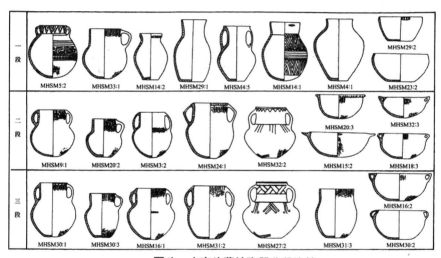

图八　山家头墓地陶器分段比较

各段陶器变化特点表述如下：

一段：泥质红陶或夹细砂红陶为主，主要器形有双大耳罐、堆纹口沿罐、长颈罐、平底钵、双耳罐等。彩陶为红彩，以连续重线三角纹构图为主，也见有连续回纹构图。双耳罐圆底、圆鼓腹、短颈，形体矮胖。

二段：夹砂红褐陶为主，各种器物的造型以圆鼓腹、圆底、口沿饰附加堆纹泥条装饰为主要特点。器表一般饰细绳纹或通体绳纹抹光。彩陶为黑彩，以连续三角纹、短线纹构图为主。主要器类有各种双耳罐、双耳钵等。

三段：夹砂红褐陶，器物造型以圆腹、小平底或小底内凹为特点，通体细绳纹。彩陶中出现编织纹、交错 T 字纹等构图纹样，基本器类同二段。

莲花台遗址先后数次经调查和发掘，以 1984 年发掘的墓葬资料最为丰富，共发掘墓葬 18 座。这些墓葬可依陶器的形态变化分为四段遗存（图九），各墓分段结果如表 7。

表 7　莲花台墓地墓葬分段表

分段	典型单位
一段	M11、M15、M17、M18
二段	M10、M13、M14、M16
三段	M1、M8、M12
四段	M2、M3、M4、M5、M6、M7、M9

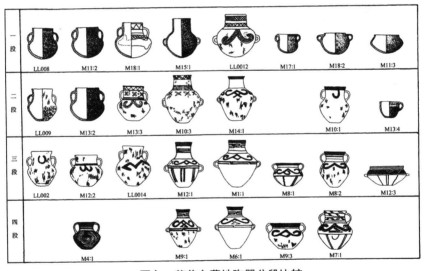

图九　莲花台墓地陶器分段比较

各段陶器变化特点表述如下：

一段：基本器类为各种双耳罐、腹耳壶、钵等，造型特点为直颈、圆鼓腹、圜底，一般通体饰细绳纹。彩陶为复彩，主要为连续三角纹、简单的双勾纹等。

二段：基本器类同前，新出现有双大耳罐。器物造型特点为鼓腹、圜底近平或小平底，颈部加长，一般通体细绳纹抹光，然后施黑彩或复彩纹样，主要为连续倒三角纹、十字形纹、双勾纹等。

三段：基本器类同前。器物造型特点为鼓腹、小底内凹、颈部变长，腹大径下移，一般为通体绳纹抹光。彩陶为单一黑彩构图，主要为连续回纹、双勾纹、重线三角纹、竖向或横向的条带纹等。

四段：器类减少，主要为双大耳罐、腹耳壶、大口双耳罐等，一般通体绳纹抹光。彩陶主要为黑彩，也见有复彩构图，花纹趋于复杂化，肩部主要为双勾纹的各种变体。颈部多饰连续回纹、条带纹。腹部为竖向条带纹，也见有以同心圆纹为主的构图纹样。

上述四段遗存显示了连续变化的发展关系，属第二段的 M10 打破属第一段的 M11，确定了四段遗存的早晚顺序。这其中一、二段遗存同于山家头墓地二、三段遗存，三、四段遗存同于一般概念中的辛店文化姬家川类型遗存。因此，莲花台墓地的发现解决了山家头类遗存与姬家川类遗存的早晚关系。

盐场遗址虽未经正式发掘，但由于遗址位于刘家峡水库库区岸边，不断塌落的崖壁中时常有完整陶器露出。1974 年甘肃省博物馆在该遗址一次征集到完整陶器 200 多件，经我们对这批材料的比较分析①，确认盐场遗址的辛店文化遗存可以分为四段（图一〇、图一一），各段遗存的基本特点同于莲花台墓地一至四段遗存的特点，盐场遗址的主要内涵与莲花台墓地相同。

同样，根据我们对山家头、莲花台等遗址的认识，可以将安特生当年在辛店村、四时定、灰咀等地点所获的陶器做一些区分，可分为四段，各典型器物的分段归属见表 8。

表 8　辛店等遗址出土陶器的分段归属表

分段	典型单位
一段	K5650S、K5668S、K5540B、K5543S、K5661S
二段	K5319B、K5765H、K5782S、K5718S、K5665S、K5651S
三段	K5410B、K5403H、K5407H、K5408B、K5535H、K5563B、K5741H、K5532H、K5547H、K5735S、K5764H、K5416H、K5814H、K5630H、K5734S、K5739S、K5541S、K5631H、K5745H、K5760H、K5769H、K5632H、K5647H、K5715B、K5538H
四段	K5273H、K5762H、K5420H、K5402B、K5907、K5986、K5733S、K5648B、K5819H、K5822H、K5513B、K5554S、K5507H、K5400S、K5544

---

① 韩翀飞、水涛、王琦：《甘肃永靖盐场遗址发现的辛店文化陶器》，《考古与文物》1994 年 3 期。

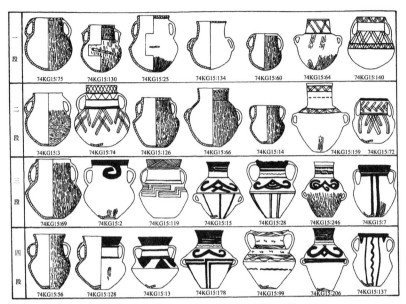

图一〇　盐场遗址陶器分段比较（1）

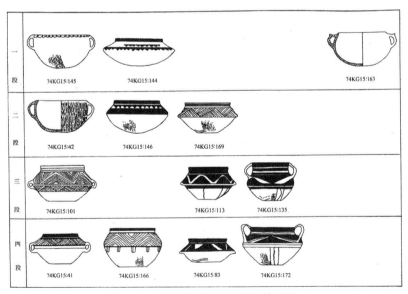

图一一　盐场遗址陶器分段比较（2）

　　各段陶器造型特点基本同于莲花台墓地各段遗存，但器类更加多样化，彩陶的比例也显得较高，可能由于这些陶器是征集器，经过人为的有意挑选，一般粗陶或素面陶器未被收购（图一二、图一三）。

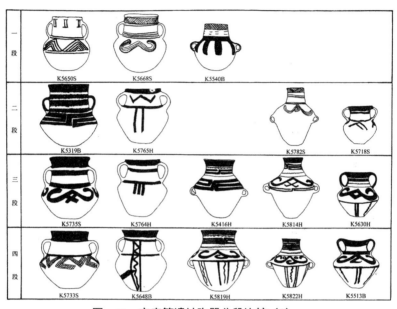

图一二　辛店等遗址陶器分段比较（1）

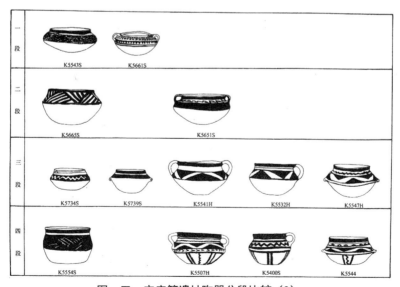

图一三　辛店等遗址陶器分段比较（2）

在这批陶器中有一些辛店文化的陶鬲，主要为单耳乳状袋足彩陶鬲和双耳乳状袋足素面鬲两类。[①] 辛店文化的陶鬲在墓葬随葬品中尚未发现，但在张家咀、姬家川、黑头咀、马路塬[②] 等遗址中屡有发现，对这类器物的形态变化特点，在后面将给以介绍。

姬家川遗址的遗存可分为两段（图一四），陶器的造型特点基本同于莲花台墓地三、四段遗存。姬家川第一段遗存中发现的鬲为高领双耳乳状袋足鬲，通体饰细绳纹，直颈、口沿饰花边，三足直立、实足跟较长。姬家川第二段遗存中的双耳乳状袋足鬲颈部变短、口微敞、三足外撇、实足跟变小。在马路塬遗址的这一阶段遗存中还发现有单耳乳状袋足彩陶鬲，黑彩构图，主要为重线三角纹、同心圆纹等。形态特征同于双耳袋足鬲。

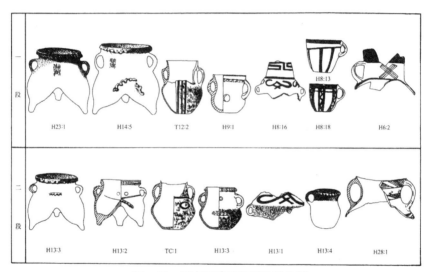

图一四　姬家川遗址陶器分段比较

注：H13:3 原发掘报告重号。

张家咀遗址的遗存可分为三段（图一五），这三段遗存陶器的整体风格显然不同于莲花台墓地遗存的特点，现逐段加以介绍。

① 这批材料的照片见于安特生：Researches into the Prehistory of the Chinese, *BMFEA* 1943, No. 15: 1-300。1943 年，图版 127—140、193—196、171—174。

② 马路塬遗址的发掘材料尚未发表，现存甘肃省文物考古研究所。

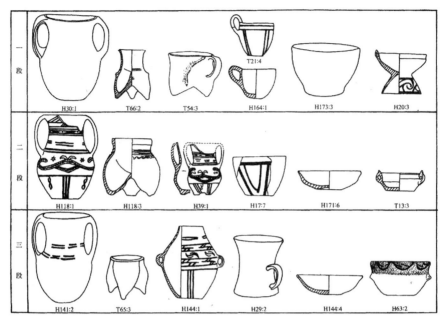

图一五　张家咀遗址陶器分段比较

　　一段：基本器类有双大耳罐、长颈分裆鬲、单提耳豆、平底钵等，罐类器形均为长颈、溜肩、瘦腹、平底，腹大径居中偏下。彩陶一般为复彩构图，主要纹样有变形双勾纹、变形 S 形纹、鸟纹、太阳纹等。

　　二段：基本器类同前段。一般器形更显瘦长，部分器物底部出现矮小的三足。彩陶以复彩构图，主要纹样有勿字形纹、S 形纹、太阳纹和变形鸟纹。

　　三段：基本器类同前段，多数器形腹部变小，颈部细长，腹大径偏下。双大耳罐双耳拉长。腹耳壶的双耳位置也向下移。彩陶出现变化，以复彩或单一黑彩构图，主要为各种连续涡纹和勿字形纹。

　　张家咀遗址第三段遗存中部分以黑彩构图的陶器曾在甘肃东乡唐汪川山神[①]、崖头[②]、青海民和拱北台[③]等遗址多次发现，一般习惯上称之为唐汪式陶

----

① 安志敏：《略论甘肃东乡自治县唐汪川的陶器》，《考古学报》1957 年 2 期。
② 甘肃省博物馆文物队：《甘肃东乡崖头辛店文化墓葬清理记》，《文物》1981 年 4 期。
③ 格桑本：《青海民和核桃庄拱北台路西一号灰坑出土的唐汪类型陶器》，《青海考古学会会刊》1983 年 5 期。

器①，有的研究者称之为唐汪文化②，有的研究者将青海大通上孙家寨墓地发现的唐汪式陶器称为辛店文化的上孙家寨类型③，有的研究者认为唐汪式陶器应全部归属于卡约文化范畴④。对于这类问题，我们在后面讨论辛店文化与卡约文化关系时将给以阐述。

核桃庄墓地共发掘墓葬 360 多座，是目前发现规模最大的一处辛店文化墓地，全部材料尚未发表。据一些文章的介绍⑤，该墓地遗存包括上述莲花台墓地二至四段遗存和张家咀遗址一至三段遗存（图一六）。

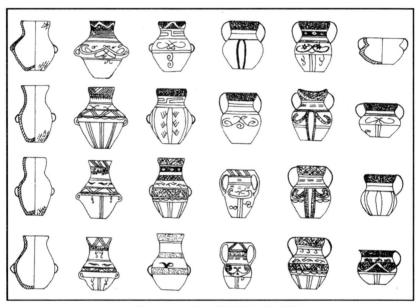

图一六　核桃庄墓地部分陶器举例

注：线图引自许永杰、南玉泉等人文章，因多数器物未发表编号，故不分段。

辛店文化各主要遗址的内涵及陶器特征已如前述，可以看出，在甘肃中

---

① 安志敏：《略论甘肃东乡自治县唐汪川的陶器》，《考古学报》1957 年 2 期。

② 俞伟超：《关于卡约文化和唐汪文化的新认识》，《先秦两汉考古学论集》，文物出版社，1985 年。

③ 赵生琛等：《青海古代文化》，青海人民出版社，1985 年。

④ 赵志军、南玉泉：《试论唐汪式陶器的文化归属问题》，《考古与文物》1988 年 2 期。

⑤ 赵生琛等：《青海古代文化》，青海人民出版社，1995 年。俞伟超：《关于卡约文化和唐汪文化的新认识》，《先秦两汉考古学论集》，文物出版社，1985 年。陈洪海：《墓葬材料整理与类型学应用 —— 从核桃庄墓地的整理谈起》，《青海文物》1990 年 5 期。

部和青海东部发现的辛店文化遗存一般都具有共同的特征，没必要再用各种地域性命名将它们划分为各种类型。据此认识可将辛店文化从早到晚分为三期七段遗存，各典型遗址的分期结果如表 9。

表 9　辛店文化典型遗址分期表

期别 \ 段别	遗址	山家头	莲花台	盐场	辛店（等）	姬家川	张家咀	核桃庄	柳湾	唐汪川	上孙家寨	簸箕掌
一期	一段	二段	一段	一段	一段				√			√
	二段	三段	二段	二段	二段			√				
二期	三段		三段	三段	三段	一段		√				
	四段		四段	四段	四段	二段		√				
三期	五段						一段	√				
	六段						二段	√				
	七段						三段	√		√	√	

注：山家头一段为齐家文化遗存，辛店包括辛店、四时定、灰咀。

　　这三期七段遗存陶器的特点在前面各遗址分段论述中已经提及，此处不再重复。各期遗存的相对年代可以从若干地点的地层关系中得到确认。

　　山家头遗址一段属于齐家文化晚期遗存，因此山家头二、三段遗存的年代不早于齐家文化晚期。莲花台墓地中属二段的 M10 打破属一段的 M11，可证明二段晚于一段，又从类型排比中可知三、四段遗存应晚于一、二段遗存。

　　属于三期第七段的所谓唐汪式陶器在遗址中往往与属于三期五、六段的张家咀类遗存共存，可知它与属于一期一、二段的山家头类遗存及属于二期三、四段的姬家川类遗存关系较远。另在青海大通上孙家寨遗址等地发现唐汪式陶器往往与卡约文化晚期遗存共存，也说明这类遗存年代相对较晚。因此，辛店文化应顺序经历了三期七段遗存的发展过程，其上限年代晚于齐家文化晚期，其下限年代在甘肃中部早于东周，在青海东部与卡约文化晚期遗存同时。

　　据 ^{14}C 测定数据，相当于辛店文化第二期第三段的永靖马路塬遗址 84Y. M.H9 所出的木炭标本为距今 3365±155 年（已经树轮校正，下同），84Y.

M.H35 的木炭标本为距今 3160±130 年[1]，因此，辛店文化一期一、二段遗存的年代应当在距今 3600—3400 年前后。据部分含唐汪式陶器的卡约文化墓葬所测的 ^{14}C 样品结果，唐汪式陶器遗存的年代为距今 3085—2545 年前后（四个测定数据分别是：79DSM989 为 2545±90BP，79DSM979 为 2640±130BP，DSM333 为 3085±120BP，XTAMl58 为 2800±140BP）[2]，考虑到卡约文化中唐汪式陶器遗存的存在时间较长的情况（这一点将在后面给以论述），辛店文化第三期第七段遗存的绝对年代大约应在距今 2800—2600 年前后。

3. 寺洼文化

自 20 世纪 20 年代安特生在甘肃中部的洮河流域首次发现这种文化以来，经过甘青两省考古工作者多年来的大范围文物普查和发掘工作，现在知道，寺洼文化主要分布于甘肃省的中部和东南部地区，目前在青海省还未确认这种文化的分布。它的分布面向西可达洮河中上游地区[3]、向北不过兰州市[4]、会宁县[5]、庆阳县[6]一线，向东直达子午岭西侧山脚下[7]，向南可及武都县白龙江流域[8]（图一七）。在这一范围内发现的重要遗址有临洮寺洼山[9]、平凉安国

[1] 北京大学考古系碳十四实验室：《碳十四年代测定报告（六）》，《文物》1984 年 4 期。

[2] 中国社会科学院考古研究所编著：《中国考古学中碳十四年代数据集（1965—1981）》，文物出版社，1983 年。

[3] 在甘肃省甘南藏族自治州卓尼县、临潭县境内发现多处寺洼文化遗址，这应是这种文化在洮河流域分布最远的地区。

[4] 兰州市文物普查中，在东部的榆中等地尚见有寺洼文化的零星分布，而在黄河以北各地则不见这种文化遗存。

[5] 会宁县以东的静宁县尚见有寺洼文化遗址分布，而在会宁至宁夏西吉县一带则不见。

[6] 据《庆阳地区文物志》（油印本），目前在庆阳地区发现的寺洼文化遗址，主要分布在庆阳县西峰镇以南的地区。

[7] 合水县九站遗址和石桥遗址均位于子午岭西侧山麓地带，距子午岭隧道西口仅几十里。

[8] 长江流域规划办公室考古队甘肃分队：《白龙江流域考古调查简报》，《文物资料丛刊》第 2 辑，1978 年。甘肃省文物考古研究所：《甘肃白龙江流域古文化遗址调查简报》，《西北史地》1992 年 1 期。

[9] 寺洼山遗址先后多次经调查与试掘，参见安特生：《甘肃考古记》，乐森璕译，《地质专报》甲种第五号，农商部地质调查所印，1925 年。又见安特生：Researches into the Prehistory of the Chinese, BMFEA 1943, No. 15: 1-300。夏鼐：《临洮寺洼山发掘记》，《考古学论文集》，科学出版社，1961 年。裴文中：《甘肃史前考古报告》，《裴文中史前考古学论文集》，文物出版社，1987 年。甘肃省文物管理委员会：《甘肃临洮、临夏两处考古调查简报》，《考古通讯》1958 年 9 期。

镇①、庄浪川口柳家②、徐家碾③、西和栏桥④、合水九站⑤等。下面就这些遗址的发现做些分析。1924 年安特生在寺洼山遗址发掘墓葬 8 座,1945 年夏鼐在此地又发掘墓葬 5 座,这两批墓葬中随葬陶器的组合关系请见表 10。

表 10　寺洼山遗址各典型单位陶器组合关系表

器形 单位	双耳小口深腹罐	双耳大口深腹罐	双耳小口矮罐	双耳大口矮罐	腹耳壶	器盖	鼎	鬲	圆腹罐
M0		2				1	1		
M1	2	a 7、b 1	2	1					1
M2		b 1		1					
M3		1	2	2	1				
M4	1		2	2	1				
采								1	
以上为夏鼐 1945 年所发掘墓葬,以下为安特生 1924 年所发掘墓葬									
M1									
M2	1			4					
M3		1		1					
M4			1	2					
M5			1	2					
M6		2		2					
M7		2		1					1
M8	1							1	1

注:英文字母 a、b 表示亚型,阿拉伯数字表示件数。

在寺洼山遗址发现的陶器,还有 1958 年调查所获的一些标本。⑥主要根据这三批资料可以将寺洼山遗址的遗存分为两个阶段,其中第二段还可再分早晚(图一八),这几段遗存陶器的形态变化特点表述如下。

① 张学正:《甘肃古文化遗存》,《考古学报》1960 年 2 期。
② 甘肃省博物馆:《甘肃庄浪柳家村寺洼文化墓葬》,《考古》1963 年 1 期。
③ 胡谦盈:《甘肃庄浪县徐家碾寺洼文化墓葬发掘纪要》,《考古》1982 年 6 期。
④ 甘肃省文物工作队等:《甘肃西和栏桥寺洼文化墓葬》,《考古》1987 年 8 期。
⑤ 材料未发表,参见王占奎、水涛:《合水九站寺洼文化墓地》,《中国考古学年鉴》,文物出版社,1986 年。
⑥ 甘肃省文物管理委员会:《甘肃临洮、临夏两处考古调查简报》,《考古通讯》1958 年 9 期。

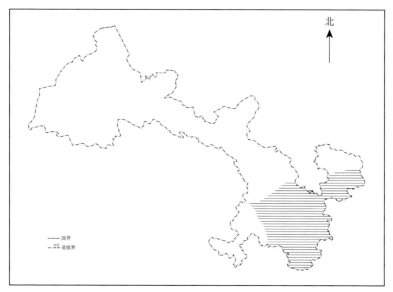

图一七　寺洼文化分布范围示意

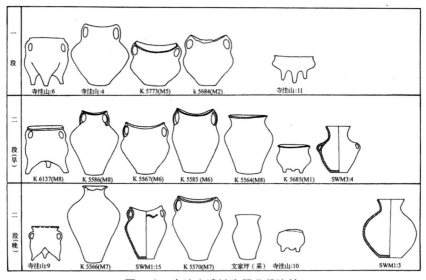

图一八　寺洼山遗址陶器分段比较

一段：基本器类有双耳乳状袋足鬲、双耳小口深腹罐、双耳大口深腹罐、双耳大口矮罐、三足盆形鼎等。鬲为深袋足，实足跟较长，三足尖直立，耳面及颈部可见泥条装饰。双耳罐一般为单马鞍口，通体矮胖，腹大径居中偏下，素面为主。鼎的三足较长，腹部较浅。

二段（早）：基本器类同前，另见有双腹耳壶、圆腹罐、大口深腹罐等器形。鬲的袋足变小，三足外撇。罐一般为圆腹或长圆腹、平口或单马鞍口，形体开始变长。鼎三足变小，腹部加深，由盆形变为罐形。

二段（晚）：基本器类同前，鬲的实足跟退化，三足外撇。罐为平口或单马鞍口、长圆腹、大平底、通体瘦长。鼎开始退化，其他还见有器盖等器类。

安国镇遗址和川口柳家遗址都是调查清理的残墓，无法做分段比较。

徐家碾遗址共发掘墓葬 104 座，大部分材料尚未发表，仅就《纪要》一文[①]发表的部分材料看，从器物形态变化分析，该墓地遗存可分为三段（图一九）。

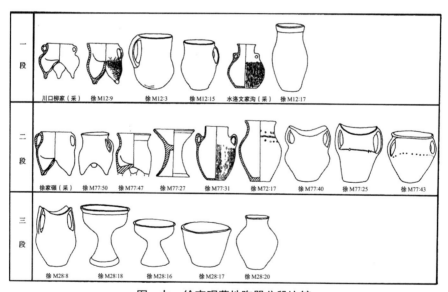

图一九　徐家碾墓地陶器分段比较

一段：以 M12 为代表，基本器类有单耳乳状袋足鬲、单耳罐、长颈深腹大罐等，由于《纪要》所发材料不全，该段遗存中双耳罐的形态特征我们

① 胡谦盈：《甘肃庄浪县徐家碾寺洼文化墓葬发掘纪要》，《考古》1982 年 6 期。

还不能明确肯定。鬲为深袋足，有明显的实足跟，三足基本直立。罐类圆鼓腹，腹大径居中偏下。另从与该遗址相邻的水洛乡其他遗址调查资料来看，这里也有双耳乳状袋足鬲、腹耳壶等器类。

二段：基本器类有双耳乳状袋足鬲、单耳鬲、无耳鬲、盘式高柄豆、腹耳壶、圆腹罐、小口双耳矮罐、大口双耳矮罐、平口双耳罐等。从器类的变化多样、数量的增加等方面分析，这一段应是该遗址的主要遗存阶段。双耳或单耳袋足鬲的袋足变小，实足跟小或没有实足跟。无耳联裆鬲束颈、素面。罐类一般圆腹或长圆腹，在颈肩部往往有附加堆纹泥条、划纹、刺点纹的装饰。腹耳壶颈部变短，通体细绳纹。此段可以 M72、M77 为代表。

三段：以 M28 为代表，器类趋于简化，主要为双马鞍口双耳罐、篡式豆、圆腹罐等，器类的减少使其特点更加明确，各种器类表面一般均无任何装饰，整体作风趋向退化。

栏桥墓地 1984 年共发掘墓葬 9 座，各墓随葬陶器的组合关系如表 11。

表 11　栏桥墓地各墓陶器组合关系表

器形\单位	鬲	双马鞍口罐	豆（A）	豆（B.C.D）	单耳罐	平口双耳罐	圆腹罐	高领罐	瘦腹罐	鼓腹罐	盆	瓮
M1		AⅡ2、BⅠ1	AⅠ3、AⅡ2	BⅠ1、BⅡ1	AⅢ1							
M2		AⅠ1、B2	AⅠ3		AⅡ1、AⅢ2、B1		1				1	Ⅱ1
M3		AⅠ8、AⅡ2、B1	AⅠ14、AⅡ2	C1	AⅢ1、B1		1		1			Ⅱ1
M4		AⅠ4、AⅡ1	AⅠ3、AⅡ5	BⅠ2、BⅡ1	AⅠ3	A1	1		2			Ⅰ1
M5	1无	AⅠ6、AⅡ4、B1	AⅠ5、AⅡ2			A1			2	Ⅱ2		1
M6	1双	AⅠ12、AⅡ4、B1	AⅠ10、AⅡ10	BⅠ2、BⅡ2、D1	AⅠ2	A1、B1				Ⅰ3、Ⅱ1		
M7		AⅠ4、AⅡ5	AⅠ8、AⅡ3	BⅠ3	AⅠ3	B3		Ⅰ1				Ⅰ1
M8		AⅠ6	AⅠ2	BⅠ1								
M9	1残	AⅠ6、AⅡ3、B2	AⅠ15		AⅠ1		1	Ⅰ1、Ⅱ1		1		

注：英文字母表示型，罗马字母表示式，阿拉伯数字代表件数。

从表中看出，这 9 座墓的陶器组合关系很接近，只是在 M2、M5、M9 三墓中仅有簋式豆（即原报告所分的 A 型豆），而不见盘式豆及其他形态的豆（即原报告中所分的 B、C、D 型豆）。据对徐家碾墓地陶器形态变化的分析，簋式豆代替盘式豆应具有年代变化的意义，因此可以将栏桥墓地的遗存分为二段（图二○）。

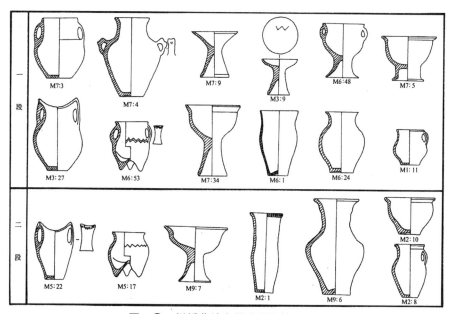

图二○　栏桥墓地陶器分段比较

一段：基本器类有平口双耳罐、双马鞍口双耳罐、双耳乳状袋足鬲、腹耳壶、盘式豆、簋式豆、圆腹罐、单耳罐、大口长颈罐等。鬲的袋足已趋于退化、鬲裆很低。罐一般圆腹或长圆腹，表面不加装饰。豆的形态变化十分多样，双马鞍口罐和豆为主要的器类。

二段：器类减少，鬲为无耳袋足鬲，豆的种类单一，仅有簋式豆。其他器形也趋向于简单化，数量相应减少。典型单位有 M2、M5、M9 等。

九站遗址 1984 年共发掘墓葬 80 余座，全部材料尚未发表。据我们对这批材料的初步分析[1]，该墓地遗存可以分为三个阶段（图二一）。

---

[1]　王占奎：《试论九站寺洼文化遗址——兼论甘肃东部的寺洼文化》，北京大学硕士学位论文，1985 年。

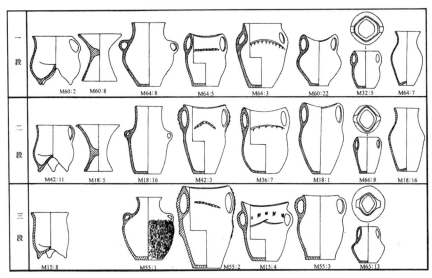

一段
M60:2　M60:8　　M64:8　　M64:5　　M64:3　　M60:22　M32:5　M64:7

二段
M42:11　M18:5　　M18:16　　M42:3　　M36:7　　M18:1　M66:8　M18:16

三段
M15:8　　　M55:1　　　M55:2　M15:4　　M55:3　M65:13

图二一　九站遗址陶器分段比较

一段：以 M60、M64 等单位为代表，基本器类有单耳乳状袋足鬲、盘式豆、腹耳壶、平口双耳罐、单马鞍口双耳罐、四棱口罐、长颈壶等。鬲一般口沿饰花边，袋足肥大，实足跟较长。豆为浅盘高柄，罐类一般圆腹或长圆腹。颈部多饰附加堆纹泥条、划纹、刺点纹装饰。也见有圆鼓腹的双耳小口矮罐。

二段：基本器类同前段，单耳乳状袋足鬲的袋足变小，鬲裆变浅，实足跟不明显，豆盘加深，形体变矮。罐类腹部收缩，形体加长，以单马鞍口双耳罐为主，典型单位有 M18、M42、M66 等。由于此段所属墓葬较多，器形变化多样，应是九站墓地的主要遗存阶段。

三段：器类减少，鬲为无耳联裆鬲，腹部加深、裆部变浅。豆为簋式豆，腹耳壶被肩耳罐取代，肩以下饰绳纹装饰。其他罐类一般大口、斜直腹、大平底，整体形态较瘦长。

根据对上述四个遗址随葬陶器的分段比较，可以看出分布在甘肃各地的寺洼文化遗存，表现了基本相同的一般特征。各地遗存所表现的差异，主要应是发展阶段不同的差异。在此可将寺洼文化分为四期六段遗存，各遗址主要遗存的分期归属可见表 12。

各期段陶器的演变特点已如前述，此处不再重复。其他遗址发现的寺洼文化遗存也可依此判断其所属期段，安国镇遗址清理的一座残墓，时代约相当于二期四段。川口柳家遗址清理的残墓及部分征集陶器，时代约相当于三期五段。

表 12　寺洼文化各遗址典型单位分期表

期别	段别	寺洼山遗址	徐家碾遗址	九站遗址	栏桥遗址
一期	一段	一段			
	二段	二段（早）			
二期	三段	二段（晚）			
	四段		一段	一段	
三期	五段		二段	二段	一段
四期	六段		三段	三段	二段

各期遗存的相对年代可通过器物形态的对比及一些共存关系来推断。在寺洼山遗址发现的一期一段遗存中的双耳乳状袋足鬲，作风接近辛店文化二期三段遗存中的同类器，部分单马鞍口双耳罐的造型也接近辛店文化二期三段遗存中的双耳罐，只是寺洼文化的器物一般为素面，而辛店文化的器物一般为彩陶。这些类似的作风和二者相邻的分布地域，说明寺洼文化一期一段遗存与辛店文化二期三段遗存关系较密切，年代也当相近。

九站遗址第一段遗存中见有部分先周文化的典型器类与之共存，所以这段遗存（也即寺洼文化二期四段）年代应相当于先周文化晚期或西周初期。九站遗址第三段遗存中见有东周风格的陶器与之共存，则寺洼文化第四期第六段遗存的年代约相当于春秋初期。

九站遗址的 ^{14}C 测定数据有三个：84H.J.H6 木炭为距今 3050±120 年，84H.J.M33 人骨为距今 2460±140 年[1]，另外，中国社会科学院考古研究所泾渭队 1979 年在九站遗址地层中采集的木炭标本年代为距今 3345±95 年[2]。庄

---

[1] 中国社会科学院考古研究所编著：《中国考古学中碳十四年代数据集（1965—1981）》，文物出版社，1983 年。

[2] 九站遗址的地层据发掘主要为西周早、中期的遗存，据介绍该标本采自遗址下部灰层中，^{14}C 数据出处见胡谦盈：《论寺洼文化》，《文物集刊》第 2 辑，文物出版社，1979 年。

浪徐家碾遗址的 ^{14}C 测定数据也有三个：M79 人骨为距今 2415±90 年，M81 人骨为距今 2745±130 年，M82 人骨为距今 2510±100 年。① 这些数据显示的年代与前文推断的相对年代大体一致。由此可以肯定，寺洼文化形成于商代中期前后，终结于春秋中晚期前后，绝对年代为距今约 3300—2500 年。

4. 卡约文化

目前发现的卡约文化遗址达数百处之多，全部位于青海省境内，主要分布在黄河沿岸及湟水流域，东到黄河沿岸的循化、化隆，西至海南藏族自治州的青海湖以西地区，北入海北藏族自治州的祁连山南麓及大通河流域，南达黄南藏族自治州的同仁、贵南一线②（图二二）。在这一范围内经过发掘的重要遗址有循化县阿哈特拉山③、苏志④、湟中县卡约及下西河⑤、潘家梁⑥、化隆县上半主洼⑦、下半主洼⑧、贵德县山坪台⑨、湟源县大华中庄⑩、莫不拉⑪、大通县上孙家寨⑫ 等遗址。

① 中国社会科学院考古研究所编著：《中国考古学中碳十四年代数据集（1965—1981）》，文物出版社，1983 年。
② 赵生琛等：《青海古代文化》，青海人民出版社，1985 年。
③ 材料尚未发表，参见俞伟超：《关于卡约文化和唐汪文化的新认识》，《先秦两汉考古学论集》，文物出版社，1985 年。许新国：《试论卡约文化的类型和分期》，《青海文物》1988 年 1 期、1989 年 2 期。
④ 材料尚未发表，参见许永杰：《河曲青铜文化的谱系研究》，打印本，1986 年。
⑤ 安特生：Researches into the Prehistory of the Chinese, *BMFEA* 1943, No. 15: 1-300。
⑥ 材料尚未发表，承蒙高东陆先生提供方便，笔者在青海省文物考古研究所和湟中县博物馆参观了全部实物资料和原始记录、图表、卡片等。另见和正雅：《从潘家梁墓地的发掘谈对卡约文化的认识》，《青海考古学会会刊》1981 年 3 期。
⑦ 许淑珍：《化隆县上半主洼卡约文化墓地发掘简报》，《青海文物》1991 年 6 期。
⑧ 材料尚未发表，笔者曾在青海省文物考古研究所参观了该遗址的发掘资料。
⑨ 高东陆：《青海贵德县山坪台卡约文化墓地》，《考古学报》1987 年 2 期。
⑩ 青海文物考古队等：《青海湟源县大华中庄卡约文化墓地发掘简报》，《考古与文物》1985 年 5 期。
⑪ 高东陆、许淑珍：《青海湟源县莫布拉卡约文化遗址发掘简报》，《考古》1990 年 11 期。
⑫ 材料尚未发表，见《青海文物考古工作三十年》，《文物考古工作三十年》，文物出版社，1979 年。

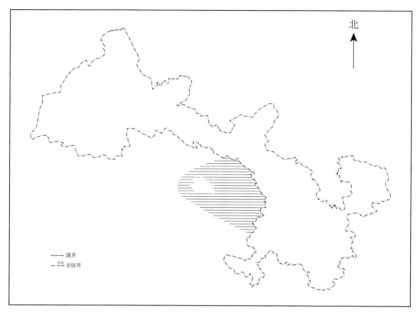

图二二　卡约文化分布范围示意

阿哈特拉山墓地 1980 年共发掘墓葬 217 座，材料尚未发表。据一些文章中的介绍[①]，该遗址遗存延续时间较长，大约可分为六段遗存（图二三）。

一段：基本器类为堆纹口沿罐、大口双耳罐，小口双耳罐、腹耳壶等，一般为圆鼓腹、短直颈。堆纹口沿罐通体饰绳纹。彩陶为单一黑彩构图，主要为写实的动物纹、连续三角纹、连续折线纹等。

二段：基本器类同前段，各类器形的颈部开始变长，腹部圆鼓，小底内凹。彩陶纹样简化，主要为连续重线三角纹、条带纹等。

三段：基本器类同前，新见有双大耳罐等器类，堆纹口沿罐为细长颈、球形腹，其他器形一般也为长颈、鼓腹。彩陶纹样主要为连续三角纹、倒三角纹、菱格纹等。

四段：器类组合有明显变化，堆纹口沿罐消失，双大耳罐和双耳罐的变化多样，一般器形腹部变小，颈部加长，腹大径下移，平底或小底内凹。彩陶纹样变化多样，主要有菱格纹、连续回纹、竖线纹、条带纹等。

[①]　材料尚未发表，参见俞伟超：《关于卡约文化和唐汪文化的新认识》，《先秦两汉考古学论集》，文物出版社，1985 年。许新国：《试论卡约文化的类型和分期》，《青海文物》1988 年 1 期、1989 年 2 期。

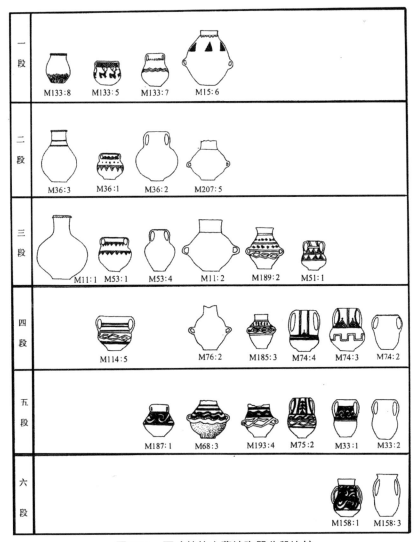

图二三 阿哈特拉山墓地陶器分段比较

五段：器类简化，主要器形为腹耳壶和双大耳罐。腹耳壶颈部加长、变粗，双大耳罐双耳拉长，下端位于腹部。彩陶为单彩或复彩构图，复彩一般先在施彩部位涂红衣，然后以黑彩构图，主要纹样为连续波折纹、菱格纹、连续涡纹、条带纹等。

六段：器类进一步简化，主要为各类双大耳罐和腹耳壶，一般腹部变小，颈部加长、变粗，双耳拉长、位置下移，上端位于颈部，下端位于腹中部，一般为平底。彩陶仍以红衣黑彩为主，纹饰以菱格纹、勿字纹、S 形纹、连续涡纹为主。

在循化县苏志村墓地、苏呼撒墓地①发掘的两批材料均未发表，据有些文章介绍，其面貌基本类同于阿哈特拉山墓地的发现。另据 1980 年在循化县的考古调查资料显示②，阿哈特拉山类遗存在这一地区有广泛的分布。

1924 年安特生在湟中县的卡约村和下西河遗址清理了一批墓葬共 9 座，最初他将这类遗存归入寺洼期中进行讨论，但也注意到了它的特殊性。现在我们来看看这批材料的有关特点。这批墓葬的陶器组合关系简单，一般每墓 1 至 3 件器物，基本器类为双耳罐、双大耳罐、四耳罐、腹耳壶等。通过类型学排比，可以将这批墓葬分为两段遗存（图二四）。

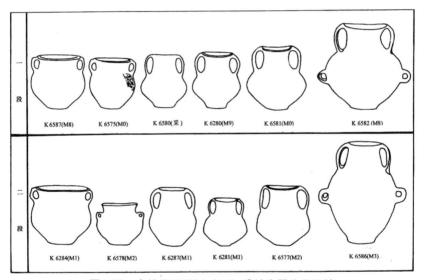

图二四　卡约及下西河（M1）遗址陶器分段比较

一段：以 M8、M9、M10 等为代表，双耳罐腹部圆鼓，双耳向外圆鼓，小底内凹，表面饰绳纹或绳纹抹光。双大耳罐圆鼓腹，小圈足底。四耳罐颈部较短、腹部圆鼓。

二段：基本器类同前，另见有腹耳壶。双大耳罐为长圆腹，有的腹下部

① 材料未发表，参见柳春城：《循化县东风公社苏呼撒墓地发掘简报》，《青海考古学会会刊》1982 年 4 期。
② 卢耀光：《1980 年循化撒拉族自治县考古调查简报》，《青海考古学会会刊》1982 年 4 期。

内收，形成垂腹特征，双大耳向下斜直，小圈足底。四耳罐为长圆腹，短直颈，素面。

这批墓中 M8 的四耳大罐与双耳罐共出值得注意，因为在卡约文化的其他遗址如潘家梁墓地发现的四耳大罐都单独埋于墓外或填土上部，二者的关系往往难以肯定。

潘家梁墓地 1981 年、1982 年共发掘墓葬 200 多座，全部材料尚未发表。据有的文章介绍和我们的观察[1]，这批墓葬中随葬陶器的组合较简单，器类主要有双耳罐、双大耳罐、堆纹口沿罐、腹耳壶等，还有一些单独放置的大罐，或无耳，或双耳，或四耳。依据器物形态变化特点，可以将这批墓葬分为四段遗存（图二五）。

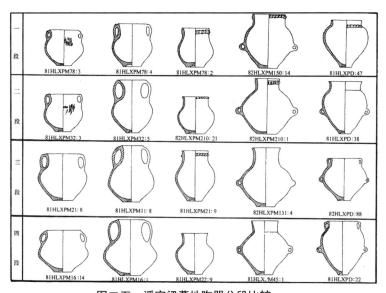

图二五　潘家梁墓地陶器分段比较

一段：基本器类有双耳罐、双大耳罐、堆纹口沿罐、腹耳壶等，一般器形较小，圆鼓腹，腹大径居中偏上，平底或小圈足底，口沿部往往饰附加堆纹泥条装饰。堆纹口沿罐和腹耳壶颈部短粗，颈肩界线不明显。相当

---

[1] 材料尚未发表，承蒙高东陆先生提供方便，笔者在青海省文物考古研究所和湟中县博物馆参观了全部实物资料和原始记录、图表、卡片等。另见和正雅：《从潘家梁墓地的发掘谈对卡约文化的认识》，《青海考古学会会刊》1981 年 3 期。

于一段的大罐其造型特点也应与其他器类相同或相近，短颈，圆鼓腹，颈部饰附加堆纹泥条，无耳或双耳。属于一段的典型单位有 81HLXPM78、82HLXPM150，标本 81HLXPD：47 等。

二段：基本器类同前。一般为圆鼓腹，平底或小圈足底。双大耳罐的双耳明显增大，颈部加长。堆纹口沿罐和腹耳壶颈部加长，颈肩分界明显，口沿部饰细泥条附加堆纹。大罐往往为双耳，位于腹中部。典型单位有 81HLXPM32、82HLXPM210，标本 81HLXPD：28 等。

三段：基本器类同前。一般为圆腹或垂腹，平底或小圈足底。双大耳罐为细长颈，堆纹口沿罐、腹耳壶也为长颈。部分器物口沿部仍见有饰附加堆纹泥条的作风，大罐出现四耳。典型单位有 81HLXPM21、M11，82HLXPM131，标本 82HLXPD：88 等。

四段：基本器类同前，一般为长圆腹或垂腹、长颈，平底或小圈足底。器表不见任何装饰，腹大径居中偏下。四耳大罐通体瘦高。

1988 年在上半主洼墓地共发掘墓葬 85 座，原发掘简报[①]没有提供这批墓葬地层关系方面的材料，因此只能依靠器物形态及组合关系的变化进行分析，可分为四段（图二六）。

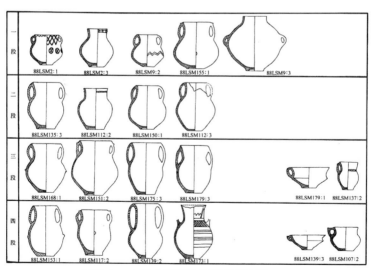

图二六　上半主洼墓地陶器分段比较

---

① 许淑珍：《化隆县上半主洼卡约文化墓地发掘简报》，《青海文物》1991 年 6 期。

一段：基本器类组合为堆纹口沿罐、大口双耳罐、双大耳罐、腹耳壶等，一般为圆鼓腹、小圈足底、矮颈，整个器形较小，制作较精。堆纹口沿罐有的通体绳纹抹光，双大耳罐腹部饰划纹。大口双耳罐中见有彩陶，黑彩构图，颈部饰连续网格纹，腹部饰圆圈 X 字形纹。典型单位如 M2、M9 等。

二段：基本器类同前，一般为圆腹，小圈足底，颈部加长。典型单位如 M112、M150 等。

三段：器类出现变化，堆纹口沿罐消失，新出现单耳盘、单耳罐。大口双耳罐演变为小口双耳罐，基本器物组合为小口双耳罐、双大耳罐、单耳盘。一般器形较大、圆腹、小圈足底。小口双耳罐腹部出现乳突装饰，其他器类以素面为主。典型单位如 M168、M179 等。

四段：基本器类同前，器形一般为长圆腹，平底或圈足底，长颈，双大耳罐双耳拉长。彩陶为黑彩构图，主要纹样为连续网格纹、重线三角纹、条带纹等。典型单位如 M139、M153、M162、M173 等。

下半主洼墓地发现的墓葬较少，材料尚未发表，据我们对出土陶器的观察，其内涵基本同于上半主洼墓地的情况，在此不做分段比较。

1981 年在贵德县山坪台墓地共清理墓葬 90 座，其中瓮棺葬 30 座。在这批墓葬中，随葬陶器的组合关系简单，多数墓仅 1 件陶器，随葬两件以上陶器的墓葬组合关系情况见表 13。

表 13　山平台墓地陶器组合关系表

单位＼器形	A 型双耳罐	B 型双耳罐	无耳罐	单耳罐	盆	罐
M30	1			1		
M33		Ⅱ 1				Ⅰ 1
M42		Ⅱ 1	Ⅰ 1			
M50		Ⅱ 1				Ⅰ 1
M53		Ⅰ 1				Ⅰ 1
M54		Ⅱ 1				Ⅰ 1
M55		Ⅰ 1				Ⅰ 1
M58		Ⅱ 1				Ⅰ 1
M59		Ⅰ 1				Ⅰ 1
M60		Ⅱ 1			1	Ⅰ 1

注：罗马字母表示式，阿拉伯数字表示件数。

可以看出这些墓葬的器类组合虽基本相同，但式的变化略有差别，再加上其他仅随葬一件陶器的墓葬和瓮棺葬的材料，可以将这批墓葬分为四段遗存（图二七）。

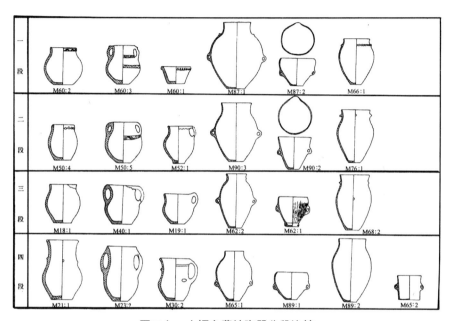

图二七　山坪台墓地陶器分段比较

一段：基本器类为堆纹口沿罐、小口双耳罐、盆的组合。罐类一般为圆鼓腹、平底或小圈足底，口沿部多有附加堆纹泥条或花边装饰。双耳罐的颈部及腹部有划纹装饰。瓮棺葬所用的大瓮和双耳深腹盆一般也为圆鼓腹、平底，盆的口沿部往往带流。典型单位有M60、M66、M87等。

二段：基本组合为堆纹口沿罐和小口双耳罐，另外还有单耳罐、深腹罐等。罐类圆腹、平底或小圈足底，一般器表无任何装饰。典型单位有M50、M52、M76、M90等。

三段：基本为单件器物的组合。器类有直颈圆腹罐、双大耳罐、单耳罐、深腹罐等，罐类一般为圆腹或长圆腹，口沿部不见附加堆纹装饰。大瓮口部变小、束颈，整体形态向瘦高发展。典型单位有M18、M19、M40、M62、M68等。

四段：基本仍为单件组合，器类有长颈圆腹罐、双大耳罐、单耳罐、双耳直筒罐、深腹罐等。器形一般瘦长，长圆腹或斜直腹，平底或小圈足底，常见颈部带乳钉装饰。大瓮细直颈，整体瘦高，双耳位于腹下部。新出现的双耳筒形罐与所谓的唐汪式陶器作风一致。

1983 年在大华中庄墓地发掘墓葬 118 座，各种小件随葬品十分丰富，但陶器则简单粗制、组合单一，显示了退化的特点。依其形态变化，大致可将这批墓葬分为三段遗存（图二八）。

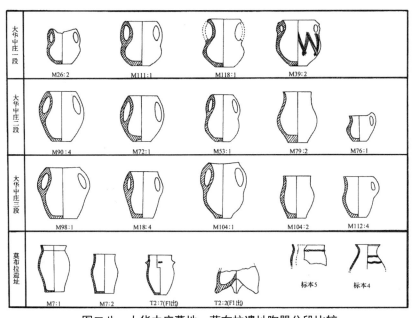

图二八　大华中庄墓地、莫布拉遗址陶器分段比较

一段：基本器类为大口双耳罐、小口双耳罐、双大耳罐。一般为圆腹或圆鼓腹，小圈足底，整体形态矮胖。小口双耳罐腹部见有划纹、连续三角纹装饰。

二段：基本器类为双大耳罐、小口双耳罐、圆腹小罐、单耳罐等。一般为长圆腹或垂腹，腹部内收，双耳加长，平底或小圈足底，器表一般无装饰。

三段：基本器类同前，一般为长圆腹或斜直腹，双耳向下拉长，平底或小圈足底，整体形态瘦高。

另外，在湟源县莫布拉遗址发现的遗存，则表现了与大华中庄墓地遗存不尽相同的特点，主要器类为各种长圆腹的深腹罐、鬲等，依其形态特征比较，这批材料大约应相当于大华中庄三段之后的遗存，由于遗址和墓葬所使用的器类不同，才使二处的陶器群整体风格具有一定的差别，莫布拉 M7 曾出土一把长约 20 厘米的铁刀，也说明其时代应相对较晚。

在上孙家寨墓地共发掘汉代以前各时期墓葬 1100 多座，其中随葬有陶器的卡约文化墓葬 219 座，带有唐汪式陶器的墓葬 188 座[1]，这批材料尚未发表，在此无法做分段比较。有的研究者将上孙家寨墓地分为七期十一段，并认为第一至四期属卡约文化期，或称甲组。第五至六期是唐汪式陶器色彩极浓厚的时期，或称乙组。第七期为辛店文化张家咀期。[2] 对于这一分期结论，我们有不同认识，这将在后面论述辛店文化与卡约文化关系时进行讨论。

在大通县的重要发现还有黄家寨墓地的发掘[3]，在 1985 年清理的 27 座墓中，卡约文化墓葬 24 座，另有两座齐家文化墓葬和一座汉墓。其中属齐家文化晚期的 DHM20 被属卡约文化的 DHM14 打破，这为确定卡约文化与齐家文化的年代关系提供了地层依据。该墓地所发现卡约墓葬中的陶器，风格接近大华中庄墓地一段和潘家梁墓地四段的特点（图二九）。但也有一些其他地点少见的器类如双耳杯、平底碗、深腹高圈足碗（豆）等。

把上述各地点的卡约文化遗存做一番综合比较，可以发现各地遗存间都存在着一些不同特点，这其中有一些显然是时代差异所致，另一些则可归结为地域特点。如果把湟水流域和黄河沿岸地区的发现分别加以比较，可以确立一些相应的关系，据此我们可以建立卡约文化的分期。如果不考虑上孙家寨墓地的情况，可以把已知各地点的卡约文化遗存分为三期六段，各遗址分期归属如表 14。

---

[1]　材料未发表，参见许新国：《试论卡约文化的类型与分期》，《青海文物》1988 年 1 期、1989 年 2 期。
[2]　材料未发表，参见许新国：《试论卡约文化的类型与分期》，《青海文物》1988 年 1 期、1989 年 2 期。
[3]　马兰、刘杏改：《大通黄家寨及杨家湾墓地清理简报》，《青海文物》1989 年 2 期。

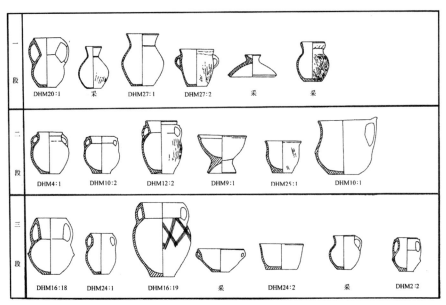

图二九　黄家寨遗址陶器分段比较

表 14　卡约文化主要遗址分期表

湟水流域						黄河沿岸地区			
期别＼段别 ＼遗址		潘家梁	卡约、下西河	黄家寨	大华中庄	期别＼段别 ＼遗址		阿哈特拉山	上半主洼	山坪台
一期	一段	一段				一期	一段	一段	一段	
	二段	二段	一段				二段	二段	二段	
二期	三段	三段	二段			二期	三段	三段	三段	一段
	四段	四段		二段	一段		四段	四段	四段	二段
三期	五段			三段	二段	三期	五段	五段		三段
	六段				三段		六段	六段		四段

注：黄家寨墓地一段属齐家文化。

湟水流域和黄河沿岸地区卡约文化各阶段陶器的演变特点表述如下：

一期一段：在黄河沿岸地区和湟水流域基本器类的一致性比较鲜明，两地都是以堆纹口沿罐、大口双耳罐、小口双耳罐三件器物为基本组合，其他的还有腹耳壶等器形。这种一致性表明黄河沿岸和湟水流域的卡约文化遗存应有共同的来源，这一点在后面还将详细讨论。

一期二段：基本器类在两地仍然相同，但已开始表现地域性特点，黄河沿岸地区的同类器物相对较高大、厚重，并以长颈为特点。湟水流域的同类器相对较小巧，仍以矮胖为特点。

二期三段：差异继续扩大，在黄河沿岸地区，双大耳罐和腹耳壶的形态变化多样，并出现大量的彩陶因素，而湟水流域的变化相对较小，除上孙家寨墓地外，其他地点彩陶因素仍然较少。

二期四段：在黄河沿岸地区和湟水流域，作为卡约文化早期遗存典型器类的堆纹口沿罐同时趋于消失。在黄河沿岸地区代之以各式双大耳罐，在湟水流域代之以直颈圆腹小罐。黄河沿岸地区在本阶段彩陶因素占绝大多数，且制作工艺及纹饰变化均达顶峰状态。在湟水流域，部分开始出现彩陶因素，整体变化过程仍然比较缓慢。

三期五段：三期开始，在卡约文化遗存中大量出现所谓唐汪式彩陶因素。在黄河沿岸地区，随着唐汪式彩陶大量出现，卡约文化固有的彩陶因素开始衰落，这在阿哈特拉山五段遗存中表现十分明显，同时，作为卡约文化基本因素的素面陶器也趋于简化，这在山坪台墓地三段遗存中反映比较充分。在湟水流域，上孙家寨墓地也出现了大量唐汪式彩陶，另一方面，在大华中庄墓地等地点，卡约文化的固有器类也趋于简化。这种变化反映了与黄河沿岸地区文化转变的一致性。

三期六段：唐汪式陶器在黄河沿岸地区开始由极盛向衰落转变，卡约固有因素也同样趋于衰亡。在湟水流域，从上孙家寨墓地反映的现象看，唐汪式彩陶方兴未艾，而卡约文化固有因素则趋于衰落。

在这段发展过程之后，各地的卡约文化均趋消亡，只有青海湖以西、以北地区仍有以上孙家寨晚期类型为代表的一类遗存继续发展并向更远的大通河上游地区分布。

从上面对黄河沿岸地区和湟水流域卡约文化遗存的对比分析中看出，两地遗存既有共同之处又有差异，共同之处在于两地的早期遗存面貌接近，共同经历了三期六段的发展过程，在大约相同的时期趋于消亡。不同之处在于黄河沿岸的卡约遗存从较早的阶段开始，就具有比较发达的彩陶因素，特别是唐汪式彩陶的出现、发展、消亡，从黄河沿岸地区到湟水流域表现了一种时间差，这或许能够说明，这种彩陶的传播经过了一个由东向西的发展过程。这一过程的认定，对说明唐汪式彩陶因素的文化归属是有决定意义的。

卡约文化各期遗存的相对年代，由于上孙家寨、阿哈特拉山等地点的发掘资料均未发表，目前还难以详细论证。据介绍，在上孙家寨墓地有卡约文化墓葬叠压于齐家文化层之上，卡约文化墓葬打破齐家文化灰坑的现象，还有七组唐汪式陶器墓打破卡约墓（相当于本文分期的一、二期。——引者注）的地层关系。[①] 这些证据表明，卡约文化晚于齐家文化，卡约文化三期的五、六段遗存晚于一、二期的一至四段遗存。有了这些相对年代，再依据类型学分析的逻辑发展关系，可以肯定，卡约文化应顺序经历了三期六段的发展过程。

据 ^{14}C 测定数据，卡约文化一期一段的阿哈特拉山 M12 为距今 3555±130 年，三期六段的阿哈特拉山 M158 为距今 2800±140 年。上孙家寨 M333 为距今 3080±120 年，M979 为距今 2650±130 年，M989 为距今 2500±130 年。[②] 上孙家寨的三个墓均属出唐汪式陶器的墓葬，这样我们可以大致推断，卡约文化的三期六段遗存绝对年代大约是在距今 3600—2800 年，而在上孙家寨墓地，或可更晚到距今 2600—2500 年。

5. 四坝文化

1956 年首先在甘肃山丹县四坝滩遗址发现这种遗存，当时称之为四坝式陶器[③]，其后经过甘肃西部多次的考古调查和发掘工作，确认这是一种新的青铜文化遗存，随之被称作四坝文化或火烧沟文化（后者主要因火烧沟墓地的发现而得名）。现在知道，这种文化主要分布在甘肃省河西走廊中西部地区，向

---

① 材料未发表，参见许新国：《试论卡约文化的类型与分期》，《青海文物》1988 年 1 期、1989 年 2 期。
② 材料未发表，参见许新国：《试论卡约文化的类型与分期》，《青海文物》1988 年 1 期、1989 年 2 期。
③ 安志敏：《甘肃远古文化及其有关的几个问题》，《考古通讯》1956 年 6 期。

东可达武威附近①，向北进入黑河下游地区②，向南进入疏勒河中上游地区③，向西直到新疆哈密盆地④（图三〇）。在这一范围内发现的重要遗址有玉门市火烧沟⑤，酒泉干骨崖⑥，民乐东灰山⑦，西灰山⑧，山丹四坝滩⑨，安西鹰窝树⑩，玉门沙锅梁⑪等地点，现仅就所获材料较多的几个地点做些比较分析。

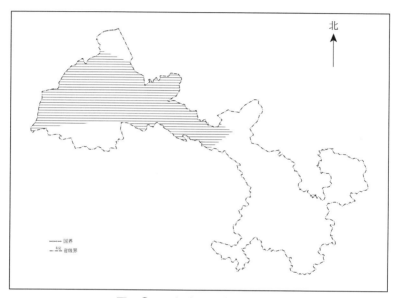

图三〇　四坝文化分布范围示意

1976 年在玉门市清泉乡火烧沟墓地共发掘墓葬 300 多座，全部材料尚未

① 武威皇娘娘台遗址的部分陶器，应属于四坝文化因素。
② 甘肃省文物工作队在金塔县汉代地湾城发掘及额济纳河流域汉代长城调查中，都曾采集到典型的四坝文化彩陶片等标本。
③ 在疏勒河流域的玉门镇、玉门市等地区，曾发现多处四坝文化遗址。
④ 在新疆哈密林场和雅满苏矿办事处等遗址，已经发现了典型的四坝文化遗存因素。
⑤ 材料未发表，参见甘肃省博物馆：《甘肃省文物考古三十年》，《文物考古工作三十年》，文物出版社，1979 年。部分线图资料可参见张朋川：《中国彩陶图谱》，文物出版社，1990 年。
⑥ 材料未发表，参见李水城：《四坝文化研究》，北京大学硕士学位论文，1988 年。
⑦ 材料未发表，现存甘肃省文物考古研究所。
⑧ 调查材料未发表，现存甘肃省文物考古研究所。
⑨ 安志敏：《甘肃远古文化及其有关的几个问题》，《考古通讯》1956 年 6 期。
⑩ 材料均未发表，现存甘肃省文物考古研究所。
⑪ 材料均未发表，现存甘肃省文物考古研究所。

发表，据部分文章介绍及我们对实物的观察，这批墓葬大致可分为五段遗存（图三一）。

一段：主要为马厂晚期类遗存的变体，与典型的马厂遗存有一定的差别。基本器类为各式双耳罐、豆、四耳带盖罐等。彩陶为黑彩或黑褐彩，纹样主要为网格纹、重线三角纹、折线纹和部分写实动物纹。

二段：基本器类有绳纹双耳罐、豆、双耳彩陶罐、四耳带盖彩陶罐、彩陶双大耳罐、单耳罐等。器形特点比较接近马厂晚期遗存的作风，但彩陶风格已自成一体。一般为浓厚的黑褐彩构图，形成凸起于器表的纹样效果。主要纹样为各种条带纹、网格纹、折线纹、菱格纹等。

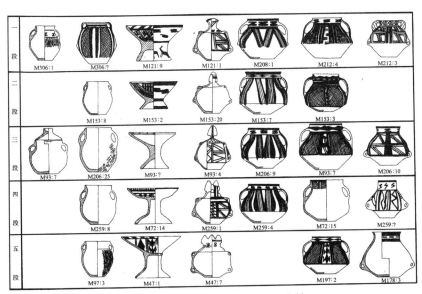

图三一　火烧沟墓地陶器分段比较

三段：基本器类同前，双大耳罐消失，双耳绳纹罐退化，新出现双腹耳彩陶罐。豆盘增大，豆柄变细、加高，四耳带盖罐的盖钮多为单一矛头形钮。彩陶变化多样，仍以上述各种纹饰为主。

四段：基本器类同前，但造型出现变化，罐类腹下部急收成小平底，形成垂腹特征。豆变为高柄浅盘。四耳罐的盖钮主要为并列双矛头形钮。彩陶以动物纹（主要为各种写实或变形的蜥蜴纹）、网格纹、条带纹、折线纹为主。

五段：器类简化，豆为高柄，柄部出现竹节装饰。四耳罐的盖钮主要为三矛头并列形钮。彩陶比例减少，纹样以动物纹、网格纹等为主。

由于火烧沟墓地的彩陶遗存十分丰富，因此各段彩陶的花纹及其变化当不限于上述的若干类型，这只有待全部材料发表后再进行详细的排比。

1987年在干骨崖墓地共发掘墓葬104座，全部材料尚未发表，据我们的观察，这批材料可以分为三段遗存（图三二）。

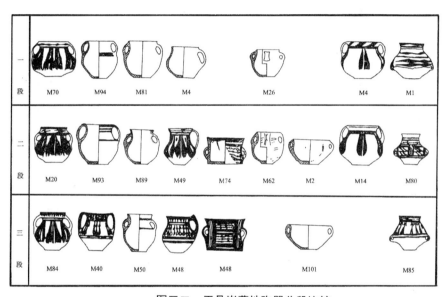

图三二 干骨崖墓地陶器分段比较

一段：基本器类有双耳罐、双耳彩陶罐、四耳彩陶罐、四耳罐、单耳罐、腹耳壶（罐）等，器形一般都比较小。罐类短颈、圆鼓腹、小平底。彩陶为浓厚的黑褐彩构图、纹样有条带纹、弧线三角纹、菱格纹等。

二段：基本器类同一段，新出现双耳盆、双腹耳直筒罐等器形，一般器形仍比较小。罐类喇叭口、束颈，腹部收缩，整体变高。彩陶纹样主要为弧线三角纹、条带纹、折线纹等。

三段：基本器类同二段，四耳罐消失。罐类喇叭口、束长颈、斜直腹、腹大径居中。彩陶纹样有倒三角纹、弧线三角纹、宽带纹，特别是出现了一些描绘人类舞蹈活动场面的彩陶纹样，一般为三人一组或多人连续成行，舞者的服饰为细腰长裙。这些形象资料对我们了解和认识四坝文化人群的日常生活情形是有重要价值的。

1987 年在东灰山遗址发掘墓葬 249 座，全部资料尚未发表。据我们的初步观察，这批墓葬至少可以分为两段遗存（图三三）。

一段：基本器类组合及彩陶纹饰均为马厂晚期遗存的作风，主要器类为双耳罐、双耳彩陶深腹罐等。双耳罐为素面，颈部多饰一道或数道划纹装饰，肩部多饰数组三角形或四棱形刺点纹，耳面饰 X 字形划纹。彩陶为黑彩构图，一般为连续重线三角纹。典型单位有 87MDM180、M23、M213 等。

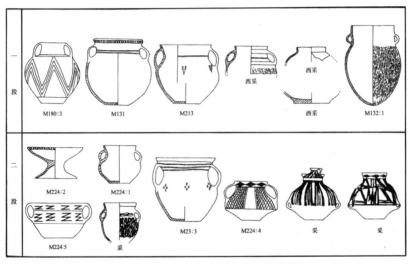

图三三　东灰山遗址陶器分段比较

注：西采指西灰山遗址采集。

二段：基本器类有彩陶双大耳罐、双耳彩陶罐、双耳罐、豆等。双耳彩陶罐以八卦纹构图，仍是典型的马厂遗存作风，彩陶双大耳罐为垂腹、小平底，以菱格纹、网纹、折线纹构图，已是典型的四坝文化风格。豆为矮柄，双耳罐素面，在耳面下饰刺点纹，上腹部划纹抹光。整体作风介于马厂与四坝类遗存之间。典型单位如 87MDM224，这也反映了这一墓地遗存所独有的过渡性特点。

1956 年在四坝滩遗址发现的一批陶器，因过于零乱，难以确定组合关系，无法分段比较，这批陶器总体作风接近火烧沟遗址二、三段遗存（图三四）。另在沙锅梁、鹰窝树等遗址发现的材料也过于零散而无法进行排比。50 年代和 70 年代先后经四次发掘的武威皇娘娘台遗址中，曾出土过一批风格特异的彩陶器，以各种双耳罐和豆为典型器类。因其与齐家文化遗存伴出，过去一般归入齐家文化范畴，现在看来，这批彩陶的风格正介于马厂晚期遗存与四坝文化遗存之间，因此有的研究者称之为过渡类型遗存[①]，这种认识的确立，对解决四坝文化的来源问题是有决定意义的。

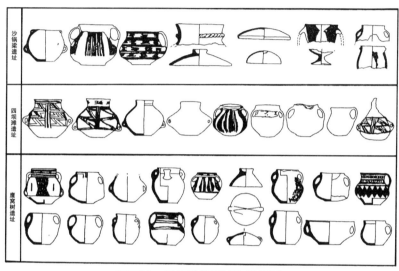

图三四　四坝滩等遗址陶器举例

总括上述各遗址的发现，可以认为四坝文化各遗址遗存间的共同性是主要的，不同之处应该表现为时代差异。由此可将四坝文化分为三期七段，各遗址的分期归属如表 15。

表 15　四坝文化主要遗址分期表

期别 段别 遗址	东灰山	火烧沟	干骨崖	四坝滩	沙锅梁	鹰窝树
一期 一段	一段	一段				
一期 二段	二段	二段				
二期 三段		三段		√	√	
二期 四段		四段		√	√	

① 材料未发表，参见李水城：《四坝文化研究》，北京大学硕士学位论文，1988 年。

期别\段别	遗址	东灰山	火烧沟	干骨崖	四坝滩	沙锅梁	鹰窝树
三期	五段		五段	一段			
	六段			二段			√
	七段			三段			√

各期陶器变化特点已如前述，此处不再重复。

四坝文化各期遗存的相对年代可以从若干遗址的地层关系中得到确认。干骨崖遗址和东灰山遗址表层都见有马厂类型遗存的堆积，表明四坝文化与马厂类型遗存关系密切。在皇娘娘台遗址发现过渡类型遗存与齐家文化早期遗存共存的现象，根据类型学排比，过渡类型遗存的年代应晚于马厂而早于四坝，这样可间接证明四坝文化晚于齐家文化早期阶段。在火烧沟墓地曾发现几件卡约文化早期类型作风的腹耳壶，这或许表明四坝文化的中晚期遗存已延续到卡约文化早期阶段。分布到新疆东部的四坝文化遗存与当地遗存的共存时代相当于距今 3500 年前后[1]，这样一来，整个四坝文化存在的时间约相当于我国中原的夏代和商代早期，绝对年代约为距今 3900—3500 年。

6. 沙井文化

自 1924 年安特生在甘肃民勤地区首次发现沙井文化遗存后，很长时间内对这种文化的内涵和分布没有深入的了解，原因是当地的沙漠地貌几十年来变化很大，安特生发现的沙井、黄蒿井等遗址现已被沙丘覆盖，无迹可寻。[2]70 年代在永昌县发掘的几处遗址使我们对这种文化遗存有了比较明确的认识。就目前材料看，沙井文化主要分布在民勤附近的腾格里沙漠边缘，向东到兰州、景泰一线，向北深入到现在的沙漠腹地，向南不过祁连山，向

---

[1] 新疆东部的几批材料尚未全部发表，参见水涛：《新疆青铜时代诸文化的比较研究 —— 附论早期中西文化交流的历史进程》，《国学研究》第一卷，北京大学出版社，1993 年。

[2] 1986 年甘肃省文物考古研究所和北京大学考古系合作进行的河西史前考古调查，在民勤等地凭借 1∶50000 军用地图和当地向导指认才找到沙井子等遗址所在地点，该地现为一大片移动沙丘，据说每当大风之后，沙丘下会暴露出一些灰层和陶片。

西不到张掖一带（图三五）。目前所知较重要的遗址有民勤沙井①、永昌三角城、蛤蟆墩②、柴湾岗③等地点。

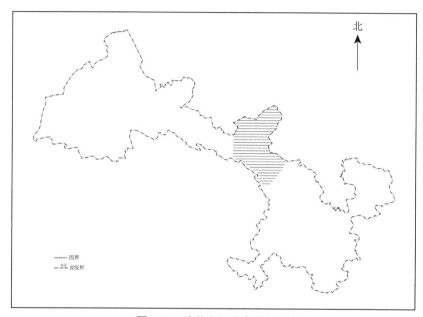

图三五　沙井文化分布范围示意

　　沙井遗址包括沙井南墓地、沙井东墓地、柳湖墩遗址等④，1923 年安特生的助手白万玉在镇番县（今民勤）征集到一些彩陶和铜器，并随当地向导来到沙井东墓地发掘到一些小件铜器和陶器。1924 年安特生亲临沙井遗址主持发掘柳湖墩和沙井南墓地，并就近调查了黄蒿井、三角城等遗址（图三六）。在沙井南墓地发掘墓葬 53 座，从安特生发表的墓地平面图上可以看出，这些墓葬有两个中心分布区，另有一些墓葬零散分布于周边地带。

　　由于安氏没有发表每个墓的详细登记表，给我们了解这一墓地的整体情况带来了困难，现在我们只能就器物类型学方面做些分析，据此可将沙井遗址分为三段遗存（图三七）。

---

①　安特生：《甘肃考古记》，乐森璕译，《地质专报》甲种第五号，农商部地质调查所印，1925 年。

②　蒲朝绂、庞跃先：《永昌三角城与蛤蟆墩沙井文化遗址》，《考古学报》1990 年 2 期。

③　材料未发表，现存甘肃省文物考古研究所。

④　安特生：Researches into the Prehistory of the Chinese, *BMFEA* 1943, No.15: 197-214。

A. 沙井等遗址位置示意（据安特生）

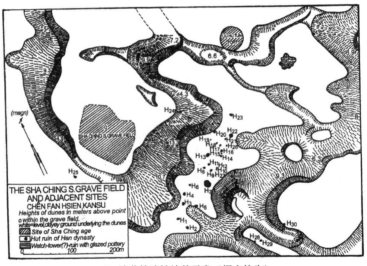

B. 沙井等遗址地貌示意（据安特生）

图三六　民勤附近沙井文化主要遗址位置示意

　　一段：基本器类有彩陶双耳圜底罐、双耳圜底罐、双鼻耳罐、单耳罐、单耳彩陶罐等。由于沙井文化墓葬一般陶器很少，往往平均几个墓才出一件陶器，所以随葬陶器的组合关系一般为单一器类组合。一段器物在造型上的特点为圆腹、圜底或圜底近平，整体作风矮胖。彩陶为紫红陶衣上绘黑彩或红褐彩纹样，主要以各种连续的三角纹、倒三角纹、重线三角纹为主，特别是有沙井文化独有的各种连续水鸟纹（图三八）。

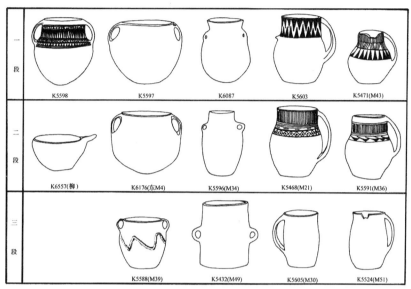

图三七　沙井遗址陶器分段比较

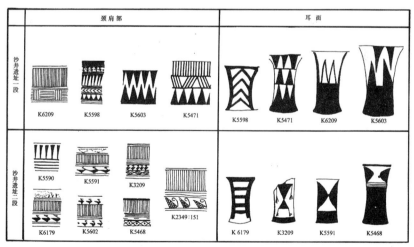

图三八　沙井文化彩陶典型构图纹样分段比较（据安特生原图改制）

二段：基本器类同前，双耳彩陶圜底罐消失，新见有带柄的瓢形器。一般器形为长圆腹、平底或圜底近平，颈部加长，腹部收缩。彩陶退化，仅在部分单耳罐上施彩，纹饰主要为条带纹、横向重线纹、菱格网点纹、水鸟纹等。

三段：基本器类简化，主要为双耳罐、双耳直筒罐、单耳罐等。器形多为大口、直腹或斜直腹、平底。基本不见彩陶，一般只在器物颈以上部位施紫红色陶衣。素面陶器上有的见有蛇纹装饰。

1979 年在三角城遗址发掘文化层面积 430 平方米，并对现存的城墙做剖面考察，结果证实该城墙与文化层性质一致，都是沙井文化时代的遗存。

已发现的 4 座房子和 14 座窖穴分属于不同的层位，但从发掘报告所发表的线图看，第三层堆积以下所出陶器等遗物甚少，仅见一些房址。所以三角城遗址堆积大致可分为两段遗存（图三九）。

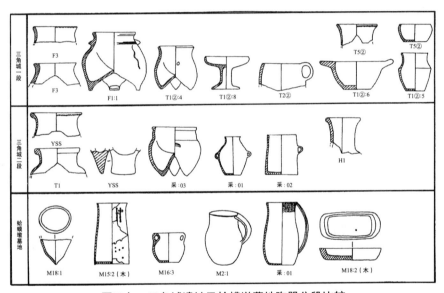

图三九　三角城遗址及蛤蟆墩墓地陶器分段比较

一段：以该遗址第二层堆积及若干典型遗迹单位为代表。基本器类有鬲、豆、单耳桶形杯、长颈罐、双腹耳壶、小折肩罐、平底钵等。鬲分为乳状袋足铲足根鬲、高领分裆鬲两种，一般形体较大，铲足鬲表面见有蛇纹泥条装饰，口沿部有的有花边装饰，颈部有半月形双錾耳。豆为浅盘高柄，单耳桶形杯为圆腹或斜直腹。一般不见彩陶，部分器物颈以上部位施紫红色陶衣。

二段：以该遗址表层堆积为主，基本器类同前，但已简化，主要为鬲，双腹耳壶、单耳桶形杯。鬲仍分两种，一般形体较大，口沿部为方唇，三足内收，腹部缩小。腹耳壶双耳由肩部移至腹部，单耳杯为直壁、大平底，耳变小，移至腹中部。长颈罐颈部加长。不见彩陶，部分陶器颈以上部位施紫红色陶衣。

1979 年在蛤蟆墩墓地共发掘墓葬 20 座，但所获陶器等随葬品甚少，器类有鬲、双耳罐、单耳罐、单耳桶形杯，还有一些木制的筒形杯、木盘等。单耳桶形杯为长圆腹，口沿下绘彩，纹样为连续三角纹。鬲为袋足鬲，足尖明显，虽然墓葬随葬品与遗址出土物有一定的差别，但还是可以看出，蛤蟆墩墓地含陶器和木制容器随葬品墓葬的年代，约相当于沙井遗址二段偏晚，或三角城遗址一段的时代。

在永昌县的重要发现还有在柴湾岗墓地发掘的几十座墓葬，材料尚未发表。据我们观察，这批墓葬的面貌与蛤蟆墩墓地接近，因此其时代也应相当。

根据目前发现的材料和我们对沙井文化的认识，可以把沙井文化分为二期四段，各遗址的分期归属见表 16。

表 16　沙井文化主要遗址分期表

期别	段别	沙井遗址	蛤蟆墩墓地	三角城遗址	柴湾岗墓地
一期	一段	一段			
	二段	二段			
二期	三段	三段	√	一段	√
	四段			二段	√

沙井文化各期遗存的相对年代，可以从一些遗址发现的地层关系中得到确认。三角城遗址第二层堆积和 F3 等典型单位中发现了一些泥质灰陶片，饰有分段绳纹、交错绳纹、水波纹等纹样。原发掘者认为是典型的战国陶片纹饰，我们从报告中发表的纹样拓片看出，这类陶片或许应为春秋时代陶片。另在甘肃甘谷毛家坪遗址发掘中，发现了双鋬耳铲足根袋足鬲与春秋时代遗存共存的情况[①]，由此可以肯定，三角城遗址一段的年代约相当于春秋时

———————
① 甘肃省博物馆文物工作队等：《甘肃甘谷毛家坪遗址发掘报告》，《考古学报》1987 年 3 期。

代，这样一来，沙井遗址一段、二段的年代应在西周时期。

三角城等遗址的 9 个 ^{14}C 数据显示，蛤蟆墩墓地的绝对年代为距今 2950±160（M15）年、2540±80（M14）年前后，三角城遗址的年代为距今 2675±100 年、2600±90 年前后，可知沙井文化二期三段遗存的年代不晚于西周晚期或春秋早期，四段约当春秋晚期或战国时代。

7. 先周和西周文化

先周文化遗存 20 世纪 40 年代首先发现于陕西宝鸡地区[1]，1949 年以后在甘肃东部的庆阳、平凉等地也发现了这类遗存的部分遗址，可以说甘肃东部是先周文化分布的主要区域之一。

据目前学术界对先周文化的认识，已知作为西周早期文化来源的先周文化主要由两类文化因素构成[2]：一类是以陕西武功郑家坡遗址为代表的姬周类遗存[3]，一类是以陕西扶风刘家墓地为代表的姜戎类遗存[4]。目前在甘肃东部发现的先周文化遗址主要是后一类遗存。比较重要的遗址有平凉庙庄[5]、崇信于家湾[6]、庆阳八家咀、合水兔儿沟[7]等地点。通过甘肃东部各地区的文物普查，确知先周文化遗存在甘肃境内的分布主要是在渭河中游地区、泾河流域及其支流马莲河中下游地区，北达环县、西到庄浪、南抵天水、东到子午岭一带（图四〇）。

这类文化遗存在陶器方面的特点，主要是以高领乳状袋足分裆鬲为代表。一般组合单一，一墓仅一至两件陶器，所以对其年代分期的认识多是依据类型学排比。目前学术界对扶风刘家墓地遗存的认识虽有差异，但一般倾向于认为其年代早于宝鸡斗鸡台遗址的同类遗存，这样至少可以将这类文化遗存分为两个发展阶段，前者被称为姜戎文化。比照宝鸡地区的这一序列，

① 苏秉琦：《斗鸡台沟东区墓葬》，《苏秉琦考古学论述选集》，文物出版社，1984 年。
② 邹衡：《再论先周文化》，《周秦汉唐考古与文化国际学术会议论文集》，《西北大学学报》增刊，1988 年 18 卷。
③ 宝鸡市文物工作队：《陕西武功郑家坡先周遗址发掘简报》，《文物》1984 年 7 期。
④ 陕西周原考古队：《扶风刘家姜戎墓葬发掘简报》，《文物》1984 年 7 期。
⑤ 平凉地区博物馆编：《平凉文物》，内部印刷，1982 年 10 月。
⑥ 甘肃省文物工作队：《甘肃崇信于家湾周墓发掘简报》，《考古与文物》1986 年 1 期。
⑦ 许俊臣、刘得祯：《甘肃合水、庆阳县出土早周陶器》，《考古》1987 年 7 期。

也可以将甘肃东部的先周遗存做一些比较分析（图四一）。

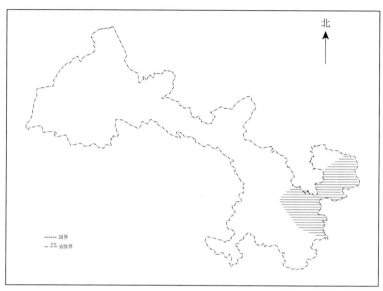

图四〇　先周和西周文化分布范围示意

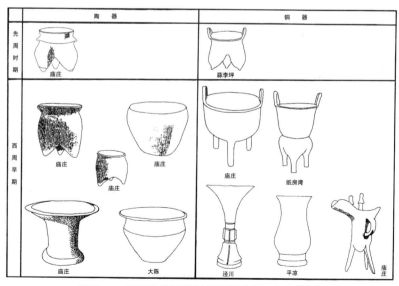

图四一　平凉庙庄等遗址发现的先周、西周遗存

平凉庙庄遗址曾发现一件高领乳状袋足鬲，从发表的照片来看，颈部不是很长，颈下部有双錾耳装饰，袋足较深、足尖残断，通体绳纹。整体作风接近斗鸡台沟东区墓葬中瓦鬲墓初期同类器物的造型风格，庙庄遗址发现的其他几件陶器明显为西周早期作风。作为一个遗址发现的两个遗存阶段，一般具有连续性，所以，把庙庄遗址的先周遗存判定为斗鸡台类型阶段大致不错。

1983年在崇信于家湾墓地共发掘墓葬16座，马坑2座。16座墓中一座是铜器墓（M9），时代为先周时期。其余各墓中出有陶器随葬品的仅7座墓，其中M15器物组合为鬲、罐两件（简报未发表线图和照片，无法对比其年代），剩余6座墓均为单一器物组合，或鬲或罐。经对比，M6：1高领袋足鬲与斗鸡台瓦鬲墓初期的同类器相同，故此墓年代应在瓦鬲墓分期的第一期第1组阶段，绝对年代不早于商王廪辛之时。于家湾墓地其余各陶器墓的年代大致都在西周时期（图四二）。此墓地第二次发掘的材料尚未发表，据我们观察，其主要内涵也为西周时期的遗存。

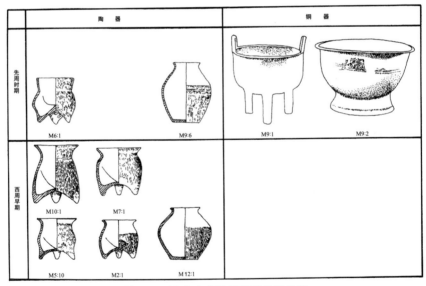

图四二　于家湾墓地随葬器分段比较

庆阳八家咀遗址采集的一件高领乳状袋足鬲，按其形态判断，比平凉庙庄那件鬲的年代应略早，但仍然属于斗鸡台类型阶段。合水兔儿沟遗址采集的一件单耳高领乳状袋足鬲，形制不同于上述三地点的高领袋足鬲，而接近合水九站遗址所出的同类器作风。据对九站寺洼文化遗存的分析，这类单耳高领袋足鬲的年代应在先周文化晚期阶段，约与斗鸡台类型同时。

根据对陕西宝鸡地区瓦鬲墓的分期研究①，斗鸡台瓦鬲墓初期（即相当于瓦鬲墓分期第一期）的绝对年代最早不超过商王廪辛之时，晚不过商王乙、辛早期，相当于殷墟文化分期第三期第4组的年代。这样一来，甘肃东部目前发现的先周文化遗存，主要是属于先周文化早晚两阶段的遗存，而相当于扶风刘家墓地主要遗存阶段的姜戎文化遗存还没有明确的发现。

西周时期的遗址和墓葬在甘肃东部已有大量的发现，部分地点还做过正式发掘工作。从普查的情况看，其分布面大体与先周文化的分布面相同或范围更大（图四〇），除上述四处先周文化遗址中均发现有西周早期遗存外，其他的重要地点有灵台白草坡②、姚家河、西岭③、泾川蒜李坪④、灵台百里寺沟、五星郑家洼⑤、庆阳韩滩庙咀、宁县宇村谢家、华池田咀子⑥、宁县遇村⑦等遗址。

1972年在白草坡墓地共清理墓葬8座、车马坑1座，在此之前曾在此墓地清理一座自然塌落的墓（M1）。在此墓地的几座未被盗扰的墓中出有数百件铜器和大量的玉石器等，是历年在甘肃发现西周铜器、玉器最多的一个地点。据对大量出土铜器的排比分析，一般认为，这批墓中出土物最丰富的M1、M2两座墓年代应为西周早期的成康之际，其中M1又略早于M2，据对这两座墓所出铜器铭文的考证，M1墓主人身份为潶伯，M2墓主人身份为逨伯，二人应为受封的军事首领，或可能为同宗。值得注意的是，在这批铜器中大量存在的商式铜器，如方鼎、分裆鼎、卣、尊、角、爵、戈等（图四三），这表明墓主人应为殷商贵族。考虑到目前在宝鸡周原以西的甘肃东

① 邹衡：《论先周文化》，《夏商周考古学论文集》，文物出版社，1980年。
② 甘肃省博物馆：《甘肃灵台白草坡西周墓》，《考古学报》1977年2期。
③ 甘肃省博物馆文物队等：《甘肃灵台县两周墓葬》，《考古》1976年1期。
④ 平凉地区博物馆：《平凉文物》，内部印刷，1982年10月。
⑤ 刘得祯：《甘肃灵台两座西周墓》，《考古》1981年6期。
⑥ 以上三处遗址资料均见于庆阳地区博物馆编：《庆阳地区文物概况》第二集，内部印刷，1983年。另见庆阳地区博物馆编：《甘肃宁县宇村出土西周青铜器》，《考古》1985年4期。庆阳地区博物馆编：《甘肃庆阳韩家滩庙咀发现一座西周墓》，《考古》1985年9期。
⑦ 庆阳地区博物馆编：《庆阳地区文物概况》第一集，内部印刷，1979年。

部地区没有发现典型商文化遗址的分布（1977 年曾在庆阳县野林村出土一件商代玉戈[①]，但在该地点没有发现商代遗址）。根据已有材料推断，典型商文化的分布西界应在周原以东地区。[②] 所以，以白草坡M1、M2 墓主人为代表的这些殷商贵族，只能是西周初年受封后，从东部的殷商旧地迁来此地。至于史籍记载文王三年"伐密须"[③]这类事件中的密须等原本分布在泾河流域的古方国文化遗存[④]，目前还不能从考古发现中给以明确的指认。

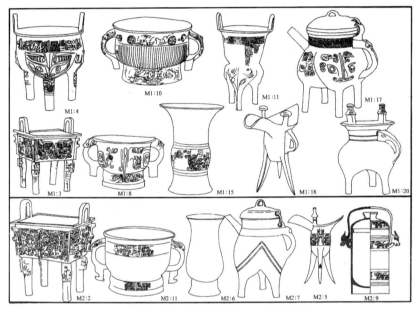

图四三　灵台白草坡墓地西周铜器比较

　　1973 年在甘肃灵台县的姚家河、西岭、洞山等遗址发掘清理了一批西周和东周时代的墓葬，出土了一批铜器和陶器（图四四）。姚家河墓地共清理了 5 座墓，其中两座为残墓。M1 出土铜器组合为一鼎一簋，同出有车马

---

① 庆阳地区博物馆编：《庆阳地区文物概况》第一集，内部印刷，1979 年。
② 邹衡：《再论先周文化》，《周秦汉唐考古与文化国际学术会议论文集》，《西北大学学报》增刊，1988 年 4 月。
③ 《史记·周本纪》。
④ 《汉书·地理志》，安定郡阴密县："诗密人国。"《后汉书·郡国志》杜预注："安定阴密县，古密须国。"《读史方舆纪要》卷五十八："灵台县……阴密城，县西五十里，志云古密国也。"

器饰件和陶鬲等。经对比，M1：1鼎接近陕西礼泉县泔河坝出土的夔纹鼎。[1]
M1：2簋接近陕西岐山贺家村出土的史簋。[2]M1：3联裆陶鬲与张家坡西周
早期居址中的Ⅲ式鬲相同。[3]因此，此墓年代应相当于瓦鬲墓分期的第三期第
5组[4]，绝对年代约为西周早期的成康之际。

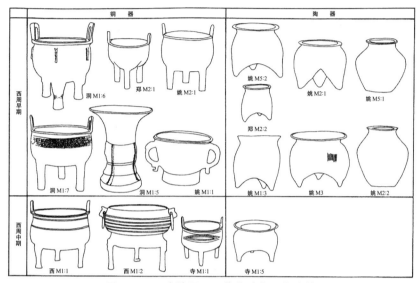

图四四　平凉地区西周墓葬随葬品的比较

注：姚：姚家河；西：西岭；寺：寺沟；洞：洞山；郑：郑家洼。

　　姚家河M2—M5都是小型陶器墓，所出鬲均为联裆鬲。M2为联裆鬲、广
折肩罐组合，M3、M4仅一鬲，M5为联裆鬲、圆肩罐组合。这些组合关系与
器物造型风格与张家坡西周第一期墓葬的组合特征一致，时代应为西周早期。
　　西岭墓地发现的铜器均出自一个残墓，如果视为一完整单位，其组合为
一鼎一簋，还有4件銮铃和部分海贝、石壁等物，没有陶器。鼎为立耳、折
沿、垂腹、三蹄足，肩饰凸弦纹二道，底部留有凸起的三范接铸痕和双线三

①　陕西省考古研究所等：《陕西出土商周青铜器》四，文物出版社，1984年，第133页。又见秋维
　　道、孙东位：《陕西礼泉县发现两批商代铜器》，《文物资料丛刊》1980年3期。
②　长水：《岐山贺家村出土的西周铜器》，《文物》1972年6期。
③　中国科学院考古研究所编：《沣西发掘报告》，文物出版社，1962年，图六十二，5，图版伍拾，1。
④　邹衡：《论先周文化》，《夏商周考古学论文集》，文物出版社，1980年。

角形铸纹。形制特点接近宝鸡茹家庄 M 12：10 号弦纹鼎①而略晚，时代为西周中期。西岭所出之簋无盖，兽首衔环耳，腹部饰瓦纹，圈底下有三高足，三足与圈底衔接处饰牛首纹，圈底有凸起的二范接铸痕和方格铸纹，器内底有铭文四字"吕姜乍殷"。形制特点接近通簋（此簋为穆王时器②）。所出 4 件銮铃形制特点接近浚县辛村 M 62 所出銮铃。③据此，西岭此墓的年代应在西周中期的穆王时或略晚。

洞山墓地主要为春秋时代墓葬，但也发现一座西周墓。出土一批铜器、海贝等，无陶器。铜器组合为二鼎一尊，另有两戈。M 1：6 鼎直耳柱足、鼓腹、足半空与腹相连。腹上部饰饕餮纹六组，三足上部各饰饕餮纹一组。腹内近口处有铭文一字"㲲"。器形整体作风厚重，形制特点接近陕西所出的饕餮纹鼎④和著名的大盂鼎⑤，时代约为西周康昭时期。M 1：7 鼎直耳柱足，腹上部饰勾连雷纹一周。此鼎形制为西周早期作风，唯颈部饰一周勾连雷纹尚属少见。M 1：5 尊侈口、微鼓腹、圆底圈足。腹足均饰饕餮纹，形制特点接近陕西出土的父癸尊⑥，时代约为商代晚期。此墓所出的两件铜戈均为短胡一穿，素面无纹。据此，此墓的年代当属西周早期，约在康王时期。

1975 年、1976 年在灵台百里寺沟和五星郑家洼各清理一座西周墓。器物组合同为一铜鼎一陶鬲。百里寺沟（M 1）所出的铜鼎与灵台西岭 M 1：1 的形制相同。陶鬲与陕西岐山贺家村 M 5：3⑦同类器作风一致。所以此墓时代应在西周中期的穆王时期。五星郑家洼（M 2）所出的铜鼎与 1975 年岐山北寨子所出的同类器作风一致⑧，时代为西周早期。此墓所出陶鬲与陕西张家坡 M 16：6⑨同类器作风一致。因此这个墓的年代应为西周早期，约为成王时期。

崇信于家湾墓地 M 9 为一鼎三簋组合，另有陶器一鬲一罐组合。M 9：1

① 宝鸡市茹家庄西周墓发掘队：《陕西省宝鸡市茹家庄西周墓发掘简报》，《文物》1976 年 4 期。
② 郭沫若：《两周金文辞大系图录考释》，1931 年。
③ 郭宝钧：《浚县辛村》，35 页，图版陆贰，5，科学出版社，1964 年。
④ 陕西省考古研究所等：《陕西出土商周青铜器》一，文物出版社，1979 年。
⑤ 郭沫若：《两周金文辞大系图录考释》，1931 年。
⑥ 陕西省考古研究所等：《陕西出土商周青铜器》一，文物出版社，1979 年，第 34 页。
⑦ 陕西省博物馆：《陕西岐山贺家村西周墓葬》，《考古》1976 年 1 期。
⑧ 陕西省考古研究所等：《陕西出土商周青铜器》一，文物出版社，1979 年，第 126 页。
⑨ 中国社会科学院考古研究所沣西发掘队：《1967 年长安张家坡西周墓葬的发掘》，《考古学报》1980 年 4 期。

鼎为立耳柱足、腹微向外倾垂，口沿下饰两两相对的夔纹一周，云雷纹填地，腹饰斜方格乳钉纹。形制特点与陕西岐山贺家村 M1：4 同类器相近。此墓所出三件簋基本相同，平折沿、敞口、深腹、高圈足，口沿下由三组夔纹组成，每组两两相对，中有牺首。腹饰斜方格乳钉纹，圈足饰夔纹一周。形制特点与 1972 年陕西长武张家沟所出的乳钉纹簋相同。① 此墓所出的陶鬲没发表线图和照片，无法对比。M9：6 罐为泥质灰陶，小口、斜肩、圆腹、平底，领部抹光，肩以下饰绳纹，腹上部饰三道弦纹。形制特点接近瓦鬲墓分期第三期第 4 组同类器的特点。因此，此墓年代应不晚于西周早期的武、成之际或先周晚期。其他几座陶器墓的年代据所出陶鬲判断，也应在西周早期或早期偏晚阶段（图四二）。

　　平凉庙庄遗址出土的西周铜器和陶器多为征集品，无法确定其组合关系，只能就器物本身进行一些类比分析（图四一）。所出的商代铜爵，形制特点大体相当于殷墟文化分期第四期第 6 组同类器的特点，绝对年代在商代晚期的帝乙、帝辛时期。② 同样风格的爵，在灵台白草坡 M1 和陕西都有发现。③ 庙庄所出铜鼎为立耳柱足、垂腹圆底，腹上部饰一周饕餮纹。形制特点接近陕西所出的饕餮纹鼎④，时代应为商代晚期。庙庄出土的陶器有联裆鬲、深腹钵、豆等器类，联裆鬲作风接近陕西张家坡 H301 所出的同类器⑤，深腹钵（盆）和粗柄浅盘豆没有完全一致的对比资料。有的研究者认为这类遗存类似于陕西长武碾子坡早期遗存⑥，但我们在碾子坡遗址简报中并没有找到这两种器物的同类器⑦。显然，这两种陶器应与该遗址所出的联裆鬲类遗存有密切的联系，时代约为西周早期。另外，在平凉大陈出土一件陶盆⑧为敞口，折肩，斜直腹，肩以下饰绳纹和弦纹数道。其形制特点也具西周早期遗存作风。在平凉蒜李坪遗址出土的一件铜鬲⑨为立耳，敞口折沿，乳状袋足，足尖

① 陕西省考古研究所等：《陕西出土商周青铜器》四，文物出版社，1984 年，第 140 页。

② 邹衡：《试论殷墟文化分期》，《夏商周考古学论文集》，文物出版社，1980 年。

③ 陕西省考古研究所等：《陕西出土商周青铜器》一，文物出版社，1979 年，第 32 页。

④ 陕西省考古研究所等：《陕西出土商周青铜器》一，文物出版社，1979 年，第 74 页。

⑤ 中国科学院考古研究所编：《沣西发掘报告》，文物出版社，1962 年。

⑥ 李峰：《先周文化的内涵及其渊源探讨》，《考古学报》1991 年 3 期。

⑦ 胡谦盈：《陕西长武碾子坡先周文化遗址发掘纪略》，《考古学集刊》第 6 集。

⑧ 平凉地区博物馆编：《平凉文物》，内部印刷，1982 年 10 月。

⑨ 平凉地区博物馆编：《平凉文物》，内部印刷，1982 年 10 月。

明显，颈饰一周饕餮纹。目前还没有发现与之相应的对比材料，依其形态特点接近1973年陕西扶风法门镇出土的联珠雷纹鬲[1]，但法门镇此鬲三袋足直立，实足跟较长，其时代定为商代早期，而蒜李坪出土鬲三袋足外撇，实足跟较短，因此形态较晚，估计其年代应在商代中晚期。

在泾川纸房湾遗址出土了一件铜瓿[2]，立耳，柱足，侈口，瓿腿设计成象首形。形制特点接近陕西出土的弦纹瓿，时代应为商代晚期。在泾川还曾出土过爵、觚等铜器，爵与庙庄出土的同类器特点相近，年代也应相当。觚口呈喇叭形，细腰微鼓，四条棱脊将器腹和圈足分成四等分，腹部和圈足饰饕餮纹。形制特点接近陕西出土的冀父乙觚[3]，年代应为商代晚期。

1981年在庆阳韩滩庙咀遗址一土坑墓中出土三件铜器，组合为觚、爵、鼎，觚为喇叭口、体瘦长，腹有脰，口与颈部素面，腹饰饕餮纹，以云雷纹为地，圈足饰目雷纹。形制特点接近陕西出土的饕餮纹觚[4]，时代应为商代晚期。爵为桶腹微鼓、圆底、三棱形锥足稍向外侈，菌状柱靠近流折。腹饰饕餮纹，以云雷纹作地，腹一侧有扁条卷成半环扳，扳下铸"鸟祖癸"三字铭文。形制特点接近陕西出土的父辛爵[5]，时代应为商代晚期。鼎为扭绳状立耳，柱足，直口平沿，圆底，腹上部以云雷纹为地，上饰饕餮纹和圆涡纹，腹底饰网纹。形制特点接近1953年陕西岐山王家咀出土的涡纹鼎[6]，时代应为西周早期，故韩滩庙咀这座墓的年代应为西周早期（图四五）。

1978年在宁县宇村谢家一座竖穴土坑墓中出土一批铜器，组合为鬲、盨各一件，另有铜剑、铜虎饰、海贝等随葬品。盨自铭为蹲，椭圆方形体，两侧有兽首形附耳，圈足有缺，盖有短扉，器口和器盖饰重环纹，盖顶饰窃曲纹，内底铭文两行六字："竖白乍中姞蹲"。形制特点接近1974年陕西武功回龙村出土的驹父盨盖[7]，时代应为西周晚期。鬲为宽平沿，束颈，平裆，蹄足，腹饰回纹、条纹和菱形纹，内颈铭文一周十九字："中生父乍井孟姬宝鬲其万

① 陕西省考古研究所等：《陕西出土商周青铜器》一，文物出版社，1979年，第49页。
② 泾川出土的鬲、爵、觚等铜器均见《平凉文物》，内部印刷，1982年10月。
③ 陕西省考古研究所等：《陕西出土商周青铜器》一，文物出版社，1979年，第31页。
④ 陕西省考古研究所等：《陕西出土商周青铜器》一，文物出版社，1979年，第69页。
⑤ 陕西省考古研究所等：《陕西出土商周青铜器》一，文物出版社，1979年，第32页。
⑥ 陕西省考古研究所等：《陕西出土商周青铜器》一，文物出版社，1979年，第122页。
⑦ 陕西省考古研究所等：《陕西出土商周青铜器》一，文物出版社，1979年，第120页。

年子子孙孙永宝用"。形制特点接近 1976 年陕西洋县张铺出土的予叔嬴鬲[1]，时代应为西周晚期。所以宇村谢家此墓的年代当在西周晚期。

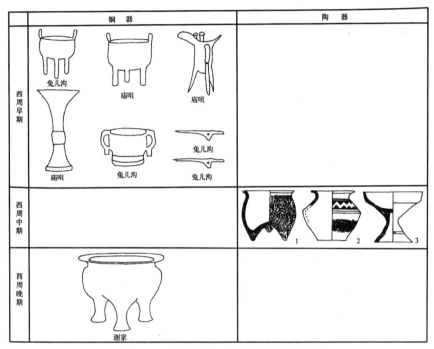

图四五　庆阳地区西周墓葬随葬品的比较

注：1—3 均出自遇村遗址。

1973 年在合水县兔儿沟墓地一座土坑墓（M3）中出土一批铜器，组合为一鼎一簋，另有两件铜戈。鼎为立耳柱足，鬲形腹，腹部饰饕餮纹三组，间饰相对夔纹二组，以云雷纹作地。形制特点接近 1972 年陕西长武枣园村出土的弹鼎[2]，时代应为西周早期或商代晚期。簋为双耳圈足，耳作兽首形有小珥。腹饰饕餮纹二组，足饰夔纹四组，耳两侧和珥两侧各饰夔纹一组，形制特点接近白草坡 M1：8 和 1976 年陕西宝鸡竹园沟墓地 M1：6 夔龙纹簋[3]，时代应为西周早期。故兔儿沟此墓年代应为西周早期。

① 陕西省考古研究所等：《陕西出土商周青铜器》一，文物出版社，1979 年，第 175 页。
② 陕西省考古研究所等：《陕西出土商周青铜器》一，文物出版社，1979 年，第 141 页。
③ 宝鸡市文物工作队：《宝鸡竹园沟等地西周墓》，《考古》1978 年 5 期。

1973 年在正宁县西坡公社杨家台遗址出土一批铜器[1]，计有铜鼎、簋各 1 件、铜戈两件。组合关系和形制特点与兔儿沟 M3 基本一致，故其年代也应为西周早期。庆阳地区博物馆在文物普查中从宁县早胜公社的遇村遗址征集到一批西周陶器[2]，计有联裆鬲、盘式豆、广折肩罐等，形制特点与陕西长安张家坡西周中期遗存接近，因此该遗址的西周遗存年代主要为西周中期阶段。

从对平凉、庆阳等地发现的西周时代遗存的比较分析中可以看出，就目前发现来说，分布在甘肃东部的西周遗存主要是早期阶段的遗存，中晚期阶段的遗存仅有零星发现。这种情况应与西周中期以后政治中心的东移有一定的联系。到春秋时期，泾河、渭河上游地区再一次成为东周遗存分布较多的地区之一。在灵台洞山[3]、景家庄[4]、甘谷毛家坪[5]等遗址都有一些重要的发现。由于景家庄墓地发现了铜柄铁刃剑等铁制品，其文化性质当属早期铁器时代，因此，本文对这类年代较晚的文化及其特点不做论述。

8. 铲形袋足鬲遗存

铲形袋足鬲是指鬲的足根部位一般呈扁铲状（或称鸭嘴状），显然这种特点不同于一般意义上的高领乳状袋足鬲。以往对这种遗存的发掘工作不多，零星的陶器散见于甘肃中部各地、县博物馆藏品之中，对其年代也没有明确的认识。1982—1983 年在甘谷毛家坪遗址发掘中[6]，首次区分出了这类遗存，被称作毛家坪 B 组遗存[7]。这一发现使我们有可能对这种遗存的特点做一些分析。

毛家坪遗址中的 B 组遗存见于地层堆积的第 3 层，第 2 层中也出有一些零星陶片。典型遗迹单位有鬲棺葬八组，其中属 3 层下的有四组，即 LM5、9、11、12，属 2 层下的有四组，即 LM1、2、4、8，因此，从地层关系上可

① 《庆阳地区文物概况》第二集，内部印刷，1983 年，第 138 页。
② 《庆阳地区文物概况》第二集，内部印刷，1983 年，第 105 页。
③ 甘肃省博物馆文物队等：《甘肃灵台县两周墓葬》，《考古》1976 年 1 期。
④ 刘得祯、朱建唐：《甘肃灵台县景家庄春秋墓》，《考古》1981 年 4 期。
⑤ 甘肃省博物馆文物工作队等：《甘肃甘谷毛家坪遗址发掘报告》，《考古学报》1987 年 3 期。
⑥ 《甘肃甘谷毛家坪遗址发掘报告》，《考古学报》1987 年 3 期。
⑦ 赵化成：《甘肃东部秦和羌戎文化的考古学探索》，《考古类型学的理论与实践》，文物出版社，1989 年。

以把毛家坪遗址发现的铲形袋足鬲遗存分为两段（图四六）。

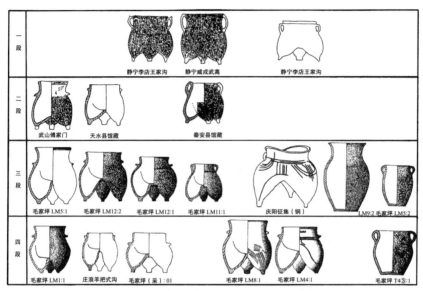

图四六　甘肃中部各地发现的铲形袋足鬲遗存比较

　　属于 3 层下的一段遗存基本器类有鬲、高领罐、双耳深腹罐等。其中鬲的形态多样，除均为乳状袋足分档鬲这一共同点外，足根一般为铲足根，也见有小柱足根。颈部一般有双錾耳，也有的为双环耳。器表有的饰有花边口沿，有的颈以下饰绳纹，有的饰细泥条装饰的蛇纹，也有的为素面。鬲的造型特点为三足外敞、袋足肥大、鬲档较高。罐类表面一般饰浅而稀疏的绳纹，造型特点为小口、深腹、平底。属于 2 层下的这段遗存，基本器类同前，但未见高领罐。鬲的颈部变短，三足内收，袋足底部收缩变小。罐为大口、折腹、平底作风。显然，这两段遗存略有变化，它们应有直接的演变关系。根据对毛家坪遗址各段遗存的分期研究[1]，属于 3 层下的 B 组遗存年代相当于该遗址分期的第三期，即春秋时期。属于 2 层下的 B 组遗存年代相当于该遗址分期的第四期，即战国时期。

　　如果我们从认识毛家坪遗址铲形袋足鬲遗存的陶器形态变化特点入手，再来分析散见于甘肃中部各博物馆藏品中的铲形袋足鬲遗存，就可以发现它

---

[1]　《甘肃甘谷毛家坪遗址发掘报告》，《考古学报》1987 年 3 期。

们也有一些各自的形态特点，显然，这些形态上的不同特点应该具有年代学上的意义。庄浪羊把式沟遗址出的一件铲足鬲[①]为短颈，三足内收，特点接近毛家坪遗址 2 层下的 B 组遗存，因此时代应相当于春秋晚期到战国时期。在武山傅家门遗址及天水、秦安两县发现的几件铲足鬲[②]，共同特点是三足外撇，袋足肥大，足根部较长，形态特征应早于毛家坪遗址 3 层下的 B 组遗存，因此其年代或可早到春秋早期。在静宁李店王家沟、大庄、威戎武高等处遗址发现的几件铲足鬲[③]，其形态显示了更早的特征，一般多为高领，深腹，三足外撇，袋足肥硕，足根较长，颈上部多饰双环耳。陶质一般为夹砂红褐陶或灰褐陶，通体细绳纹或素面。在庆阳征集所获的一件铲形袋足铜鬲[④]时代应相当于毛家坪遗址 3 层下的 B 组遗存。因此，就目前发现的材料看，甘肃中部和东部的以铲形袋足鬲为特点的这类遗存，存在的时间有可能分为四个不同的阶段，其中较早的遗存可能存在于西周晚期，较晚的遗存已进入春秋战国时期。由于早期的材料均为各地的零散发现，因此其整体面貌目前还不十分清楚，年代也需经发掘工作进行验证。

9. 诺木洪文化

1959 年在青海省都兰县诺木洪搭里他里哈遗址的发掘[⑤]，首次确认了诺木洪文化的存在。后在巴隆的搭温他里哈、香日德的下柴克[⑥]，布哈河北岸的水文站[⑦]等遗址也发现了这类文化遗存。另外，据青海省文物普查结果显示，在都兰县境内属于诺木洪文化性质的遗址可能还有十几处。[⑧]可以看出，这种文化的分布范围主要是在青海湖西侧的柴达木盆地东北部地区。

① 此件鬲见于庄浪县博物馆藏品之中，未曾发表。
② 赵化成：《甘肃东部秦和羌戎文化的考古学探索》，《考古类型学的理论与实践》，文物出版社，1989 年。
③ 材料未发表，现藏静宁县博物馆。
④ 许俊臣、刘得祯：《介绍一件春秋战国铲足铜鬲》，《考古》1988 年 3 期。
⑤ 青海省文物管理委员会等：《青海都兰县诺木洪搭里他里哈遗址调查与试掘》，《考古学报》1963 年 1 期。
⑥ 青海省文管会：《青海柴达木盆地诺木洪、巴隆、香日德三处古代文化遗址调查简报》，《文物》1960 年 6 期。
⑦ 顾文华：《青海布哈河畔的青铜器墓葬》，《考古》1978 年 1 期。
⑧ 赵生琛等：《青海古代文化》，青海人民出版社，1985 年，第 219 页。

目前，诺木洪文化遗址经正式发掘的仅搭里他里哈一处。该遗址文化层堆积一般厚 5 米左右，层次比较清楚，约可分 7 层。据发掘者介绍，这 7 层堆积可分为早晚两期，属于早期的是 6、7 两层，属于晚期的是 2—5 层。可惜发掘报告中未将出土器物标明所属层位，我们只能依据器物类型学分析来讨论一下这类文化遗存在早晚两阶段的不同文化面貌和特点。

该遗址发现的遗迹现象主要有土坯围墙、房子、土坯坑、圈栏、瓮棺葬等。土坯围墙主要砌在第 4、5 两层以上，共发现 9 座，其分布约成一个闭合圈，显然经过统一规划。围墙的结构一般为两部分组成，形状有长方形和椭圆形两类（图四七）。有的围墙内还发现门道、居住面、柱洞，墙体残高可达 2.5 米左右。显然这些围墙主要应为居址建筑。

与这些土坯围墙相关的建筑遗迹还有一些圆筒形土坯建筑和土坯坑，它们多位于围墙所环绕的中央空地上。另外，还在中央空地上发现一些房子，共清理出 11 座，出土层位多在第 2、3 层上，部分房子建在土坯围墙之内，房子形状可分为方形和圆形两种，四边墙基一般用土坯平铺砌成，表面抹一层泥。墙上有许多柱洞，房内一般残存木柱多根。居住面用黄土、细沙、白灰混合制成，或用土坯铺砌，室内一般有圆形灶坑。从房子的层位、内部结构、大量木构件的制作方法和使用功能等方面分析，这些房子时代偏晚，估计应为该遗址最晚期的遗存。

在该遗址发现圈栏遗迹一处，位于第 2 层的下部，由木立柱、横栏木组成篱笆形墙，圈栏内地面上有大量的羊粪、牛粪、骆驼粪等，因此其用途应是畜养家畜的场所。在圈栏入口处发现两件残木制车毂。估计圈栏遗迹的时代也应偏晚。

在该遗址出土的各类遗物计有石器、骨器、铜器、陶器和各式毛织物（图四七）。石器有斧、锛、锤、凿、刀、杵、研磨器、球、纺轮和磨刀石等，其中部分石斧、石锛为打制。石质有黑曜石、页岩、花岗岩等多种，多数应采自遗址周围的戈壁滩。骨器有铲、凿、匕、刀、磨光用器、镞、锥、针、纺轮等，原料主要为牛、马等动物的肩胛骨和肢骨。铜器有斧、刀、钺形器、镞等。其中镞为柳叶形，钺的造型比较独特。毛织物有毛布、毛带、毛绳、毛线和部分革履。多数为采集品，估计应出于遗址第 2—4 层。毛布以黄褐两色相间排列织成条纹，原料多为绵羊毛。毛线和毛绳等则用绵羊毛和牦牛毛混制。

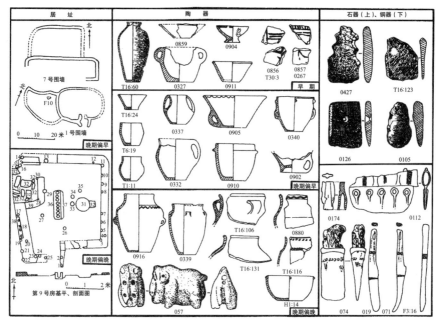

图四七　诺木洪文化各类遗迹、遗物分段比较

陶器多为碎片，另在该遗址征集到一批完整陶器，据说与人骨共存，可能为墓葬随葬品（在该遗址曾清理出三座瓮棺葬，可见确有墓葬遗存）。陶质一般为夹砂陶，红色或灰黑色，制法主要为泥条盘筑，在器耳、圈足等部位采用捏制法。多数陶器表面磨光，并在表面和口沿内侧加一层灰黑色或红色陶衣，一般为素面，装饰纹样有压印纹、席纹、篮纹、堆纹、刺点纹、弦纹等。另见有少量彩陶片，黑彩或红褐彩，有的施彩较浓，表面堆起一层厚彩，花纹主要为各种条带纹的组合变化。陶器器类主要有大口罐、双耳罐、单耳罐、小罐、小口罐、四耳罐、直口缸、瓮、盆、附耳盆、四钮盆、圈足碗和小杯等，显然器物种类比较多样。由于相同器类的标本较少且缺乏组合及层位关系，对于我们区分早晚有一定困难，在此仅做一些类型排比分析。

小口罐 T16:60 造型比较粗糙，通体饰横篮纹，出于地层堆积的下部层位，年代应较早。圈足碗 0904 造型简略，口沿内侧连续三角形划纹和表面松针状压印纹都具有早期陶器的特点。同样，I 式盆 0911、II 式盆 0859 等也应为早期的陶器。单耳罐 0332，I 式小罐 T1:11，I 式直口缸 0340（也可称作双耳深腹盆）等作风接近卡约文化中晚期遗存中同类器的特点。瓮 0916，四耳罐 0339，I 式双耳罐 0337、0333 等器物造型特点接近春秋战国时期或汉代初年陶器的风格，故年代应相对较晚。所以，从陶器方面看，该遗址的早晚期遗存有所变化，其中属晚期的遗存或者还可再做划分。从遗迹现象上看，最晚的当属第 2、3 层之上的房子、圆形土坯建筑群、土坯坑和圈栏等。部分房子利用原有的围墙建在其内，也说明房子应晚于土坯围墙。位于第 4、5 层之上的土坯围墙建筑群自成一体，应属于一个相对独立的居住阶段。位于其下的第 6、7 层堆积中，没有发现典型的居住遗址。

各期遗存的相对年代因缺乏必要的对比材料而难以肯定，属于晚期偏早阶段的部分陶器具有卡约文化中晚期陶器的作风，显示二者年代应比较接近。第 5 层堆积中所出毛布的 ^{14}C 测定年代为距今 2715±115 年，经树轮校正为距今 2905±140 年。[1] 另一个标本所测的数据为公元前 2177±110 年[2]，有的研究者认为这一数据似有误差，年代实嫌过早[3]。这一推论基本可以认可，可是如果第 5 层堆积年代接近距今 3000 年，则第 6、7 两层早期遗存的年代应早于距今 3000 年，而陶器以通体饰横篮纹为特点的作风，实际上属于齐家文化遗存的风格，这样一来，诺木洪文化早期遗存年代有可能接近距今 4000 年前后。

相当于搭里他里哈遗址第 2—4 层堆积的遗存和部分遗物的年代应晚于距今 3000 年左右的第 5 层堆积，它的下限年代或可晚到西汉初年或者说是公元前一千纪的下半叶。这可以从某些房屋建筑使用的木构件的制作技术及发现的木车毂等遗物中得到证明。从总体上看，诺木洪文化从早到晚经历了 1000 多年的发展，自身变化较大。在早期阶段，或仍处于新石器时代晚期。在晚期偏早阶段（以第 5 层堆积为代表），出现了铜器、土坯建筑等新因素，成为典型的青铜文化。在晚期偏晚阶段，出现了结构完善的房屋建筑和木轮车等文明因素，则已进入文明时代。这种文化中常见的土坯制作技术，在甘青地区青铜时代诸文化中成为一种独有的因素，因此，这种文化在来源方面与其他文化应当有所不同。这一问题我们在后面的章节中将进行阐述。

在甘青地区，青铜时代的文化除上述九种外，还有一些零星的发现，如在甘肃东部天水附近渭河流域发现的西周时期的秦人文化遗存[4]；在甘肃东部

---

① 吴汝祚：《略论诺木洪文化》，《青海考古学会会刊》1981 年 3 期。
② 赵生琛等：《青海古代文化》，青海人民出版社，1985 年，第 80 页。
③ 夏鼐：《碳十四测定年代和中国史前考古学》，《考古》1977 年 4 期。
④ 见赵化成：《寻找秦文化渊源的新线索》，《文博》1987 年 1 期。

的平凉、庆阳等地发现的鄂尔多斯式青铜器类遗存①等。这些文化遗存由于发现的点较少且多未做系统的调查和发掘工作，材料的积累还不能使我们对它们有较系统的了解和认识，在此不做进一步的分析。

上述九种文化的年代序列可以用表 17 来表示。

对于这九种主要文化各自的分期年代问题的基本把握，有助于我们进一步了解它们的渊源和相互关系，下面我们就这两个方面进行一些分析和讨论。

表 17　甘青地区青铜时代主要文化的年代序列表

绝对年代（距今）	相对年代（中原王朝）		齐家文化	辛店文化	寺洼文化	卡约文化	四坝文化	沙井文化	西周文化	先周文化	铲形袋足鬲遗存	诺木洪文化
—4200	夏											
—4000												
—3800												
—3600												
—3400	商											
—3200												
—3000	西周											
—2800												
—2600	东周	春秋										
—2400		战国										

注：表中竖线为已确定的存在年代，虚线为可能的存在年代。

---

① 这类发现比较零散，多见于平凉、庄浪、庆阳等地博物馆藏品之中。

三、文化渊源和空间结构

1. 主要文化的渊源分析

我们还是依照上一部分的顺序首先讨论齐家文化的来源。关于这一问题，目前学术界有不同的认识：有的研究者认为齐家文化是马厂类型的继续与发展[1]；有的研究者认为齐家文化不是从半山—马厂文化独立发展而成的[2]；有的研究者认为齐家文化是马家窑文化的继续与发展，并吸收了邻近的客省庄文化的因素而发展起来的[3]；有的研究者认为到马厂期已分化为东西两区，其后东区发展为齐家文化[4]；有的研究者认为齐家文化似乎是常山下层文化的继续发展[5]；有的研究者认为宁夏固原海家湾与上齐家等地的遗存同齐家文化的渊源有一定的关系[6]。

实际上述各种观点可以归结为两类：一类观点主张齐家文化来源于甘肃中西部的马家窑文化系统；另一类观点主张齐家文化来源于甘肃东部地区的龙山时代遗存。甘肃东部属于仰韶文化之后到齐家文化之前这一阶段文化的面貌及源流问题尚不十分清楚，对它们的认识也不一致，依目前习惯的命名，大抵有所谓的常山下层文化[7]、菜园文化[8]、客省庄二期文化[9]等类遗存。其中常山下层文化所依据的材料是常山遗址下层几个灰坑所出遗物和陇东各地的部分馆藏陶器。菜园文化所依据的材料是菜园村切刀把墓地等处发掘的遗物。此二类文化面貌颇多一致，原本就可称为一种文化。它广泛分布于甘肃东部的庆阳、平凉，宁

---

① 青海省文管处考古队等：《青海乐都柳湾原始社会墓葬第一次发掘的初步收获》，《文物》1976 年 1 期。
② 夏鼐：《碳十四测定年代和中国史前考古学》，《考古》1977 年 4 期。
③ 谢端琚：《齐家文化是马家窑文化的继续与发展》，《考古》1976 年 6 期。
④ 严文明：《甘肃彩陶源流》，《文物》1978 年 10 期。
⑤ 胡谦盈：《试论齐家文化的不同类型及其源流》，《考古与文物》1980 年 3 期。
⑥ 张忠培：《齐家文化研究》，《考古学报》1987 年 1 期、2 期。
⑦ 胡谦盈：《陇东镇原常山遗址试掘简报》，《考古》1981 年 3 期。
⑧ 宁夏文物考古研究所：《宁夏海原县菜园村遗址切刀把墓地》，《考古学报》1989 年 4 期。
⑨ 客省庄二期文化遗存在甘肃东部时有发现，典型的如灵台桥村遗址，见甘肃省博物馆考古队：《甘肃灵台桥村齐家文化遗址试掘简报》，《考古与文物》1980 年 3 期。

夏的海原、固原，甘肃中部的定西及兰州附近。[①] 可以看出，这类文化遗存主要分布于齐家文化中心分布区的东面和北面，在分布地域上与齐家文化有接触地带。曾经从常山遗址所取标本测得一个 ^{14}C 年代数据为 2930±180BC [②]（已经树轮校正），显然，其年代早于齐家文化。如果把齐家文化早期遗存的陶器与常山下层文化的陶器进行比较（图四八）。不难发现二者有许多相似的因素。切刀把墓地所出陶器均为手制，以夹砂橙黄陶、灰褐陶为主，纹饰主要为各种横篮纹、线纹和附加堆纹。器形均为平底器，不见圜底或三足器。常见器类有小口瓮、大口瓮、小口罐、单耳罐、单耳壶、双耳罐、双大耳罐、双耳壶、盆、钵等，还见部分彩陶器。器物的造型特点明确，往往为短直颈、溜肩、圆鼓腹、小平底。腹大径偏下，整体作风沉稳、厚重。其中双耳壶、小口鼓腹罐、小口细颈瓮、单耳罐、双耳罐、双大耳罐等器类与齐家文化早期遗存中的同类器作风十分接近，可以基本肯定二者应有承继关系，唯在表面装饰纹样上齐家文化陶器多为素面，或饰竖向细绳纹，这可以归结为不同时代的不同特点。

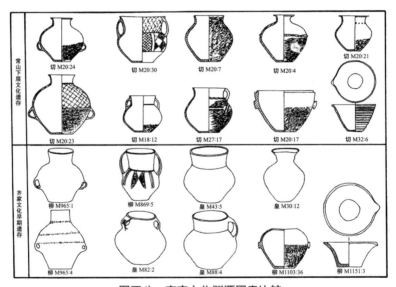

图四八　齐家文化渊源因素比较

注：切：切刀把墓地；柳：柳湾墓地；皇：皇娘娘台遗址。

---

① 曾经在兰州榆中县出土好几批这类陶器，如榆中湖滩、方家沟等遗址，材料均未发表，现藏榆中县博物馆。
② 胡谦盈：《陇东镇原常山遗址试掘简报》，《考古》1981 年 3 期。

客省庄二期文化遗存首先在陕西西安附近发现。[①] 20 世纪 50 年代在沣西客省庄遗址的大规模发掘[②]，证明它晚于仰韶文化庙底沟类型而早于西周文化。历年来在甘肃东部和中部地区也发现过客省庄二期文化遗存的分布。过去曾将这类遗存统称为齐家文化遗存，这是由于二者往往共处一地，如皇娘娘台遗址 F8 类遗存[③]、秦魏家墓地 H1 类遗存[④]。也有单独分布的例证如灵台桥村遗址。[⑤] 客省庄二期文化的陶器常见为各式斝和鬲，与齐家文化陶器相比，齐家文化的鬲当来源于此。目前齐家文化遗存中还没有发现斝形器类，而在齐家坪遗址等地发现的封口盉类器物（图五），也当来源于客省庄二期文化。虽然齐家文化早期遗存中有部分客省庄二期文化的遗存因素，但其主体并非来源于这种文化。

主张齐家文化来源于马家窑文化系统的观点，所依据的材料主要是在青海柳湾墓地和武威皇娘娘台墓地的发现，在前文中我们已经将柳湾、皇娘娘台等地的发现与其他地点的齐家文化遗存做了比较，结果表明各地齐家文化遗存的主体是一致的，但柳湾、皇娘娘台两地存在较多的彩陶因素。皇娘娘台遗址发现的彩陶器多与齐家文化早期遗存共存，我们已判定其为马厂类型遗存之后的一种过渡类型遗存，它应与四坝文化的关系密切，而与齐家文化早期遗存只是并行发展关系。

柳湾墓地齐家文化早期遗存中所见的彩陶因素及诸如豆、双耳敛口瓮、鹗面罐等类器物，均可以从该遗址较早阶段的马厂类型遗存中找到来源。但是这些来源于马厂的因素在其他齐家文化遗址中并不占主导地位，在柳湾齐家文化中晚期遗存中也渐次趋于消失。因此，这种现象也可以归结为如同齐家文化在东部地区受客省庄二期文化影响一样的关系。总体来看，就目前材料所反映的现象而言，齐家文化主要来源于甘肃东部和中部地区广泛分布的常山下层文化（或称菜园文化），同时，在它形成的早期阶段，就已吸收了东面的客省庄二期文化和西面的马厂类型遗存的诸多因素，因而形成了东、

① 苏秉琦：《西安附近古文化遗存的类型和分布》，《考古通讯》1956 年 2 期。
② 中国科学院考古研究所编：《沣西发掘报告》，文物出版社，1962 年。
③ 甘肃省博物馆：《武威皇娘娘台遗址第四次发掘》，《考古学报》1978 年 4 期。
④ 中国科学院考古研究所甘肃队：《甘肃永靖秦魏家齐家文化墓地》，《考古学报》1975 年 2 期。
⑤ 甘肃省博物馆考古队：《甘肃灵台桥村齐家文化遗址试掘简报》，《考古与文物》1980 年 3 期。

西部地区齐家文化遗存的一些不同特点。

关于辛店文化的渊源问题，学术界也曾有过不同的认识。安特生当年从彩陶发展关系中得出认识，认为马厂期文化发展为辛店期文化。[①]20 世纪 50 年代有的研究者认为齐家文化与辛店文化有关系[②]，后来随着对辛店文化自身研究的深入，一般研究者主要是在姬家川类、张家咀类、唐汪类遗存的早晚关系上展开争论[③]。1980 年在青海民和山家头墓地的重要发现，使对辛店文化渊源问题的研究有了突破性进展。据我们上文对辛店文化年代的分析，山家头类遗存所代表的辛店文化早期遗存绝对年代约为距今 3600—3400 年，这与齐家文化晚期阶段的下限年代已相差不远。在永靖大何庄、广河齐家坪墓地的齐家文化晚期遗存中，已经出现了部分圜底作风的器类和一些彩陶因素，这些特点在山家头墓地第一段遗存中表现得更加明确（图八）。虽然部分陶器形制的演变还有缺环，但作为辛店文化早期遗存主要特征的通体饰绳纹、器形以罐类为主、罐耳上部通常与口沿齐平、圆腹圜底居多等作风，均可以从齐家文化晚期遗存中找到来源。在湟水流域发现的辛店文化早期遗存有较多的彩陶因素，部分与齐家文化晚期遗存的彩陶接近，而更多的纹饰则近似于马厂类型彩陶的风格。从对齐家文化彩陶来源的分析中我们知道，它主要来自于马厂类型遗存的影响。因此，可以这样认为，辛店文化早期遗存中的彩陶因素直接来源于齐家，而间接来源于马厂。辛店文化中期姬家川类彩陶的繁荣，当是其自身发展的产物。在甘肃东部存在的辛店文化早期遗存曾被认为与先周文化有密切联系。[④]实际上所谓晁峪—石咀头类遗存与辛店文化早期类型遗存的相似，应该反映了同一时代的同一作风，换句话说，晁峪—石咀头类部分遗存的年代应接近辛店文化早期遗存的年代，其来源应与

---

① 安特生：《甘肃考古记》，乐森璕译，《地质专报》甲种第五号，农商部地质调查所印，1925 年。
② 吴汝祚：《甘青地区原始文化的概貌及其相互关系》，《考古》1961 年 1 期。
③ 有关这方面的文章较多，参见中国社会科学院考古所甘肃队：《甘肃永靖张家咀与姬家川遗址的发掘》，《考古学报》1980 年 2 期。俞伟超：《关于卡约文化和辛店文化的新认识》，《中亚学刊》第 1 期。南玉泉：《辛店文化序列及其与卡约文化、寺洼文化的关系》，《考古类型学的理论与实践》，文物出版社，1989 年。许永杰：《河曲青铜文化的谱系研究》，打印本，1986 年。格桑本、陈洪海：《试析甘肃临夏莲花台辛店文化墓葬》，《青海文物》1988 年 1 期。赵志军、南玉泉：《试论唐汪式陶器的文化归属问题》，《考古与文物》1988 年 2 期。
④ 卢连成：《先周文化刍议（摘要）》，《周秦汉唐考古与文化国际学术会议论文集》，《西北大学学报》增刊，1988 年 18 卷。

当地的齐家—客省庄二期文化系统有联系，这一问题在后文我们还将进行讨论。依据目前材料所反映的线索，把辛店文化的来源主要归结为齐家文化晚期遗存的分化发展，当是一种比较切合实际的认识。

关于寺洼文化的来源，由于对其早期遗存的发现比较欠缺，学术界一直没有深入讨论。有的研究者主张齐家文化在东部发展为寺洼文化，在西部发展为卡约文化[①]；有的研究者甚至认为寺洼文化是卡约文化的一个地方类型[②]；更早阶段安特生曾把寺洼期排在辛店期之后，认为二者有承袭发展关系[③]。从我们上文对寺洼文化分期、年代问题的讨论中可以明确，以寺洼山类遗存为代表的寺洼文化早期遗存，其存在时间大致应在商代中期前后，它与齐家文化晚期遗存之间存在较大的年代缺环，不能直接由齐家文化晚期遗存演变而来。从年代和分布地域上看，寺洼文化早期遗存最接近辛店文化早期偏晚阶段的姬家川类遗存。从文化面貌上看，二者也有较多的共同特征，如寺洼山类遗存中的双耳乳状袋足鬲、单侧马鞍形口的双耳圆腹平底罐、长颈腹耳壶等器类，与姬家川类遗存中的同类器作风十分接近，只是在器表装饰上寺洼文化陶器一般为素面，而辛店文化陶器一般为彩陶（图九至一八的部分陶器）。这种相似可以有两个方面的解释，一是二者同出一源，这样的可能性极小，因为从辛店文化分期中我们已经知道，姬家川类遗存来源于山家头类遗存，而在寺洼山类遗存中则基本找不到来自于山家头类遗存的因素，可以肯定寺洼文化不是来源于辛店文化早期的山家头类遗存。

第二种解释是寺洼山类遗存来源于姬家川类遗存，由于姬家川类遗存向后发展的直接承继者是张家咀类遗存，所以我们还不能说由姬家川类遗存发展为寺洼山类遗存，但寺洼山类遗存中的一部分因素应来自姬家川类遗存则是完全可以肯定的。

所谓寺洼文化只是卡约文化的一个地方类型的看法，主要是根据两者陶器制作风格上的一些相近之处做出的判断。粗看起来，二者都是以夹砂的黄褐或灰褐杂色陶为主，一般制作不够精细，往往素面，缺乏彩陶。实际上二

---

① 俞伟超：《关于卡约文化和唐汪文化的新认识》，《先秦两汉考古学论集》，文物出版社，1985 年。
② 材料未发表，参见许新国：《试论卡约文化的类型与分期》，《青海文物》1988 年 1 期、1989 年 2 期。
③ 安特生：《甘肃考古记》，乐森璕译，《地质专报》甲种第五号，农商部地质调查所印，1925 年。

者在分布地域、陶器的基本器类和组合关系上都相差很远，可以肯定寺洼文化不是来自于卡约文化，更不是卡约文化的一个地方类型。

对于甘肃东部的寺洼文化早期遗存，目前还没有明确的发现。一般认为，寺洼文化首先产生于甘肃中部的洮河中上游地区，然后向东向南发展。如果这种认识不错，则寺洼文化的来源仍然应在甘肃中部的早期或约相同时期的文化遗存中去寻找。所以，依据目前材料所表现的关系，寺洼文化有可能来源于辛店文化姬家川类遗存的分化发展，这种分化发展的方式，或者与齐家文化晚期阶段的分化发展有共同之处。显然，这种观点还不能对寺洼文化来源问题做出全部解释，需要进一步的发现来支持和检验。

卡约文化的来源问题也是直到近年在青海各地新材料的不断发现，才趋于明朗化。有的研究者认为，把山家头、上孙家寨、阿哈特拉山、苏志村等地的材料连贯起来，从齐家发展为卡约再发展为唐汪的序列，已经是比较清楚了。[1] 有的研究者认为，卡约文化的苏呼撒系（系指阿哈特拉类型中以出彩陶罐为特点的一些墓葬，相当于阿哈特拉山墓地陶器分段的第三、四两段，见图二三。——引者注）是在齐家文化湟水类型（系指以黄家寨墓地第一段遗存为代表的一类遗存，见图二九。——引者注）的基础上产生的；卡约文化的苏志—上孙系（系指阿哈特拉山墓地第一、二段遗存和上孙家寨墓地早期遗存。——引者注）是在马厂文化的基础上产生的，在其形成过程中吸收了齐家文化大夏河类型（系指秦魏家、大何庄遗址的晚期遗存，见图二、图三。——引者注）的部分因素。[2]

我们认为，卡约文化早期遗存中的许多因素，如堆纹口沿罐、小口双耳罐等器形表面饰细绳纹、口沿饰附加堆纹花边等纹饰作风，都应来源于齐家文化晚期遗存，但二者之间仍然有缺环。根据我们上文对卡约文化年代的分析，卡约文化早期遗存的上限年代在距今 3600 年前后，这与齐家文化晚期遗存的年代下限（约为距今 3800 年前后）还有一段差距，这也符合二者文化面貌上反映的差别；虽然在大通黄家寨遗址发现了卡约文化遗存与齐家晚期遗存共存一

---

① 俞伟超：《关于卡约文化和唐汪文化的新认识》，《先秦两汉考古学论集》，文物出版社，1985 年。
② 许永杰：《河曲青铜文化的谱系研究》，打印本，1986 年。该文将齐家文化、辛店文化、卡约文化、唐汪式陶器等分别分解为不同系别的陶器群，并建立了两两相对的对子结构关系，本文未引用许文的这些概念，故对此需做简单的介绍。

地的现象，但黄家寨墓地第二段为卡约文化中晚期遗存，与第一段的齐家文化晚期遗存差别明显，二者不能建立直接的发展关系。目前在青海湟水流域对齐家文化晚期遗存的发现还十分欠缺，仍不能够对卡约文化的渊源做出全部的解释。另一方面，卡约文化早期遗存中的部分器形和彩陶纹饰则明显是受马厂类型晚期遗存影响所致，如在阿哈特拉山墓地 M179 中发现的一件大口双耳彩陶罐[①]，颈部饰连续折线纹，腹上部饰重线对三角纹数组，无论是器物造型，还是彩陶纹样，都是典型的马厂类型遗存风格。青海湟水流域和甘肃中部黄河沿岸的马厂类型遗存与齐家文化遗存原本就是长期共存、相互借鉴。本文已经指出，齐家文化早期遗存中的彩陶因素主要来自马厂，辛店文化早期遗存中的彩陶因素直接来自齐家，间接来自马厂。所以卡约文化早期遗存中的彩陶因素也不外乎两种可能：一是直接来源于马厂；一是间接来源于马厂，而直接来源于齐家。从阿哈特拉山 M179 所见到的情况看，第一种可能或许更符合实际。至于唐汪式彩陶的来源及归属，我们将在后文进行讨论。

四坝文化的来源一直是学术界长期关注的问题，有的研究者认为到马厂期已分化为东西两区，其后东区发展为齐家文化，西区发展为四坝文化[②]；有的研究者认为火烧沟墓地遗存是一种新的文化因素，不能从甘肃远古文化中找到其来源[③]。近年来对四坝文化的专题研究，由于确认了马厂晚期遗存在河西地区的进一步发展，即所谓的"过渡类型遗存"的存在[④]，因而使对四坝文化渊源问题的探索有了突破性的进展。关于过渡类型遗存，目前仅限于各地的零星发现，尚未做过典型遗址的发掘工作。现已知道的重要遗址有武威皇娘娘台[⑤]，高台县红崖子，金塔县砖沙窝、缸缸洼[⑥]等遗址，在火烧沟墓地也可区分出这类遗存的部分因素。所谓过渡类型遗存的陶器，目前发现主要为彩陶，一般为黑彩或黑褐彩，施彩作风近似马厂而与四坝文化那种浓厚的彩

① 俞伟超：《关于卡约文化和唐汪文化的新认识》，《先秦两汉考古学论集》，文物出版社，1985 年。
② 严文明：《甘肃彩陶源流》，《文物》1978 年 10 期。
③ 材料未发表，参见甘肃省博物馆：《甘肃省文物考古三十年》，《文物考古工作三十年》，文物出版社，1979 年。部分线图资料可参见张朋川：《中国彩陶图谱》，文物出版社，1990 年。
④ 材料未发表，参见李水城：《四坝文化研究》，北京大学硕士学位论文，1988 年。
⑤ 武威皇娘娘台遗址第四次发掘中所发现的一批彩陶双耳罐、豆等遗存，均应属马厂类型晚期之后的过渡类型遗存。甘肃省博物馆：《甘肃武威皇娘娘台遗址发掘报告》，《考古学报》1960 年 2 期。甘肃省博物馆：《武威皇娘娘台遗址第四次发掘》，《考古学报》1978 年 4 期。
⑥ 红崖子、砖沙窝、缸缸洼三处遗址均系调查资料，尚未发表，材料现存当地博物馆。

略有不同。器形多为各种双耳罐，也见有四耳罐、豆等器类，双耳罐一般为
小口、短颈、圆鼓腹、平底，有的双耳罐在双耳下面的腹中部有两个乳突装
饰，形成这种遗存特有的造型风格。一般在腹中部以上部位施彩，颈部多饰
连续菱格纹，肩及腹上部多见连续菱格纹、重线三角纹、重线对三角纹等。
豆为浅盘粗柄，盘内施彩，常见十字形分割圆面的构图方式，在分隔开的四
个空白以同样的纹饰补白。显然，这种遗存的整体作风近似马厂晚期遗存，
我们可以在柳湾墓地、永昌鸳鸯池墓地[1]等地的马厂遗存中找到它们的来源。
另一方面，它们与四坝文化早期遗存中的一些器类有符合逻辑的演变关系。
关于这类遗存全部陶器群的特点，因为未经正式发掘，还不能形成完整的认
识，但从东灰山及火烧沟等遗址发现的四坝文化早期遗存的陶器群来分析，
过渡类型遗存中应有相当数量的素面陶器，其基本器类也应为双耳罐、双腹
耳壶、单耳罐等。这样的认识，有助于我们今后对此类遗存的进一步发现和
区分。在四坝文化早期遗存中还发现了一些制作精致的双大耳罐，从造型特
点看，很接近齐家文化晚期遗存中的同类器，但四坝文化的双大耳罐一般器
表涂有浓彩，常见通体网格纹等典型四坝文化的装饰纹样，这又不同于齐家
文化遗存的特点。可能的解释是这种双大耳罐应来源于齐家文化，但随着时
间的推移，这一因素已被四坝文化吸收、同化，成为四坝文化的典型因素。

由于四坝文化各地点的发掘资料目前均未发表，对四坝文化来源等问题
的讨论还有待进一步深化。上述观点需在今后发表的新材料中接受检验。同
时，对所谓过渡类型遗存的存在及其面貌的确认，也需进行必要的发掘工作。

关于沙井文化的渊源问题，过去由于发现的材料较少，有关的研究成果
不是很多。现在我们通过对沙井文化分期年代问题的讨论，知道以柳湖墩和
沙井南墓地遗存为代表的沙井文化早期遗存，年代应在西周中期以前或更早。
因此，沙井文化的来源因素应在早于西周中期的古文化遗存中去寻找。就目
前材料反映的沙井文化早期遗存的面貌，陶器以双耳罐、腹耳壶、单耳罐为
基本器类，一般为鼓腹、圜底，器表多施彩，纹饰基本为三角纹、小菱格纹
的各种组合变化。这些特点显然有别于甘青地区已知各种较早期青铜文化的
特点，可以说，上述各种青铜文化都不能成为沙井文化早期遗存的直接来源。

---

① 甘肃省博物馆文物队：《甘肃永昌鸳鸯池新石器时代墓地》，《考古学报》1982 年 2 期。甘肃省博
物馆文物队：《永昌鸳鸯池新石器时代墓地的发掘》，《考古》1974 年 5 期。

在甘肃中部地区的古文化遗存中，现已发现了一种新的彩陶文化因素，被称作"洛门—朱家沟组"遗存[①]的这类彩陶，已在甘肃中部的武山洛门、榆中朱家沟、黄家庄、白崖沟、天祝县[②]等地点发现，可知其分布面大致在武山到兰州一线，向西到达天祝。目前这类遗存的发现均为各地的征集品，缺乏明确的相对年代关系和器物共存关系。在榆中朱家沟出土的双耳彩陶圜底罐据当地老乡介绍是与一些素面陶器共出，这类素面陶器被确认为具有齐家文化晚期遗存的作风。[③]但是这一组合关系还需要正式的发掘进行验证。综合洛门、朱家沟等地发现的彩陶遗存，可以看出其特征比较明确。器类一般为双耳罐、双腹耳壶，均为圆鼓腹、圜底作风。陶质多为夹砂橙黄陶，彩陶为红彩或红褐彩，颈部一般饰连续小菱格纹、锯齿纹，腹部多饰竖向三角形条带纹。把这组彩陶与沙井文化早期遗存中的同类器进行比较（图四九），可以肯定无论是器物造型，还是彩陶纹样的使用等方面，二者都非常近似，显然可以确立二者的文化联系和演变关系。

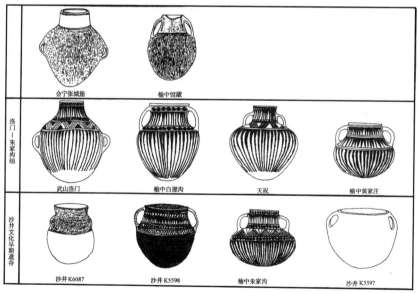

图四九　沙井文化渊源因素比较

① 张朋川：《中国彩陶图谱》，文物出版社，1990 年。
② 上述五处地点发现的材料均见张朋川：《中国彩陶图谱》，文物出版社，1990 年。
③ 张朋川：《中国彩陶图谱》，文物出版社，1990 年。

　　另外，我们在榆中县博物馆和会宁县博物馆还发现了与洛门—朱家沟组陶器造型特征十分一致的一些素面陶器。在会宁张城堡乡出土的这件双腹耳壶，夹砂灰褐陶，短直颈，长圆腹，圜底，口沿部饰两条细泥条，其间有数组小圆圈装饰，颈下部一道凹弦纹，颈及腹部通体饰竖向细绳纹。榆中馆藏的一件双耳圜底罐，也为夹砂灰褐陶，长圆腹，通体饰竖向细绳纹，双耳耳面有划纹装饰。这种通体饰竖向细绳纹的装饰特点，应该是比较早期的作风。因此我们判断，这类以饰细绳纹装饰为特点的双耳圜底罐、双腹耳壶，年代比以饰彩陶纹样为特点的同类器应早一个阶段。这类遗存与沙井文化早期以圜底为特点的同类器也应属于同一个文化系统。通过这三个阶段的演变，或许可以建立沙井文化的渊源发展关系序列。当然，对前两个阶段遗存的年代和整体面貌，还需进一步的深入研究。沙井文化中晚期遗存中曾发现有体积较大的铲形袋足鬲，如在永昌三角城遗址的发现（图三九）。关于铲形袋足鬲遗存的渊源，我们将在下面进行讨论。如果我们对沙井文化渊源问题的上述分析不谬，则沙井文化系统内早期遗存的年代一直可以追溯到西周早期或商代。这些早期的沙井类遗存，与我们通常所说的典型沙井文化遗存相比，分布地域更加偏向东北方向，这种由甘肃中部向甘肃西部分布发展的特点，或许对最终认识这类遗存的初始起源地域和文化载体，是一种有意义的启示。

　　先周文化的渊源问题是近年来学术界争论的热点之一，有关的文章已发表很多。① 在此，我们对陕西关中地区、山西晋中及晋南地区各种可能与先周文化渊源有关的古文化遗存暂不做论述，仅就甘肃东部地区可能与先周文化渊源有关的遗存做些分析。这些遗存大致包括辛店文化、寺洼文化、客省庄二期文化、晁峪—石咀头类遗存等。

　　据我们上文对辛店文化的讨论，其分布区域主要是在甘肃中部的洮河、

① 主要有邹衡：《再论先周文化》，《周秦汉唐考古与文化国际学术会议论文集》，《西北大学学报》增刊，1988 年 18 卷。胡谦盈：《试谈先周文化及相关问题》，《中国考古学研究 —— 夏鼐先生考古五十年纪念论文集》（二），科学出版社，1986 年。徐锡台：《早周文化的特点及其渊源的探索》，《文物》1979 年 10 期。尹盛平、任周芳：《先周文化的初步研究》，《文物》1984 年 7 期。张长寿、梁星彭：《关中先周青铜文化的类型与周文化的渊源》，《考古学报》1989 年 1 期。卢连成：《扶风刘家先周墓地剖析 —— 论先周文化》，《考古与文物》1985 年 2 期。黄怀信：《先周族及其文化的渊源与流转（摘要）》，《周秦汉唐考古与文化国际学术会议论文集》。李峰：《先周文化的内涵及其渊源探讨》，《考古学报》1991 年 3 期。许伟、许永杰：《周文化形成与周人兴起的考古学考察》，《辽海文物学刊》1989 年 2 期。

大夏河流域及以西地区。目前在甘肃东部仅有零星陶器的发现，尚未确认一处典型的辛店文化遗址。在陕西宝鸡地区发现的所谓"辛店文化陶器"①，现经确认应属晁峪—石咀头类遗存。曾经在甘肃庄浪县出土过一些辛店文化姬家川类型的双耳彩陶罐，研究者认为这应是传入寺洼文化中的外来品②，这一认识极有见地。在甘肃平凉、庆阳等地的其他发现，都不能归入辛店文化的序列。因此，辛店文化与先周文化在分布地域上基本不发生接触。有的研究者认为晁峪—石咀头类遗存中的乳状袋足鬲等因素直接来源于辛店文化姬家川类遗存中的同类器③，进而肯定辛店文化是先周文化形成的母体④。对此我们已在辛店文化研究的专文中进行了讨论，基本不同意辛店文化是先周文化母体的认识。⑤而在宝鸡晁峪—石咀头等地发现的以圆底双耳罐、单耳罐为特色的这类遗存，时代上应与辛店文化早期的山家头类遗存同时或相近。这样可以确认，辛店文化从山家头类遗存发展到姬家川类遗存与晁峪—石咀头遗存中的圆底罐等发展到刘家类遗存是两个并行发展的序列，二者的某些因素或许都来源于更早阶段的齐家文化或客省庄二期文化，这应是二者在早期阶段面貌接近的原因。近年来在内蒙古伊金霍洛旗朱开沟遗址中，已发现并确认了齐家文化晚期遗存的存在⑥，表明齐家文化晚期遗存向东的分布已越过了泾河上游的子午岭，或沿黄河而到达鄂尔多斯高原。因此，晁峪—石咀头类遗存中的部分早期因素来源于齐家文化晚期遗存应该是可以理解的。

寺洼文化在分布地域上与先周文化有接触，在陕西凤县龙口⑦、宝鸡竹园沟⑧等遗址发现具有寺洼文化陶器风格的马鞍形口双耳罐与西周早期遗存共存的现象，表明寺洼文化与西周文化关系较密切。而在合水九站遗址的发现则表明，寺洼文化晚期类型遗存（或称九站类型）与先周文化、西周文化是长

① 刘宝爱：《宝鸡发现辛店文化陶器》，《考古》1985 年 9 期。
② 南玉泉：《辛店文化序列及其与卡约文化、寺洼文化的关系》，《考古类型学的理论与实践》，文物出版社，1989 年。
③ 卢连成：《扶风刘家先周墓地剖析——论先周文化》，《考古与文物》1985 年 2 期。
④ 卢连成：《先周文化刍议（摘要）》，《周秦汉唐考古与文化国际学术会议论文集》，《西北大学学报》增刊，1988 年 18 卷。
⑤ 张学正、水涛、韩翀飞：《辛店文化研究》，《考古学文化论集》第 3 辑，文物出版社，1993 年。
⑥ 内蒙古文物考古研究所：《内蒙古朱开沟遗址》，《考古学报》1988 年 3 期。
⑦ 陕西省文管会：《凤县古文化遗址清理简报》，《文物参考资料》1956 年 2 期。
⑧ 宝鸡市文物工作队：《宝鸡竹园沟等地西周墓》，《考古》1978 年 5 期。宝鸡市博物馆：《宝鸡竹园沟西周墓发掘简报》，《文物》1983 年 2 期。

期共存、并行发展的两支文化，两者在共同发展中都有互相借鉴、相互影响的因素，如龙口、竹园沟等西周遗址中的马鞍形口双耳罐等因素，应来源于寺洼文化，而寺洼文化遗存中的联裆鬲、簋式豆等因素则来自于西周文化。这种长期并行发展的关系，自然也就否定了寺洼文化作为西周文化或先周文化来源的可能性。

客省庄二期文化遗存在甘肃东部的发现还比较少，目前对这类遗存在甘肃的分布及基本面貌还缺乏足够的了解，根据在陕西关中地区各地点的发现①，很难肯定客省庄二期文化与先周文化的发展关系。有的研究者认为，在客省庄二期文化与先周文化之间，还有相当长的时间阶段差距②，这也说明二者不能建立直接的承继关系。

因此，就目前发现的材料来看，先周文化的来源问题，不能从甘肃东部的辛店、寺洼和客省庄二期文化等类遗存中获得答案。进一步说，所谓"姜戎文化"的代表——刘家墓地遗存也不来源于辛店文化的姬家川类遗存。近年在陕西长武碾子坡③、武功郑家坡④等地点发现的早于斗鸡台类先周文化的各类遗存，对研究和探讨先周文化的来源，无疑是非常重要的发现。我们认为，先周文化的主体应该就是来自于这几类遗存。同时，在它形成和发展的不同阶段曾受到关中地区商文化和关中西部的刘家类遗存的不同影响。

关于甘肃东部铲形袋足鬲遗存的来源问题，我们在上文中根据类型学排比确立了一种认识，即在甘肃中部各地零星发现的一些铲形袋足鬲，应该比以毛家坪B组遗存为代表的同类遗存年代早一到二个阶段，绝对年代或许应在西周纪年的范围之内。目前所知，铲形袋足鬲的分布范围可能已不限于甘肃东部和中部地区，在甘肃西部的沙井文化晚期遗存中也发现有铲形袋足鬲，其年代约当西周晚期到春秋时期，这可以视为甘肃中部的铲形袋足鬲遗存向西发展对沙井文化的影响。另外，在内蒙古准格尔旗四道柳马家塔遗址⑤

---

① 中国社会科学院考古所编：《武功发掘报告——浒西庄与赵家来遗址》，文物出版社，1988 年。陕西省考古研究所：《陕西临潼康家遗址 1985 年发掘简报》，《考古与文物》1988 年 5—6 期。
② 张忠培：《客省庄文化及其相关诸问题》，《考古与文物》1980 年 4 期。
③ 胡谦盈：《陕西长武碾子坡先周文化遗址发掘纪略》，《考古学集刊》第 6 集，中国社会科学出版社，1989 年。
④ 宝鸡市文物工作队：《陕西武功郑家坡先周遗址发掘简报》，《文物》1984 年 7 期。
⑤ 笔者 1989 年 4 月在内蒙古伊克昭盟伊金霍洛旗文保所参观文物普查资料时，见到在四道柳马家塔遗址采集的标本，目前这些调查材料尚未发表。

等地点也发现有铲形袋足鬲的部分陶片，鬲的口沿饰花边，颈部有附加堆纹泥条或鸡冠耳装饰。对这一地点铲足鬲的年代、共存关系等尚缺乏了解，但是，鄂尔多斯地区朱开沟遗址各阶段所出的花边鬲、蛇纹鬲在形态上与铲形袋足鬲有许多共同之处，通过进一步的发现和研究，或者可以建立这两个地区夏商时期远古文化的相互联系。由于在朱开沟遗址中发现了齐家文化晚期的典型器物——红陶双大耳罐（如 M 1051：2）[①]，说明至迟在齐家文化晚期阶段，甘肃中部地区已经和鄂尔多斯地区建立了某种文化联系。有了这些早期的相互接触，再来设想其后阶段这两个地区的文化传播或交流，就不能说完全没有根据。据此我们推测，甘肃中部和东部地区以铲形袋足鬲为特点的这类文化遗存，最有可能来源于鄂尔多斯地区商周时期的某些古文化遗存因素，详细的论证需待进一步的考古发现。

诺木洪文化的遗存目前发现较少，在上文的讨论中，我们知道以搭里他里哈遗址第 6、7 层为代表的早期遗存年代当在距今 3000 年以前。虽然属于早期的遗迹、遗物发现很少，但仍然可以看出这种文化遗存的一些独特风格。早期的陶器一般为红色夹砂陶质，器形简单，主要为碗、盆、双耳罐、小口瓶等器类。一般器表素面，或饰横篮纹、松针状压印纹等，还有部分彩陶，单一黑彩或红褐彩，纹样多为几何形条带纹。在晚期偏早阶段的第 5 层堆积时期出现了土坯建筑的围墙居址。我们注意到，在诺木洪文化这些早期和较早期的遗存中可以明显看出新疆东部某些青铜文化的因素和影响，在分析新疆东部几种青铜文化的构成因素和文化特点时，我们已经明确[②]，土坯制作技术由中亚地区传入新疆东部地区的时间，大约是在距今 3300 年前后形成的焉不拉克墓地类遗存时期，或是年代稍早的雅林办墓地早期阶段。诺木洪文化早期遗存中的松针状压印纹装饰风格（参见原发掘报告图一五，18. 圈足碗；图版陆，18. 陶片），在雅林办墓地早期遗存中时有发现。诺木洪文化早期遗存中的彩陶片，风格类似焉不拉克类遗存中彩陶的作风。另外，在诺木洪文化晚期阶段常见的各式毛布、毛带、革履等生活用具，在新疆东部各地点曾大量发现，特别是毛布以黄褐或红黄两色相间织成条纹布的制法，

① 《内蒙古朱开沟遗址》，《考古学报》1988 年 3 期。
② 水涛：《新疆青铜时代诸文化的比较研究——附论早期中西文化交流的历史进程》，《国学研究》第一卷，北京大学出版社，1993 年。

与新疆哈密五堡水库墓地和焉不拉克墓地发现的同类物品制作工艺完全
相同。① 显然，上述这些相似或共同因素不是一些偶然的巧合，我们认为，诺
木洪文化以土坯建筑为主的一些文化因素应该来源于新疆东部地区的青铜文
化遗存，同时，在其发展的晚期偏早阶段受到了向西发展的卡约文化的强烈
影响，从诺木洪文化的部分陶器和铜器的形制特点中，我们可以看出这些影
响作用的结果。

2. 文化的空间分布及相互关系

以上我们对甘青地区的各种青铜文化遗存逐一进行了分析，基本明确了
各种文化的年代及一般特点，现在再来讨论一下甘青地区青铜时代文化的整
体分布状况及相互关系等问题。

甘青地区的新石器时代晚期文化若从宏观上来区分，可以分为两个不同
的区系，这就是甘肃东部的庙底沟—石岭下—常山下层文化区系②和甘肃中
西部的马家窑—半山—马厂文化区系③，在青海东部，虽曾发现有一些仰韶
文化庙底沟类型的遗存④，但主体仍然是马家窑文化区系。青海西部的新石
器时代文化面貌不详。这种东西两大文化区系的并行发展关系构成了甘青地
区新石器时代晚期文化结构的主要标志和独有特点。但是，进入青铜时代以
来，这种文化结构体系显然发生了根本的变化，现在我们分别考察一下东西
两地区文化结构的变化情况。

在甘肃东部地区，继常山下层文化之后出现的主要是客省庄二期文化类
遗存。再晚一些时候，晁峪—石咀头类遗存进入这一地区，这类遗存向后发
展为刘家墓地类遗存，并最终对先周文化的形成产生影响。在先周文化形成
后，由西向东分布的寺洼文化晚期类型遗存也进入了甘肃东部地区，并与先
周文化、西周文化发生广泛的接触。略晚于这两种文化之后进入甘肃东部地

① 新疆维吾尔自治区文化厅文物处等：《新疆哈密焉不拉克墓地》，《考古学报》1989 年 3 期。
② 郎树德、许永杰、水涛：《试论大地湾仰韶晚期类型》，《文物》1983 年 11 期。
③ 张学正、张朋川、郭德勇：《谈马家窑、半山、马厂类型的分期和相互关系》，《中国考古学会第
一次年会论文集》，文物出版社，1980 年。
④ 青海省文物考古队：《青海民和阳洼坡遗址试掘简报》，《考古》1984 年 1 期。高东陆：《青海近十
年考古工作的收获》，《文物考古工作十年（1979—1989）》，文物出版社，1990 年。

区的是铲形袋足鬲类遗存。它们可能来自于北方的鄂尔多斯高原，在渭水中上游地区与所谓西周时期的"秦人遗存"（即毛家坪 A 组遗存）[1]发生广泛的接触。在其向西发展过程中曾对沙井文化的晚期遗存产生过影响。

在甘肃南部地区，继马家窑类型遗存之后广泛分布的是齐家文化，其后还有寺洼文化晚期类型遗存。可以肯定，齐家文化、寺洼文化都是从洮河中上游地区向东南方向发展而进入白龙江流域和西汉水流域的。除此之外，在甘肃南部地区是否还有土著的青铜文化遗存，目前尚无明确的线索。

在甘肃中部地区，与马厂类型晚期遗存同时存在的齐家文化分布十分广泛，成为一个时期的主流文化。在齐家文化之后，出现了辛店文化早期类型遗存。在洮河流域的辛店文化发展到姬家川类遗存阶段时，分化出了寺洼文化，并开始了辛店文化向西发展，寺洼文化向东、向南发展的不同发展道路。同时，在齐家文化之后的某个阶段，这一地区出现了以通体饰细绳纹的双耳圜底罐、腹耳壶为特点的一类遗存，其后发展为以洛门—朱家沟组彩陶为特点的遗存，并继续向西分布发展为沙井文化早期类型遗存。

在青海东部地区，继马厂晚期类型遗存和齐家文化之后，出现了卡约文化。在卡约文化广泛分布的早中期阶段，从洮河、大夏河流域向西发展的辛店文化也进入了青海东部的民和地区，晚些时候更向西分布到大通一带。辛店文化与卡约文化在湟水流域的共存发展，使两种文化在晚期阶段出现了一些共同因素，即唐汪式陶器。在湟水和大通河流域，卡约文化的向西发展，曾对新疆东部的青铜文化产生了影响[2]，也对青海西部的诺木洪文化产生了深刻的影响。

在甘肃西部地区，继马厂晚期类型遗存（即过渡类型遗存）之后，在河西走廊西部出现了四坝文化，这种文化在繁荣了一段时间以后，向西发展进入了新疆东部地区。[3]再晚一些时候，由甘肃中部向西发展的洛门—朱家沟组遗存进入了河西走廊东部地区，继而发展成为沙井文化。沙井文化晚期阶段

① 甘肃省博物馆文物工作队等：《甘肃甘谷毛家坪遗址发掘报告》，《考古学报》1987 年 3 期。赵化成：《甘肃东部秦和羌戎文化的考古学探索》，《考古类型学的理论与实践》，文物出版社，1989 年。
② 水涛：《新疆青铜时代诸文化的比较研究 —— 附论早期中西文化交流的历史进程》，《国学研究》第一卷，北京大学出版社，1993 年。
③ 水涛：《新疆青铜时代诸文化的比较研究 —— 附论早期中西文化交流的历史进程》，《国学研究》第一卷，北京大学出版社，1993 年。

受到了甘肃中部的铲形袋足鬲遗存的影响，最后与在北方地区广泛分布的匈奴早期文化融合。①

在青海西部地区，晚于齐家文化的某段时间，从新疆东部向东发展的某支青铜文化进入柴达木盆地，形成诺木洪文化以土坯居址为代表的较早期遗存，并在盆地内形成一定的分布规模。晚些时候接受了卡约文化遗存的影响。其后逐渐进入文明时代，成为一种定居的、掌握修建复杂的木构房屋技术的、会使用木轮车的土著文化。

以上这十几支或先或后、或大或小的青铜文化遗存，代表了甘青地区青铜时代文化的主要内涵，这些众多的青铜文化产生在甘青地区这样一个不算太大的空间范围之内，在它们各自的发展过程中必然形成一个错综复杂的文化关系网络（图五○）。

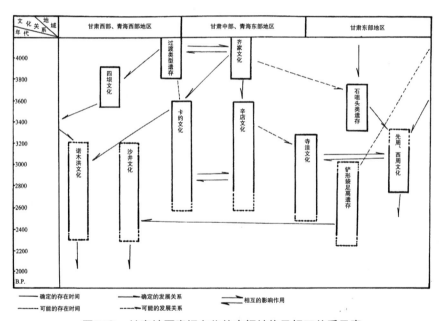

图五○　甘青地区青铜文化的空间结构及相互关系示意

除我们上文所讨论的一些确定的和可能的文化发展承继关系之外，还有

---

① 这类与匈奴文化有关的遗存，在甘肃东部与中部都曾有零星的发现，参见甘肃省博物馆文物队：《甘肃永登榆树沟的沙井墓葬》，《考古与文物》1981 年 4 期。

一些相互联系比较密切的文化共存关系，下面我们就这些共存关系所反映的问题做些探讨。

首先看看齐家文化早期遗存与马厂类型晚期遗存在甘肃中部、青海东部的共存现象。从分布上看，二者的分布范围大面积重合，特别是在柳湾墓地等地，马厂类型遗存往往与齐家文化共存一地，并且有一些齐家文化墓葬打破或叠压马厂墓葬的地层关系。因此，有的研究者主张齐家文化来源于马厂类型遗存。[①] 实际上，从柳湾墓地发表的几组 [14]C 测定数据看，马厂中晚期遗存的年代大约在公元前 2280 ± 140 至 2040 ± 100 年[②]，这与我们上文所讨论的齐家文化早期遗存年代相当。在文化特性方面，有的研究者已注意到，在柳湾墓地所谓的马厂中期墓葬中出有齐家文化风格的陶器，在半山晚期的 M606 中，出有一件常山下层文化风格的双腹耳壶。[③] 在宁夏海原切刀把墓地，曾发现半山式彩陶与常山下层文化陶器群共存的现象。[④] 这些共存现象说明，常山下层文化与半山类型遗存约当同时。那么自然，晚于半山的马厂类型遗存与晚于常山下层文化的齐家文化也应处于相同的时间阶段。

各地所发现的这些马厂晚期遗存与齐家文化早期遗存同时并存的现象，为我们解决齐家文化的来源问题提供了强有力的论据，齐家文化不可能是马厂类型遗存的继续和发展。这两种文化不但来源不一，去向也各不相同，马厂晚期遗存的一部分主要发展为四坝文化，另一部分可能向西进入新疆东部的巴里坤地区。[⑤] 齐家文化的分化结果，一部分在洮河、大夏河流域形成辛店文化，另一部分在湟水流域形成卡约文化。由此可见这两种文化的发展道路各不相同。从另一方面考察，这两种文化遗存在长期的共存发展中也有互相影响的现象，齐家文化对马厂类遗存的影响表现在四坝文化中出现有彩陶双大耳罐等典型齐家文化的器类。马厂遗存对齐家文化的影响表现在辛店文化、

① 谢端琚：《齐家文化是马家窑文化的继续与发展》，《考古》1976 年 6 期。
② 《青海柳湾》，文物出版社，1984 年，第 248 页。其中马厂类型的六个 [14]C 测定数据为 M391：2415 ± 265BC、M281：2280 ± 140BC、M505：2280 ± 160BC、M266：2250 ± 140BC、M236：2145 ± 120BC、M397：2040 ± 100BC，按该书分期结果，M281、M505 属马厂早期，M266、M236 属马厂中期，M391、M397 为马厂晚期，显然这一分期与 [14]C 测定结果颇多抵触。
③ 许永杰：《河曲青铜文化的谱系研究》，打印本，1986 年。
④ 宁夏文物考古研究所：《宁夏海原县菜园村切刀把墓地》，《考古学报》1989 年 4 期。
⑤ 水涛：《新疆青铜时代诸文化的比较研究 —— 附论早期中西文化交流的历史进程》，《国学研究》第一卷，北京大学出版社，1993 年。

卡约文化早期类型的彩陶纹样风格，都具有典型马厂遗存彩陶纹样的特点。
这种相互借鉴对方文化因素的现象，也是文化共存关系发展的一般规律。

在甘青地区青铜文化中，辛店文化与卡约文化的共存关系具有独自的
特点。首先，二者产生于各不相同的地域，辛店文化产生于洮河、大夏河和
黄河的交汇地区，卡约文化产生于湟水、大通河流域和黄河沿岸地区，二者
在青海东部的民和地区有一定的重合分布地域，卡约文化分布面向东不过黄
河，但这种早期阶段的小范围共存并未影响各自的独立发展。这两种文化真
正开始大范围的相互接触、相互影响，是与辛店文化中晚期阶段向西发展过
程的进行密切相关的。目前在青海西宁附近及以西的大通河流域上游一带仅
发现有辛店文化张家咀类遗存分布，表明辛店文化的向西扩展，开始于张家
咀期（即第三期第 5 段至第 7 段）。这一阶段所表现的最重要的特点是出现
了大量的唐汪式陶器。约于辛店文化张家咀期同时或稍后，在卡约文化中晚
期遗存中也开始出现以唐汪式彩陶为特点的新因素。正是由于这种新因素在
两种文化中的几乎同时出现，使辛店文化与卡约文化的相互关系变得复杂起
来。有的研究者认为，唐汪式陶器首先是从卡约文化中产生的，并影响到辛
店文化的中晚期遗存[1]，有的研究者更称之为唐汪文化[2]，而我们则认为唐汪式
陶器首先产生于辛店文化之中，然后影响到卡约文化中晚期遗存[3]。在此，我
们对这一问题稍做展开分析。

主张唐汪式陶器产生于卡约文化的研究者一般依据的是阿哈特拉山和
上孙家寨两地的墓葬材料。从阿哈特拉山墓地陶器分段比较中可以看出
（图二三），第四段遗存的彩陶是以大量使用双线连续凹字形纹和菱形纹构
图为特点，明显不同于第五段中主要以连续波浪纹、涡纹构图的唐汪式彩
陶。当然第五段中也见有第四段的部分旧有因素，如 M 75：2 双大耳罐等
器形和纹饰。

在上孙家寨墓地，据介绍有七组唐汪墓葬打破卡约前期墓葬的地层关

---

① 青海的同志多持这种观点，参见许新国：《试论卡约文化的类型与分期》，《青海文物》1988 年 1
期、1989 年 2 期。赵志军、南玉泉：《试论唐汪式陶器的文化归属问题》，《考古与文物》1988 年
2 期。

② 俞伟超：《关于卡约文化和唐汪文化的新认识》，《先秦两汉考古学论集》，文物出版社，1985 年。

③ 张学正、水涛、韩翀飞：《辛店文化研究》，《考古学文化论集》三，文物出版社，1993 年。

系^①，可知它应晚于一般意义上的卡约文化遗存，而且在湟水流域出现的唐汪式遗存（相当于上孙家寨分期第六期）与早期阶段墓（即第五期）差别明显，第五期的双大耳罐多数是通体灰黑，没有彩绘，红陶的大口双耳罐亦不见彩绘，显然不能由第五期遗存直接演变成第六期的唐汪式陶器遗存。另外，从卡约文化中出现唐汪式遗存的时间来看，也是先在黄河沿岸地区出现，然后才在湟水上游地区出现。这种由东向西的时间阶段性，与我们论证的辛店文化由东向西扩展过程呈现一种简单的正相关效应。而卡约文化自身的演变，在黄河沿岸地区和湟水流域都有各自完整的发展过程，并不存在东面早西面晚或相反的时间阶段性，因此，唐汪式陶器遗存的从东向西发展，并不是卡约文化发展的必然结果。

如果单是考虑到卡约文化中突然出现的唐汪式遗存，可以将两者截然分开，或命名为唐汪文化。然而，唐汪式遗存与辛店文化晚期遗存却是密不可分的。在甘肃永靖张家咀、东乡唐汪川、青海大通上孙家寨等重要遗址中，均发现辛店文化晚期的张家咀类遗存与唐汪式陶器共存一地，根据器物类型学的排比分析，我们发现唐汪式遗存中的主要器类如双耳罐、双大耳罐、双腹耳壶、圆腹罐、豆、高领分裆鬲、双耳深腹盆等，均可以从早于它的辛店文化中晚期遗存中找到来源。^②因此，唐汪式陶器是辛店文化晚期遗存发展演变的产物，伴随着辛店文化的从东向西发展，它先是在黄河沿岸的卡约文化遗存中出现，接着在湟水流域的卡约文化遗存中大量流行，并成为占主导地位的一类因素而继续发展了一段时间。

辛店文化与卡约文化的共存发展，是以辛店文化进入卡约文化分布区，并影响其遗存性质，使卡约文化被同化为特点。卡约文化则基本没有进入辛店文化的主要分布区，虽然在青海东部的民和核桃庄遗址辛店文化墓葬中曾发现一些卡约文化的陶器^③，但这些卡约风格的陶器所占比例很少，没能对辛店文化遗存产生真正的影响。辛店文化和卡约文化晚期阶段的这种融合、同化发展趋势，不同于较早阶段的马厂晚期遗存与齐家早期遗存的并存发展方

① 俞伟超：《关于卡约文化和唐汪文化的新认识》，《先秦两汉考古学论集》，文物出版社，1985年。
② 张学正、水涛、韩翀飞：《辛店文化研究》，《考古学文化论集》三，文物出版社，1993年。
③ 材料未发表，笔者1992年10月在青海省文物考古研究所参观这批材料时，曾注意到这种现象，典型单位如MHXM364、MHXM308、MHXM70、MHXMl62、MHXM266等。

式，这或许归因于卡约文化和辛店文化原本就有比较一致的文化亲缘关系，或者说属于同一文化系统。这种同化发展的结果从反面证明二者都来源于齐家文化的分化发展是可能的，在某一阶段，分化的趋势成为文化发展的主流，在另一个时期，相互的融合又是一种必然的发展结局。至于为什么在某一阶段是分化为主，在另一阶段是融合为主，这是我们下文要认真探讨的问题。

在甘青地区青铜时代，寺洼文化与先周、西周文化的共存发展关系也是值得认真研究的。从分布地域上看，寺洼文化首先出现在甘肃中部的洮河中上游地区，而这一地区目前并未发现先周文化遗存分布。所以，在寺洼文化早期阶段（约相当于商代中期），与先周文化及其直接来源的其他早期文化不发生接触和联系。只是到了寺洼文化中晚期阶段，向东分布发展的寺洼文化进入了甘肃东部地区，与在当地存在和发展的先周文化产生广泛的接触，形成共存发展的关系。在上文分析先周文化渊源问题时，我们已经排除了寺洼文化作为先周文化来源的可能性，但这并不否认二者在长期共存中有互相借鉴对方文化因素的可能，这可以从合水九站、凤县龙口、宝鸡竹园沟等遗址的发现中得到证实。

寺洼文化在长期与先周、西周文化共存发展的过程中，未被后者融合或同化，而是始终保持了自己的固有传统。西周末年以后，有迹象表明寺洼文化类遗存仍在甘肃陇南地区存在和发展，最终或许对四川西北部地区的战国时代文化遗存产生过影响，在川北一些战国墓中曾发现一种四棱形口双耳罐[①]，这种器形的前身无疑应是寺洼文化遗存中同类器。寺洼文化向东的发展或许也不限于甘肃东部和陕西宝鸡地区，曾经在山西侯马地区上马墓地的东周墓葬遗存中发现两件夹砂灰褐陶双耳罐[②]，其形态特征与寺洼文化晚期遗存中的同类器完全相同，而有别于该墓地其他陶器遗存的基本特点，这或许可以视为寺洼文化因素向东传播的最远地点。显然，至少在春秋时期，寺洼文化在东面和南面的去向是有线索可寻的。寺洼文化与先周、西周文化的这种并存关系，明显不同于辛店文化与卡约文化的关系，而颇似齐家文化早期遗存与马厂晚期遗存的关系，这也充分说明寺洼文化与先周、西周文化是两类来源

① 四川省文管会等：《四川茂汶羌族自治县石棺葬发掘报告》，《文物资料丛刊》1983 年 7 辑。
② 上马墓地的全部材料尚未发表，笔者 1992 年 8 月在山西省文物考古所侯马工作站参观了这批材料。另请参见山西省文管会侯马工作站：《山西侯马上马村东周墓葬》，《考古》1963 年 5 期。

不同的、分属两个文化系统的文化遗存。

　　以上各章我们对甘青地区已发现的各种青铜文化遗存进行了系统的分析和比较，对各支青铜文化的基本面貌、存在时间及地域、来源和相互关系等问题有了比较明确的认识。由此可以发现，甘青地区的青铜时代文化是一个多元的结构系统，这种多元性表现在文化多样、小而分散，不存在主流文化；文化来源多样，或由当地的早期文化演变而来，或由外来的新因素发展而来；文化关系多样，有的单独存在于一定的地域和时间阶段，有的共同存在于一定的地域和时间阶段。这些特点显然不同于甘青地区新石器时代晚期阶段的，以仰韶—常山下层文化和马家窑—半山—马厂文化为代表的东西两大主流文化系统并存的发展格局，也不同于中原地区青铜时代文化的发展方式。因此，文化的多元分化发展，是甘青地区青铜时代出现的一种新的有代表性的发展模式。对于这种文化发展进程的转变及新模式的形成机制，需要做进一步的分析探讨。我们认为，人类的文化发展进程和行为方式的转变，首先应受人类经济生活方式的影响和限制，因此，要了解一种文化发展模式的形成机制，必然要深入研究这种文化模式赖以存在的人类经济活动的一些特点。基于这种认识，在此我们试图对甘青地区青铜时代文化的主要经济形态做一些比较分析。

四、经济形态的发展与转变

1. 农业经济的衰落及其原因

　　农业的出现，是新石器时代革命的重要标志之一。考古发现表明，在甘青地区的新石器时代文化中，普遍出现了原始的锄耕农业经济。伴随着农业经济的出现和发展，在各地都产生了一些定居的中心聚落，形成了一定数量的人口规模。这种锄耕农业经济到新石器时代晚期进入了一个较高的发展阶段，我们可以从一些典型遗址的发现中看看这种发达的农业经济在各方面所达到的成就。在甘肃东部地区，秦安大地湾遗址无疑是一个重要的新石器时代聚落遗址。通过连续多年的发掘工作，在这里已揭露遗址面积13700多平方米，发现仰韶文化各时期的房屋遗址 240 多座。[1]特别是发现了 F 901 等一批仰韶晚期的大型建筑基址[2]，为我们展示了甘肃东部地区仰韶晚期阶段定居农业经济发展的规模和水平。虽然大地湾遗址的全部发掘资料还在整理之中，总的统计数字尚不明确，但仅从简报发表的材料看，该遗址在仰韶文化晚期已达到一种空前繁荣的发展阶段，遗址总面积达到几十万平方米，各种大大小小的居址从河旁的低阶地一直分布到山梁的较高处，这说明当时的人口总数也达到相当数量。为了协调和组织这些众多的人口进行有效的生产活动，出现了象征权威的大型建筑和专门掌握分配大权的权力阶层（在 F 901 地面上发现一组造型独特的陶器，研究者认为这组陶器应是作为专门的量具来使用）。我们有理由认为，以大地湾 F 901 为代表的大型建筑的出现，标志着仰韶晚期阶段甘肃东部的农业经济达到了氏族社会组织结构条件下所能达到的最高水平，并已开始进入文明社会的前夜。类似大地湾 F 901 的大型建筑基址，在甘肃东部其他仰韶晚期遗址，如礼县高寺头遗址[3]中也有发现，说明这是具有普遍意义的现象。在甘肃东部地区，继仰韶文化之后的常山下层文化和客省庄二期文化仍然是以定居的农业经济为主。虽然客省庄二期文化的居址目前发现数量不多，但在灵台桥村遗址发现了具有重要意义的陶瓦[4]，说明当时也应有大型居址建筑存在。常山下层文化的居住址目前发现不多，从墓葬发现的情况看，宁夏海原切刀把墓地发现的农业生产工具虽然较少，且不典型，但大多数墓的随葬品十分丰富。在总共 33 座墓中，每墓随葬 10 件以上陶器的有 21 座墓，占 64%，早晚两期墓葬均有。其中有 8 座墓随葬陶器 20 件以上，最多的 M 33 达到 50 件。[5]这说明切刀把墓地早晚两阶段都盛行厚葬之风。厚葬死者的做法实际上反映了死者生前对财富的占有已达到相当的程度，而大多数人能普遍拥有相当规模的财富，是经济生活繁荣富足的集中表现。

---

① 甘肃省博物馆：《甘肃省文物考古工作十年》，《文物考古工作十年（1979—1989）》，文物出版社，1990 年。

② 甘肃省文物工作队：《甘肃秦安大地湾 901 号房址发掘简报》，《文物》1986 年 2 期。

③ 材料未发表，现存甘肃省博物馆文物队。

④ 甘肃省博物馆考古队：《甘肃灵台桥村齐家文化遗址试掘简报》，《考古与文物》1980 年 3 期。

⑤ 这组数据系根据原发掘报告发表的墓葬登记表统计出的，参见宁夏文物考古研究所：《宁夏海原县菜园村遗址切刀把墓地》，《考古学报》1989 年 4 期。

　　在甘肃中西部地区和青海东部地区，新石器时代晚期的马家窑—半山—马厂文化也是以其发达的农业经济著称于世的。特别是到了马厂类型阶段，在黄河沿岸地区和湟水流域，经济生活达到了空前繁荣的程度。在永靖马家湾①、永登蒋家坪②、兰州白道沟坪③等遗址都发现了这一时期的聚落遗迹，可知当时的长方形地面起建房子有单间、双套间和多套间各种结构，半地穴式房子有圆形和长方形等形状，在房内或其附近有贮藏东西的窖穴，遗址附近还有陶窑，往往两三座成组分布。显然这一时期的聚落从布局到功能结构都是比较进步的。在马厂类型遗存的遗址和墓葬中，都曾发现大量的石制和骨制的农业生产工具，石器多选用质地坚硬的石料加工制成，有的工具刃部加宽、柄部加长，这些技术的使用可以大大提高工作效率。

　　在已发掘的 1200 多座马厂类型墓葬中，普遍存在厚葬的风俗，一般墓葬都有二三十件陶器随葬，多的如柳湾 M564，随葬完整陶器达 91 件。在墓葬中还有普遍使用粮食（主要是粟）作为随葬品的现象。据介绍，在柳湾墓地的马厂类型墓葬中多数墓内都有装满粮食——粟的陶瓮，少者一个，多的可有四个④，足见这时的农业生产已出现了大量的过剩产品，允许将粮食作为随葬品进行无意义的消耗和浪费。

　　马厂类型阶段经济生活高度发展的一个标志是人口的大量增长。以柳湾墓地的发现为例，柳湾墓地的延续时间很长，据 ^{14}C 测定，从马家窑文化半山类型至齐家文化大约经历了 600 年之久，其后还有一段辛店文化早期遗存阶段。在一个地点有如此长时间的文化遗存，表明当时人们过着比较稳定的定居生活。在已发掘的 1500 座各时期墓葬中，半山类型墓葬共 257 座，占总数的 17.13%，马厂类型墓葬 872 座，占 58.13%，齐家文化墓葬共 366 座，占 24.40%，辛店文化墓葬 5 座，占 0.33%。显然马厂类型墓葬的数量占多数。由于柳湾墓地人骨保存状况极差，无法做精确的个体统计和性别年龄鉴定，现据《青海柳湾》报告初步统计各时期墓葬的人骨最小个体数如表 18。

---

① 谢端琚：《甘肃临夏马家湾遗址发掘简报》，《考古》1961 年 11 期。

② 张学正等：《谈马家窑、半山、马厂类型的分期和相互关系》，《中国考古学会第一次年会论文集》，文物出版社，1979 年。

③ 甘肃省文管会：《甘肃兰州白道沟坪发掘出古代遗址及墓葬》，《文物参考资料》1955 年 5 期。

④ 《青海柳湾》一书中未做具体的统计，故无法知道多数墓的比例数。参见中国社会科学院考古研究所：《新中国的考古发现和研究》，文物出版社，1984 年。

表18　柳湾墓地各时期人口数量统计表

时期＼类型	单人葬（墓数）	合葬（墓数×个体数）						合计（个体数）
		二人合葬	三人合葬	四人合葬	五人合葬	六人合葬	七人合葬	
半山类型	224	12×2	10×3	2×4	4×5	4×6	1×7	337
马厂类型	769+59	27×2	10×3	2×4	1×5	4×6		949
齐家文化	343	20×2	1×3	1×4	1×5			395
辛店文化	5							5

注：马厂墓葬中有59座墓人骨情况不明，在此按单人葬统计。

从上表统计结果看出，在柳湾墓地四个主要文化发展阶段中，马厂类型阶段是绝对人口数量最多的时期，如果考虑到马厂晚期遗存曾经与齐家文化早期遗存有一阶段共存时期，那么这一阶段的人口总数还要增大一些。据一些不完全统计分析所得的结果[1]，马厂时期96例男性个体的平均死亡年龄为40.8岁，75例女性个体的平均死亡年龄是39.3岁，以207例可明确判别年龄阶段的个体统计，两性合计的平均死亡年龄为37.5岁。按年龄段分组计算，14岁以下的未成年孩童死亡率为8.77%，接近青年期和老年期两阶段的死亡率，而壮年期和中年期的死亡率分别为23.68%和37.28%，显然，马厂时期的人口结构是以24—55岁左右的壮年期和中年期人口群体为主。这在史前时期应是比较理想的、发展较好的人口结构。与之相比，半山时期和齐家文化时期14岁以下未成年孩童死亡率分别为17.39%和17.44%，少儿死亡率升高，一般表现了人口再生产能力的下降，间接反映了生活水平的下降，生活条件的艰难和恶化。

马厂时期人口的大幅度增长，不仅表现在若干典型遗址内的人口总数绝对值较高，同时也表现在单位面积内遗址的分布密度大量增长等方面。据青海省文物普查显示，在乐都境内仅马厂类型遗址就有90余处，其分布主要集中于湟水干流两岸及岗沟、峰堆等主要支流两岸。在湟水北岸沿河的每一座丘陵上几乎都有马厂类型墓葬，马厂类型遗存分布的密度相当大。[2]如此大量

---

① 潘其风、韩康信：《柳湾墓地的人骨研究》，《青海柳湾》，文物出版社，1984年。
② 李智信：《试论马家窑至卡约文化经济转变的原因及影响》，《青海文物》1991年6期。

人口的存在，必然依赖农业生产的充分发展和生活水平的长期稳定提高。从另一方面看，人口高峰期的到来，也成为经济进一步发展的巨大障碍。

农业经济繁荣发达的另一个显著特征是养猪业的兴旺发展。一般来说，养猪需以农业发展后，粮食加工的副产品谷糠等为主要饲料来源，因此，猪的个体数目的增长直接反映了农产品数量的增长水平。当然，在有些环境条件下也可以有例外的情况。① 在甘肃中西部地区，以齐家文化墓葬中随葬猪下颌骨的情况最为多见，现将几处典型遗址的发现情况统计如表19。

表19 齐家文化墓葬中随葬猪骨情况统计表

项目 地点	发掘墓葬总数	随葬猪骨墓数	比例（%）	猪骨个体总数	备注
柳湾墓地	366	?	?	?	发掘报告未做介绍
皇娘娘台墓地	61	14	22.95%	27	仅统计第四次发掘
秦魏家墓地	138	46	33.33%	439	最多一墓68个
大何庄墓地	91	10	10.99%	106	有两墓随葬羊骨个体14个

从上表看出，在齐家文化早中期阶段，墓葬中随葬猪下颌骨的现象比较常见，一般约三分之一的墓葬中都有发现，数量不等，多的一墓可达68个个体。如此大量地养猪，说明齐家文化早中期阶段农业生产仍是非常发达的。从本表统计中还可看出，齐家文化晚期阶段墓葬中随葬猪骨的情况大为减少，同时开始出现以羊骨代替猪骨随葬的现象，这应是一种十分重要的转变。

农业生产的充分发展，可以使一部分劳动力脱离农业生产行业，转而成为专职的制陶工匠和其他手工业者。马厂类型阶段制陶业高度发达，仅柳湾墓地所出的马厂类型陶器总数就达13227件之多。这些陶器往往多为彩陶，器形变化多样，构图纹饰变化层出不穷。据《青海柳湾》一书对7500多件彩陶基本纹样的排比分析，其中圆圈纹的单独纹样有414种，蛙纹的单独纹样有31种，各种几何纹的单独纹样有56种，总计有505种单独纹样。这些

---

① 在甘肃南部的甘南草原地区，现在还有一种体形很小的猪，叫合作猪，是在草地上常年放牧，以食植物的根、茎为主，这种放养的猪生长缓慢，难以形成大规模的生产能力。

各不相同的单独纹样的互相配置，其变化真是难以计数。此外，在 674 件陶器上共发现几何形符号 139 种。这些符号在没有文字的原始初民时代，应具有某些与文字相同的表意功能，有的当是后来部分原始文字的直接前身。显然，大量重复使用有表意功能的符号系统也是文化高度发展的一个指征。这从一个侧面反映出，马厂类型阶段，正如甘肃东部的大地湾仰韶晚期阶段及桥村龙山阶段一样，已经进入文明时代的前夜。

以上我们从几个方面分析了甘肃东部、中西部、青海东部地区农业经济的发展状况，正如我们已经指出的那样，这种农业经济在新石器时代晚期的最后一段时间内，发展到了一个空前繁荣的高度，为甘青地区的文化发展迈进文明社会打下了坚实的基础。可以肯定，由这种高度发展的农业经济中产生出甘青地区的城市文明是完全有可能的。然而，我们所看到的历史画面却是，在齐家文化晚期阶段及以后的时期内，甘青地区的这种发达的农业经济体系彻底解体衰落了。

自马厂晚期和齐家文化之后，甘青地区出现的四坝文化、卡约文化、辛店文化以及再晚一些时候的寺洼文化、沙井文化等，其经济形态都是以游牧经济为主要特点，关于这种新经济形态出现和发展的一些情况，我们在后面将要给予详细的讨论。在此值得注意的是，在甘青地区如此广大的空间范围内，不同文化体系的农业经济在距今 4000 年前后的一段时间里，同时出现了解体和衰落的现象。这种经济形态转变出现得突然而又影响深远，显然应当引起我们足够的重视。

为什么在甘青地区的文化发展进程中会出现这样一种转变过程呢？许多研究者试图从各方面做出解释。有的研究者指出，由原始的锄耕农业转化为畜牧业，人们能够征服的空间范围大大地扩展了，这对甘青的高原地区来说，自然是一种巨大的进步，而这种转变出现在青铜时代，则是一种具有普遍意义的现象。[1] 我们认为，这种认识并没有说明原始农业经济衰落的直接原因。有的研究者在探讨青海省境内的马家窑文化到卡约文化之间的经济类型转变原因时认为，这是由于青铜器，特别是青铜武器的出现，促进了狩猎业的发展，狩猎业的发展为大范围内的放牧创造了条件，畜牧经济比农业经济

---

[1] 俞伟超：《关于卡约文化和唐汪文化的新认识》，《先秦两汉考古学论集》，文物出版社，1985 年。

能更有效地发展和利用青海地区的各种资源，因而也更具有优越性，相比而言它是一个更先进的文化系统。[①] 我们认为，这种认识忽视了马家窑文化农业经济的发展在青海东部地区所创造的巨大成就，因此，所谓畜牧业比农业更适合青海地区资源特点的解释难以令人信服。

从对上述两种解释的分析中我们发现，这种大范围的经济形态的突然转变，不能从这一地区文化自身的发展过程中找到合理的原因。因此，我们试图从文化发展系统的外部来寻找一些能够对一个较大区域内的文化发展产生根本影响的因素。我们知道，在世界古代历史的发展进程中，很多地区的一些重要的古代文化都因为环境条件的突然改变，而趋于衰落或毁灭，如印度河流域的哈拉帕文化、埃及的尼罗河文明等。因此，环境条件的变化最有可能对古代文化的发展产生深远的影响。几年前，我们在考察齐家文化的农业经济解体原因时，曾经提出是由于环境变化所致的认识。[②] 但是，要确定过去的环境条件在何时、何地、何种程度上发生过变化，却是一个十分复杂的问题。而且环境的每一次变化是否都能对文化发展产生直接的显而易见的影响，也是学术界有所争论的问题，在此，我们试图从多学科研究的角度，对全新世的气候及环境变化等方面的问题做一些尽可能细致的探讨，然后再来讨论由于环境条件变化而导致的一系列后果。

距今约一万年前后，全球气候普遍进入冰后期的气候适宜期，虽然不再出现诸如更新世的冰期和间冰期那样剧烈的气候变化，但小的气候波动依旧不断出现。以东亚地区为例，我国著名学者竺可桢曾根据历史记载和考古发现中所反映的不同时期物候变化的特点，并参考北欧挪威雪线变化的规律，推算出近5000年来中国气候变化的波动曲线（图五一：A）。[③] 他的这一研究成果代表了我国学术界对全新世气候变化问题的认识，因而在世界上被广泛引用。[④] 我们认为，竺可桢的这一研究成果在西周以后的两千多年时间范围内，

① 李智信：《试论马家窑至卡约文化经济转变的原因及影响》，《青海文物》1991 年 6 期。
② 水涛：《史前研究中的环境因素分析（摘要）》，《走向二十一世纪》讨论会纪要，《文物天地》1988 年 3 期。
③ 竺可桢：《中国近五千年来气候变迁的初步研究》，《考古学报》1972 年 1 期。
④ 如英国气候学家 H. H. Lamb 所著的《气候：现在、过去和未来》一书中有关中国的气候演变状况均依竺可桢的观点。中译本为《气候的变迁和展望》，气象出版社，1987 年。

依据各种文献记载中的证据论述得十分详尽周密，令人信服。但是在讨论西周以前的两千多年时间范围内的气候状况时，所依据的主要是西安半坡和安阳殷墟两地的考古资料，建立了"仰韶温暖期"、"殷墟温暖期"两个气候变化阶段的概念，而对介于仰韶文化和殷墟文化之间的整个龙山时代和夏代的气候状况，未做详细的讨论。这的确是令人遗憾的不足，因为从今天我们所知道的材料来看，正是在龙山时代和夏代这一时期，我国的大部分地区都经历了文化发展进程的巨大变革。显然，对这一阶段的环境变化的基本状况尤其需要进行深入的探讨。

有的研究者从行星运动对气候的影响等方面来探讨全新世，特别是近5000年以来的气候变化问题，结果发现，每当九大行星会合时（九大行星有178.7年的准会合周期，届时所有的行星和太阳均出现在地球的同一侧，但最外两颗行星的视黄经差——即地心张角——为最小），在其附近均出现低温期，同时往往发生严重干旱，长江或黄河出现罕见特大洪水，华北地区有大地震。进一步分析发现，我国近3000年来温度起伏的峰谷值，还与当时九大行星会合的地心张角有关，当九大行星在冬半年会合，张角越小，相应低温期愈冷。而当九大行星会合处于夏半年时，情况则相反，此时张角愈小，温度愈高。如果用九大行星会合时地心张角的变化情况与竺可桢推算的我国气候变化曲线相对照，两者演变是相当吻合的（图五一：B）。但是在距今4000年前后，应有一次大约持续200年左右的低温时期。[1] 在竺可桢所确定的距今5000年气候变化曲线上没有反映出距今4000年前后的这次气候变化，我们认为，这主要是因为他当时所依据的考古材料比较贫乏，仅仅看到了20世纪30年代在山东历城县龙山文化遗址一个灰坑中所发现的炭化竹节，由此确认当时竹类的分布在黄河流域是直到东海沿岸地区，进而认为从仰韶经龙山再到殷墟的中国气候是一直处在温暖期环境条件下的。

---

① 任震球、李致森：《行星运动对中国五千年来气候变迁的影响》，《全国气候变化学术讨论会文集》，科学出版社，1981年。

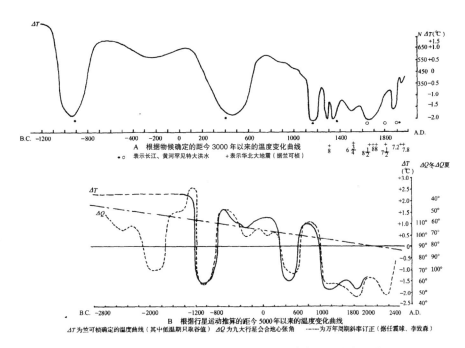

图五一　根据物候与行星运动分别确定的温度变化曲线

　　有的学者主要依据植物孢粉的组合变化情况，分析中国北方河谷平原地区距今 30000 年前后的晚更新世以来的植被变化情况，结果认为距今 7500—2500 年的一段时间为持续的温暖期[1]，而另外的研究者则提出所谓的温暖期作用时间是在距今 9000—3500 年[2]。由于孢子花粉颗粒微小，常常借助于风的作用进行长距离的传播，因此，各地以孢粉材料为依据复原的古代气候变化情况，总是有一定的差异，所以这一类研究成果还需要用其他研究手段进行对比分析。

　　从以上所引的几种关于我国全新世以来气候冷暖变化时期的划分意见来看，主要是对距今 5000—3000 年这段时间的气候变化状况有不同的认识。从全球范围内来看，对全新世各阶段环境状况的研究也有很多不同的结论，如距今 6000—4000 年前后，当欧洲大部分地区进入冰后期最温暖时期

①　周昆叔：《中国北方河谷平原区三万年来植被史梗概》，《第一次全国 14C 学术会议文集》，科学出版社，1984 年。
②　刘金陵等：《燕山南麓泥炭的孢粉组合》，《中国第四纪研究》1965 年 1 期。

时（即所谓的大西洋期），里海的水位却降至最低点，处在一种较干而多反气旋作用的气候条件之中。同时期在非洲的乍得湖则处在一个高水位时期。① 正是由于不同地区对环境变化问题的这些不同认识，使我们意识到，全新世以来的全球气候环境变化，往往存在着非常明显的地区差异性和地域时间差异性，显然不能以某一地点的变化情况，归纳出一个很大的地域范围内的变化规律。基于这种认识，我们将重点考察我国西部地区的全新世气候和环境变化状况。

自第四纪以来青藏高原的不断抬升，对我国西北地区的气候状况产生了深远的影响。由于青藏高原对南北气流的屏障作用，使得中国西北地区自中更新世末期以来，气候总的说是向着干旱方向发展。②

我国学者李吉均在分析晚更新世以来的环境演化模式时指出，可以将中国西部分为季风盛行区和西风盛行区，其界线在昆仑山北麓。这两个区在冰期时有不同的气候模式，即季风区干冷、西风区湿冷，在末次冰期最盛期，西风区的新疆柴窝堡湖处于最高湖面，而季风区的青海湖则近于干涸。但全新世的新冰期开始时，两区的湖泊均趋于退缩，全新世高温期则均产生湖侵而出现高湖面。③

湖泊水位的变化一般反映出气候的变化，气候湿热、湿冷、湖泊一般扩张，产生高水面。而气候干热、干冷则使湖泊退缩，产生低水位。我国学者近年来对中国西部的柴窝堡湖、艾比湖、青海湖、藏南诸湖、库木库里盆地诸湖和岱海等湖泊在全新世中的变化进行了研究（图五二）。通过比较可以看出，这些湖泊在全新世开始时基本都处于低水位，到距今8000—7000年同时发生扩张，这种扩张的高湖面大约一直延续到距今3500—3000年前后，又开始了再一次退缩，退缩后的低湖面持续至今。这些湖泊基本一致地反映了全新世气候变化的三个主要阶段。④另外，中亚天山腹地的伊塞克湖在大约距今8000—4000年的这段时间也出现高湖面，约高出现代伊塞克湖面

① H. H. Lamb：《气候的变迁和展望》，气象出版社，1987年，第64—65页。
② 张林源：《青藏高原上升对我国第四纪环境演变的影响》，《兰州大学学报》1981年8期。
③ 李吉均：《中国西北晚更新世以来的环境演化模式》，《第四纪研究》1990年3期。
④ 周尚哲等：《中国西部全新世千年尺度环境变化的初步研究》，《环境考古研究》第一辑，科学出版社，1991年。

30—35 米。[①]

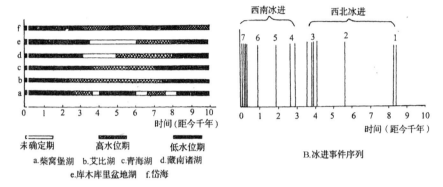

西南冰进　西北冰进

未确定期　　高水位期　　低水位期

a.柴窝堡湖　b.艾比湖　c.青海湖　d.藏南诸湖
e.库木库里盆地湖　f.岱海

A.湖泊水位变化状况　　　　　　　B.冰进事件序列

图五二　中国西部全新世以来湖泊、冰川变化状况所反映的环境演化事件
（据周尚哲、李吉均等）

　　青海共和盆地既是青藏高原内部的一个断陷盆地，又是我国西北的一个内陆干旱盆地。因此它的环境演化就同时兼有青藏高原和西北地区环境发展的一些特点，一方面随着高原的不断隆起，自晚第三纪以来总的趋势向干旱寒冷方向发展；另一方面，随着气候的变化波动，又有明显的发展阶段性。进入全新世以来，距今 8000—7000 年的早全新世寒冷期使盆地内局部地区出现多年冻土。距今 7000—5000 年的全新世高温期气候转为湿冷，老沙丘发育停止并在其顶部形成古土壤层。距今 5000—4000 年的全新世新冰期气候再度转冷而干旱，引起新沙丘的发育。[②]

　　冰川和雪线的变化，也能指示气候变化的情况。一般来说，山谷冰川下降，雪线下移，表示气候处于寒冷条件中；而雪线上移，冰川回缩，则表示气候处于温暖条件下。反映冰川变化活动的直接证据是各种冰川地貌和终碛垄的存在。我国学者对中国西部若干冰川的研究表明，存在着几个明显的冰

① Pomorzev, O. A., On Fluctuations of the Issyk-kul Level and Glaciers in Its Surrounding Mountains, Tianshan Alpine Physical-geographical Station: Physical Geographical Research on Issyk-kul Lake and Its Coast, Frunse 39-48, In Russian, 转引自周尚哲等：《中国西部全新世千年尺度环境变化的初步研究》，《环境考古研究》第一辑，科学出版社，1991 年。
② 徐叔鹰：《青海共和盆地晚新生代环境变迁》，《青海柴达木盆地晚新生代地质环境演化》，科学出版社，1986 年。

进时期，各主要冰碛垄的 ^{14}C 测定年代列表如 20。

表 20　中国西部若干冰川全新世冰碛年代表

冰川名称		年龄（距今）	测年方法	资料来源
西昆仑山古里雅冰川		8282±160	^{14}C	李世杰：《冰川冻土》1990 年 4 期
祁连山敦德冰川		8455±265	^{14}C	同上
西昆仑山崇侧冰川	冰碛垄 1	3983±120	^{14}C	郑本兴等，1990 Bulletin of Glaciers Research No. 8 1990
	冰碛垄 1	3522±117		
	冰碛垄 2	2720±85		
天山乌鲁木齐河源冰川	冰碛垄 1	5680±150	^{14}C	陈吉阳等：《冰川冻土》1987 年 4 期
	冰碛垄 2	4080±150		
	冰碛垄 2	3945±141		
藏东南阿扎冰川		2980±150	^{14}C	李吉均：《兰州大学学报》丛刊 1984

注：此表据周尚哲等文章改制。

　　冰碛垄是冰川稳定阶段的产物，冰川末端较长时期停留在某一位置，便形成了终碛垄。所以终碛垄或者意味着冰川间歇性后退，或者意味冰川退缩后又一次前进。上述测年的冰碛垄均被证明属于后者。由此可见，在距今约 8300 年和 4000 年时，中国西部有两次明显的冰进活动时期。这后一次应标志着中国西部全新世气候最适宜期的结束和新冰期的开始。

　　黄土堆积中往往夹有埋藏古土壤层。一般认为，黄土中的埋藏古土壤层是在暖湿气候条件下形成的。也就是说，当处在寒冷干燥气候条件下，在黄土高原一般是黄土堆积时期。而在气候相对温暖湿润的条件下，则是古土壤的成土作用时期。因为古土壤为某一特定时期气候的产物，所以古土壤的年代数据可以反映这一特定的气候阶段。若将某一地区古土壤样品的年代数据进行汇集统计，古土壤年代数据个数随时代的不同将发生变化，这种变化应当反映气候的变化。因为在气候适宜于古土壤发育的阶段，古土壤广泛形成，人们收集到的样品就多；在气候不适宜期，古土壤难以形成，人们收集到的样品就少，甚至缺失。基于这种认识，有的学者对黄土高原及其邻近地区的古土壤年代数据进行了统计分析，按 200 年为一个时段，计算出每时

段 ¹⁴C 年代个数在总年代个数中所占的比例（频率），然后以年代为横向坐标、频率为纵坐标作图，在对总数为 300 个样品的统计中得到一个年代频率分布曲线（图五三），从中发现这样几个阶段：距今 10000—8200 年间，古土壤年代数据明显减少，说明这一时期的生物气候条件限制着土壤的形成。在距今 8200—7300 年间，年代频率曲线出现一个高峰，说明古土壤广泛发育，反映当时为比较温湿的气候环境。在距今 7300—6800 年间，年代频率曲线再次呈现低谷区，在许多地点本时段古土壤发育中断，而代之以黄土堆积，说明本期气候相对干燥。在距今 6800—5500 年间，¹⁴C 年代数据大增，古土壤广泛发育，据对古土壤中孢粉组合的分析，其中落叶阔叶树花粉大量增加，改变了以前各期木本植物花粉极少的状况，这反映出本期为黄土高原西部最为温暖湿润的时期，当时的植被为森林草原或森林。在此期之后的距今 5500—4700 年间，又出现不明显低谷，反映土壤形成条件变差。在距今 4700—3500 年间的高峰曲线标志着又一次古土壤成土期的到来，本期孢粉组合中草本植物花粉占绝对优势，反映气候虽然相对温和湿润，但远不如距今 6800—5500 年时优越。距今 3500—2500 年间又出现一个曲线低值区，反映气候相对冷干，黄土堆积盛行。[1]

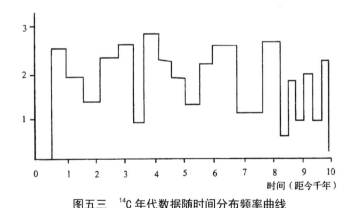

图五三　¹⁴C 年代数据随时间分布频率曲线

① 曹继秀等：《¹⁴C 年代频率曲线与黄土高原西部及毗邻地区晚冰期以来的气候变化》，《第四纪冰川与第四纪地质论文集》第六集，地质出版社，1990 年。

1990 年我们曾对甘肃中部的渭河一级支流葫芦河流域进行了一次考古和全新世沉积环境的综合考察，对秦安大地湾、雒家川以及静宁番子坪等遗址的地层堆积剖面做了全面采样，样品经北京大学城市与环境学系进行了实验室分析测定。结果表明[①]，在大地湾遗址共有 17 层全新世不同时期的堆积，第 14—17 层所代表的全新世早期沉积钙质较多，颜色偏黄，反映了一种较干燥的气候环境。第 7—13 层所代表的沉积，年代约为距今 8155—4500 年，此部分剖面颜色偏黑，富有机质黑土层的出现频率明显大于上部地层，非黑土层的沉积亦多以河漫滩相的粉沙黏土为主，反映出一种较湿热的气候条件。第 2—6 层所代表的沉积，大致形成于距今 4500—3000 年，颜色以灰黄色为主，多黏土、粉沙沉积，层理不清楚，多为河流加积的产物，反映了气候条件又转向干冷。

秦安雒家川遗址剖面共 5 层堆积（图五四：B），第 5 层为仰韶文化晚期阶段文化层，第 2—4 层是次生黄土堆积，厚约 6 米，多为河流加积的产物，且持续时间较长。加积代表一种气候转干的趋势，说明自仰韶晚期以后，这个地区的气候逐渐变得干燥。

静宁番子坪遗址剖面共 6 层堆积（图五四：A），第 3 层为仰韶中期文化层，其上为河流相黄土状粉沙黏土夹砾石互层，说明仰韶中期文化层之后曾有一段河水淹没时期，沉积了这层约 3—4 米的河湖交互相的粉沙黏土砾石互层，这也反映了气候逐渐变干的过程。

在葫芦河流域上述遗址剖面中反映的全新世气候变化的阶段性是一致的，表明在仰韶文化晚期阶段之后，气候开始了一个逐渐向干冷方向变化的过程，时间大约在距今 4500—3000 年前后。也有的研究者在讨论渭河流域全新世黄土与环境变迁等问题时认为，距今 8500—6800 年间气候为湿热，距今 6800—5000 年间气候为干燥寒冷，距今 5000—3120 年间气候复为湿热阶段[②]，并进而认为，我国西北高原盆地全新世沉积与环境变迁，经历了三个暖湿期和三个干冷期的变化旋回，干冷期分别为距今 10500—8500 年、6800—5000 年、3120—1400 年间，暖湿期分别为距今 8500—6800 年、

① 王廷山：《葫芦河流域全新世环境变迁》，北京大学学士学位论文，1991 年。
② 黄春长：《渭河流域全新世黄土与环境变迁》，《地理研究》1989 年 8 卷 1 期。

5000—3120 年、1400 年至现代①。

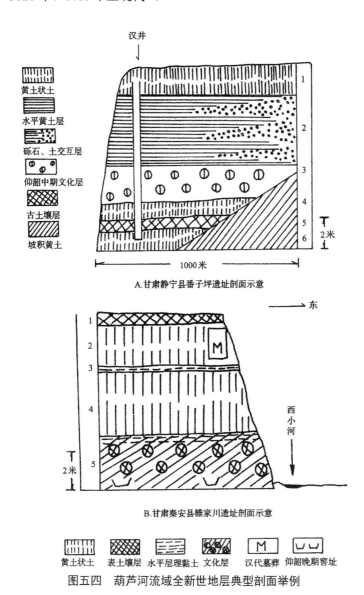

图五四　葫芦河流域全新世地层典型剖面举例

　　这种认识与我们上引的多种学科研究成果颇多抵触，我们认为，产生这种认识的偏差之处在于，作者对渭河流域流水量与气候干湿变化阶段的划分，主要是依据一些考古遗址位置的高度变化，提出所谓遗址位置高，表示当时气候湿润多雨，河流常发洪水，人们为避水害将遗址移往高处。遗址位置低表示气候干旱缺雨，人们将聚落迁往河漫滩和 T1 低地，以求饮水方便。显然，这种因果关系的推导，是把复杂的人地关系简单化了，而且作为主要依据的一些早期遗址多未经正式的考古发掘，故其堆积层位、年代和文化性质等很难给以确认。可见，由于方法论上的偏差和简单化，结论也就难免失之偏颇，难以令人信服。

　　实际上，考古遗址的分布状态，应该具有一些与环境条件状况的必然联系。只是这种联系的建立不应以孤证立论，而是要对一定范围内绝大多数考古遗址的分布状况进行全面考察。我们在葫芦河流域做综合考察时，曾将该流域范围内文物普查所发现的几百处考古遗址的分布状况进行了详细的分析[①]，发现一些值得注意的现象，古文化遗存在几个主要的文化发展阶段中其分布北界、遗址离河高度、绝对海拔高度等都有一些明显的变化。具体地说，距今 7000 多年的大地湾文化（即老官台文化）分布北界在北纬 35°01′，其后的仰韶文化早期阶段到达 35°22′，仰韶文化中期阶段到达 35°32′，仰韶文化晚期阶段到达 36°31′，常山下层文化到达 36°34′，此后齐家文化的分布北界退回到北纬 35°33′，寺洼和西周文化进一步退缩到 35°23′，春秋战国文化再退至 35°14′（图五五），其变化形成一个完整的峰（图五六）。遗址离河高度的变化情况是，从仰韶早期开始，遗址离河高度开始上升，到齐家文化时期达到顶峰，寺洼和西周文化时期有大幅度的下降，春秋战国时期有所回升。遗址中心区海拔高度的变化是，从大地湾文化时期开始上升，到常山下层文化时期达到顶峰，以后开始下降。

　　从上述三方面的变化看出，当常山下层文化阶段分布北界达到最大值时，遗址绝对高度也达到最大值，而离河高度变化的最大值出现在晚一阶段的齐家文化时期，表现了一种滞后的变化过程。当寺洼文化时期，分布北界大幅度后退时，遗址离河高度、绝对海拔高度同时大幅度下降。这三方面变

---

① 李非、李水城、水涛：《葫芦河流域的古文化与古环境》，《考古》1993 年 9 期。

化的基本一致性反映了各时期文化分布状况变化规律的客观存在。进一步的
分析表明，各时期文化遗址分布状况的不同变化是由于气候条件变化所致。

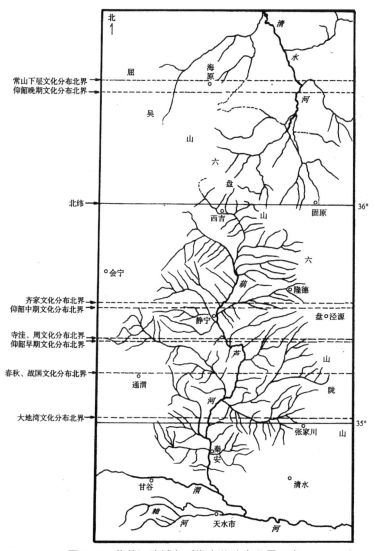

图五五　葫芦河流域各时期文化分布北界示意

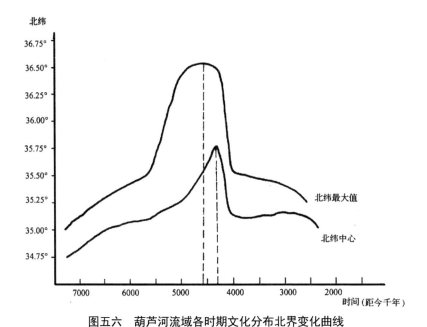

图五六　葫芦河流域各时期文化分布北界变化曲线

　　沙漠在中国西部有广泛的分布，不同时期沙漠的分布状况及其变化，反映了气候和环境的不同变化。有的研究者通过对鄂尔多斯高原沙漠及沙漠化过程的考察研究发现，萨拉乌苏河各区的全新统沉积可划出两组，中下部的大沟湾组除浅湖沼相沉积外，还包括沙黑垆土，它与黄土丘陵区和西北部梁地相应部位的剥蚀面或湖沼相沉积沙黑垆土（有的为粉沙黑垆土）同期，相当于冰后转暖期和气候最佳期。上部包括古风成沙、次生黄土、固定一半固定沙地及现代流动沙丘，它与黄土丘陵区和西北部梁地上的古风成沙、固定一半固定沙地及现代流动沙丘同期，相当于距今 4000—3000 年开始的新冰期与 17—19 世纪的小冰期。这表明在全新世早中期，鄂尔多斯高原先后出现温凉湿润的草甸草原和温暖湿润的灌丛草原环境，流沙趋于固定，广泛发育沙黑垆土。至全新世中晚期，受北半球新冰期气候作用，鄂尔多斯高原再度变为干冷、多风的荒漠、半荒漠或干草原环境，普遍出现风成沙活动。[①]同样，对于青海湖东岸风沙堆积的研究表明，存在着两个不同时代的风沙堆

---

① 董光荣等：《由萨拉乌苏河地层看晚更新世以来毛乌素沙漠的变迁》，《中国沙漠》1983 年 3 卷。

积，新老沙丘之间广泛分布着一层古土壤层，据 ^{14}C 测定，古土壤层形成于距今 3960±100 年左右，它标志着气候的温暖时期，也是风沙堆积间断时期，在它下面的老沙丘应是早全新世寒冷期的堆积，其上的新沙丘则是新冰期气候的产物。[①]

前面我们用较大的篇幅，详细介绍了各种学科对全新世气候和环境变化问题的研究成果，由此可以看出，中国西部全新世气候变化首先呈现了一个"三部曲"的图式，即距今 7500—3500 年期间的气候最适宜期及其两头的相对寒冷期。气候适宜期以暖湿为特点，在中国西部表现尤为显著。在三部曲的背景下，穿插了多次气候波动，以七个冰进时期为代表（即距今 8300 年、5700 年、4000 年、3000 年、2000 年、1000 年、200 年前后的七次冰进事件）。其中距今 4000 年前后的冰进均发现于中国西北腹地的大陆性冰川，对照黄土古土壤和湖泊资料，基本可以认为，这是一个气温波动下降而降水尚丰的阶段，适合深居内陆的大陆性冰川发生冰进。上述冰进所代表的低温时间，反映了气候变化的千年尺度周期。[②]

实际上，距今 4000 年前后这次寒冷期的存在，不仅在中国西部可以找到许多证据，在东部地区同样也有反映。有的研究者根据对渤海湾西岸的贝壳堤等海岸线指示物的研究，指出全新世的海平面有几次明显的变化，距今 6000—5000 年的全新世最高海面约在现今海面 2—4 米之上。在距今 5000 年以来的海面下降过程中也有几次波动，其中包括距今 4700—4000 年、3800—3000 年、2500—1100 年等多次较高海面存在的时期。[③] 显然，距今 4000—3800 年、3000—2500 年间有两次明确的低海面时期，这与中国西部的两次冰进时期基本同时。

有的研究者从动物地理分布的变化来探讨气候变化的特点，结果发现在距今 7000—4000 年间的气候最佳期，四不像鹿的分布出现最高峰，在我国黄河、长江流域的考古遗址中有大量的发现。在距今 4000—3500 年间因气候变冷，四不像鹿分布也曾减少。距今 3300 年前后气候回升，四不像鹿又

---

① 徐叔鹰、徐德馥：《青海湖东岸的风沙堆积》，《中国沙漠》1983 年 3 卷。

② 周尚哲等：《中国西部全新世千年尺度环境变化的初步研究》，《环境考古研究》第一辑，科学出版社，1991 年。

③ 张景文、赵希涛等：《^{14}C 年代测定与中国海陆变迁研究的进展》，《第一次全国 ^{14}C 学术会议文集》，科学出版社，1984 年。

大量增加。①

现在，我们可以基本肯定地说，在甘青地区的齐家文化农业经济开始衰落的阶段，即距今 4000 年前后，中国西部的气候和环境正是处在一个由温暖转向寒冷的新冰期开始阶段。但是，这一新冰期气候作用的强度和持续时间能否使甘青地区的农业经济遭到彻底破坏，还需要给予论证。下面我们就来分析一下温暖期气候和寒冷期气候各自的量值变化特点。

在距今 6000—5000 年、4700—4000 年期间的高温期中，中国西部的大部分地区表现为湿热同步的气候环境，因而普遍被看作是全新世气候最适宜期。这一时期在黄土高原地区，地带性森林一度逼近其东南边缘。高原内部的山地、高地和沟谷森林也获得更优越的生存条件。② 从秦安大地湾遗址仰韶晚期房屋建筑中大量使用圆木的情况，可推知当时该地应有森林植被存在。③ 在兰州马衔山 3560 米高度剖面所采这一时期的孢粉样品组合显示，其中有较多种类的阔叶乔木花粉，特别是喜暖湿的椴树花粉明显增多，含量达 8.2%，反映出由于气候暖湿，森林上界上升（现在马衔山此高度以上仅分布以蒿草、苔草、发草、星状凤毛菊、冷龙胆等组成的高山草甸植被）。④

在青藏高原东北部边缘区的青海湖盆地和贵南盆地，此时期形成了厚约 80—100 厘米的古土壤层，其中的孢粉组合显示当时植被是较湿润的草原环境。⑤ 显然，这种森林草原或湿润草原的气候环境条件，比当地现今的气候环境条件要优越得多，这无疑为农业的繁荣发展提供了必要的先决条件。据竺可桢的推算，仰韶温暖期时的年平均气温比现今高 2℃ 左右，1 月平均温度大约比现在高 3℃—5℃。⑥ 相应的年降水量在这一时期也比现在要高出许

① 黎兴国：《从我国四不像鹿（Elaphurus davidianus）亚化石的时空分布看全新世气候变化特点》，《第一次全国 ¹⁴C 学术会议文集》，科学出版社，1984 年。
② 唐少卿、伍光和：《历史时期甘肃黄土高原自然条件变化的若干问题》，《兰州大学学报》1984 年 1 期。
③ 李非、李水城、水涛：《葫芦河流域的古文化与古环境》，《考古》1993 年 9 期。
④ 汪世兰、徐齐治：《马衔山地区全新世孢粉组合特征及古植被的演变规律》，《兰州大学学报》1988 年 2 期。
⑤ 胡双熙等：《青藏高原东北部边缘区栗钙土的形成与演化》，《生物地理和土壤地理研究》，科学出版社，1990 年。
⑥ 竺可桢：《中国近五千年来气候变迁的初步研究》，《竺可桢文集》，科学出版社，1979 年，第 475—497 页。

多，在甘肃东部和中部，一般可达到每年 700—800 毫米以上，这样才可使当地的森林植被得以存在。在青海东部地区或可达到每年 600—700 毫米以上，使得青海湖等湖泊维持较长时期的高湖面。

在随后的距今 4000 年前后开始的新冰期阶段，气候和环境条件发生了很大的变化。在黄土高原地区，地带性森林从甘肃黄土高原南离，或抬升到高原内山地的海拔更高处。高原的绝大部分被草原和荒漠草原所占据，古土壤发育明显减少或缺失。在更北面，风沙活动再次活跃，新沙丘广泛分布。在甘肃西部的高山地带，山谷冰川开始向前推进。在青海东部地区，湖泊水位大幅度下降，干燥度增加引起新沙丘发育，植被景观在贵南盆地为荒漠草原，孢粉组合中麻黄属激增到 78.21%，禾本科只占 17.36%。在青海湖盆地，禾本科和蒿属仍占主要成分，基本保持湿润草原环境。据有的研究者推断，距今 4000 年前后的这次寒冷期作用期间，年平均温度比现今低约 1℃—2℃，持续时间为 200 年左右。[①] 若与前一阶段的高温期气候相比，年平均气温下降幅度约为 3℃—4℃，同时年降水量也有较明显减少。显然，这是一次十分剧烈的气候变化。

甘青地区现代的气候和环境构成因素十分复杂多样。以甘肃省为例，它的自然条件兼具我国三大自然区的特点，其中甘肃中部、陇东、陇南地区属东部季风区和长江、黄河流域；西南部的祁连山地和甘南高原属青藏高寒区和内、外流河的发源地；西北部的河西走廊、北山和阿拉善高原属蒙新干旱区和内陆河流域。境内山峦起伏，地形高差悬殊，加之南北所跨纬度不同，离海远近差别很大，以至于气候条件差异明显，具有北亚热带、暖温带、温带等多种气候类型。

水、热条件是气候构成的两大要素，也是对农业生产具有决定影响的因素。甘肃各地的水、热条件状况可归纳如表 21。[②]

---

① 任震球等：《行星运动对中国五千年来气候变迁的影响》，《全国气候变化学术讨论会文集》，科学出版社，1981 年。
② 甘肃省水、热资料及气象资料主要见于以下参考书中。甘肃省气象局编：《甘肃省日照、蒸发量资料》，内部资料，1978 年。甘肃省气象局编：《甘肃省一九七七年地面气象年鉴》，内部资料，1978 年。甘肃农业地理编写组：《甘肃农业地理》，内部资料，1978 年。

表 21　甘肃各地水、热资源状况统计表

地区	地点	年平均气温（℃）	≥10℃的年积温（℃）	年平均日照时数（小时）	年平均无霜期（天）	年平均降水量（毫米）	年平均蒸发量（毫米）	年平均相对温度（%）
陇南山地	武都	14.7	4518.9	1920.9	282	478.3	1548.3	63
	天水	10.7	3448.9	2035.8	220	552.9	1277.2	68
陇东、陇中高原	平凉	8.6	2828.1	2396.2	187	523.0	1451.4	64
	西峰镇	8.3		2429.3	191	570.0	1490.5	64
	兰州	9.1	3314.8	2725.0	199	331.9	1486.5	59
	华家岭	3.6	1237.2	2419.9	141	517.8	1340.8	70
甘南高原	甘南	2.0		2372.5	82	577.1	1213.6	65
河西走廊高平原	张掖	7.0	2940.0	3205.0	162	125.1	2037.1	53
	酒泉	7.3	2928.1	3154.1	167	82.0	2191.4	46
	敦煌	9.5	3646.4	3266.6	171	29.4	2489.6	41
阿拉善高原	老东庙	7.7	3594.1	3325.1	156	46.6	3666.3	36
祁连山地	张掖祁连山	0.5	464.6	2907.5	105	340.5	1931.0	49
	乌鞘岭	−0.1	328.4	2599.4	97	416.1	1592.0	58

注：此表主要依据《甘肃农业地理》一书。

　　从这些详细的统计资料中可以看出，甘肃各地的光照资源充足，有 75% 以上的地区全年日照超过 2500 小时。全省一般年平均温度在 0℃—15℃ 之间，纬度偏南或海拔较低的陇南一带气温较高，可达 10℃ 以上。河西西部和陇东、陇中的黄河、渭河、泾河流域川地温度也较高，在 8℃—10℃ 之间。甘南和祁连山地则气温较低，多不足 2℃。降水量一般具有东南多西北少、高山多平川谷地少、迎风面多背风面少等特点，陇东、陇南和甘南高原等地区年降水量可达 500—800 毫米，陇中地区在 200—500 毫米之间，河西地区则不足 200 毫米。各地相对湿度也有差别，乌鞘岭以东一般超过 60%，河西地区在 40%—50%，由于年降水量由东南向西北递减，年蒸发量则由东南向西北递增，所以干燥度也是西北大于东南。陇南地区干燥度 <1.0，属于湿润气候，河西地区干燥度 >4.0，为干旱气候。广大中部地区干燥度介于两者之间，为半湿润、半干旱气候。

水、热资源的分配不均是一个十分突出的问题，在甘肃中部、西部地区，日照充足、地势平坦，但缺乏足够的降水。在水、热资源较充足的陇南地区，山大沟深，缺乏必要的可耕地面积。甘南地区降水充足，地势平坦开阔，但热量条件不够，无霜期很短。这些矛盾限制了各地农业生产的发展规模。因此，就甘肃全省范围而言，农业生产的基础都十分薄弱，在河西、陇中、陇东的大部分地区只能发展现代的灌溉农业。而在一些靠天吃饭的地方，农业生产常常不能满足当地人口的自给水平。

青海东部的黄河沿岸、湟水谷地和青海湖地区的水、热资源条件大致相当于甘肃中部的兰州、临夏等地的情况，有的地方条件甚至更差，这也使当地的农业生产发展受到很大的制约和限制，一般只能在灌溉条件下达到基本自给水平。

我们知道，甘青地区新石器时代形成和发展起来的原始锄耕农业经济中，主要的种植物是粟类。因此，在我们分析这一农业经济体系对环境的依赖程度时，必须了解粟类作物对环境条件的要求。

粟在我国北方通称谷子，去壳后为小米，是现代我国北方地区重要的粮食作物之一。在植物分类上，凡是子粒较小可以作为食用或饲用、与谷子有类似性状的一年生作物通称作粟类作物。现在世界上栽培的粟类作物主要有谷子、黍（稷）、栽培稗、龙爪谷、蜡烛稗五种，其中我国北方栽培的主要是前两种。谷子属于禾本科（Gramineae）黍族（Paniacle）狗尾草属（Setaria）的一年生草本植物。根据目前常用的分类方法，将穗大毛长、粒粗者称作粱（大粟），普通食用多为此种类型；将穗小毛短粒细者叫粟（小粟），一般饲用粟多为此种类型。[①]

谷子从出苗到成熟所经历的时间叫生育期。生育期又分为两阶段，前者是主要生长根、茎、叶的营养生长阶段，后者为幼穗分化到子实成熟的生殖生长阶段。生育期的长短在不同品种、不同地域之间差异很大，现习惯将生育期在 60—100 天的叫早熟品种，100—120 天的叫中熟品种，120 天以上的叫晚熟品种。纬度和海拔高度的变化对谷子的生长期有一定的影响，低纬

---

① 关于粟类作物一般特性的介绍，主要参阅《作物栽培学》上册，农业出版社，1984 年。

度南部地区的品种生育期较短，熟期较早；高纬度北部地区的品种生育期较长，熟期较晚。谷子比较耐旱，特别是在苗期，耕层土壤含水量达到 9%—15% 时就可以满足种子发芽对水分的需要。但拔节后耐旱性逐渐减弱，尤其是孕穗期受旱将影响穗粒数和粒重。谷子是喜温作物，全生育期要求平均气温 20℃左右，生育期间的积温介于 1600℃—3300℃，幼苗期能耐 2℃左右低温，但不耐霜冻。谷子为喜光作物，光照不足，子粒成熟不好，秕粒增加。但谷子又是短日照作物，在生长发育过程中需要较长的黑暗与较短的光照交替条件，才能抽穗开花。谷子在拔节以前若每天日照时数在 15 个小时以上，则大多数品种不向生殖生长转化，只停留在营养生长阶段，使生育期延长。实际上，光照与温度对谷子生育的影响是密切相关的。低纬度地区品种引到高纬度地区或低海拔地区品种引到高海拔地区种植时，由于日照延长，气温降低，致使抽穗期延迟。相反，如果把北方品种引到南方，或是高山地区品种引到平原地区种植，则表现为生长发育加快，生育期缩短，成熟提早。换句话说，在同一地区内，若水、热条件增加，则谷子生育期缩短，成熟提早。若水、热条件减少，则生育期延长，抽穗期延迟。若温度过低，则只停留在营养生长阶段，少结穗或不结穗；另外，种植谷子时，由于其病害严重，伴生杂草容易造成草荒，根系发达吸肥力强，连作会大量消耗土壤内同一营养要素而造成"竭地"，所以必须轮作倒茬。轮作周期一般为 1—3 年，这样一来，在主要种植谷子的地方，必须有足够的可耕地以备轮作，才能保证连年持续稳产。

以上我们所介绍的是在现代耕作和育种技术条件下，谷子的一般生理特性。可以认为，现生栽培种比野生物种具有更好的进化优势，能够适应多种环境条件。甘青地区新石器时代晚期所种植的粟类作物，其性状特点应更接近野生种，加之当时的耕作技术简单粗放，种子不经优选，所以对环境条件有更多的依赖。在距今 6000—5000 年、4700—4000 年间的高温期中，甘青地区的气候条件大体相当于今天淮河以北地区的气候条件，其水、热资源完全能够满足粟类作物的生长需要，因而农业生产得以长期存在和发展。在距今 4000 年前后开始的新冰期作用时期，年平均温度猛然下降 3℃—4℃，同时，在甘肃中部及以东地区伴随着降水量的大幅度减少，使粟类作物的种植只能在近河谷的低地上维持小规模的再生产。在甘肃西部、西南部和青海东部等地区，虽然新冰期气候中的降水量减少幅度不大，但气温太低，年平均气温和年积温等条件已不能满足粟类作物的生长需要，种植谷子可能出现只长苗不结穗的情况。因此，总的来说，在新冰期气候条件下，甘青两省的大部分地区以种植粟类作物为支柱的农业生产所依赖的水热气候条件已不复存在，这种局面若仅在短时期内存在，或可使农业生产仅仅遭到巨大破坏，在灾害之后还可以恢复原有的生产规模。但这次新冰期气候存在的时间至少应在200年左右，在这样漫长而又艰难的时代里，农业生产必然遭到彻底破坏，几代人之后，当气候再度回暖时，人们对遥远的祖先时代的农业种植技术早已记忆淡薄或基本遗忘，而更重要的是，他们在新的环境条件下找到了一种新的经济生产方式，即畜牧业生活方式。

从上述对环境条件及农业生产发展水平的全面分析中，我们可以明确这样一种认识，只有气候和环境条件的巨大变化，才能对一个广大区域内的人类经济生活产生深远的影响。事实也是这样，距今4000年前后开始的持续数百年之久的寒冷期气候环境，改变了农业生产赖以存在的基本条件，使这种经济体系逐步解体并衰落下去。在旧的体制趋向衰亡的过程中，新的经济因素不断增长，并最终取代旧有体制而成为人们经济生活中的主流。下面我们对这种新经济方式的特点做些分析。

2. 畜牧经济的形成及其发展

在早期的狩猎采集活动中，人们已知道将捕获的幼兽带回来进行人工喂养，并由此开始了家禽、家畜驯化的漫长过程。在中国北方地区，已知到龙山文化时期出现的家养动物种类有猪、狗、鸡、黄牛、水牛、山羊、绵羊和猫等。[①] 在甘青地区，这一时期的家畜主要为猪、狗、马、绵羊、山羊和家鸡，这其中马的遗骨仅在永靖马家湾、秦魏家两地点发现，且只能鉴定到属，是否家养还难以肯定。猪、狗、家鸡的驯化和家养，都是以定居的农业经济生产环境为存在条件，因此只能作为农业经济的补充因素存在和发展。绵羊和山羊的家养，不依赖农业经济为其提供条件，而且无论在个体的大小还是种

① 周本雄：《中国新石器时代的家畜》，《新中国的考古发现和研究》，文物出版社，1984年，第194—198页。

群的数量发展等方面，都能形成一定的生产规模。因此，当农业生产条件不复存在的时候，只有养羊才能形成一种新的生产方式，为人类提供赖以存在和发展的基本食物来源。这说明在甘青地区，距今4000年前后农业经济解体之后，普遍出现以养羊为主的畜牧经济生产方式并非是一种偶然的巧合，而是人们在特定历史环境条件下的必然选择。

在甘青地区的齐家文化早期遗存中，已经发现了用羊头、羊下颌骨做随葬品，以羊肩胛骨做卜骨的情况，说明至迟在齐家文化早期阶段人们已完成了对羊的驯化家养过程。但在当时农业生产和养猪业都很发达的条件下，养羊的功用已被替代，而且养羊所需的生产周期较长，如若形成一定的生产规模还需要较大的草场面积和经常性的往返迁徙。这对习惯于定居在河谷地带从事农业生产的人们来说是难以接受的，所以，在养羊技术出现的最初阶段，这种新的谋生手段并未显示其真正的价值，也没有机会得到重视和发展。

养羊业的第一次大发展是在四坝文化阶段，虽然目前有关四坝文化的几批重要材料均未正式发表，我们无法确知在各典型遗存单位中随葬羊骨的具体数字，但从我们掌握的材料和有关的介绍中可以知道，在玉门火烧沟墓地等地点都发现大量随葬羊骨的现象。[①] 现已发现的四坝文化遗址多位于河西走廊西部的山前地带，如酒泉干骨崖遗址，或者是近水源地的荒漠戈壁之中，如玉门火烧沟、沙锅梁、安西鹰窝树等遗址。这些地点在今天多是无法开垦种植的荒漠之地，在当时也是不适宜进行农业生产的地方。因此，推断四坝文化主要是从事畜牧经济的认识是基本可信的。当然，在四坝文化以养羊为主的畜牧经济中还残留有一些农业生产的成分，曾经在火烧沟墓地的随葬陶罐中发现有贮藏的粟粒，在东灰山遗址地层剖面中发现过一些炭化麦粒。[②] 我们认为，四坝文化时期，正值甘青地区农业经济解体之时，人们对已往的农业生产技术和所种植的谷物记忆犹新，因此，不管迁徙到何处，还是习惯于保留一些谷物种子和农业生产工具，希望能有一处适当的环境条件继续从事农业生产活动。然而所到之处都无法再进行农业生产。所以，我们看到的一

---

① 有关火烧沟墓地的发掘情况，材料未发表，参见甘肃省博物馆：《甘肃省文物考古三十年》，《文物考古工作三十年》，文物出版社，1979年。

② 甘肃省博物馆：《甘肃省文物考古工作十年》，《文物考古工作十年（1979—1989）》，文物出版社，1990年。

种现象是，在其后阶段的各种青铜文化遗存中，农业经济的因素越来越少，甚至是完全消失。

在甘肃中部和青海东部地区，辛店文化和卡约文化早期阶段的遗存目前发现较少，所发现的一些遗址规模一般很小，无法与在此之前的齐家文化遗址的数量和规模进行比较。这反映出由农业经济向畜牧经济的转变，不是一个自然的文化发展演变过程，而是具有灾变的性质，它导致了文化发展的中断和人口规模的大量减少。在辛店文化和卡约文化的早期偏晚阶段遗存中，普遍出现了大量随葬羊骨的情况，说明至迟在这个阶段，以养羊为主的畜牧经济已得到发展。到卡约文化和辛店文化的中晚期阶段，畜牧经济在这一地区得到了空前的发展，形成了第二个发展高峰，文化遗址的分布扩展到了更高、更远的空间范围之中。

在甘肃东部地区，紧接齐家文化和客省庄二期文化之后的早期青铜文化遗存虽有一些零星的发现，但面貌不十分清楚，似乎也有一个文化发展的中断时期。目前对以晁峪—石咀头类遗存为代表的这类文化所从事的经济活动方式还难以肯定。略晚一段时期，在陕西长武碾子坡遗址发掘中，出土了大量的牛、马、羊等家畜的骨骸，而相应的农业生产工具数量少且器形简单[1]，说明这类文化遗存也曾经历了以畜牧经济为主的发展阶段，只是到先周文化晚期，在迁徙之后的定居条件下，才逐步发展了农业生产技术，最终成为一个擅长农业的文化群体，在甘肃东部分布的寺洼文化，因其长期与先周、西周文化共存发展，所以它的经济生活方式也应经历了与周文化一样的发展过程。

在甘肃北部的沙漠边缘地区，齐家文化之后经历了较长阶段的文化发展中断时期。直到新冰期气候结束，气温再次回暖使石羊河下游地区重新出现了终端湖，在湖滨地区形成水草丰美的环境条件，这吸引了以沙井文化早期类型为代表的游牧人群迁徙到这里。我们从沙井文化早期类型的彩陶纹样中，可以看到湖畔水边的优美景色，水面上浮游着一行行天鹅、野鸭和各种水鸟（图三八）。这种环境显然是游牧民的理想栖息地。沙井文化墓葬中大量随葬羊骨的现象也可说明这一地区的畜牧经济一度曾十分发达。

在青海西部分布的诺木洪文化遗存中，出土有大量的兽骨和毛皮制品，

---

[1] 胡谦盈：《陕西长武碾子坡先周文化遗址发掘纪略》，《考古学集刊》第 6 集，中国社会科学出版社，1989 年。

在其晚期遗存中还发现陶制牦牛雕塑和大型圈栏遗迹。这都说明畜牧经济在这一地区得到了充分的发展，不仅驯养有山羊、绵羊，还驯养了体格高大的藏牦牛。这种早期畜牧经济所取得的成功，使人类得以在这种高寒地区的恶劣环境条件中长期生存和发展下去。

甘青地区青铜时代普遍出现的以养羊为主的畜牧经济，如要得到充分的发展，需要有充足的活动空间和广泛分布的草场资源，否则仍然无法形成一种稳定的经济生活方式。下面我们仍以甘肃为例，看看各地的草场资源分布情况。

据近年统计，甘肃全省草场面积达 6 亿多亩，其中有效利用面积 2.84 亿亩，约占全省面积的 29.7%。[1]甘肃的草场有高山、湿润、森林、干旱和荒漠等五种类型，其中以荒漠草场分布面积最广，高山草场和干旱草场次之，各类草场的基本情况见表 22。

表 22　甘肃各地草场资源状况统计表

草场类型	主要分布地区	面积（万亩）	海拔（米）	年平均温度（℃）	牧草生长期（天）	年降水量（毫米）	植被覆盖度（%）	产草量（千克/亩）	主要牧草种类	主要放牧牲畜
荒漠草场	额济纳旗、阿右旗、肃北、阿克赛河西北山地区	16117	1000—2500	5	150	＜100	＜50	40—60	红莎、合头草、猪毛菜、芨芨草、针茅	骆驼、山羊、蒙系绵羊
高山草场	甘南、天祝、肃南等地	4237	2500—3800	1—3	120	400—500	85	250—300	狐茅、早熟禾、滨草、披碱草、羽茅、合草、莎草、珠茅蓼	牦牛、藏系绵羊、马
湿润草场	泾河、渭河、洮河中上游地区	1672	1800—2500	3—9	155	350—400	＞80	100—300	狐茅、早熟禾、羽茅、滨草、莎草、珠茅蓼	牛、马、绵羊、山羊

---

① 甘肃农业地理编写组：《甘肃农业地理》，内部资料，1978 年。

草场类型	主要分布地区	面积（万亩）	海拔（米）	年平均温度（℃）	牧草生长期（天）	年降水量（毫米）	植被覆盖度（%）	产草量（千克／亩）	主要牧草种类	主要放牧牲畜
森林草场	白龙江、洮河上游、祁连山东段	1180	2000—3200	2—5	140	400		300	野豌豆、狐茅、早熟禾、莎草、滨草	牛、绵羊、山羊、合作猪
干旱草场	河西前山、中部山地、环县北部	5190	1500—2500	8—10	150	200—300		80—100	蒿草、针茅、早熟禾、芨芨草、滨草	蒙系绵羊、山羊、滩羊

从表中可以看出，甘肃各地的草场资源十分丰富，不仅分布面积大，植被覆盖度较高，而且各地草场的主要牧草种类均是以禾本科为主的成分，如早熟禾、针茅、狐茅、羽茅、芨芨草等，这些牧草资源都适合发展以养羊为主的畜牧经济。我们可以设想，在距今4000年前后开始的新冰期气候条件中，上述各种类型的草场都曾受到不同程度的影响，其中湿润草场、森林草场的面积会有所减小，干旱草场和荒漠草场等会进一步退化，单位面积的产草量和载畜能力会大幅度下降。但是这些变化只能在一定程度上限制畜牧业生产的发展规模，而不致危及畜牧经济的存在。因此，当农业生产条件不复存在后，畜牧业经济则顺理成章地发展起来。

青海东部和西部地区也存在着大面积的草场资源，这使得青海各地在青铜时代发展起了更加典型的畜牧经济，如在卡约文化的大华中庄遗址和诺木洪文化晚期阶段，其经济生活都是单一的畜牧生产方式，不存在其他类型的辅助经济成分。这种典型的、完全的畜牧经济生活方式，在今天的青藏高原地区还可以见到，足见这种生活方式在中国西北的高寒地区具有顽强的生命力。

虽然在甘青地区具有发展畜牧经济的有利条件，事实上在青铜时代也发展起了典型的畜牧经济文化，但是畜牧经济本身所具有的一些特点，又使这些文化的发展受到很大的限制，与在定居的农业经济条件下发展起来的新石器晚期阶段的文化相比，甘青地区的青铜文化在许多方面都表现了文化发展的停滞或倒退特征。下面我们就来看看这种畜牧经济对文化发展的影响和限制作用的表现。

3. 经济类型的转变对各种文化的影响

在以上章节中，我们曾对农业经济繁荣发展的新石器时代晚期阶段的主流文化所取得的成就进行了描述和评价，认为它们的发展已处于城市文明出现的前夜。但是，这些已经达到的文化发展高度，在青铜时代的所有文化中，又普遍出现了回落和倒退的趋势。

在聚落发展方面，所有的青铜文化遗址，除齐家文化早中期遗址规模稍大外，其余均是以小而分散为特点。在四坝文化、沙井文化、寺洼文化等文化中，甚至很少或没有发现典型居住址的存在。在辛店文化、卡约文化遗存中虽然发现过一些房屋居址，但数量不多，结构简单，或为半地穴式，或为石头砌墙的地面起建式。在诺木洪文化中发现的土坯房子和在沙井文化中发现的夯土围墙基址，属于青铜时代晚期的某种发展变化，在甘青地区的大部分青铜文化中未曾发现，因此不具有普遍意义。考虑到畜牧经济居无定处、逐水草而游动的特性，人们对功能齐全的复杂聚落的建设可能不如以前那么热心。这或许可以解释为什么许多游牧文化都缺乏大规模聚落遗址的情况。但我们认为，聚落规模的缩小必然引起社会结构和人口结构的某些变化，在一个仅有数座居址的聚落遗址中，它的社会组织结构自然只能是一个简单的血缘家庭为核心的群体。由于居住条件较差，生活环境不稳定，饮食结构简单粗放，这些都会对人口的平均寿命、人口的再生产能力产生不利影响，总的说，人们的生活质量将会明显下降。

在社会的总生产和总的物质积累方面，畜牧经济文化与前一阶段的农业经济文化相比，也出现了明显的下降趋势。制陶业的衰落是一个最突出的例证，在辛店文化和卡约文化的早期阶段，墓葬中的随葬品一般都很贫乏，陶器每墓仅1—3件。而在沙井文化中晚期墓葬中，随葬的陶器平均几个墓才有一件。虽然在沙井文化墓葬中，曾发现过部分木质器皿，可以用来作为陶器的替代物，但这种情况在其他几支青铜文化中并未出现。在这些青铜文化的遗址中，往往能发现大量的陶器和陶片，显然制作并使用陶器，仍然是畜牧经济生活中一项重要的日常活动，但是这种生产活动的规模已大不如前，没有能力生产大量的陶器以做随葬之用。

　　铜器虽然作为一种新因素对人类经济生活产生了巨大的影响，但是，在甘青地区的诸种青铜文化之中，冶铜技术的发展却十分缓慢，多数情况下青铜制品只被用作小型工具、武器和装饰品，其基本器类常见为各种小刀、锥、镞、连珠饰、饰牌和铜泡等。在沙井文化晚期遗存中，曾发现一些较大型的环首、兽首的青铜短剑、匕首等武器[①]，这可归结为受北方系统的青铜文化影响所致。寺洼文化晚期遗存中，曾发现一些较大型的青铜戈类武器[②]，也是接受来自周文化的影响所致。在青海东部的卡约文化遗存中，曾发现一些带銎的青铜钺、戈、战斧等武器。[③]虽然不能否认这些大型青铜武器有可能产自当地，但是这些发现数量太少，仍然不能据此说明卡约文化的青铜铸造业已达到高水平。甘青地区青铜时代金属冶炼技术的普遍不发达状况，也是由于畜牧经济的流动性不能形成较大规模的生产能力，不能保证有一批职业工匠专门从事复杂的金属冶炼和造型设计工作。而我们知道，在我国中原地区的一些早期城市文明社会中，大型铜容器、铜礼器的冶炼和铸造工艺十分复杂和精密，往往是在特定的作坊区内由职业的手工匠人制作完成的。与中原地区相比，甘青地区的青铜制造业显然是不发达的。由于在聚落建置、制陶、金属冶炼等重要的经济生产领域内，甘青地区的青铜文化都处于或衰落或发展不充分的境地，所以，就整体而言，甘青地区青铜文化实际上是处在文化发展的停滞或倒退阶段。这种文化的倒退现象，是经济形态转变所引起的直接后果。显然，不能把这次普遍出现的由农业经济向畜牧经济的转变看作一种社会发展进程中的进步表现。

　　经济生产方式转变对人们的观念意识方面也产生了深远的影响。在新石器时代晚期阶段农业经济兴旺发达的条件下，以彩陶为代表的艺术品的创作得到了充分的发展，在马厂类型遗存几百种彩陶纹样中，很多是对植物的

---

①　沙井文化遗址中出铜器最多的地点是永昌柴湾岗墓地，资料尚未发表，现存甘肃省文物考古研究所。

②　寺洼文化的几个主要遗址发掘中均见到这类青铜戈。参见中国社会科学院考古所泾渭队：《甘肃庄浪县徐家碾寺洼文化墓葬发掘纪要》，《考古》1982年6期。甘肃省博物馆文物队等：《甘肃西和栏桥寺洼文化墓葬》，《考古》1987年8期。九站遗址材料未发表。

③　青海发现的这类带銎武器散见于各地。参见：《青海出土双马青铜钺》，《中国文物报》，1989年5月9日。刘小强、陈荣：《大通县出土的三件青铜器》，《青海文物》1990年5期。《湟中县出土的青铜钺》（照片），《青海文物》1990年5期封二、下。

各种形态和结构特征的抽象和再创作，如叶脉纹、花瓣纹、竹节纹、变形万字纹、三网圈纹、四网圈纹、菱格纹等。有一些动物纹的题材，也多是表现河旁静水环境中的游鱼、蝌蚪、青蛙等动物，这说明人们在种植农作物的生产活动中，对各种植物的形态特性有深刻的了解。而在青铜时代的游牧活动中，人们日常生活中接触的往往是一些在荒漠和草地上奔跑的动物，因而在各种艺术创作中对这些动物的形象有大量的表现，在四坝文化彩陶纹样中常见各种蜥蜴纹，在青铜制品中曾发现一件羊头造型的权杖头，在陶制乐器方面，以草地百灵为原型，制作出一些鸟形陶埙。在辛店文化姬家川类遗存的彩陶中，大量的双勾纹母题纹样一般被认为是对羊角形态的表现，其后又出现了狗、鹿、马等动物形象纹样和以草地上的飞鸟、奔跑的小动物（勿字纹）为题材的纹样。在卡约文化早期遗存的彩陶上，甚至出现了如阿哈特拉山 M133：5 所描绘的成排的大角鹿的形象。而同一时期，各种青铜文化彩陶中对植物形态的表现大为减少。显然，生活方式的改变使人们的艺术创作题材、观察表现的对象都发生了变化。虽然在各种青铜文化遗存中，都可以发现一些具代表性的艺术品，但总的来说，与前一阶段相比，以彩陶为主要标志的艺术创作，其规模和工艺水平都出现了明显的退化。这一时期出现的以小件饰物为代表的青铜工艺品的制造和流行，也能反映人们审美意识的一些特点。目前发现的各种文化中的青铜饰物，多是一些简单的连珠饰、牌饰、泡饰等，而其他如玉器、骨器等装饰品一般比较少见且简单粗糙，这些青铜饰物，从艺术品的角度来看，既不能与同时期中原地区的青铜制品相提并论，也不能与同时期的北方系青铜器相比较。由此可以看出，在甘青地区的青铜时代，人们普遍对审美活动和艺术品的制作产生了心理抑制和厌恶，不再把创作和占有大量精美的艺术品作为一种时代风尚。这也反映出生活条件的恶化和生活水平的下降对人类心理发展的消极影响。

经济生活方式转变对人类观念形态影响的另一个方面，是人们对人际关系的维系不再以和睦相处为准则。在艰苦的游牧、狩猎活动中，强健的体能显得比一些手工技巧更加重要，这使得成年男子的地位不断提高。社会生产总量的减少，使人们对占有财富更加贪婪和不择手段，不光对活人进行财产的掠夺和人身占有（据报道在青海民和核桃庄和大通上孙家寨遗址的辛店文化墓葬中都普遍发现有殉葬墓，研究者认为死者的身份可能是战争的俘虏或家庭的奴隶①），而且对死者所拥有的财产也进行了剥夺。在新石器时代晚期甘青地区所盛行的厚葬之风到青铜时代已荡然无存，所有这一时期文化的墓葬遗存都以葬具简陋或缺失、葬式混乱或骨架身首不全、随葬品简单贫乏为其基本特点，这无疑表明人们对生与死的价值观念发生了转变。有的研究者在讨论卡约文化中出现的这一现象时认为，在马家窑文化中，人们认为灵魂生活是世俗生活的延续，因而把世俗生活看得较重，用对待世俗生活的眼光去对待灵魂。在卡约文化中，人们认为世俗生活只是灵魂生活的一种表现形式，因而把世俗生活看得较轻，努力使灵魂摆脱人体的束缚，灵魂似乎必须从世俗状态中解脱出来，才能转入"轮回"或"永生"，在此，灵魂脱去了"人"的外壳，成为无形的精灵，超越实体的精灵。研究者在探讨产生卡约文化时期人们这种重死轻生出世观念的原因时认为，游牧经济是这些观念存在的基础。②我们认为，由厚葬死者到轻视死者，这种观念的变化其深刻的根源只能归结为经济生活方式的改变。但是，这并不表明青铜时代的人们已经具有了所谓灵魂能够轮回和永生的概念和认识，因此也不可能对世俗生活表现得如此超脱，以至于"不忧其系累，忧死而不焚"③。我们知道，以认为万物有灵为基本内容的萨满文化，曾经在世界各地许多古代和近现代的游牧民文化中广为流传。有的学者甚至认为，从某一个研究角度来看，中国古代文明（指夏商周三代文明。——引者注）也可以说是所谓萨满式的文明。④萨满文化的特点是有专职的巫师阶层，他们可以用神山、树木、龟策、药料和各种动物作为沟通天地的工具，建立天地之间的联系。他们凭借着这些先知先觉的能力，具有了控制和领导他人的资格，因而可以轻易地占有财富和获取政治权力。在甘青地区青铜时代文化中，或许可以找到萨满存在和流行的一些证据，如在青海湟中下西河潘家梁墓地发现的M 221为一成年男子单人葬墓，葬式为仰身直肢，骨架保存完整。在骨架的双膝、双臂、腰及头顶部位分别放置着60余件小铜镜、铜泡、铜铃、铜饰片等，双眼以两个大铜泡

---

① 谢端琚：《西北地区的辛店文化和寺洼文化》，《新中国的考古发现和研究》，文物出版社，1984年，第354页。
② 李智信：《试论马家窑至卡约文化经济转变的原因及影响》，《青海文物》1991年6期。
③ 荀子原话为："氐羌之虏也，不忧其系累，而忧其不焚也。"这句话被李智信引来说明卡约文化时期人们的人生观。参见《荀子·大略篇》。
④ 张光直：《中国古代史在世界史上的重要性》，《考古学专题六讲》，文物出版社，1986年。

蒙蔽，在左臂外侧放置一把长约 60 厘米的木柄铜斧，木柄上缠着细密的皮条装饰。在颈部有两串海贝串饰和一串绿松石串饰。[①] 显然此墓墓主人身份特殊，从其所佩带的各种装饰看，大概可以认定是从事特殊行业的巫师。实际上，即使承认甘青地区青铜文化中有崇仰万物有灵的萨满教存在，也还是不能解释为什么人们普遍对死者表示轻视和进行搅扰。我们认为，造成这种行为方式的真正原因仍然是社会对财富需求的不断增长和社会生产所提供的财富总量严重不足这一矛盾的长期存在和日益尖锐。在当代原始民族中，一些部落群体每遇饥荒，便流行所谓的食人风。而另一些民族中很早就有盗墓取宝的风俗。因为在残酷的自然环境条件中，活人的需要比死人的需要更有意义，于是在社会普遍认可下，对死人的再剥夺就被看作是一种正常的社会行为。这或许可以作为甘青地区青铜时代大量流行乱骨葬、二次迁葬、割体葬等行为模式的社会心理方面的原因。由此也可看出，在各种严酷的环境条件下求得自身的存在和发展是游牧经济状态中人类的本能活动，这也正是重生轻死而非重死轻生观念的具体表现。而在甘青地区近现代游牧民中普遍存在的生命轮回、灵魂永生的观念，大约要晚到中世纪的佛教文化传入之后才开始出现和流行。

由上述分析可以看出，甘青地区青铜时代出现的这种经济形态的巨大转变，不仅使物质文化的生产活动受到严重破坏，形成文化发展的停滞和倒退现象，同时也使人们的观念形态发生了深刻的变化，这种变化最终导致社会的发展进入了以私有制为核心的早期阶级社会。当然，甘青地区的这种私有制形式与中原地区同时期出现的奴隶制国家所有制形态相比，仍然是一种发育不完善和发展不充分的形态，可以说主要是以家庭经济为所有制单位的私有制形态。到目前为止，我们没有能在甘青地区的青铜文化遗存中发现象征王权存在的物证，也没有找到大型的王族或贵族墓葬。因此，这些青铜文化的发展是否已进步到拥有世袭的王位系统和贵族阶层还是值得怀疑的，在甘青地区，由于游牧经济限制了大规模的社会组织结构的存在和发展，只能以小而分散的人群组织散布于各地，这种较小的社会组织主要应是核心家庭和血缘家族。

---

① 该墓地材料未发表，M221 现陈列于青海省文物考古所展览室内。该墓地的基本情况参见和正雅：《从潘家梁墓地的发掘试谈对卡约文化的认识》，《青海考古学会会刊》1981 年 3 期。

五、结语

作为对甘青地区青铜时代文化结构和经济形态的一次全面分析和探讨，本文从多方面、多角度对各种青铜文化的形成与发展做了系统的论证。现在我们依照本文研究所得结论，按各种事件发生、发展的时间顺序和因果关系，对这一地区青铜文化形成与发展的一般特点做些归纳和总结。

1. 甘青地区青铜文化形成与发展的一般特点

从距今 6000 年前后开始，由于气候环境条件进入温暖湿润的全新世高温期，在甘青地区普遍发展起了定居的农业文化；到距今 5000 年前后，形成了东西两支主流文化发展序列；到距今 4000 年前，以东部的齐家文化早期类型和西部的马厂晚期类型遗存为代表的这两支主流文化都发展到了空前繁荣的阶段，开始掌握初步的金属冶炼技术，可以制作简单的红铜制品，由此进入了早期铜器时代或铜石并用时代。[①] 到齐家文化中晚期阶段，出现了青铜制品，开始进入青铜时代。大约距今 4000 年开始，由于中国西部气候环境条件逐步恶化，新冰期气候的长期作用，使这一地区在气候适宜期中发展起来的农业经济遭到彻底破坏。农业经济的解体迫使定居在河谷地区的大量人口开始分散迁徙到更广阔的空间范围之中，从事简单的畜牧生产活动。这种经济生活的重大转变，使文化的发展出现了分化的趋势，主流文化消失后，在甘青地区形成了小而分散的文化分布格局。这其中，主要由马厂类型遗存分化发展形成的四坝文化分布在甘肃西部的河西走廊西端，并持续向西发展进入新疆东部的哈密地区。主要由齐家文化分化发展而来的辛店文化分布在甘肃中部的洮河、黄河沿岸，随后开始向西流动进入青海东部地区。同样由齐家文化分化发展而来的卡约文化分布在青海东部的黄河沿岸和湟水流域，随后在此与西进的辛店文化进行融合，形成以

---

① 关于甘青地区发现的早期铜器，曾有一些学者进行了专题研究，参见严文明：《论中国的铜石并用时代》，《史前研究》1984 年 1 期。张忠培：《中国早期铜器的发现与研究》，《史学集刊》1985 年 3 期。北京钢铁学院冶金史研究室：《中国早期铜器的初步研究》，《考古学报》1981 年 3 期。

唐汪式陶器为特点的中晚期遗存，并继续西进至青海湖以西，最远也到达新疆东部的哈密盆地。

在辛店文化的早期偏晚阶段，分化出寺洼文化早期类型，在辛店文化向西分布的同时，寺洼文化开始向东、向南发展。分布到甘肃东部的寺洼文化，与在当地形成和发展的先周文化晚期遗存发生接触，并长期共存发展。

在齐家文化之后的某个阶段，有一支人群单独分布于甘肃中部，形成洛门—朱家沟组遗存，随后向西分布到石羊河下游的湖滨地区，形成沙井文化早期遗存，经过沙井文化早晚两阶段的发展，最后被北方系统的匈奴文化同化和融合。①

约当距今 3000 年前后，由新疆东部向东分布的某支以掌握了土坯建筑技术为特点的文化遗存进入青海柴达木盆地，与向西传播的卡约文化在此共同形成诺木洪文化晚期早、晚两阶段的遗存。诺木洪文化早期类型遗存，或当来源于青海东部的某支更早阶段的遗存。

约当距今 3000 年前后，由内蒙古鄂尔多斯地区向西分布的一支以具有铲形袋足陶鬲为特点的文化遗存进入到甘肃中部地区，它在河西走廊东部与沙井文化晚期类型发生接触。在甘肃中部的天水地区，它与当地存在的所谓早期"秦人"文化发生接触和融合。

我们认为，甘青地区青铜文化分布与发展的一般特性可归纳为小而分散、分化发展为主、无主导性的自然发展过程。其中小是指每支文化的整体规模都很有限，不能与新石器时代晚期阶段的主流文化相提并论。这种小规模的文化，或许是受畜牧经济方式的局限所致，但是，在商周时期北方草原地区发展起来的游牧民文化如鄂尔多斯类青铜文化及南西伯利亚地区的卡拉苏克文化② 等，其分布范围和文化的整体规模都相当大，可以代表一个地区内的主流文化。可见游牧经济本身也可以创造发展水平很高的文化，而甘青地区小而分散的发展方式，主要是受这一地区地形和环境条件多变的限制，加之从发达的农业经济突然转向简单的畜牧经济，生产力受到很大的破坏。所

① 曾经在甘肃永登榆树沟遗址发现一批北方式青铜饰物与一些具有沙井文化风格的陶片共出，我们认为，这批遗物的性质应归属于匈奴文化系统。参见甘肃省博物馆文物队：《甘肃永登榆树沟的沙井墓葬》，《考古与文物》1981 年 4 期。
② 卡拉苏克文化主要分布在南西伯利亚的米奴辛斯克地区，参见 C. 吉谢列夫：《南西伯利亚古代史》上册，新疆民族研究所，1981 年。

以，在这里形成和发展的畜牧经济，不是发达的畜牧经济，不能与北方草原地区从新石器时代一直延续发展下来的典型畜牧经济的发展水平同日而语。这也说明在甘青地区出现的从农业向畜牧业的转变，是文化和经济发展的异化形式，不具有普遍意义。换句话说，是文化发展的一次倒退。

文化的分化与融合，是发展过程中的两种不同形态，从黄河流域总的文化发展趋势看，龙山时代到夏商时期，是中原各地区文化开始进行融合发展的时期。这种融合发展进程，最终形成了中华远古文明的基本形态——城邦国家。而在甘青地区，从距今 4000 年开始，文化发展却是以分化为主。融合虽也时有发生，但周期短且范围有限，显然这种分化发展的趋势与中原地区的文化发展不同步。我们认为，人类社会从石器时代进入到青铜时代，由于技术的进步，必然对生产力的发展产生积极的影响，中心聚落或早期城市的出现，使各种经济活动开始以城市为中心进行分工和发展。因此，在中心聚落和城市经济的凝聚作用影响下，文化融合自然成为时代潮流。甘青地区由于中心聚落、农业和手工业经济的衰落，中心文化的凝聚作用不复存在，分化也就在所难免。

无主导性的自然发展一般说来是文化发展的低级形态，早期文化多数都经过这种自生自灭的发展过程，但进入文明时代早期阶段，在多数地区由于中心文化的主导作用、凝聚作用的不断强化，出现了城市化的经济和社会组织结构，在中心文化作用下，其他小文化或者依附，或者消亡。这种由多样性到统一性的文化发展趋势，应是文明时代早期的主要特征。而甘青地区这一时期出现的无主导性发展进程，则明显是一次文化的整体退化。由于这一地区文化的普遍退化，在甘青地区的青铜时代没有形成城市经济和以国家形态为特点的社会组织结构。因此可以这样说，在中华远古文明形成的最重要阶段，甘青地区的文化却被迫退出了历史发展的中心舞台，这使得具有发达的新石器时代文化的黄河上游地区没能成为早期城市文明形成的主要区域。而恰恰是在这一时期，早期城市文明的中心区域在黄河中下游地区出现了。历史发展第一次将甘青地区抛在了时代潮流的后面，这一发展结局造成了甘青地区在整个青铜时代 1000 多年的时间里长期处于文化落后和经济不发达的境地。直到汉武帝设置河西四郡，在甘肃各地大兴屯田，才使这一地区的经济发展再次出现新的高潮。

2. 文化发展结构与经济类型结构的相互作用

甘青地区青铜时代文化的存在与发展，由于受到经济形态转变的强烈影响，出现了普遍的文化倒退现象，因此，这一地区文化发展受经济活动制约作用的表现十分典型。一般说来，农业生产总是与定居生活、大量密集的人口相联系。定居生活使聚落得以发展，大量的人口又使社会的组织得以逐步完善。从总的方面看，经济结构规定了文化的基本内涵。另一方面，文化高度发展以后，又可以削弱经济结构的绝对制约作用，或者说可以在一个文化系统中形成多种经济成分。仍以北方草原地区商周时期的游牧文化为例，由于它们使用了大量的杀伤力强大的青铜武器，可以在大范围内组织和征服众多的人口，形成游牧民族的中心文化，在这种中心文化中也发展起了中心聚落，并最终出现了国家形态，如晚些时候的匈奴帝国。强大的游牧民部落可以通过掠夺农业文化区域获得农产品，也可以通过役使一部分农业人口为其提供农产品，而最常见的形式是贸易交换活动，在北方地区的农牧交界地带一般有经常性的贸易活动区域。可见，发达的游牧文化，能够以补偿贸易等方式完善自己的经济结构。但是在甘青地区，由于没有中心文化，各支小而分散的青铜文化都没有能力进行掠夺或扩张，也没有与东部的农业文化进行贸易活动的经济实力，只能在艰苦的环境条件中维持低水平的自生自灭的发展过程。这一落后于整个历史进程的文化系统，经过 1000 多年的漫长发展，也形成了自己的地域共同传统[①]，它表现为在这一地区内的青铜文化，其金属冶炼技术均不甚发达，而以彩陶为特点的制陶业却长期存在。一般都以养羊为畜牧经济的基本支柱，而对养马、养牛等能够创造更大经济效益的畜牧技术却发展不够。在意识形态方面普遍以世俗生活的需要为基本准则，轻视艺术创造和审美活动，尤其缺乏对各种神灵的信仰和崇拜，剥夺和虐待死者成为流行的时尚。

这种共同的文化地域传统的形成，显然是以共同的经济生活方式为存在条件。由于存在这样的共同经济生活方式和共同文化地域传统，我们可以

---

① 地域共同传统的含义为："一个地区长时间互相关联的诸文化相勾连而构成历史的整体单位。"引自张光直：《从世界古代史常用模式看中国古代文明的形成》，《考古学专题六讲》，文物出版社，1986 年。

说，在甘青地区的青铜时代形成了一个不同于周围地区文化发展的独立体系或文化发展区系。只有从这一文化发展区系整体发展的高层次上进行归纳和考察，才能使我们对这一地区各种青铜文化形成和发展的必然规定性有更深刻的理解。

3. 文化发展的原动力问题

近年来我国考古学界在重视对各种考古学文化分类研究的同时，也在努力使考古学文化研究进入更深的层次。[①] 这更进一步的研究，就是要解释和回答为什么这些考古学文化是这样发展、有这些特点而不是其他。这正如英国著名的分析考古学倡导者大卫·克拉克所说的那样："考古学完全可以称为对历史文化特征在时空分布上的研究，以及对这种分布控制因素的研究。"[②] 如果说本文的前半部分是在努力建立甘青地区青铜时代考古学文化形成和发展的时空结构框架，那么本文的后半部分则是试图对形成这种时空结构的控制因素做一番探讨。依据本文的结论，环境条件的状况及其变化是甘青地区青铜时代文化发展最本质的决定因素，在气候和环境条件良好的全新世高温期，形成和发展了繁荣的定居农业文化，而当气候恶劣的新冰期来临，农业经济解体，文化发生普遍的倒退，只以长期维持低水平的简单畜牧经济为唯一发展途径。这种环境条件对文化发展的规定性，在更大的范围内来考察也许并不具有普遍性，但在甘青地区的青铜时代却表现为绝对先决条件。这一现象促使我们对人与自然关系的实质做进一步的理论思考，人类是在不断地与自然做斗争的状态中成长起来的，这种斗争应具有两种意义上的解释，首先是消极的适应环境以求生存，其次才能谈到利用和改造自然。在大多数情况下，技术的进步可以成为人们利用和改造自然的有力武器，人类社会发展也由于每一次技术的重大进步而获得一次飞跃。但是，在另外一些情况下，当环境条件发生灾害性变化时，即使是在人们刚刚掌握了一种新技术手段的条件下，文化的发展仍然受到巨大的影响，甚至出现倒退。可以这样认为，

---

① 林沄：《考古学文化研究的回顾与展望》，《辽海文物学刊》1989 年 2 期。
② 转引自格林·丹尼尔：《考古学一百五十年》，文物出版社，1987 年，第 314 页。

在有些地区的早期文化发展中，环境条件的好坏，构成了文化发展的原动力，而技术进步的重要性则退居到次一级的位置上。人类历史总的来说是前进的，但这种前进不是直线式的。人类文化发展一般都具有普遍阶段性，但并非后一个阶段一定比前一个阶段更加繁荣昌盛，正如青铜时代总的来说比石器时代进步，但不是每一支青铜文化都一定比新石器时代文化更加发展和完善。从甘青地区青铜文化所表现的这种独特的发展方式中，我们可以对人类文化发展的控制因素、对人与自然的相互依存关系、对人类社会发展道路的曲折性和多种选择性有更深入的了解和认识。

1993 年 6 月初稿于兰州，1993 年 10 月定稿于北京

参考文献

一、中文书目

1. 安特生：《甘肃考古记》，乐森璕译，《地质专报》甲种第五号，1925 年。

2. 班固：《汉书》，中华书局标点本，1962 年。

3. C. 吉谢列夫：《南西伯利亚古代史》，新疆社会科学院民族研究所，内部铅印，1981 年。

4. 《第一次全国 ^{14}C 学术会议论文集》编写组：《第一次全国 ^{14}C 学术会议论文集》，科学出版社，1984 年。

5. 弗鲁姆金：《苏联中亚考古》，新疆维吾尔自治区博物馆，内部铅印，1981 年。

6. 方豪：《中西交通史》（上、下），岳麓书社，1987 年。

7. 甘肃省博物馆、甘肃省文物工作队编：《甘肃彩陶》，文物出版社，1979 年。

8. 甘肃省图书馆书目参考部编：《西北民族宗教史料文摘》（甘肃分册），甘肃省图书馆，1984 年。

9. 甘肃省图书馆书目参考部编：《西北民族宗教史料文摘》（新疆分册上、下），甘肃省图书馆，1985 年。

10. 格林·丹尼尔：《考古学一百五十年》，黄其煦译，安志敏校，文物出版社，1987 年。

11. 哈密文物志编写组：《哈密文物志》，新疆人民出版社，1993 年。

12. 黄文弼：《新疆考古发掘报告》，文物出版社，1983 年。

13. H. H. Lamb：《气候的变迁和展望》，汪奕琮等译，盛承禹校，气象出版社，1987 年。

14. 刘东生：《黄河中游黄土》，科学出版社，1964 年。

15. 刘东生主编：《黄土与环境》，科学出版社，1985 年。

16. 刘国瑞、祁小山编著：《哈密古代文明》，新疆美术摄影出版社，1997 年。

17. 穆舜英等编著：《新疆古代民族文物》，文物出版社，1985 年。

18. 任美锷等编著：《中国自然地理纲要》，商务印书馆，1979 年。

19. 裴文中：《裴文中史前考古学论文集》，文物出版社，1987 年。

20. 司马迁：《史记》，中华书局标点本，1959 年。

21. 史念海等：《黄土高原森林与草原的变迁》，陕西人民出版社，1985 年。

22. 苏秉琦：《苏秉琦考古学论述选集》，文物出版社，1984 年，北京。

23. 陕西省考古研究所等编：《陕西出土商周青铜器》一，文物出版社，1979 年。

24. 陕西省考古研究所等编：《陕西出土商周青铜器》四，文物出版社，1984 年。

25. 苏秉琦主编：《考古学文化论集》三，文物出版社，1993 年。

26. 沈福伟：《中西文化交流史》，上海人民出版社，1985 年。

27. 田广金、郭素新：《鄂尔多斯式青铜器》，文物出版社，1986 年。

28. 瓦西里耶夫：《中国文明的起源问题》，郝振华等译，莫润先校，文物出版社，1989 年。

29. 王炳华：《新疆天山生殖崇拜岩画》，文物出版社，1991 年。

30. 王炳华：《丝绸之路考古研究》，新疆人民出版社，1993 年。

31. 王治来：《中亚史》第一卷，中国社会科学出版社，1980 年。

32. 夏鼐：《考古学论文集》，科学出版社，1961 年。

33. 新疆社会科学院考古研究所编：《新疆考古三十年》，新疆人民出版社，1983 年。

34. 新疆文物考古研究所编：《新疆文物考古新收获（1979—1989）》，新疆人民出版社，1995 年。

35. 新疆文物考古研究所等编：《新疆文物考古新收获（续）（1990—1996）》，新疆美术摄影出版社，1997 年。

36. 新疆社会科学院历史研究所编：《新疆地方历史资料选辑》，人民出版社，1987 年。

37. 许倬云：《西周史》（增订本），生活·读书·新知三联书店，1994 年。

38. 余太山主编：《西域通史》，中州古籍出版社，1996 年。

39. 俞伟超：《先秦两汉考古学论集》，文物出版社，1985 年。

40. 俞伟超主编：《考古类型学的理论与实践》，文物出版社，1989 年。

41. 杨建新、马曼丽主编：《西北民族关系史》，民族出版社，1990 年。

42. 张光直：《考古学专题六讲》，文物出版社，1986 年，北京。

43. 张丕远主编：《中国历史气候变化》，山东科学技术出版社，1996 年。

44. 张忠培：《中国北方考古文集》，文物出版社，1990 年。

45. 张朋川：《中国彩陶图谱》，文物出版社，1990 年。

46. 邹衡：《夏商周考古学论文集》，文物出版社，1980 年。

47. 周昆叔主编：《环境考古研究》第一辑，科学出版社，1991 年。

48. 周振鹤：《西汉政区地理》，人民出版社，1988 年。

49. 竺可桢：《竺可桢文集》，科学出版社，1979 年。

50. 中国科学院盐湖研究所编：《青海柴达木盆地晚新生代地质环境演化》，科学出版社，1986 年。

51. 中国社会科学院考古研究所编：《考古学参考资料》3—4，文物出版社，1980 年。

52. 中国社会科学院考古研究所编著：《中国考古学中碳十四年代数据集（1965—1991）》，文物出版社，1991 年。

53. 中国社会科学院考古研究所编：《青海柳湾》，文物出版社，1984 年。

54. 中国科学院考古研究所编：《沣西发掘报告》，文物出版社，1961 年。

55. 中国科学院新疆综合考察队、中国科学院土壤研究所编：《新疆土壤地理》，科学出版社，1965 年。

56. 中国科学院新疆综合考察队等编：《新疆地下水》，科学出版社，1965 年。

57.《中国考古学研究》编委会编：《中国考古学研究 —— 夏鼐先生考古五十周年纪念文集》，文物出版社，1986 年。

二、外文书目

1. Elizabeth Wayland Barber, *The Mummies of Ürümchi*, Macmillan, 1999.

2. *From the Land of the Scythians: Ancient Treasures from the Museum of the USSR. 3000B.C.-100B.C.*, The Metropolitan Museum of Art, New York.

3. J. G. Andersson, Researches into the Prehistory of the Chinese, *BMFEA*, No. 15, Stockholm, 1934.

4. J. P. Mallory and Victor H. Mair, *The Tarim Mummies*, Thames & Hudson, London, 2000.

5. Marija Gimbutas, *The Civilization of the Goddess: The World of Old Europe*, Harper San Francisco, 1991.

6. N. G. Gorbunova, *The Culture of Ancient Ferghana: Ⅵ Century B.C.- Ⅵ Century A.D.*, BAR International Series 281, England, 1986.

7. O. M. Dalton, *The Treasure of the Oxus: With Other Examples of Early Oriental Metal-Work*, Published by The Treasure of The British Museum, London, 1964.

8. Philip L. Kohl, *Central Asia, Paleolithic Beginnings to the Iron Age*, Paris, 1984.

9. S. P. Gupta, *Archaeology of Soviet Central Asia, and the Indian Borderlands*, Volume. Ⅱ, B. R. Publishing Corporation, Delhi, 1979.

10. Tamara Talbot Rice, *Ancient Arts of Central Asia*, London, Thames and Hudson, 1965.

11. *The Bronze Age and Early Iron Age Peoples of Eastern Central Asia*, edited by Victor H. Mair, Volume Ⅰ, Ⅱ, The Institute for the Study of Man, Washington D. C., 1998.

12. V. M. Masson and V. I. Sarianidi, *Central Asia, Turkmenia before Achaemenids*, Tames and Hudson, 1972.

13. Victor Sarianidi, *The Golden Hoard of Bactria: From the Tillya-tepe Excavations in Northern Afghanistan*, Aurora Art Publishers, Leningard, Harry N. Abrams, Inc., Publishers, New York, 1985.

索 引

后　记

　　这本论文集收录了我的 21 篇文章，其中，《辛店文化研究》一文是我和甘肃省文物考古研究所的张学正、韩翀飞两位先生共同讨论提纲，由我执笔完成的。这些文章大体可以概括为两个方面的内容，即新疆地区和甘青地区的青铜时代考古。它们基本反映了我对中国西北地区青铜时代考古的一些思考和认识的形成过程，完成这些认识过程花费了近 20 年的时间。

　　1982 年，我从北京大学历史系考古专业毕业后，被分配到甘肃省博物馆文物工作队（现为甘肃省文物考古研究所）工作，在其后的 10 年中，我参加了在甘肃东部、中部、西南部、河西走廊地区的多项考古调查和发掘工作。1987 年，获得机会去北京大学考古系攻读硕士研究生。在读研期间，曾随邹衡先生去内蒙古鄂尔多斯地区、新疆东疆和南疆地区进行了专题考古调查，并参加了新疆文物考古研究所在东疆地区的一项发掘工作。1991 年 9 月，我再次进入北京大学考古系，师从邹衡先生攻读博士研究生，选择中国西部地区青铜时代作为研究方向。这期间，我曾数次到青海、山西、陕西、宁夏等省区进行专题考察。以上这些学习和工作经历，使我对中国西北地区的早期文化，特别是青铜时代的各种考古学文化有了比较全面的了解，也使我对中国西部青铜时代考古研究产生了浓厚的兴趣。1994 年 1 月，我在北京大学获得博士学位后被分配到南京大学历史系考古教研室工作，虽然离开了西北地区考古工作的一线阵地，但是，我仍然保持了对于这一地区早期文化研究的热情和关注，本文集中的一部分文章，就是在这一时期内完成的。我想，我的这种西北情结仍将继续保持下去。

　　20 世纪 80 年代以来，对于中国西北地区早期文化的研究形成高潮，我也有幸参与了甘肃省文物考古研究所与北京大学考古系的一系列合作研究项目。我们从解剖一个个具体的考古学文化遗存类型入手，逐步对甘青地区青铜时代的整体文化面貌有所认识。在研究的过程中，我发现甘青地区广泛存在的从新石器时代的定居农耕文化向青铜时代的畜牧文化的转变，应该与当时的环境变化有关。1987 年，我首次提出这一论点，但并未引起学界的注意。为了证明这一看法，我开始广泛收集当时能够看到的各种学科的研究成果，最终，在 1993 年底完成的博士学位论文中完整地论证了这一观点。1994 年，在第二届中国环境考古学术讨论会上，我的研究成果受到学界注意并获得好评。近年来，随着我国环境考古研究的不断深入，更由于全球范围的环境保护问题的日益尖锐，环境条件及其变化状况对于人类文化发展的限制作用愈发凸显出来。当沙尘暴一次次降临北方的各大城市，土地沙漠化不断蚕食大片草原和农田时，我们对于环境灾变的恶果有了更加直接的感受。所以，我对于 4000 年前的环境灾变引起西北地区大范围文化发展进程中断和倒退现象的论证，现在可能不会被看作是标新立异的危言耸听吧。

通过对史前时期中国西北地区人地关系的整体考察，我们认为，西北地区早期人类文化的形成和发展，始终体现了与环境条件的正相关性变化，即环境条件好的时期文化发展迅速，环境条件恶化时，文化长期得不到发展。这种长周期的历史发展变化状况，可以为今天的西部大开发战略的制定和实施，以及西北地区的可持续发展问题的研究，提供必要的参考和借鉴。

我对新疆地区青铜时代文化的研究，是以对于甘青地区青铜文化研究的已有认识为基础的，同时，也系统考察了新疆以外的中亚各国和地区相关时代的众多考古发现所揭示的文化现象。可以说，从一开始，我们就是把新疆早期文化的发生和发展问题，放在一个更大的空间范围内加以认识的，我们也从这种东西方向的横向比较中发现了许多有意义的文化交流进程。1996 年以来，我曾数次参加在美国举行的国际会议，了解了国际学术界有关新疆早期文化研究的最新动态。现在，通过一系列的考古发现和各国学者的共同努力探索，我们已经明确地知道，新疆的早期文化具有多源的结构特点，体现了一些东西方早期文化的共同作用结果。因此，我们今后对于新疆早期文化的继续发现和探索，必须具有开阔的学术视野，而不能把这里看作是一个封闭的文化区系。

对于中国西北地区早期文化的探索和考察，是我国学术界一个长期的研究方向，也是几代学人共同奋斗的目标。在我个人的研究工作过程中，始终得到了许多前辈学者的大力支持，恩师邹衡先生在学术上给予我的教诲和指导，使我受益终身。甘肃省文物考古研究所的张学正先生，新疆文物考古研究所的王炳华先生、王明哲先生，青海省文物考古研究所的高东陆先生、卢耀光先生，内蒙古文物考古研究所的田广金先生，以及中国社会科学院考古研究所的韩康信先生等，在我从事有关的考察和研究时都曾无私提供资料和帮助。美国宾夕法尼亚大学亚洲与中东研究系梅维恒教授（Victor H. Mair）多次邀请我访美，为我了解国际学术动态，参与国际学术交流创造了各种条件和机会。

我的一些认识和想法也得到了来自同辈学者中的许多人的帮助和启发，王占奎、南玉泉、赵化成、许永杰、林梅村、李水城、徐天进、蒋祖棣、孙华、张弛、陈洪海、王辉、曹玮这些当年的"西北军"战友，以及梅建军、陈光祖、彭柯、Fredrik T. Hiebert 这些"海外兵团"中的生力军，以他们各自的专题研究成果为推动中国西北地区早期文化的研究做出了有益的探索，也为我的综合研究尝试做了坚实的铺垫。如果说，我们今天对于中国西北地区青铜时代考古的若干问题能够取得一些比较明确的认识，首先应该记住这些为西北地区的早期文化研究做出过贡献的人们，以及那些常年奋战在文物普查和考古发掘工作第一线的基层文物工作者。

这本文集的出版得到了南京大学考古学研究基金的资助，吴生道同志重新清绘了文中所用的所有线图，科学出版社的闫向东先生、陈菊华先生为文集的编辑付出了辛勤的劳动，在此表示深深的谢意。

水涛

2001 年 6 月 22 日

再版后记

    这部文集最初于 2001 年由科学出版社出版，此次承蒙商务印书馆厚爱，被选入由余太山先生主编的《欧亚备要》，本人感到非常荣幸，在此对商务印书馆和余太山先生表示衷心的感谢。

    时隔近 20 年再来出版这样一部旧作，我以为主编余太山先生的考虑自然是把它看作历年来欧亚研究成果的一个已有部分，以备新人参考和系统地了解前人的工作。但是，就我个人的理解，这部文集的再版，也确实有一些实际的意义，文集中许多的学术认识和观点也并不过时。之所以这么说并不是过于自信，而是基于这些年来本人对于中国西北地区青铜时代考古研究持续的热爱与关注，深感有很多我们 20 年前讨论的学术问题，今天仍然有着新的意义和使命，仍然是中国西北地区早期文化研究的热点和难点。读者也会从再读这本文集的过程中去体会前人研究这些问题时的酸甜苦辣，得意之处和无奈之举，此处无须赘述。

    本文集再版时增补了 4 篇有关新疆早期文化研究的文章，因此，书名加上"增订本"也不为过。对于文集中的文章，此次再版时并未做任何观点性修改和完善，基本保持了原貌，便于读者与旧版相互对照和引用。

    商务印书馆的责任编辑程景楠女士对于本文集的再版工作付出了大量的时间和精力，在此表示诚挚的感谢。

水涛

2019 年 7 月 1 日于南京